La caza de brujas
en la Europa Moderna

Alianza Universidad

Brian P. Levack

La caza de brujas
en la Europa Moderna

Versión española de:
José Luis Gil Aristu

Alianza
Editorial

Título original: *The Witch-Hunt in Early Modern Europe*
Esta traducción de *The Witch-Hunt in Early Modern Europe,* segunda edición, se publica de acuerdo con Longman Group, UK, Londres

Reservados todos los derechos. De conformidad con lo dispuesto en el art. 534-bis del Código Penal vigente, podrán ser castigados con penas de multa y privación de libertad quienes sin la preceptiva autorización reprodujeren o plagiaren, en todo o en parte, una obra literaria, artística o científica fijada en cualquier tipo de soporte.

© Brian P. Levack
© Ed. cast.: Alianza Editorial, S. A., Madrid, 1995
Calle Juan Ignacio Luca de Tena, 15; 28027 Madrid; teléf. 393 88 88
ISBN: 84-206-2814-X
Depósito legal: M. 12.956-1995
Compuesto en Fernández Ciudad, S. L.
Catalina Suárez, 19. 28007 Madrid
Impreso en Closas-Orcoyen, S. L. Polígono Igarsa
Paracuellos de Jarama (Madrid)
Printed in Spain

ÍNDICE

Lista de cuadros, mapas e ilustraciones 10
Prólogo 13
Prólogo a la segunda edición 17
Agradecimientos 19

1. Introducción 23
   Significado de la brujería 26
   Realidad de la brujería 35
   Magnitud de la caza de brujas 45

2. Los fundamentos intelectuales 53
   El concepto acumulativo de brujería 56
      El diablo 56
      El pacto con el diablo 62
      El aquelarre 66
      Vuelos 72
      Metamorfosis 78
   Difusión de las creencias 79
   La prueba del Renacimiento 90
   La brujería y el miedo a la rebelión 94

3. Los fundamentos legales 99
   Cambios en el procedimiento criminal 101

	La tortura	108
	Brujería y tribunales civiles	117
	Brujería y tribunales locales	127
4.	EL IMPACTO DE LA REFORMA	137
	La nueva perspectiva religiosa	141
	El miedo al demonio	141
	Santidad personal, culpa y brujería	144
	El ataque a la superstición, el paganismo y la magia	147
	Brujería y Estado piadoso	151
	Biblia y brujería	152
	Conflicto religioso	153
	La Reforma y la decadencia de la brujería	161
5.	EL CONTEXTO SOCIAL	167
	El marco geográfico y social	171
	¿Quiénes fueron las brujas?	176
	Sexo	177
	Edad	185
	Estado civil	190
	Condición social y económica	194
	Personalidad de la bruja	197
	Brujería y rebelión	200
	El cambio social y la gran caza de brujas	202
6.	DINÁMICA DE LA CAZA DE BRUJAS	207
	Condiciones previas	208
	Desencadenantes	215
	Desarrollo de las cazas	221
	Procesos individuales y pequeñas cazas	221
	Cazas de tamaño medio	222
	Grandes cazas	223
	Finalización de las cazas de brujas	227
7.	CRONOLOGÍA Y GEOGRAFÍA DE LA CAZA DE BRUJAS	237
	Pautas cronológicas	237
	Pautas geográficas	243
	Europa occidental y Centroeuropa occidental	245
	Las Islas Británicas	254

      Escandinavia 260
      Centroeuropa oriental y Europa del este 269
      Europa meridional 279
   Conclusión 287

8. OCASO Y PERVIVENCIA 291
   Cambios judiciales 294
   La nueva actitud intelectual 298
   El nuevo clima religioso 306
   Cambio social y económico 308
   Pervivencia y resurgimiento de la brujería 310

NOTA BIBLIOGRÁFICA 323
BIBLIOGRAFÍA 333
MAPA 349
ÍNDICE ONOMÁSTICO Y TEMÁTICO 353

LISTA DE CUADROS

1. Índice regional de ejecuciones en juicios por brujería 48
2. Índice de ejecuciones en juicios por brujería en Escocia .. 131
3. Sexo de las persona acusadas de brujería 178
4. Edades de las personas acusadas de brujería 187
5. Estado civil de las personas acusadas de brujería 191

LISTA DE MAPAS

1. Europa a comienzos del siglo XVII 350

LISTA DE ILUSTRACIONES (insertadas entre páginas)

1. Enfermedad ocular atribuida a embrujamiento
2. Ahorcamiento de las brujas de Chelmsford
3. El diablo seduce a una mujer para que concluya un pacto con él
4. Brujas transformadas en animales
5. Muerte de un mozo de cuadras por brujería
6. Brujas en trance de quemar y cocer niños
7. Brujos y brujas en una demostración de sumisión al diablo

8. El demonio rebautiza a un brujo
9. Brujos y brujas pisoteando la cruz
10. Brujas jugando
11. Mago ritual conjurando a un demonio
12. Ejecución de Urban Grandier en Loudun, 1634
13. Inmersión de Ruth Osborne

PRÓLOGO

La idea de este libro surgió de los cursos y seminarios impartidos por mí durante los últimos diez años sobre historia de la brujería. Al dictarlos, me di cuenta de la necesidad de disponer de un estudio en un volumen que abarcara la totalidad de la caza de brujas en Europa —la acusación, procesamiento y ejecución de miles de personas por el delito de brujería entre 1450 y 1750—. Se ha escrito mucho sobre este penoso pero importante asunto, sobre todo en los últimos años. Sin embargo, la magnitud misma de los trabajos publicados ha provocado problemas de digestión, y la proliferación de teorías relativas a la caza de brujas ha creado más confusión que claridad. Mi propósito ha sido tanto el de ofrecer una introducción coherente al tema como el de contribuir al actual debate.

El presente ensayo intenta explicar por qué se produjo en Europa la gran caza de brujas. Se propone, además, explicar por qué alcanzó su punto álgido a finales del siglo XVI y comienzos del XVII, por qué fue mucho más grave en unos países que en otros y por qué concluyó. Estas cuestiones no tienen respuestas simples. Una de las razones es que la caza de brujas en Europa no consistió en un acontecimiento o un episodio histórico particular, sino en un conjunto de miles de procesamientos individuales que se dieron de Escocia a Transilvania y de España a Finlandia durante un periodo de 300 años. Aunque estas persecuciones judiciales compartieron muchas características, surgieron así mismo en circunstancias históricas diferentes y reflejaron a menudo creencias referentes a la brujería peculiares de ciertos lugares. Otra de las razones es que la caza de brujas fue una operación extremadamente compleja. Al implicar tanto a las clases educadas como al pueblo llano, reflejó ideas elitistas y populares sobre la brujería. Tuvo aspectos religiosos y sociales y se vio condicionada por numerosos factores políticos y legales. No es de extrañar, por tanto, que las explicaciones monocausales de la caza de brujas hayan resultado particularmente discutibles, cuando no probadamente falsas.

Al tratar la caza de brujas he procurado resaltar tanto su complejidad como su diversidad. Dedico cuatro capítulos a las diferentes causas de la caza de brujas en Europa. Los capítulos II y III tratan las dos principales condiciones previas de la gran persecución: la formación del concepto acumulativo de brujería y el desarrollo de procedimientos legales que hicieron posible la condena de un gran número de brujas. Los capítulos IV y V tienen por objeto los fenómenos generales religiosos y sociales que indujeron a la caza de brujas, sobre todo a finales del siglo XVI y comienzos del XVII, cuando la persecución alcanzó su fase más intensa. En el capítulo VI, el foco de la obra se desplaza de las causas generales de la caza en Europa a las distintas cazas de brujas comprendidas en ella. Con él pretendo un doble propósito: explicar por qué comenzaron las cazas particulares y mostrar los diferentes modos de su desarrollo y conclusión final. El capítulo VII hace aún mayor hincapié en la diversidad de la caza de brujas proponiendo razones para explicar la desigual distribución cronológica y geográfica de los procesamientos. En el capítulo VIII el foco del libro regresa de nuevo a la generalidad de la caza en Europa, en un intento de explicar su declive. También aquí he insistido en la complejidad del fenómeno, mostrando que la reducción del número de procesamientos fue el resultado de procesos legales, intelectuales, religiosos y sociales.

Aunque el presente libro abarca un área geográfica muy extensa y varios siglos de historia europea, no pretende ser una historia general de la brujería en Europa. A excepción de algún material retrospectivo de la Edad Media y unas pocas observaciones sobre la brujería en la actualidad, su interés se dirige exclusivamente a la Edad Moderna. Trata, así mismo, más de la caza de brujas que de la brujería, si por este término entendemos las creencias y actividades de los mismos brujos y brujas. No hay duda de la necesidad de una síntesis de las creencias y prácticas populares relativas a la brujería en las distintas partes de Europa, pero este libro no pretende ofrecer dicha síntesis.

Quisiera expresar mi agradecimiento al Instituto Universitario de Investigación de la Universidad de Texas de Austin por su ayuda financiera, que me permitió escribir una gran parte de la presente obra. También deseo agradecer a Myron Gutmann, Richard Kieckhefer y Guy Lytle por su lectura de los borradores de varios capítulos del manuscrito y por sus muchas y valiosas críticas. Estoy igualmente en deuda con Travis Hanes por haber leído la totalidad del manuscrito y haberme hecho varias sugerencias provechosas. Al desarrollar mis ideas sobre los aspectos legales de la caza de brujas, me he servido de los concienzudos comentarios de Edward Cohen, John Langbein, Bruce Mann y Edward Powell. Pero la persona acreedora de mi mayor deuda personal es mi esposa, Nancy, que me ofreció tanto su crítica como su apoyo cuando más los necesité.

B. P. L.
Austin, Texas
Julio, 1985

PRÓLOGO A LA SEGUNDA EDICIÓN

Al preparar la segunda edición de este libro, me he esforzado por tener en cuenta el amplio volumen de publicaciones académicas sobre brujería aparecidas desde que concluí la primera edición, hace ocho años. El proceso de revisión me ha llevado a incluir una importante cantidad de información nueva, reescribir algunas secciones y ampliar tanto las notas como la bibliografía.

La aparición de numerosos estudios regionales, muchos de los cuales tratan de la brujería en la periferia de Europa, no ha hecho sino afianzar mi punto de vista sobre la complejidad y diversidad de la gran caza de brujas y la dificultad de establecer una explicación única para sus orígenes y desarrollo. Otro tanto puede decirse de los estudios temáticos que han hecho hincapié en los diferentes aspectos del tema, especialmente las cuestiones relativas al género y a las creencias populares. Al exponer mi propio enfoque multicausal del problema he procurado tener en cuenta estas obras. Al mismo tiempo, no he considerado conveniente rebajar la importancia que atribuyo a los aspectos judiciales de la gran caza de brujas, sobre todo al explicar la distribución geográfica de los procesos, importancia que otros tratamientos del tema han desatendido considerablemente. En la actualidad estoy también más convencido que hace ocho años de que el impulso original para los procesamientos provino sobre todo de ámbitos locales y no del centro y que las autoridades centrales del

Estado tuvieron más que ver con la limitación que con la propagación de la caza de brujas.

B. P. L.
Austin, Texas
Noviembre, 1993

AGRADECIMIENTOS

Agradezco a las siguientes instituciones su permiso explícito para la reproducción de algunas ilustraciones incluidas en el texto (figura 5): British Museum (titulares de los derechos de reproducción), y (figura 11) Mary Evans Picture Library.

Para Nancy

1. INTRODUCCIÓN

En la Edad Moderna de la historia de Europa, que se extiende aproximadamente de 1450 a 1750, miles de personas, la mayoría mujeres, fueron juzgadas por el delito de brujería. Alrededor de la mitad de esas personas fueron ejecutadas, generalmente en la hoguera. Algunos juicios por brujería tuvieron lugar en los distintos tribunales eclesiásticos de Europa, instituciones que desempeñaron un importante papel en la regulación de la vida moral y religiosa de los europeos durante las edades Media y Moderna. Pero fue más habitual que los juicios se celebraran en los foros seculares —tribunales de reinos, Estados, principados, ducados, condados y municipios—, sobre todo a partir de 1550. La distribución geográfica de los casos en Europa fue extremadamente desigual. En algunas jurisdicciones hubo pocos procesos, e incluso ninguno, mientras que en otras se juzgó a cientos y a veces miles de personas a lo largo de tres siglos. Los juicios por brujería tuvieron también una distribución cronológica irregular. Al aumento gradual del número de procesos durante el siglo XV le siguió una ligera disminución en los primeros años del XVI, un incremento impresionante a finales del mismo y comienzos del XVII y, finalmente, un declive gradual en los últimos años del siglo XVII y primeros del XVIII. Dentro de cada jurisdicción se dieron fluctuaciones incluso más acusadas por lo que respecta a la cifra de juicios. En vez de un flujo constante de procesos, es frecuente encontrar algunos periodos en que se encausó a un gran número de brujas y otros en que el delito no parece haber constituido un problema.

Aunque el número de personas acusadas de brujería varió según lugares y tiempos, todos esos procesos pueden considerarse partes de una amplísima actuación judicial que tuvo lugar únicamente en Europa y sólo durante la Edad Moderna. Este hecho histórico, general pero nunca definido claramente, recibe por lo común los nombres de «brujomanía» o «caza de brujas» europea. El primer término (*witchcraze*), el más empleado en el ámbito anglosajón, debe utilizarse con gran cautela. Sólo es apropiado en la medida en que, durante este periodo, las autoridades y comunidades europeas abrigaron miedos tan profundos a los brujos y brujas que en su conducta persecutoria manifestaron a menudo formas delirantes, irracionales o maniáticas. En algunos casos, el número de personas sospechosas de brujería fue tan amplio y el miedo a ellas tan hondo que provocaron el pánico en comunidades enteras. No obstante, el problema de la palabra «manía» es que da a entender que el conjunto de creencias en que se basaron los procesos por brujería fue producto de algún tipo de desorden mental, lo cual no es cierto.

La otra expresión —caza de brujas— es preferible a la de brujomanía, pues todos los procesos por brujería, incluso los que no presentaban indicios de psicosis colectivas, implicaban algún tipo de búsqueda de malhechores. Las cazas de brujas no supusieron en general la persecución física de un individuo determinado, como en el caso de la caza del hombre cuando un prisionero escapa del calabozo o elude la ley. En algunas ocasiones ciertos brujos o brujas que escapaban o se escondían eran cazados de ese modo, pero el procedimiento fundamental para combatir la brujería consistía en descubrir qué personas eran brujas, más que en localizarlas. La caza de brujas suponía la identificación de individuos que, según una creencia extendida, practicaban alguna actividad secreta. Así pues, brujos y brujas eran acosados tal como se cazaría en la actualidad a los miembros de un movimiento clandestino o una organización secreta. Se trataba de una tarea asumida por distintos individuos, por lo general autoridades judiciales, pero también, en algunos casos, cazadores profesionales de brujas. Actuando en función de acusaciones, denuncias o, a veces, meros rumores, esos individuos arrestaban a personas cuyos nombres atraían su atención, las interrogaban y hacían cuanto podían por hacerles confesar. En algunos casos las autoridades judiciales proseguían esta investigación forzando a brujos y brujas confesas a dar el nombre de sus cómplices, de acuerdo con el tipo de proceso legal más asociado hoy en día a la expresión «caza de brujas» [1]. La etapa final de la caza de brujas era, en la mayoría de los casos, la condena formal de los acusados seguida de su ejecución, destierro o encarcelamiento.

Este libro se propone como objetivo principal explicar por qué se produjo la gran caza de brujas europea. No hay acuerdo en las opiniones acerca de esta cuestión histórica. De hecho, es difícil imaginar cualquier otro problema histórico sobre el que exista más desacuerdo y confusión. Limitándonos al presente siglo, la caza de brujas se ha atribuido, en su totalidad o en gran parte, a la Reforma, la Contrarreforma, la Inquisición, la utilización de la tortura judicial, las guerras de religión, el celo religioso del clero, el nacimiento del Estado moderno, el desarrollo del capitalismo, la extensión del consumo de narcóticos, los cambios en el pensamiento médico, el conflicto social y cultural, el intento de acabar con el paganismo, la necesidad de la clase dirigente de distraer a las masas, la oposición al control de la natalidad, la propagación de la sífilis y el odio a las mujeres. Mi libro no respalda ninguna de estas explicaciones globalizadoras de la persecución. Más bien adopta un planteamiento multicausal que considera las nuevas ideas sobre la brujería y un conjunto de cambios fundamentales en el derecho penal como condiciones previas necesarias de la caza de brujas, y el cambio religioso y la tensión social como sus causas más inmediatas. El estudio de todos estos factores, que constituirá el tema de los siguientes cuatro capítulos, y el examen de cómo se reforzaron mutuamente son los únicos elementos que nos permitirán comenzar a comprender por qué se produjo la caza. Aun así, es necesario, no obstante, ir más allá de estas causas generales y explorar las circunstancias y acontecimientos específicos que provocaron las cazas particulares de brujas, pues la caza de brujas en Europa no fue, en realidad, otra cosa que un conjunto de cazas diversas, cada una de las cuales contó con sus propios catalizadores. Todas estas cazas individuales tuvieron, así mismo, su dinámica propia y, por tanto, debemos intentar explicar por qué, una

---

[1] En la actualidad, las cazas de brujas implican también la persecución de individuos en razón más bien de sus creencias que de sus actos. Cfr., C. Lamer, *Witchcraft and Religion* (Oxford, 1984), pp. 88-91.

vez iniciadas, las cazas de brujas siguieron muchas pautas de desarrollo diferentes.

La complejidad de la gran caza de brujas europea resulta evidente no sólo al analizar sus causas sino también al estudiar su evolución cronológica y geográfica. La persecución de la brujería fue más intensa en algunas zonas que en otras y en algunos tiempos que en otros; así pues, es de rigor que expliquemos el porqué de esas variaciones. Sólo así podemos evaluar la importancia relativa de algunas de las causas más generales de la caza de brujas europea en conjunto. A lo largo del libro intentaremos, por tanto, dar explicación de esta diversidad y en el capítulo VII plantearemos de manera más sistemática la totalidad de la cuestión.

El capítulo final de este libro trata del declive de la gran caza de brujas. Aunque la magia y la hechicería son, en cierto sentido, fenómenos universales pesentes en todas las sociedades y épocas, la caza de brujas europea fue un fenómeno ligado a un periodo; no comenzó hasta el siglo XV y concluyó a mediados del XVIII. El estudio de su conclusión puede, por tanto, aumentar nuestra comprensión de las condiciones que la hicieron posible y la sostuvieron. Dicho estudio puede, también, ayudarnos a percibir las diferencias entre la brujería europea durante la Edad Moderna y los diversos fenómenos contemporáneos con los que suele compararse.

Significado de la brujería

Al tratar un tema tan complejo como el de la brujería es importante fijar el significado de la palabra. La tarea no es sencilla, pues los mismos contemporáneos atribuían al término sentidos diversos y empleaban además muchos otros como equivalentes de brujo y brujería. Sin embargo, cuando los europeos modernos utilizaban la palabra brujería, se referían casi siempre a uno de los dos siguientes tipos de actividad o a ambos. El primero era la práctica de la magia nociva, negra o maligna, la realización de actos dañinos por medio de algún tipo de poder extraordinario, misterioso, oculto, preternatural o sobrenatural. Este tipo de magia podía suponer el asesinato de una persona perforando una muñeca realizada a imitación suya, la enfermedad de un niño mediante la recitación de un maleficio, la descarga de una granizada sobre las cosechas quemando sustancias encantadas, un incendio dejando una espada embrujada en una habitación y la impotencia de un recién casado atando nudos en una correa de cuero y depositándola a su lado. Estos actos solían designarse en latín con el término *maleficia* (maleficios) y en inglés se denominaban a veces *witchcrafts* (brujerías) [2]. Los autores de estas fechorías solían recibir el nombre de *malefici* o *maleficae*, las palabras latinas empleadas habitualmente para identificar a brujos y brujas durante la Baja Edad Media y la Edad Moderna.

El mayor parecido entre la brujería europea y la práctica actual de la brujería en sociedades primitivas y no europeas reside en la práctica de *maleficia*. En todas las sociedades que creen en las brujas, estas personas son considerados como individuos dotados de cierto tipo de poder extraordinario o misterioso para realizar actos malvados. Las características esenciales de estos actos consisten en ser mágicos más que religiosos, y nocivos más que benéficos. No obstante, estas distinciones no son siempre claras y requieren cierta explicación.

En su sentido más puro, la magia es un poder desencadenado y controlado por el hombre mismo. El poder es en gran medida el del mago, que lo utiliza para provocar en el mundo resultados fácilmente observables y empíricos. El mago se sirve casi siempre de este poder en situaciones críticas y habitualmente actúa en secreto y de forma individual y da por supuesto que, si practica correctamente su arte, provocará de forma automática el resultado deseado. Si falla, concluirá que no ha realizado su arte de manera adecuada. En la práctica de la religión, en cambio, la persona, tanto si es sacerdote como si es laico, no ejerce el mismo tipo de control sobre el poder que utiliza. Se limita a suplicar a los espíritus o deidades, de quienes espera o en quienes confía que provoquen los resultados deseados. Si fracasa, es porque el dios no se ha dignado satisfacer su petición. Los fines perseguidos son, además, metas en general no empíricas, «sobrenaturales», como el logro de una vida tras la muerte. La religión es también una forma de actividad más comunitaria y organizada que la magia y su práctica no se limita a situaciones críticas. A diferencia de la magia, la religión se sirve de las artes de la persuasión para intentar al-

---

[2] Sobre la distinción entre *ordinary witchcrafts* (brujerías corrientes) y *bewitchments* (embrujamientos) en Inglaterra y Nueva Inglaterra, cfr. R. Wiseman, *Witchcraft, Magic and Religion in 17th-Century Massachusetts* (Amherst, 1984), pp. 47-9.

canzar sus objetivos y, dado que trata con seres superiores, es más capaz de inculcar en la persona un sentimiento reverencial [3].

Aunque es posible trazar distinciones claras entre magia y religión en sus significados más propios o ideales, tales distinciones son a menudo confusas en la práctica [4]. Esto no debería extrañarnos, pues muchas religiones han evolucionado progresivamente a partir de la magia, mientras que otras han degenerado en magia [5]. Un ejemplo de la manera en que la religión puede parecerse a la magia es que, a veces, el sacerdote recita oraciones o ejecuta ritos con la certeza del mago de que si actúa de acuerdo con la fórmula, se producirá automáticamente el resultado. Además, los efectos de la actividad religiosa son muy a menudo beneficios empíricos y profanos, exactamente iguales a los de la magia, y pueden haberse buscado con el propósito de resolver una crisis próxima. La magia, por otra parte, puede combinarse fácilmente con la religión siempre que utiliza los poderes de divinidades u otros espíritus para lograr los efectos propuestos. En la antigua Grecia y Roma, por ejemplo, los mismos dioses objeto de súplicas y que inspiraban temor reverencial en su culto tenían un cometido importante en la práctica de la magia. Y, según veremos, la primitiva iglesia cristiana insistía en que cualquier actividad mágica suponía el poder de los dioses paganos, considerados demonios.

Debido a la frecuente confusión de distinciones entre religión y magia, merece la pena imaginar un continuo de actividades que implican la utilización de algún tipo de poder preternatural, sobrenatural o no empírico. En un extremo del continuo se hallaría la magia en su sentido más propio o ideal, en el que los dioses no intervendrían y donde los objetivos serían inmediatos, profanos y empíricos. En el otro extremo se encontraría la religión en su sentido más organizado, público, suplicatorio y teológico; sus objetivos serían esencialmente no empíricos y no mundanos. Entre ambos habría diversas formas de magia que tendrían carácter público y supondrían la inter-

---

[3] Cfr., H. Sebald, *Witchcraft: The Heritage of a Heresy* (Nueva York, 1978), pp. 147-57; E. Nottingham, *Religion: A Sociological View* (Nueva York, 1971), pp. 88-91.

[4] La distinción se estableció por primera vez en la época de la Reforma. Cfr., K. Thomas, *Religion and the Decline of Magic* (Londres, 1971), p. 77.

[5] Sobre el argumento de que la magia deriva de la religión, y no al contrario, cfr., D. L. O'Keefe, *Stolen Lightning: The Social Theory of Magic* (Nueva York, 1982); A. A. Barb, «The Survival of Magic Arts», en: *The Conflict between Paganism and Christianity*, ed. A. Momigliano (Oxford, 1963), pp. 100-125.

vención de dioses u otros espíritus, y diferentes formas de religión que presentarían características «mágicas» [6]. No obstante, dentro de este continuo sería aún posible distinguir entre magia y religión en función del criterio de la compulsión [7]. Aquellas formas de actividad en que el ser humano domina o manipula fuerzas misteriosas, sobrenaturales o no, serían esencialmente mágicas; aquellas en las que suplica y deja el poder en manos del espíritu o la divinidad serían fundamentalmente religiosas.

La segunda característica esencial de los *maleficia* es que, por definición, son nocivos, no beneficiosos. Están ideados para producir daños, enfermedades, pobreza o cualquier otro infortunio. Se han de oponer, por tanto, a los actos de la magia blanca, cuyo propósito es generar algún beneficio para uno mismo o para otro. La magia blanca puede ser productiva, en el sentido de estimular el crecimiento de las cosechas o ayudar a las mujeres a engendrar hijos; curativa, al sanar a la persona enferma, o protectora, al impedir que ocurra algún infortunio o al rechazar a algún espíritu malvado o alguna bruja. La distinción entre magia negra y blanca puede fácilmente difuminarse, en especial cuando el mago daña a alguien a fin de protegerse o cuando cura a una persona traspasando la enfermedad a otra. Los actos de magia amorosa caen a menudo dentro de esta zona gris desde el momento en que las ganancias amorosas de uno pueden muy bien significar pérdidas para otro. La magia amatoria podría considerarse también nociva, al menos según las pautas comunitarias, cuando tenga como resultado una relación adúltera, pero será benéfica cuando reúna a un marido desafecto con su esposa.

Nuestro concepto de *maleficium* está muy próximo al de hechizo, pero no puede, sin embargo, equipararse a él. No existe una definición universalmente aceptada de hechizo pero, en prácticamente todos los contextos, la palabra designa la práctica de la magia mediante algún tipo de procedimiento mecánico manipulatorio. La hechicería es una habilidad adquirida. Puede implicar la destrucción de la imagen de una persona con el propósito de causarle daño, la pronunciación de un maleficio o la utilización de un bebedizo. La hechicería se puede distinguir del *maleficium* por dos principales razones.

---

[6] Nottingham, *Religion*, p. 91; Sebald, *Witchcraft*, pp. 150-52; W. Goode, *Religion Among the Primitives* (Glencoe, Ill., 1951), pp. 52-5.

[7] E. Peters, *The Magician, the Witch and the Law*, (Filadelfia, 1978), p. xv; Barb, «Survival», p. 101.

La primera es que, desde el punto de vista de algunos estudiosos, el hechizo puede ser tanto benéfico como nocivo [8]. En este sentido se trata de una categoría más amplia. La segunda consiste en que algunos actos maléficos no suponen la utilización de ninguna técnica, sustancia o parafernalia particulares. En este sentido se trata de una categoría más limitada. El *maleficium* puede ser resultado del poder de una bruja para provocar daño en general, más que de la práctica de algún arte concreto. Un ejemplo de este tipo de *maleficium* en Europa fue el daño supuestamente causado a algunos individuos por el aojamiento. Otro fue el del daño producido a una persona por algún acto plenamente interno del brujo o la bruja, como desear la muerte de una persona. Estos actos eran, sin duda, *maleficia* en todos los sentidos de la palabra, pero no constituían actos de hechicería [9].

Debemos hacer una nueva distinción por lo que respecta a la magia realizada por brujas. Toda magia, tanto si es benéfica como nociva, se puede situar en la parte alta o baja de una escala. Una vez más, la distinción es confusa, aunque la alta magia es un arte complejo y teórico que requiere cierto grado de educación. Las formas más comunes de la alta magia son la alquimia, que consiste en la transmutación de metales de base en metales preciosos, y la adivinación (conocida también como conjuro), consistente en la utilización de diversos medios para adquirir conocimientos secretos o que, de no ser por ello, permanecerían desconocidos. La astrología, recurso a la posición de las estrellas para conseguir dicho conocimiento, y la necromancia, utilización de los espíritus de los muertos con propósitos similares, son los métodos de adivinación más generalmente conocidos, pero diversas sociedades han empleado más de un centenar de métodos diferentes, entre los que se incluye la escapulomancia (adivinación por el examen de los omóplatos de los animales), la dactilomancia (mediante anillos) y la oneiroscopia (por la interpretación de los sueños). La magia baja exige poca o ninguna educación formal y se puede aprender por transmisión oral, aprendizaje o, incluso, experimen-

---

[8] Cfr., por ejemplo, C. Lamer, *Enemies of God: The Witch-Hunt in Scotland* (Baltimore, 1981), p. 9; R. A. Horsley, «Who Were the Witches?: the social roles of the accused in the European witch trials», en: *Journal of Interdisciplinary History*, 9 (1979), p. 696. F. E. Lorint y J. Bernabe, *La Sorcellerie paysanne* (Bruselas, 1977), p. 25; Macfarlane, *Witchcraft in Tudor and Stuart England* (Nueva York/Londres, 1970), p. 4., mantienen una opinión opuesta.

[9] Horsley, «Who Were the Witches?», p. 701, subraya la distinción. Ver también Macfarlane, *Witchcraft in Tudor and Stuart England,* p. 4.

tación individual. Habitualmente adopta la forma de encantamientos y ensalmos sencillos. Casi todos los *maleficia* atribuidos a las brujas en la Edad Moderna entran dentro de esta categoría, tanto porque la inmensa mayoría de brujos y brujas procedía de los estratos bajos de la sociedad como porque la mayor parte de la alta magia es magia blanca. No obstante, es importante señalar que quienes practicaban la alta magia fueron a veces acusados de brujería y que la práctica de la adivinación fue específicamente prohibida por muchas leyes sobre brujería. Además, como veremos en el capítulo II, el desarrollo de la creencia en las brujas en la Europa medieval resultó notablemente influido por un tipo particular de magia erudita o semierudita: el arte ceremonial de evocar a los demonios.

La práctica del *maleficium* es sólo uno de los dos tipos de actividad comprendidos en la definición de brujería dada por la Europa moderna. La segunda se refiere a la relación existente entre la bruja y el demonio, el enemigo sobrenatural del Dios cristiano y personificación del mal. El brujo o bruja era una persona que no sólo practicaba la magia nociva sino que establecía además un pacto con el diablo y le rendía cierta especie de homenaje. La brujería era, por tanto, demonismo, adoración del diablo. Los dos tipos de actividad de que se acusaba a las brujas —magia y demonismo— estaban estrechamente relacionados, pues en aquella época existía la creencia extendida de que la bruja adquiría sus poderes para dañar a las personas por medios mágicos estableciendo un pacto con el diablo. La supuesta vinculación entre magia y demonismo derivaba de los escritos de algunos teólogos que, ya desde el siglo IV, mantuvieron que la magia sólo podía realizarse por poder demoniaco. Esta idea de que los magos mantenían algún tipo de trato con los demonios experimentó un significativo desarrollo durante la Edad Media. A medida que un número creciente de personas comenzó a practicar la magia ceremonial, los filósofos escolásticos sostuvieron que los magos establecían pactos directos con el diablo y eran, por tanto, herejes y apóstatas. Así mismo, comenzaron a defender que los magos, al igual que otros herejes, rendían culto al diablo como Dios suyo en concurridas asambleas nocturnas a las que solían acudir volando. En estos aquelarres o *sabbaths*, como habitualmente se llamaban, las brujas no sólo rendían homenaje al diablo sino que incurrían, además, en una diversidad de prácticas de glotonería, impúdicas, infanticidas y caníbales que representaban una inversión de las normas morales de la sociedad.

La aparición de la creencia en que brujas y brujos no eran sólo magos sino también adoradores del demonio alteró la naturaleza del delito de brujería e hizo de los brujos no meros delincuentes, similares a asesinos y ladrones, sino herejes y apóstatas, individuos intrínsecamente malvados que habían renegado de su fe cristiana decidiendo servir a cambio al enemigo de Dios, el diablo. Ahora bien, es cierto que a lo largo de la historia del cristianismo la magia se había considerado obra del demonio, una forma de herejía y un fracaso de la fe personal. Pero, a finales del siglo XV, la herejía y la apostasía de las brujas habían llegado a ser mucho más deliberadas, organizadas y amenazantes para la sociedad y se reconocieron como una forma nueva y especialmente virulenta de herejía. Al producirse este cambio, las actividades diabólicas de las brujas —el pacto con el diablo y su adoración colectiva— adquirieron una importancia mucho mayor que la práctica de la magia nociva. De hecho, muchos juristas llegaron a considerar el pacto como la esencia de la brujería, mientras que muchos teólogos, sobre todo los del campo protestante, afirmaron que la brujería era un delito puramente espiritual. En consecuencia, muchos individuos juzgados por brujería no fueron, en absoluto, acusados de realizar *maleficia*; su delito fue simplemente el de rendir culto al demonio [10]. Cuando se producían cazas de brujas importantes, las personas implicadas por otras brujas confesas eran acusadas casi siempre de mera asistencia al aquelarre y no de practicar actos específicos de magia.

Lo que distingue con mayor claridad la brujería de la Europa moderna de la de muchas sociedades primitivas del mundo actual es su componente demoniaco. La creencia en la magia, incluso en la magia nociva, existe prácticamente en todas las sociedades primitivas, pero la creencia en el demonio cristiano, tal como lo definieron generaciones de teólogos medievales, es exclusiva de la civilización occidental y de las culturas derivadas de ella. Muchas sociedades primitivas creen, por supuesto, en espíritus y dioses malvados y algunas, incluso, en que tales espíritus pueden auxiliar a los magos en sus prácticas. Varias de estas sociedades creen también que las brujas participan en actividades que trastocan o subvierten las normas sociales establecidas. Pero ninguna de ellas ha desarrollado un conjun-

---

[10] H. C. E. Midelfort, *Witch-hunting in Southwestern Germany, 1562-1684: The Social and Intellectual Foundations* (Stanford, 1972), pp. 52-3.

to de creencias que reproduzca o se aproxime siquiera a las de los demonólogos de la Baja Edad Media ni ha alimentado la idea de que una numerosa secta de magos voladores rinda secretamente culto a los demonios en orgías caracterizadas por el infanticidio caníbal. En este sentido, la cultura de la Europa tardomedieval y moderna es un caso singular.

Hubo, sin embargo, dos tipos de actividad muy distintos, pero relacionados, designados con el término brujería según su utilización en la Europa moderna: uno fue la práctica del *maleficium*, y otro el demonismo. Ambas nociones quedaban comprendidas en el estereotipo imperante de la bruja, hasta el punto de que la presencia de uno implicaba por lo general la del otro [11]. No obstante, es importante señalar que el término brujería connotaba sólo una de ambas ideas. Por un lado, algunas personas eran acusadas de brujería simplemente por haber asistido a un aquelarre, sin evidencia ninguna de que hubiesen realizado *maleficia* o «practicado la brujería» [12]. Por otro, ciertos individuos eran objeto de la acusación de llevar a cabo algún *maleficium*, pero eludían el cargo añadido de demonismo. Esta última situación se producía por lo general en países donde las acusaciones de brujería partían de abajo, es decir, de los convecinos de las brujas más bien que de las autoridades judiciales, y cuando no eran aderezadas por jueces y fiscales obsesionados por fantasías diabólicas. Los vecinos de las brujas se interesaban mucho más por los infortunios que creían haber padecido a causa del poder mágico de una bruja que por sus supuestos tratos con el diablo. No ignoraban del todo cuestiones como la del pacto de la bruja con el demonio y su supuesta adoración del mismo, y en periodos de grandes pánicos a causa de la brujería solían recibir instrucción de los clérigos sobre estas materias [13]. Pero la mayoría de quienes compartían las ideas referentes al demonismo fueron estudiosos, juristas, jueces y magistrados —las clases sociales letradas y dirigentes—, y las brujas eran acusadas en general de tales actividades cuando esos miembros de las clases altas

---

[11] Ver, por ejemplo, N. Rémy, *Demonolatry*, tr. E. A. Ashwin, ed. M. Summers (Londres, 1930), p. vii.

[12] Henri Boguet, *An Examen of Witches*, tr. E. A. Ashwin, ed. M. Summers (Londres, 1929), pp. 203-4.

[13] D. Hall (ed.), *Witch-hunting in Seventeenth-Century New England. A Documentary Collection, 1638-1692*, (Boston, 1991), p. 9; G. Henningsen, «The Papers of Alonso de Salazar Frías», en: *Temenos*, 5 (1969), p. 105.

presentaban cargos contra ellas por iniciativa propia o cuando utilizaban la tortura judicial para obligar a las personas acusadas de *maleficium* a confesar actividades diabólicas. En Inglaterra, donde los jueces no disponían de ninguno de esos poderes legales y donde prácticamente todas las acusaciones provenían de abajo, el delito de brujería consistió fundamentalmente en el ejercicio de la magia nociva y no en la adoración al demonio. En otras regiones, como Rusia y Noruega, el delito se consideró de la misma manera, bien por razones legales o porque las ideas de demonismo corrientes en Francia, Alemania e Italia nunca penetraron del todo en estas regiones periféricas.

Así pues, el término brujería se empleará en este libro para designar la práctica del *maleficium* o del demonismo y, cuando se utilice en el sentido más pleno de la palabra, se referirá a ambos contenidos. Por otra parte, la expresión puede extenderse hasta cubrir otros dos tipos de actividad muy íntimamente relacionados con la brujería. El primero es el de la evocación, por la que una persona conjura al diablo, o más habitualmente a uno de los demonios menores, con el fin de obtener información o ayuda. Esta evocación solía formar parte de un rito o ceremonia cuyo propósito era la práctica de algún tipo de magia, normalmente la adivinación. Los magos rituales no fueron por lo general clasificados como brujos en los siglos XVI y XVII, pero en ciertos casos se les procesó como tales. Estos juicios solían promoverse cuando la magia practicada era nociva y cuando la relación entre mago y demonio se asemejaba a la de siervo y señor. En realidad, tales casos fueron raros. Los magos rituales procuraban casi siempre establecer una relación contractual con los demonios evocados por ellos. No obstante, como parte de dicho contrato, solían hacer a estos demonios ofrendas con apariencia de signos reverenciales, lo que hacía a los magos susceptibles de procesamiento.

La segunda actividad que puede englobarse en una definición amplia de brujería es la de «brujería blanca», que en la Europa de la Edad Moderna designaba la práctica de la curación mágica o el empleo de formas de adivinación bastante burdas destinadas a predecir el futuro, localizar objetos perdidos o identificar a los enemigos. La brujería blanca no suponía, por definición, la práctica del *maleficium*, pero, dada la creencia en que toda clase de magia implicaba la intervención del diablo, no era difícil pensar que quienes practicaban la magia blanca habían hecho pactos con él. En los tratados sobre brujería que consideraban el pacto como la esencia de la brujería se hacía escasa distinción entre brujos blancos y negros [14]. En la práctica real, sin embargo, las brujas blancas eran tratadas por lo general con más benignidad que las negras. En Inglaterra no solían ser procesadas en tribunales laicos sino eclesiásticos y las penas impuestas eran a menudo espirituales. En algunas zonas no fueron siquiera objeto de procesamiento. No obstante, muchas brujas blancas, conocidas por su capacidad para curar enfermos, resultaron también sospechosas de causarles daño, por lo que quedaron asimiladas a las brujas negras [15].

Realidad de la brujería

La brujería suele calificarse de delito imaginado, de fantasía compleja sin fundamento en la realidad; así lo hacen, al menos, los escépticos. Por tanto, las personas juzgadas por brujería son consideradas víctimas inocentes de un sistema judicial equivocado o de un ordenamiento legal opresivo. ¿Son válidas estas hipótesis? ¿Creó la caza de brujas en Europa miles de criminales que no habían cometido delito alguno, o habían realizado realmente las brujas algunos de los hechos por los que fueron procesadas? Al abordar estas cuestiones no precisamos determinar la existencia real del demonio o de los actos de magia, pues tales problemas quedan fuera del ámbito de la investigación histórica. Los historiadores, sin embargo, pueden y deben preguntarse si aquellas personas acusadas de brujería estuvieron verdaderamente implicadas en las *actividades* por las que fueron sometidas a procesamiento. La respuesta a esta cuestión histórica afecta inevitablemente a la de la culpabilidad legal de las brujas, relacionada con ella, pues la culpa está determinada, al menos en cierta medida, por la realidad histórica del supuesto delito. Si las brujas no realizaron de

---

[14] W. Perkins, *A Discourse of the Damned Art of Witchcraft*, en: *Works* (Cambridge, 1613), III, p. 638, considera la brujería blanca la más peligrosa. La definición de brujería dada por Joseph Glanvil en *Saducismus Triumphatus* (Londres, 1681), II, p. 4, abarcaría tanto la magia blanca como la negra.

[15] Sobre la brujería blanca, cfr. G. Henningsen, *The Witches' Advocate: Basque Witchcraft and the Spanish Inquisition, 1609-1614* (Reno, 1980), p. 303; Thomas, *Religion and the Decline of Magic*, pp. 212-53; Wiseman, *Witchcraft, Magic and Religion*, p. 61; Ginzburg, *The Night Battles: Witchcraft and Agrarian Cults in the Sixteenth and Seventeenth Centuries* (Baltimore, 1983), p. 78; Monter, *Witchcraft in France and Switzerland: The Borderlands during the Reformation* (Ithaca, 1976), pp. 167-190.

hecho las diversas acciones de las que eran acusadas y no intentaron realizarlas verdaderamente, no pudieron en tal caso ser culpables de los cargos imputados.

Al debatir la realidad de la brujería es necesario, en primer lugar, distinguir entre los dos componentes principales del delito: *maleficium* y demonismo. El primero tiene una base real sólida pues, en casi todas las sociedades, ciertos individuos practican la magia nociva o maligna. En cuanto a la realidad de tales actos en el pasado, existen abundantes pruebas físicas, legales y literarias. En la Roma antigua, por ejemplo, se sabe de individuos que escribían hechizos en tablillas, las dedicaban a los demonios y, a continuación, las perforaban con clavos. Sabemos que esta forma de embrujamiento, denominada *defixio*, era practicada realmente, pues se han conservado dichas tablillas [16]. De manera semejante, las muñecas y demás parafernalia utilizadas en la magia con imágenes ha pervivido como legado de muchas sociedades del pasado. Cuando en la Edad Media se procesaba a los nigromantes, se solían presentar como prueba de su culpabilidad los instrumentos de su oficio. Y la literatura sobre magia —los cientos de manuales y guías prácticas, tanto de magia blanca como de magia negra, conservados de muchas épocas de la historia— nos proporcionan una amplia materia probatoria de la existencia de personas que practicaron realmente la hechicería y continúan haciéndolo en la actualidad.

Resulta algo más difícil determinar si alguna de las brujas europeas de la Edad Moderna practicó realmente la hechicería. Sólo raras veces se presentaron en los tribunales los instrumentos de su supuesto arte y, dado que la mayoría de ellas eran personas analfabetas, no podía esperarse que estuvieran en posesión de libros sobre magia negra [17]. Las pruebas legales de su actividad de hechicería consistían en sus propias confesiones y en las deposiciones de vecinos que las acusaban de causarles perjuicios. Ambos tipos de pruebas son sospechosos: las confesiones, porque solían obtenerse bajo tortura; las deposi-

---

[16] Ver ejemplos de tales embrujamientos en H. A. Harris, *Sport in Greece and Rome* (Ithaca, 1972), pp. 235-6.

[17] Para los pocos casos raros en que las personas acusadas de brujería se servían de libros, ver Sebald, *Witchcraft,* p. 44; C. Garrett, «Witches and Cunning Folk in the Old Regime», en: *The Wolf and the Lamb: Popular Culture in France from the Old Regime to the Twentieth Century,* ed. J. Beauroy *et al.* (Stanford, 1976), p. 59. Sobre el caso de Jean-Michel de Moulins, ver Humanities Research Center, University of Texas at Austin, Pre-1700 MS. 142.

ciones de testigos, porque procedían de parte hostil. No obstante, las declaraciones registran a menudo hechizos pronunciados, ensalmos y hasta la utilización de instrumentos de magia con imágenes, todo lo cual sugiere que al menos algunos de los acusados de brujería intentaron dañar efectivamente a sus enemigos por medios mágicos. De hecho, la hechicería fue uno de los pocos medios con que las mujeres, sobre todo si eran ancianas y no estaban casadas, podían protejerse en las sociedades de la Europa moderna. En un estudio sobre la conocida caza de brujas ocurrida en Salem, Massachusetts, en 1692, Chadwick Hansen ha mantenido que al menos tres de las mujeres procesadas por brujería la practicaron realmente [18].

Pero, aunque algunas de las brujas de la Edad Moderna practicaran la magia maligna, no debemos suponer por ello que todas, o incluso una mayoría, actuaran así. Entre los miles de brujas ejecutadas nunca conoceremos el porcentaje de las que realizaron de hecho algún *maleficium*, pero, indudablemente, fue muy bajo. Un número algo mayor, pero que sigue siendo una minoría clara, fue probablemente culpable de practicar algún tipo de magia blanca que sus vecinos y superiores malinterpretaron, o quizá tergiversaron deliberadamente, considerándola maligna. La mayoría de las personas acusadas de brujería no practicó ninguna clase de magia, pero fueron acusadas de provocar daños por medios mágicos cuando alguna desgracia inexplicable golpeaba a uno de sus convecinos o cuando eran mencionadas como cómplices de otras brujas durante alguna gran caza.

Al considerar el asunto del demonismo, el problema de establecer la realidad de las acciones de las brujas resulta más difícil, pues la única prueba que poseemos al respecto son las confesiones de las mismas brujas y las acusaciones presentadas por sus supuestos cómplices. Estas pruebas son sospechosas por numerosas razones. En primer lugar, suelen contener referencias a la realización de actos manifiestamente imposibles, como el de volar por el aire. Tales afirmaciones no invalidan de por sí la totalidad del testimonio, pero hacen dudar de su veracidad y requieren pruebas de apoyo [19]. Ahora bien, en ningún caso de demonismo se han presentado nunca tales pruebas. Así, por ejemplo, los vecinos que acusaban a las brujas de *maleficia* no testificaron ni tan sólo una vez haber presenciado el cul-

---

[18] C. Hansen, *Witchcraft at Salem* (Nueva York, 1969), pp. 94-104, 284-6.
[19] Cfr. N. Cohn, *Europe's Inner Demons* (Londres 1975), p. 115.

to colectivo al demonio ni la conclusión de tan siquiera un pacto formal entre una bruja y el diablo. Y lo que es más importante: ningún observador imparcial o independiente testificó o afirmó nunca por escrito haber sido testigo de tales actos. Hasta el crédulo inquisidor italiano Paulus Grillandus admitía, al escribir a comienzos del siglo XVI, que nunca había visto ni oído que una bruja fuera sorprendida *in flagrante crimine* [20]. A pesar de su probada capacidad para irrumpir en reuniones de otros grupos subversivos, las autoridades no hicieron una redada en alguna cueva de brujas ni siquiera en una ocasión. De hecho, siempre que se realizaron investigaciones independientes e imparciales sobre la supuesta práctica de demonismo dieron resultados negativos. Así por ejemplo, cuando el inquisidor español Alonso de Salazar interrogó a cientos de brujos y brujas del país vasco, que en 1610 habían confesado su asistencia a aquelarres, concluyó, fundándose en numerosas retractaciones y contradicciones, que todo aquel asunto «era sólo una quimera» [21].

Un segundo motivo para cuestionar las confesiones de las brujas referentes a actos de demonismo es que fueron obtenidas frecuentemente bajo tortura o amenaza de tortura. Las confesiones conseguidas así contenían pruebas adulteradas, pues era muy probable que la confesión expresara lo que el torturador deseaba oír más que lo que el acusado había hecho realmente. La mayoría de los jueces eclesiásticos y magistrados civiles de Europa en los siglos XVI y XVII tenían una clarísima idea preconcebida de las actividades diabólicas en que participaban las brujas. Cuando se les presentaban personas acusadas de hechicería, daban por supuesto que, además de practicar la magia, dichas personas eran también miembros de una secta secreta y herética de adoradores del diablo. Mediante métodos de tortura altamente eficaces solían obligarlas a confesar que habían establecido pactos directos con el diablo y le habían rendido culto colectivamente. Por otro lado, en su intento por acabar del todo con la secta de las brujas volvían a utilizar la tortura para conseguir los nombres de sus supuestos cómplices.

La mejor prueba que poseemos sobre la estrecha vinculación entre tortura y confesiones de actividad diabólica es que las acusacio-

---

[20] R. H. Robbins, *The Encyclopedia of Witchcraft and Demonology* (Nueva York, 1959), p. 236.
[21] Henningsen, *The Witches' Advocate*, p. 247.

nes de culto al demonio no solían surgir en los juicios por brujería hasta la fase de las diligencias en que se aplicaba el tormento [22]. Ello ocurría a veces en las etapas iniciales, preliminares, poco después de la detención de la bruja, pero en otras ocasiones no se efectuaba hasta que los testigos habían prestado sus declaraciones. Estas declaraciones se referían casi siempre al *maleficium* y no al demonismo. Una vez aplicada la tortura, surgían los cargos por demonismo. Por tal razón, es válido afirmar que la tortura «creó» en cierto sentido la brujería, o, al menos, la brujería diabólica.

La función decisiva de la tortura en la obtención de confesiones de demonismo queda ilustrada con toda claridad en un juicio contra tres brujas en la isla de Guernsey, en el canal de La Mancha, en 1617. En este juicio no se aplicó la tortura hasta una fase muy tardía de los procedimientos, después de que las reos habían sido condenadas y sentenciadas. Hasta ese momento, el juicio se había referido únicamente a cargos de *maleficia*. Según las declaraciones de numerosos testigos, las tres mujeres habían lanzado embrujos contra objetos inanimados, infligido enfermedades extrañas a muchas personas y animales, dañado cruelmente a un gran número de hombres, mujeres y niños y causado la muerte de muchos animales. Basándose en este testimonio, que no hacía referencia al culto al demonio, las tres fueron declaradas culpables y condenadas a muerte [23]. Nada más pronunciarse la sentencia, una de las tres acusadas de brujería, una viuda de nombre Collette Du Mont, confesó ser bruja pero, al negarse a especificar qué crímenes había cometido, fue llevada a la cámara de tortura.

Este fue el momento en que se introdujo en el juicio el demonismo. Una vez planteada la cuestión a Collette, admitió que el demonio se le había aparecido en forma de gato en numerosas ocasiones y la había incitado a vengarse de sus vecinos. De este modo se estableció un nexo entre sus relaciones con el diablo y los *maleficia* de que se la acusaba. Su confesión, no obstante, no se detuvo

---

[22] Cfr. R. Kieckhefer, *European Witch Trials: Their Foundations in Popular and Learned Culture, 1300-1500* (Londres, 1976), caps. III y V; M. Madar, «Estonia I: Werewolves and Poisoners», en: *Early Modern European Witchcraft: Centres and Peripheries*, ed. B. Ankarloo y G. Henningsen (Oxford, 1990), p. 272.
[23] J. L. Pitts, *Witchcraft and Devil Lore in the Channel Islands* (Guernsey, 1886), pp. 9-10.

allí, sino que pasó a describir prácticas diabólicas frecuentemente asociadas a la brujería:

Que el demonio, cuando se presentó a recogerla porque deseaba acudir al aquelarre, la fue a buscar sin que nadie se diera cuenta y le proporcionó cierta untura negra con la que (tras haberse desnudado) se frotó el trasero, la tripa y el estómago; luego, tras volverse a vestir, salió por la puerta de su casa y fue inmediatamente transportada por el aire a gran velocidad y, en un instante, se encontró en el lugar del aquelarre, que unas veces estaba cerca del cementerio parroquial y otras junto a la orilla del mar, próximo a Rocquaine Castle, donde, después de su llegada, se solía encontrar con quince o dieciséis brujos y brujas y con los demonios que se hallaban allí en forma de perros, gatos y liebres. Fue incapaz de reconocer a dichos brujos y brujas, pues todos ellos estaban ennegrecidos y desfigurados pero, no obstante, es cierto que oyó al diablo convocarlos por sus nombres y se acuerda, entre otros, de los de *Fallaise* y *Hardie*... Admitió que su hija Marie, esposa de Massy, condenada ahora por un delito similar, era bruja y que la llevó en dos ocasiones al aquelarre. En el aquelarre, tras haber adorado al diablo, que acostumbraba a erguirse sobre sus patas traseras, mantenían relaciones con él bajo forma de perro; luego, bailaban espalda con espalda. Y, después del baile, bebían vino (no sabía de qué color era) que el diablo vertía de una jarra a una copa de plata o peltre. Este vino no le pareció tan bueno como el que se bebía habitualmente. También comían pan blanco que el demonio les ofrecía. Nunca vio sal en el aquelarre.

La confesión concluye con un relato de cómo el diablo, al abandonar el aquelarre, dio a Collette ciertos polvos negros que podía lanzar sobre personas y ganado para causarles daño [24].

La descripción del aquelarre de Collette Du Mont puede desestimarse fácilmente como producto de coacción judicial. ¿Qué habremos de hacer, sin embargo, con aquellas confesiones de demonismo de las que se dice que fueron prestadas con libertad y sin coacción? Algunas de estas confesiones voluntarias no fueron en absoluto libres, por haber sido realizadas poco después de concluida una sesión de tortura y antes de la anterior. Tampoco podemos considerar libres las confesiones de quienes, por motivos razonables, decidieron que era preferible confesar y ser ejecutado a soportar los atroces tormentos que les esperaban si mantenían el silencio. Es muy probable que estas personas reconocieran que la situación era desesperada en cual-

---

[24] *Ibid.,* pp. 12-14.

quier caso y eligieran, por tanto, evitar parte de su agonía mediante la confesión. Aunque el acusado pensara que podía sobrevivir a la tortura y ser absuelto, la perspectiva intolerable del aislamiento social y el odio de la comunidad provocaron a veces confesiones «voluntarias» [25].

En todos estos casos, la confesión llevaba a lo que podríamos calificar de suicidio judicial, una alternativa al suicidio propiamente dicho al que recurrían muchas brujas durante su encarcelamiento. Siempre que una bruja cometiera ese tipo de suicidio, las pruebas contenidas en su confesión carecerían de credibilidad, pues al prestar sus declaraciones se había mostrado dispuesta, al menos hasta cierto punto, a decir a sus interrogadores lo que éstos querían oír. El mismo problema surge al tratar las confesiones realizadas por las brujas en la esperanza de obtener clemencia judicial. En algunos casos su esperanza se basaba en falsas promesas de las autoridades o en expectativas del acusado carentes de garantía; en otras, se fundaba en la práctica judicial establecida de otorgar una suspensión temporal de la pena a quienes confesaran. Fueran cuales fuesen los motivos, estas confesiones podían ser urdidas con facilidad para obtener clemencia y no podemos confiar, por tanto, en su exactitud real.

No todas las confesiones «libres» de brujería constituían intentos conscientes de evitar algún tipo de dolor o sufrimiento. Algunas, por ejemplo, estuvieron motivadas, casi con seguridad, por un estado senil. Para valorar correctamente el hecho de que muchas de las mujeres ancianas perseguidas por brujería eran personas seniles y mentalmente enfermas no hace falta aceptar los argumentos de Johann Weyer, el crítico de la caza de brujas del siglo XVI, según el cual padecían melancolía. Tales mujeres eran capaces de desarrollar múltiples fantasías y suministrar a sus interrogadores un material que podía trasformarse fácilmente en descripciones de actividades diabólicas. En la actualidad estamos muy bien informados sobre personas que confiesan crímenes que no han cometido —e incluso crímenes que nadie *podría* cometer— como para descartar la posibilidad de que algunos individuos que hicieron libremente confesión de demonismo fueran mitómanos.

Aunque las brujas que confesaron libremente no estuvieran psi-

---

[25] Sir George Mackenzie, *The Laws and Customs of Scotland in Matters Criminal* (Edimburgo, 1678), p. 87.

cológicamente perturbadas, podrían muy bien haber confesado la realización de actividades practicadas sólo en sueños. A veces, estos sueños estaban condicionados por tradiciones culturales, como cuando algunos niños soñaban o imaginaban haber sido llevados a lugares donde se les decía que solían reunirse las brujas. En otros casos los sueños podían haber estado provocados por drogas. En los siglos XVI y XVII existía la creencia extendida de que las brujas facilitaban su vuelo al aquelarre aplicándose sobre el cuerpo unturas mágicas. Han llegado hasta nosotros las recetas de algunos de esos ungüentos voladores y se ha demostrado que contienen determinadas sustancias, como las atropinas, que, administradas en dosis apropiadas por vía cutánea, poseen un efecto psicotrópico o alucinógeno [26]. Sería precipitado fundar una interpretación global de la gran caza de brujas en la utilización de tales narcóticos, pero es muy posible que algunas de las brujas que confesaron haber asistido al aquelarre hubieran experimentado sensaciones similares a las del vuelo bajo la influencia de drogas o hubiesen caído en un sueño inducido por ellas en el que habrían experimentado ensoñaciones fantásticas o deprimentes [27]. En el curso del interrogatorio, el contenido de tales sueños podría haberse transformado fácilmente en un relato estereotipado de lo que sucedía en el aquelarre de las brujas.

Aunque las confesiones de demonismo son altamente sospechosas en cuanto descripciones de la realidad histórica, no fueron del todo producto de la imaginación popular. Es probable que algunos de los individuos acusados de brujería establecieran, por ejemplo, pactos con el diablo. Para admitir esta posibilidad no es necesario creer en la existencia real del demonio o en que se apareciera auténticamente a las brujas y tuviera trato con ellas. Basta con reconocer que en la Edad Moderna muchas ancianas pobres, al darse cuenta de lo desesperado de su situación y creyendo que el diablo solía ofrecer a las personas placeres materiales a cambio de adoración, prometieron servirle y le vendieron su alma [28]. Otras brujas pudieron haber invocado su ayuda en situaciones críticas. Si tales personas creyeron de hecho haber realizado pactos con el diablo, a los inquisidores les habría resultado relativamente sencillo convencerlas de haber

---

[26] Ver M. Harner, «The Role of Hallucinogenic Plants in Europa», en: *Hallucinogens and Shamanism*, ed. M. Hamer (Londres, 1973), pp. 125-50.
[27] Cfr. Monter, *Witchcraft in France and Switzerland*, pp. 199-200.
[28] Cfr. Thomas, *Religion and the Decline of Magic*, pp. 516-26.

tomado parte en otras formas de adoración diabólica menos creíbles. Deberíamos añadir que, en las actas judiciales, esas mismas personas habrían aparecido, probablemente, con un hondo sentimiento de culpa y remordimientos por sus acciones, y así es, exactamente, como se describe a muchas brujas [29].

Aunque algunas brujas individuales pudieron haber establecido realmente pactos con el diablo, carece de base la difundida creencia de que adoraban al demonio colectivamente. Mientras sea imposible aportar pruebas independientes y no adulteradas que apoyen la existencia de un culto brujeril, deberemos adoptar la postura escéptica de que todas esas actividades existieron en las mentes de las acusadas, de sus acusadores o de ambos [30]. Tampoco podemos mantener con ningún grado de certeza que las personas acusadas de brujería se organizaran con algún otro objetivo no diabólico que las autoridades judiciales podrían haber interpretado como culto colectivo al demonio. No son pocas las teorías históricas que contemplan la brujería de este modo. La más famosa es la de la antropóloga Margaret Murray, quien, en tres estudios distintos, mantuvo la idea de que las brujas de la Edad Moderna eran en realidad miembros de un culto de fertilidad antiguo, precristiano, cuyos benéficos ritos fueron malinterpretados por clérigos y jueces alarmados como nocivos y demoniacos [31]. Otros estudiosos que compartían una interpretación romántica de la brujería interpretaron las asambleas de brujas como protesta organizada contra el orden económico y social establecido o contra el patriarcado. Uno de ellos ha considerado el aquelarre como una actividad de goliardos que parodiarían el orden eclesiástico del momento [32]. El problema de todas esas interpretaciones es la inexistencia de pruebas de cualquier reunión de brujas en gran número con algún propósito, diabólico o de otro tipo. El temor al culto colectivo al diablo podría haberse basado en la existencia real de asambleas secretas de otros grupos. Conocemos, por ejemplo, reuniones notablemente numerosas de herejes con fines religiosos cultuales. Pero si las brujas llegaron alguna vez a practicar alguna de sus artes, lo hicieron individualmente o en grupos pequeños.

---

[29] Monter, *Witchcraft in France and Switzerland*, pp. 137.
[30] Cfr. Henningsen, *Witches' Advocate*, pp. 93-4.
[31] M. Murray, *The Witch-Cult in Western Europe* (Oxford, 1921); *The God of the Witches* (Londres, 1933); *The Divine King in England* (Londres, 1954).
[32] E. Rose, *A Razor for a Goat* (Toronto, 1962).

La teoría de Murray parece haber recibido algún apoyo de la obra de Carlo Ginzburg, quien descubrió que, a finales del siglo XVI y comienzos del XVII, cierto número de brujos de la provincia italiana de Friuli fueron efectivamente miembros de un culto de fertilidad. Los *benandanti*, según se llamaban a sí mismas estas personas, se rodeaban el cuello con su membrana amniótica a modo de amuleto y afirmaban que salían de noche a combatir a las brujas, enemigas de la fertilidad. Presionados por la inquisición, aquellos hombres acabaron por creerse brujos ellos mismos y confesaron. Ginzburg pretende que este descubrimiento confirmaba «un núcleo de verdad» en las tesis de Murray, pues los *benandanti* demuestran que la «brujería hunde sus raíces en un antiguo culto de fertilidad» [33]. Todo ello podría muy bien ser cierto si se da al término «brujería» el significado de creencias o mitos sobre las brujas mantenidos por la gente corriente. Pero el libro de Ginzburg no respalda la postura de que los brujos fuesen paganos o practicaran de hecho el paganismo. Los *benandanti* no sólo declararon a menudo su lealtad a la iglesia católica, sino, lo que es aún más importante, nunca salieron en realidad de noche para luchar contra las brujas sino sólo en espíritu, mientras sus cuerpos caían en un estado de catalepsia. Ginzburg considera la hipótesis de que los *benandanti* hubieran podido reunirse en ciertas circunstancias, pero no hay pruebas de que lo hicieran.

La posibilidad de que las brujas soñaran o imaginasen haber tomado parte en ciertas actividades es la única base legítima para una interpretación romántica de la brujería. Los campesinos acusados de brujería tenían sus propias fantasías, al igual que sus inquisidores, y dichas fantasías podían reforzar fácilmente las de sus acusadores. Sabemos, por ejemplo, que muchas mujeres creían haber volado de noche y copulado con demonios, creencias que confirmaban la convicción de los inquisidores de que aquellas mismas mujeres participaban en tales actividades durante el aquelarre. Sabemos también, desde la obra de Emmanuel Le Roy Ladurie, que muchos campesinos del Languedoc imaginaban un orden social invertido como forma de protesta simbólica y que la revelación de sus fantasías podía haberse interpretado con facilidad como una descripción de aquelarres donde, según se creía, todo estaba al revés [34]. No obstante,

---

[33] Cfr. C. Ginzburg, *Night Battles*.
[34] E. Le Roy Ladurie, *Les Paysans de Languedoc* (París, 1966), pp. 407-13.

hemos de tener en cuenta que la realidad de esta inversión era mental y no física. Seguimos sin tener pruebas de la existencia real de un culto brujeril o de la de un grupo de personas que practicaran algún ritual interpretado como brujería.

El hecho de que la gran caza de brujas en Europa encerrase tal cantidad de fantasía —tanto las fantasías de las mismas brujas como las de sus acusadores— ha llevado a muchos historiadores, sobre todo a los de la escuela liberal o racionalista, a considerar la brujería como un engaño o una ilusión masiva, disipada por el desarrollo del conocimiento científico y por la ilustración general difundida en Europa en los últimos años del siglo XVII y durante el siglo XVIII. Esta caracterización de la brujería como engaño es inapropiada por doble motivo: porque impide una investigación desprejuiciada de las funciones a cuyo servicio se hallaba la creencia en las brujas en la Europa moderna, y porque da a entender que la brujería, según se consideraba en su tiempo, no tenía un fundamento real. Como hemos mantenido más arriba, las cosas no eran así. Hubo, claramente, individuos que practicaron la magia, incluso la magia nociva, y otros que establecieron pactos con el diablo. Se puede mantener que el mago y el demonista se engañaban a sí mismos; tal afirmación dependerá de las creencias de cada cual respecto a la eficacia de la magia y la existencia de un demonio capaz de mantener tratos con los humanos. Pero cuando los escritores y las autoridades judiciales intentaban acabar con la brujería, no estaban tratando de una amenaza enteramente inventada.

Magnitud de la caza de brujas

Debido a la destrucción o pérdida de un gran número de actas judiciales y a que nunca se registraron oficialmente los juicios de muchas brujas, no puede fijarse con ninguna exactitud la cifra total de procesos y ejecuciones por brujería. Algunos cálculos que la elevan hasta los nueve millones de ejecuciones han sido burdamente exagerados [35]. Los totales han resultado abultados tanto por las afirmacio-

---

[35] Ver, por ejemplo, A. Dworkin, *Woman Hating* (Nueva York, 1974), p. 130. W. von Baeyer-Katte, «Die Historischen Hexenprozesse: Der Verbürokratisierte Massenwahn», en: *Massenwahn in Geschichte und Gegenwart* (Stuttgart, 1965), ed. W. Bitter, p. 222, calcula cerca de un millón de casos basándose en la pérdida de actas y procesos

nes de los cazadores de brujas, que solían gloriarse del número de personas que habían mandado a la hoguera, como por los autores posteriores, que por distintas razones deseaban subrayar la gravedad del proceso que analizaban [36]. Estudios eruditos de detalle han llevado en general a rebajar el cálculo de la cifra total de víctimas. Durante mucho tiempo se había creído, por ejemplo, que una caza de brujas efectuada en Francia a principios del siglo XVII en el Pays de Labourd, de lengua vasca, habría ocasionado 600 ejecuciones, pero actualmente se piensa que la cifra real pudo haber estado más cerca de las ochenta [37]. En Bamberga habrían sido quemadas supuestamente otras 600 brujas entre 1624 y 1631, pero el total está probablemente más próximo a las 300 [38]. Y en Escocia, donde según las afirmaciones de Henry C. Lea habrían sido ejecutadas por brujería 7.500 personas, la cuantía real es probablemente de menos de 1.500 [39].

Al calcular la magnitud de la caza se impone una distinción entre el número de juicios y el de ejecuciones. En Alemania hubo algunas cazas de brujas en que fueron juzgadas y ejecutadas prácticamente todas las personas sospechosas, pero se trataba de excepciones a la regla [40]. El cuadro 1 establece la tasa de ejecuciones de brujas en varias regiones europeas [41]. El número de juicios sobre los que se han calculado estos porcentajes es muy pequeño, pues sólo incluye los

---

no registrados. Para un cálculo referente a finales del siglo XVIII, cfr. H. C. Lea, *Materials toward a History of Witchcraft*, preparado y ed. por Arthur C. Howland, 3 vols. (Nueva York, 1957), III, 1075.

[36] Luis de Páramo se gloriaba de que, para mediados del siglo XVI, sólo los inquisidores habían ejecutado a 30.000 personas por brujería, H. C. Lea, *A History of the Inquisition in the Middle Ages* (Nueva York, 1955), III, p. 549.

[37] Henningsen, *The Witches' Advocate*, pp. 23-5, 480-1. R. Briggs, *Communities of Belief* (Oxford, 1989), sugiere que la cifra podría reducirse a treinta.

[38] Larner, «Crimen exceptum?: the crime of witchcraft in Europe», en: *Crime and the Law*, ed. V. Gattrell *et al.* (Londres, 1980), p. 52.

[10] H. C. Lea, *History of the Inquisition in Spain* (Nueva York, 1906-07), IV, pp. 246-7; C. Larner, *Enemies of God*, (Londres, 1981), p. 63.

[40] Midelfort, *Witch Hunting*, p. 147.

[41] Fuentes para el cuadro 1: Monter, *Witchcraft in France and Switzerland*, p. 49; Dupont-Bouchat, «La Répression de la sorcellerie dans le duché de Luxembourg aux XVIe et XVIIe siècles», en: M. Dupont-Bouchat *et al., Prophètes et sorciers dans les Pays-Bas XVIe et XVIIe siècles* (París, 1978), p. 127; Pitts, *Witchcraft and Devil Lore*, pp. 28-32; C. Larner, C. H. Lee y H. V. McLachlan, *Source-Book of Scottish Witchcraft* (Glasgow, 1977), p. 237, cuadro 2; A. Heikkinen y T. Kervinen, «Finland: The Male Domination», en: *Early Modern European Witchcraft*, p. 321; H. E. Naess, «Norway: The Criminological Context», en: *Early Modern European Witchcraft*, p. 371. Macfarlane, *Witchcraft in Tudor and Stuart England*, p. 57; G. Klaniczay, «Hungary: the Accusations and the Universe of Popular Magic», en: *Early Modern European Witchcraft*, p. 222.

casos cuyos resultados se conocen. En la mayoría de las regiones la tasa de ejecuciones fue menor del 70 % y en algunas zonas como el condado de Essex, Ostrobotnia y Ginebra no llegó al 25 %. La tasa de ejecuciones alcanzó el grave nivel del 90 % sólo en el Pays de Vaud.

Aun teniendo en cuenta actas judiciales perdidas o destruidas, el número total de personas realmente juzgadas por brujería en toda Europa no superaría en mucho las 100.000. Alrededor de la mitad de ellas vivían en tierras germánicas, dentro del Sacro Imperio Romano. Un proyecto organizado en la década de 1930 por Heinrich Himmler para obtener información sobre personas juzgadas en el pasado por magia y brujería dio lugar a la creación de un archivo que contenía datos de unos 30.000 procesos, la gran mayoría de los cuales tuvieron lugar en Alemania. Dado que algunas de las entradas del archivo recogen los nombres de más de una persona y que las actas de muchos procesos no están incluidas en él por una u otra razón, la cifra total de procesos en Alemania podría ascender fácilmente a 50.000 [42].

El resto de las concentraciones importantes de procesos en Europa se da en los territorios colindantes con Alemania. Hacia el este, Polonia, donde se han realizado muy pocos trabajos sistemáticos sobre actas procesales, fue el lugar de la celebración de 15.000 juicios [43]. Hacia el sur, Suiza, reconocida durante mucho tiempo como centro de la caza de brujas, juzgó al menos a 10.000 [44], mientras que hacia el oeste, en una banda de Estados autónomos situados en el interior del Imperio (entre los cuales se incluían Lorena y el Franco-Condado), junto con el reino de Francia, se efectuaron otros 10.000

---

[42] G. Schormann, *Hexenprozesse in Deutschland* (Gotinga, 1981), pp. 8-15, 71. Schormann cree que el número no llegó a 100.000. Wolfgang Behringer ha calculado que hubo, sin duda, más de 15.000 y, quizá, más de 20.000 *ejecuciones* en Alemania. W. Behringer, «"Erhob sich das ganze Land zu ihrer Ausrottung..."»: Hexenprozesse und Hexenverfolgungen in Europa», en: *Hexenwelten: Magie und Imagination vom 16.-20. Jahrhundert*, ed. Richard van Dülmen (Francfort, 1987), p. 165.

[43] B. Baranowski, *Procesy Czarownic w Polsce w XVII i XVIII Wieku* (Lodz, 1952), p. 178. Los cálculos de Baranowski de 10.000 ejecuciones legales y 5.000 ilegales podrían ser demasiado elevados, pero me he servido de estas cifras para el número total de procesos.

[44] G. Bader, *Die Hexenprozesse in der Schweiz* (Affoltem, 1945), pp. 211-20, da un total de 8.888 personas juzgadas y 5.417 ejecutadas, pero investigaciones posteriores han mostrado que estos totales son demasiado bajos. Behringer, «Erhob sich das ganze Land», pp. 161-2, calcula que el número de ejecuciones podría ascender a 10.000.

juicios. Francia fue, en muchos sentidos, la cuna de la gran caza de brujas, y aunque Alemania acabó superándola al respecto, los tribunales franceses continuaron procesando a un gran número de brujas. Entre 1565 y 1640, el Parlamento de París, con jurisdicción sobre aproximadamente la mitad del país, vio 1.123 causas de apelación y, dado que las apelaciones no serían automáticas hasta 1624, es de suponer que la cifra total de juicios en primera instancia fue muy superior [45]. Por otra parte, las zonas francesas con mayor intensidad de procesos se sitúan en el suroeste y sudeste, fuera de la jurisdicción del Parlamento parisino.

CUADRO 1
Índice regional de ejecuciones en juicios por brujería

Región	Años	Personas juzgadas (se desconoce su suerte)	Ejecuciones	% ejecutadas
Friburgo	1607-83	162	53	33
Ginebra	1537-1662	318	68	21
Neuchâtel	1568-1677	341	214	63
Pays de Vaud	1537-1630	102	90	90
Luxemburgo	1509-1687	547	358	69
Condado de Namur	1509-1646	270	144	54
Isla de Guernsey	1563-1634	78	33	46
Dept. Norte, Francia	1542-1679	187	90	48
Finlandia	1520-1699	710	115	16
Noruega	1551-1760	730	280	38
Condado de Essex, Inglaterra	1560-1672	291	74	24
Escocia	1563-1727	402	216	54
Hungría	1520-1777	932	449	48

Además de estas zonas donde la caza de brujas fue relativamente intensa, se efectuaron unos 5.000 juicios en las Islas Británicas (más de la mitad de ellos en Escocia) y otros 5.000 en los reinos escandinavos. El número de juicios fue aún menor en Bohemia, Hungría,

---

[45] A. Soman, «The Parlement of Paris and the Great Witch-Hunt (1565-1640)», en: *Sixteenth Century Journal*, 9 (1978), p. 35.

Transilvania y Rusia —probablemente no más de 4.000—. Finalmente, en los países mediterráneos de Europa —los reinos españoles y los Estados italianos— hubo unos 10.000 procesos [46]. No obstante, muchos de estos juicios se efectuaron contra formas relativamente secundarias de magia y superstición, que en otras jurisdicciones no se habrían considerado siquiera casos de brujería. Además, muy pocos de ellos concluyeron en ejecuciones [47].

Estas cifras, muy aproximativas, nos dan para Europa un total de poco menos que 110.000 juicios. Basándonos en las estadísticas del cuadro 1, la tasa de ejecuciones para Europa fue del 47 %, pero este cuadro no incluye datos de ninguna región de Alemania o Polonia, responsables entre ambas de la mayoría de procesos en Europa y que parecen haber conocido unos índices de ejecuciones relativamente altos. En la ciudad de Kiel, por ejemplo, fueron ejecutadas al menos el 67 % de las brujas encausadas entre 1530 y 1676; la proporción podría haber ascendido incluso al 81 % [48]. El número de juicios no autorizados que solían concluir en ejecuciones sumarias y que no aparecen reflejados en el cuadro 1 elevaría la proporción de ejecuciones para toda Europa a niveles aún más altos. No sería, por tanto, exorbitante concluir que las comunidades europeas ejecutaron alrededor de 60.000 brujas durante la Edad Moderna [49].

El total de aproximadamente 110.000 procesos por brujería y 60.000 ejecuciones está, quizá, notablemente por debajo de muchos cálculos anteriores, pero, aun así, estas cifras constituyen una siniestra

---

[46] G. Parker, «Some Recent Work on the Inquisition in Spain and Italy», en: *Journal of Modern History*, 54 (1982), p. 529, da una cifra de 3.687 personas juzgadas en España entre 1560 y 1700. Esta cifra no incluye los procesos mantenidos por tribunales civiles. El número de procesos en Italia parece haber sido menor que el de España.

[47] La mayoría de las ejecuciones en España e Italia se realizaron a comienzos del siglo XVI, si bien hubo algunas pocas en el siglo XVII. Durante ese periodo se ejecutó también cierto número de sentencias capitales dictadas por los tribunales civiles. Ver W. Monter, *Frontiers of Heresy* (Cambridge, 1990), pp. 255-275.

[48] Estas cifras se basan en datos ofrecidos por D. Unverhau, «Kieler Hexen und Zauberer zur Zeit der großen Verfolgung (1530-1676)», en: *Mitteilungen der Gesellschaft für Kieler Stadtgeschichte*, 68 (1981), pp. 45-6.

[49] Estas cifras son aproximadamente equivalentes a las de Monter, «The Pedestal and the Stake: Courtly Love and Witchcraft», en: *Becoming Visible: Women in European History*, ed. R. Bridenthal y C. Koonz (Boston, 1977), p. 130. Behringer, «Erhob sich das ganze Land», calcula también menos de 100.000 ejecuciones. J. Klaits, *Servants of Satan: The Age of the Witch-Hunt* (Bloomington, 1985), calcula un total de 200.000 juicios.

realidad, sobre todo si tenemos en cuenta que la mayoría de las brujas fueron juzgadas o bien por crímenes que no cometieron o por delitos considerablemente exagerados. Además, las cifras totales no dan idea de las dimensiones globales o de la intensidad de la gran caza de brujas. El número de personas llevadas a juicio no revela, por ejemplo, cuántas vivían bajo sospecha de brujería o fueron objeto de acusaciones informales. Algunas actas de tribunales eclesiásticos en las que personas calificadas de brujas presentaron acusaciones por difamación contra sus acusadores nos hacen saber que la cifra de acusaciones por brujería fue muy superior al número real de procesos por tal delito [50]. Además, podemos tener la seguridad de que muchas personas tachadas de brujas no presentaron demandas contra sus acusadores. En la vida de las localidades de la Europa moderna las acusaciones de brujería fueron, pues, un rasgo mucho más común de lo que podría dar a entender el número de acusaciones y juicios formales.

Hubo también muchos individuos formalmente acusados de brujería, pero que nunca fueron llevados a juicio. Muchas de estas personas fueron denunciadas como brujas por sus supuestos cómplices, habitualmente bajo tortura, pero por alguna razón no se las sometió a proceso. En algunos casos, la falta de procesamiento se puede explicar por la decisión de las autoridades judiciales de poner fin a la caza antes de encausar a todos los sospechosos. En otros, el tiempo y costas de encarcelar y procesar a cientos de sospechosos podría haber puesto a prueba la resolución del cazador de brujas más celoso o gravado excesivamente los recursos económicos de la comunidad local. En cualquier caso, un estudio global de la caza de brujas no puede ignorar a estas personas, acusadas pero no juzgadas, que compartieron en buena medida el terror de quienes fueron realmente procesados, pues, una vez concluida la caza, soportaron a menudo el ostracismo social y las continuas sospechas.

Las cifras relativas al total de procesos y ejecuciones no consiguen darnos, por tanto, ninguna indicación sobre el efecto de las cazas de brujas en ciudades y pueblos concretos. Sólo si descomponemos las cifras globales año por año y pueblo por pueblo, podremos apreciar toda la intensidad de la caza de brujas. Cuando descubrimos, por ejemplo, que en el Estado territorial del príncipe obispo de

---

[50] Macfarlane, *Witchcraft in Tudor and Stuart England*, pp. 60, 66-75.

Eichstätt fueron ejecutadas por brujería 274 personas en sólo un año y que en las tierras del convento de Quedlinburg se dio muerte a 133 brujas en sólo un día de 1589, nos hacemos una idea mucho mejor del precio en víctimas cobrado por la caza de brujas que si calculamos para todo un país las cifras de un periodo de 300 años [51].

Para las personas que vivieron en los siglos XVI y XVII, la principal cuestión estadística respecto a la brujería no fue la del número de brujas ejecutadas sino la de cuántas quedaban aún en libertad. Algunos de estos cálculos eran sorprendentemente altos. En el momento álgido de una caza de brujas especialmente intensa, en 1587, el juez de la localidad francesa de Brieulles afirmó tener pruebas de la existencia de 7.760 brujas tan sólo en el ducado de Rethelois [52]. En 1571, una bruja francesa llamada Trois-Eschelles comunicó al rey Carlos IX la presencia de 300.000 brujas en su reino, y en 1602 el demonólogo Henri Boguet se sirvió de esta cifra para extrapolar un total de 1.800.000 para toda Europa. Según Boguet, había «por todas partes miles de brujas que se multiplican sobre la tierra como los gusanos en una huerta» [53]. Un demonólogo calculaba en 500, por lo menos, el número de participantes en las reuniones de brujas, mientras que otro elevaba la cifra a 100.000 [54]. Estos cálculos ayudan a dar razón de por qué las clases cultas de Europa estaban tan aterradas por la brujería. También contribuyen a explicar por qué persiguieron a las brujas con tal ferocidad. No podía ignorarse una amenaza de semejante envergadura; había que hacerle frente de forma directa con todo el poder judicial que los Estados europeos pudieran recabar.

---

[51] H. C. Erik Midelfort, «Heartland of the Witchcraze: Central and Northern Europa», en: *History Today*, 31 (1981), p. 28.
[52] A. Soman, «Witch Lynching at Juniville», en: *Natural History*, 95 (1986), p. 10.
[53] Bodin, *De la Démonomanie des Sorciers* (Amberes, 1586), p. 365; Boguet, *An Examen of Witches*, pp. xxii, xxiv.
[54] Rémy, *Demonolatry*, p. 56; Lea, *Materials*, III, 1297.

2. LOS FUNDAMENTOS INTELECTUALES

A finales del siglo XVI, la mayoría de los europeos cultos creía que las brujas, además de practicar la magia nociva, participaban en múltiples actividades diabólicas. Ante todo y sobre todo, creían que las brujas pactaban explícita y directamente con el diablo. Este pacto no sólo les otorgaba el poder de realizar *maleficia*, sino que las iniciaba además en el servicio al demonio. La conclusión del pacto consistía en una ceremonia formal que tenía lugar tras aparecerse el diablo a la bruja, normalmente en forma de un hombre hermoso y bien vestido, y seducirla con la promesa de recompensa material o placer sexual. La bruja accedía al rechazo de su fe cristiana, que solía simbolizarse por la acción de pisotear la cruz, y a ser rebautizada por el demonio. A continuación rendía homenaje al diablo, inclinándose ante él (a menudo hacia atrás) o besándole el trasero. Como signo de su lealtad, el demonio grababa en el cuerpo de la bruja una marca distintiva, habitualmente en algún lugar oculto. Luego le daba instrucciones meticulosas para la realización de actos maléficos, suministrándole, cuando fuera necesario, las pociones, ungüentos e imágenes que pudiera necesitar para practicar su arte.

Una segunda creencia aceptada por la mayoría de los europeos cultos en el siglo XVI era que las brujas, tras haber concluido el pacto con el diablo, se reunían periódicamente con otras —a veces por centenares o incluso por miles— para realizar una serie de ritos blasfemos, obscenos y atroces. En estas reuniones, el diablo podía aparecerse en formas diversas junto con otros demonios subordinados. Las brujas acostumbrarían muy a menudo a sacrificar niños al diablo y banquetear con los cuerpos de las criaturas y otros platos repugnantes, bailar desnudas y mantener trato sexual con el diablo y otras brujas. En algún momento de la asamblea podía realizarse una parodia de la celebración eucarística cristiana durante cuyo desarrollo las brujas solían hacer preparativos para continuar sus maléficas operaciones. En estrecha vinculación con estas actividades, existía la creencia de que las brujas podían servirse del poder del demonio para volar por el aire y acceder así prontamente a las reuniones que tenían lugar con frecuencia a considerable distancia de sus hogares.

Ahora bien, es importante señalar de entrada que estas creencias, relativas todas ellas a la relación entre las brujas y el diablo, eran propias en su mayoría de las clases letradas y dirigentes y no del pueblo llano. Aunque las creencias populares en espíritus demoniacos, íncubos y súcubos, orgías y canibalismo han suministrado parte de la materia prima a partir de la cual se forjaron tales ideas, su formulación efectiva fue obra de teólogos, filósofos y abogados y las personas que las aceptaban eran jueces, clérigos, magistrados y señores. Los campesinos podían obtener una información limitada sobre las actividades diabólicas de las brujas a través de la lectura pública de las acusaciones contra ellas en el momento de su ejecución y por los esfuerzos deliberados de las autoridades para instruir a la población en estos asuntos durante una situación de alarma por brujería o una caza de brujas. Una vez que se les habían expuesto esas ideas, los campesinos no tenían grandes dificultades en aceptarlas; la idea de una campesina miserable que hacía un pacto con el diablo para mejorar su suerte y asistir a una orgía indecente destinada a obtener placer culinario y sexual no resultaba demasiado ajena a la mentalidad del campesinado [1]. No obstante, aquellos campesinos analfabetos no podían entender del todo las complejas teorías de los demonólogos ni era probable que la actividad diabólica les aterrara tanto como a frailes y teólogos. Su interés por la brujería y su miedo a ella se centraban en

---

[1] Ver Ginzburg, *Night Battles,* p. 135. C. Holmes, «Popular Culture?: Witches, Magistrates and Divines in Early Modern England», en: *Understanding Popular Culture,* ed. S. Kaplan (Berlín, 1984), pp. 100-101, mantiene que, en Inglaterra, la consecuencia final de la propaganda clerical fue una aceptación limitada del pacto satánico en la cultura popular.

la capacidad de la bruja para causar daño por medios ocultos, y no en su relación con el demonio. La identificación con el diablo como fuente de la magia brujeril agravó probablemente los miedos de las clases bajas, sobre todo después de que la reforma intensificara su conciencia de los poderes diabólicos, pero su interés primordial siguió refiriéndose a la magia más que al demonismo de las brujas [2].

La gran caza de brujas europea no pudo producirse hasta que los miembros de las elites dirigentes de los países de Europa, en especial los hombres que controlaban la actuación de la maquinaria judicial, aceptaron las diversas creencias, descritas brevemente más arriba, relativas a las actividades diabólicas de las brujas. La mera creencia en la realidad de la magia practicada por ellas no pudo sustentar su procesamiento sistemático y sus numerosas ejecuciones. El delito de *maleficium* cometido supuestamente por las brujas de la Europa moderna, aun siendo claramente culposo, no era lo bastante serio ni se practicaba con la suficiente amplitud como para provocar el tipo de campaña judicial emprendida en contra de las brujas. Para que se diera la caza intensiva de brujas fue necesario que la clase dirigente creyese que el delito era de la máxima magnitud y se practicaba en gran escala y de forma conspirativa. No sólo debía creer que algunas brujas particulares dañaban a sus convecinos por medios mágicos, sino también que un gran número de ellas rechazaba por completo la fe y minaba la civilización cristiana. Tenían que pensar que magos y magas pertenecían a una secta organizada y conspiratoria de adoradores del diablo.

La aceptación de este conjunto de creencias relativas a las brujas por parte de muchos europeos influyentes y políticamente poderosos suscita varias cuestiones importantes. En primer lugar, ¿de dónde provenían todas aquellas ideas sobre el pacto con el demonio, el aquelarre y la capacidad de las brujas para volar, y cómo se fusionaron en el «concepto acumulativo de brujería»? En segundo lugar, ¿cómo se desarrollaron tales ideas, para difundirse luego entre las clases superiores e instruidas de los países europeos? Y en

---

[2] Sobre la brecha entre creencias populares y cultas, ver Kieckhefer, *European Witch Trials*, pp. 27-46; R. Muchembled, «Witches of Cambrésis: the Acculturation of the Rural World in the Sixteenth and Seventeenth Centuries», en: *Religion and the People, 800-1700*, ed. J. Obelkevich (Chapel Hill, N. C., 1979), pp. 232, 240; Wiseman, *Witchcraft, Magic and Religion*, pp. 53-72.

tercer lugar, ¿por qué dichas ideas resultaron tan atrayentes en ese momento y no fueron rebatidas con éxito hasta finales del siglo XVII?

El concepto acumulativo de brujería

El diablo

En el centro de las creencias más cultas sobre brujas se hallaba el diablo, fuente de su magia, socio con quien concluían el pacto y objeto de su adoración. Antes de examinar materias tales como el pacto es, pues, importante que determinemos quién era este poder espiritual y qué atributos le otorgaban los europeos. Como sucede con tantas creencias relativas a la brujería que implican al demonio, la concepción misma que se tuvo de él cambió visiblemente durante la Edad Media.

A lo largo de la Edad Media el demonio solía recibir el nombre de Satanás, denominación que significa «el enemigo» y aparece ya en la Biblia. En el Antiguo Testamento, Satanás no figura de forma destacada. Al ser una religión monoteísta, el judaísmo atribuyó en origen toda la creación y administración del universo al único dios verdadero, Yavé. Cualquier realidad, tanto el bien como el mal, era responsabilidad suya. Sólo en uno de los últimos libros del Antiguo Testamento, el primero de las Crónicas, asumía Satanás una personalidad distintiva y se presentaba como el enemigo de Dios y encarnación del mal. En el Nuevo Testamento, Satanás adquirió una preeminencia mucho mayor. Como cabeza de un ejército de demonios subordinados, no sólo tentó al mismo Cristo en el desierto sino que se convirtió también en el poderoso oponente de la cristiandad, incitando a los hombres a alejarse de Cristo y rechazar sus doctrinas. Entre el reino de Cristo, por un lado, y el de Satanás, por otro, surgió, pues, una lucha titánica, un conflicto que, según la mayoría, continuaría hasta el Segundo Advenimiento.

A medida que el cristianismo, el reino de Cristo, se propagaba por Oriente y Occidente, era muy natural que los Padres de la Iglesia asignaran al reino de Satanás las religiones con que competían, tanto la judía como las paganas. Este proceso contribuyó de hecho a la representación visual del demonio en el arte cristiano. Una de las tácticas más eficaces de la iglesia cristiana en relación con los conversos reales o potenciales que seguían adorando a sus dioses paganos fue la de demonizarlos —afirmar que tales deidades eran en realidad demonios o el diablo en persona—. Al ser esta equiparación tan frecuente, los cristianos comenzaron a pintar al demonio tal como los paganos veían a sus dioses. En el arte medieval no existía una imagen normalizada del diablo y algunos de los rasgos que adquirió en esas representaciones deben más a la teología cristiana que a la imitación pagana. El hecho, por ejemplo, de pintarlo en negro proviene de la asociación tradicional del negro con el pecado, más que de la negrura de algún dios pagano en particular. Así mismo, las alas derivan de la condición del demonio de ángel caído y no del hecho de que muchos dioses paganos fueran igualmente criaturas aladas. No obstante, muchos de los rasgos comúnmente atribuidos al demonio fueron en origen los de los dioses paganos. La barba de chivo, las pezuñas partidas, los cuernos, la piel arrugada, la desnudez y la forma semianimal hacen referencia directa tanto al dios grecorromano Pan como a Cernuno, el dios celta, mientras que los senos de mujer que suelen aparecer en las representaciones pictóricas inglesas del diablo en el siglo XVII procedían casi con seguridad de la diosa de la fertilidad, Diana [3].

El parecido entre el demonio medieval cristiano y las antiguas divinidades paganas, suplantadas y demonizadas por el cristianismo, es uno de las principales elementos probatorios utilizados por los estudiosos en apoyo de la tesis de que las brujas de la Edad Moderna practicaban de hecho una antigua religión de fertilidad. Muchas confesiones de brujas hacían referencia a la adoración de un animal cornudo como dios.

Las confesiones, sin embargo, no pueden aceptarse en su expresión literal. Estas descripciones, sugeridas casi con certeza por el inquisidor de las brujas o el juez, reflejan una idea cristiana del diablo, adorado como dios por la bruja en opinión del inquisidor. Es perfectamente normal que, al describir la apariencia de ese «dios», el inquisidor aludiera a los rasgos asignados más comúnmente al demonio, que derivaban a su vez en gran parte de antiguas imágenes de dioses paganos de la fertilidad.

Aunque el nombre más corrientemente utilizado para referirse al diablo era el de Satanás, tal denominación tenía algunos rivales. En

---

[3] *The Devils Triumph Over Rome Idol's*, (Londres, 1680).

ciertos casos el nombre empleado para designar al demonio era el de Lucifer, que los escritores patrísticos asignaron al gran arcángel que se rebeló contra Dios y fue expulsado del cielo al infierno. Este nombre —palabra latina que significa la estrella de la mañana— no aparece en la Biblia, pero algunos Padres de la Iglesia lo identificaron con el astro que en Isaías intenta ser como Dios y al que éste arroja del cielo. Lucifer, por tanto, pasó a ser un nombre que podía utilizarse para designar a Satanás antes de la caída.

Además de creer en el diablo, al que se daba el nombre de Satanás, Lucifer o cualquier otro título como el de Príncipe de las Tinieblas, Príncipe de este mundo o, simplemente, demonio, los cristianos de las edades Media y Moderna creían en la existencia de un gran número de diablos, demonios o espíritus malvados que ayudaban al Demonio en su obra del mal, tentación y destrucción. El Nuevo Testamento indica que estos demonios constituían legión pero no da una cifra precisa, de modo que su exacta fuerza numérica se convirtió en un lugar especulativo común entre demonólogos. Alfonso de Espina, teólogo español del siglo XV, propuso un total de 133.306.668, superado sólo por el cálculo mucho menos preciso de 26.000 millones en uno de los libros sobre demonios recopilados por Sigmund Feyerabend en 1569 [4]. Otros cálculos solían ser mucho más conservadores y se situaban en torno a los seis o siete millones. Dado que, según se creía, estos demonios eran ángeles caídos, solía atribuírseles una clasificación jerárquica, como a los ángeles.

Algunos demonios, en especial los de los rangos superiores, recibían sus propios nombres, poseían personalidades diferenciadas y presidían ciertos pecados. Sobre estos asuntos no existía el más mínimo acuerdo y la confusión podía llegar a ser irremediable cuando los demonólogos se referían al demonio (es decir, Satanás) con los nombres de uno de los demonios principales como Belcebú, Leviatán, Asmodeo, Belial o Behemot, o cuando degradaban a Satanás o a Lucifer (o a ambos) a una categoría de mera paridad con sus subordinados. Esta confusión no debería sorprendernos, pues el origen de tales nombres era la Biblia o bien los libros apócrifos del periodo precristiano, donde los diversos nombres se empleaban indistintamente. La confusión no aparece sólo en la obra de los demonólogos sino también en relatos sobre los aquelarres, donde muchas veces es imposi-

---

[4] Robbins, *Encyclopedia*, p. 130; Lea, *Materials*, III, 1084.

ble determinar si el señor de la ceremonia, pintado a menudo como un animal con cuernos, era supuestamente el diablo o uno de sus demonios principales.

Las frecuentes referencias a la apariencia física del diablo a lo largo de la Edad Media y las alusiones igualmente frecuentes a su introducción en los cuerpos de seres humanos suscita la importante cuestión de su naturaleza metafísica y sus poderes. Estos asuntos fueron motivo de debate durante todo el periodo medieval, pero en los siglos XII y XIII un grupo de teólogos escolásticos estableció una opinión que se consideró ortodoxa durante la época de la caza de brujas. Según los escolásticos, los demonios, como los ángeles, eran espíritus puros y no estaban dotados de carne ni sangre. No obstante, podían tomar la apariencia de un cuerpo humano o animal mezclando el aire con diversos vapores procedentes de la tierra, consiguiendo así crear un cuerpo incorpóreo o aéreo. Este cuerpo, al estar compuesto de elementos naturales, tenía realidad física y podía llevar a cabo ciertas funciones corporales, como la de bailar o realizar el acto sexual. Según algunos demonólogos, el diablo podía incluso procrear utilizando semen tomado de otro hombre, aunque esta opinión fue muy controvertida [5]. Las peculiares propiedades de los cuerpos demoníacos explican así mismo por qué se dice que el diablo y sus numerosos demonios íncubos o súcubos se mantenían fríos durante la relación sexual. Para explicar la frialdad de los órganos sexuales del diablo no es necesario postular que las brujas utilizaran falos de piedra como parte de algún tipo de rito de fertilidad; basta la opinión teológica de su carencia de sangre [6].

Además de adoptar la apariencia de un ser humano o un animal, el diablo o sus demonios subordinados podían tomar posesión real del cuerpo de una persona o introducirse en él. La Biblia ofrece relatos de tales posesiones y se siguen dando a lo largo de las épocas del cristianismo temprano y la Edad Media. Era muy frecuente que las personas poseídas fueran clérigos, quienes se lamentaban del control que el diablo adquiría por tal medio sobre ciertos órganos o funciones corporales. Cuando el diablo poseía a un ser humano, no necesi-

---

[5] Ver Rémy, *Demonolatry*, p. 92; H. Kramer y J. Sprenger, *The Malleus Maleficarum*, tr. y ed. de M. Summers (Londres, 1928), pp. 111-12; Lea, *Materials*, II, p. 993.

[6] La frialdad podía también atibuirse a la formación del cuerpo humano a partir de agua congelada o por su utilización de algún cadáver. Cfr. R. Masters, *Eros and Evil* (Nueva York, 1966), pp. 20-2.

taba comprimir o condensar aire para crear un cuerpo aéreo; se limitaba a ocupar el cuerpo de la persona afectada y utilizaban su poder sobre la materia para dirigir las funciones del cuerpo humano. La posesión demoniaca pudo desempeñar y acabó desempeñando un papel importante en la brujería, pues podía producirse a consecuencia de las acciones de una bruja. La bruja, en otras palabras, tenía potestad para ordenar al diablo que poseyera a una víctima en virtud del pacto concluido entre ambos. No obstante, la posesión podía darse sin intervención de una bruja, por el mero antojo del demonio, mientras Dios se lo permitiera.

Uno de los poderes más importantes del diablo era su facultad para provocar ilusiones. Al igual que su poder de adoptar la forma de un ser humano, ésta derivaba de su potestad para desplazar sustancias, imágenes y humores diversos. Del mismo modo que era capaz de comprimir y espesar el aire, podía también tomar las imágenes almacenadas en las mentes de las personas e imprimirlas en sus facultades intelectuales, de forma que les pareciera estar viendo algo que no se hallaba realmente presente. Los teólogos escolásticos subrayaban que muchos de los efectos maravillosos producidos por el diablo eran meras ilusiones creadas por él. Esto es lo que ocurriría según ellos cuando, por ejemplo, convertía a las personas en animales o privaba a un hombre de su «miembro viril». En realidad, no cambiaba la sustancia de una persona ni alteraba su estructura física; simplemente la embaucaba haciéndole creer que se había producido el cambio [7]. Para ello gravaba en la facultad imaginativa de una persona la imagen de un animal o de un hombre sin miembro viril o confundía sus facultades perceptivas mediante una utilización similar de sus poderes para controlar el movimiento local. Gran parte de la magia practicada por el diablo se realizaba de este modo, aunque también podía practicarla acercando o apartando cuerpos físicos, desafiando las leyes normales de la naturaleza.

En función de este análisis de los poderes del diablo, debe quedar claro que, según el punto de vista escolástico, no poseía ni remotamente un poder ilimitado sobre el mundo físico. No tenía la facultad de cambiar la sustancia de las cosas o realizar milagros. Tampoco podía crear ninguna forma de vida nueva; debía operar con el universo según había sido creado por Dios, el único que había creado y

---

[7] *Malleus Maleficarum*, pp. 118-24.

presidía el mundo natural y espiritual. Hiciera lo que hiciese, el diablo obraba por permiso explícito de ese Dios inmanente que conservaba muchos poderes para su uso exclusivo. Declarar que el diablo era de alguna manera igual a Dios, que creaba la materia o controlaba su actuación, era una herejía dualista, la doctrina de ciertas sectas como los maniqueos y los cátaros. En algunos momentos los cristianos ortodoxos estuvieron muy cerca de aceptar tales ideas. Cada vez que hablaban del reino de Satanás o expresaban dudas sobre si la lucha de Cristo contra él podría concluir en victoria, siempre que sentían su posible incapacidad para evitar el aparente control que el diablo ejercía sobre ellos, se acercaban peligrosamente a atribuirle poderes condenados por la doctrina oficial de la iglesia. No es de extrañar que estas expresiones de la creencia en un poder abrumador del demonio fueran comunes, sobre todo durante el periodo de la gran caza de brujas en Europa [8].

Durante el siglo XV, cuando el poder del diablo en el mundo parecía ir en aumento y tuvieron lugar los primeros juicios por brujería, la figura del demonio comenzó a experimentar una significativa transformación. A lo largo de la Edad Media, el diablo había sido descrito como el enemigo y antitipo de Cristo, maestro del odio y no del amor. Ahora, sin embargo, se representaba cada vez más como la contrafigura de Dios Padre, principio y objeto de idolatría y falsa religión. Una de las fuentes de esta transformación fue la insistencia de los teólogos de la escolástica tardía en proponer como fundamento de la ética cristiana los Diez Mandamientos en vez de los Siete Pecados Capitales. El primero de los Diez Mandamientos prohíbe adorar dioses falsos, transgresión no comprendida fácilmente bajo los Siete Pecados Capitales. John Bossy ha afirmado que la mayor consideración dada a este nuevo sistema moral, que católicos y protestantes acabarían adoptando en el momento de la Reforma, contribuyó a la transformación del delito de brujería, que cambiaría su consideración de *maleficium* por la de adoración al diablo [9]. No es mera coinci-

---

[8] Sobre la pérdida de confianza respecto a la sumisión total del diablo a Dios experimentada en el periodo de la gran caza de brujas, ver F. Cervantes, *The Idea of the Devil and the Problem of the Indian: The Case of Mexico in the Sixteenth Century* (Londres, 1991), pp. 11-19.
[9] J. Bossy, «Moral Arithmetic: Seven Sins into Ten Commandments», en: *Conscience and Casuistry in Early Modern Europe*, ed. E. Leites (Cambridge, 1988), pp. 229-31.

dencia que el teólogo tardomedieval principal abogado de la nueva ética escrituraria, Jean Gerson, fuera el principal responsable de la decisión tomada en 1398 por la facultad de teología de la Universidad de París según la cual todos los magos, tanto benéficos como nocivos, eran culpables de idolatría. Tampoco es de extrañar que Johannes Nider, el teólogo dominico e inquisidor que escribió entre 1435 y 1437 uno de los primeros tratados sobre brujería, el *Formicarius*, fuera uno de los discípulos alemanes de Gerson [10]. En esta obra, Nider describe a brujos y brujas como hombres y mujeres que no sólo hechizan sino que, además, honran al diablo, reniegan de su fe cristiana y pisotean la cruz.

El pacto con el diablo

La idea central del concepto acumulativo de brujería es la creencia de que las brujas establecían pactos con el diablo. El pacto no sólo suministró la base de la definición legal del delito de brujería en muchas jurisdicciones, sino que sirvió así mismo como vínculo principal entre la práctica de la magia nociva y el supuesto culto al demonio. La bruja era, en el sentido más pleno del término, una maga nociva y una adoradora del diablo y el pacto era el medio más claro para relacionar ambas formas de actividad [11].

La idea de que un ser humano podía establecer un pacto con el diablo puede hallarse en los escritos de san Agustín, pero no se difundió en Europa occidental hasta el siglo IX, cuando se tradujeron al latín diversas leyendas referentes a tales pactos. En ellos la parte humana establecía un acuerdo similar a un contrato legal según el cual el diablo proporcionaba salud o alguna otra forma de poder terrenal a cambio de servicios y, por supuesto, de la potestad sobre el alma del contratante humano tras la muerte. En alguno de estos relatos, el pacto implicaba prácticas mágicas. En uno de los más famosos, un mago judío tentaba a san Teófilo a firmar un acuerdo de ese tipo

---
[10] *Ibid.* Sobre el papel de Nider como reformador y los nexos entre el *Formicarius* y otros escritos catequéticos de la época, cfr. A. Blauert, *Frühe Hexenverfolgungen*, pp. 32-3.
[11] Cfr. Ginzburg, *Ecstasies: Deciphering the Witches' Sabbath* (Nueva York, 1991), pp. 69-71. Para un análisis de los distintos elementos del tratado de Nider y para el reconocimiento de su novedad, ver Blauert, *Frühe Hexenverfolgungen*, pp. 56-9.

y, como resultado del trato, Teófilo conseguía, entre otras cosas, poderes mágicos. En otra leyenda, adaptada de san Jerónimo por el arzobispo Hincmaro de Reims en el siglo IX, un muchacho hacía un pacto con el diablo instado por un mago con el fin de conseguir el afecto de una joven. El muchacho no adquirió poderes mágicos a consecuencia del pacto ni el mago estableció un pacto con el diablo, pero el joven obtuvo el objeto deseado por magia amatoria y se puede presumir que el mago había concluido de hecho anteriormente un pacto similar. En otros relatos referentes a pactos, como el narrado por un obispo italiano del siglo IX, deseoso de obtener grandes riquezas, no se aludía a la concesión de poderes mágicos a la persona por parte del demonio [12]. No obstante, la creencia de que los magos concluían pactos con el diablo estaba tan bien establecida en el siglo IX que Rábano Mauro pudo referirse al pacto como una de las razones para condenar la práctica de la magia erudita [13].

El nexo entre magia y pacto demoniaco se estrechó mucho más en los siglos XII y XIII, cuando la traducción de gran número de libros de magia islámicos y griegos provocó un incremento impresionante de la práctica efectiva del arte mágica y los escritores eclesiásticos se mostraron mucho más decididos y explícitos en su condena de la misma. La magia que comenzó a practicarse en ese momento suponía el conjuro y el control de demonios y solía designarse con el nombre de necromancia, término que técnicamente significa la evocación de los espíritus de los muertos. La magia ceremonial o ritual se practicaba principalmente en las cortes de los monarcas europeos e incluso en la corte papal. Quienes la practicaban pudieron parecer a los posteriores *magi* renacentistas «necrománticos ignorantes», pero no eran en absoluto personas iletradas y, de hecho, tuvieron más elementos en común con los magos eruditos de la Antigüedad y el Renacimiento que con las brujas que posteriormente serían masivamente perseguidas. La evocación de demonios con el fin de adquirir conocimientos secretos o prohibidos puede no haber requerido una instrucción académica compleja, pero sí exigía más experiencia que la mera práctica de la superstición campesina. Los métodos de conjuro variaban considerablemente, pero por lo general implicaban la fidelidad a una fórmula escrita cuyo propósito era el de atrapar al demonio dentro

---

[12] J. B. Russell, *Witchcraft in the Middle Ages* (Ithaca, 1972), pp. 84-5.
[13] Peters, *The Magician, the Witch and the Law*, pp. 16-17.

de una botella, un anillo o un espejo y ordenarle luego que proporcionara la ayuda deseada.

La condena de este nuevo tipo de magia fue obra sobre todo de los teólogos escolásticos, quienes consiguieron una notable ayuda del papado, y de inquisidores papales como Nicholas Eymeric. Al condenar tales prácticas, estos hombres necesitaron ir más allá de la simple reiteración de los tradicionales ataques de la patrística contra la magia; tenían que responder, más bien, a la objeción de que los practicantes de este tipo de magia demoniaca pretendían objetivos benéficos y no servían a los demonios que conjuraban, sino que les impartían órdenes. La clave de la respuesta escolástica a esta objeción fue el argumento lógico de que los demonios no proporcionaban servicios sin exigir algo a cambio. Así lo daban a entender las prácticas mismas de los magos, pues era frecuente que mostraran respeto a los demonios o les ofrecieran algún objeto físico, como una gallina o su propia sangre, para atraerlos a su servicio. La conclusión que la escolástica dedujo de ello fue que la práctica totalidad de los magos establecía pactos con el diablo. Cuando el mago conjuraba de hecho a los demonios y les ofrecía algo, el pacto era explícito; en otras ocasiones se trataba de un pacto implícito o tácito, en el sentido de que, aun no existiendo negociaciones directas, la práctica efectiva de la magia implicaba el establecimiento de alguna relación recíproca entre el diablo y el mago [14]. El mago debía ser condenado en ambos casos, pues, en el pacto ofrecido al diablo, introducía algo debido sólo a Dios. El mago era, por tanto, un hereje, pues negaba a Dios, al menos como corolario, la posición exclusiva en el universo que le atribuía la doctrina católica [15]. Peor aún: el mago era un apóstata, pues renunciaba a su fe cristiana al acceder a adorar al demonio o servirlo de alguna otra manera [16].

No era una novedad considerar a los magos herejes y apóstatas y, al afirmarlo, los escolásticos se apoyaban en anteriores condenas patrísticas de la magia. En cierto sentido, los teólogos del siglo XIV con-

---

[4] Russell, *Witchcraft in the Middle Ages*, p. 144; Cohn, *Europe's Inner Demons*, p. 176.

[15] Sobre el desarrollo de esta definición de herejía que no implica necesariamente un error intelectual, ver Russell, *Witchcraft in the Middle Ages*, p. 174.

[16] Muchos autores insistían en que algunas brujas no eran herejes, aun siendo claramente apóstatas. Cfr. S. Leutenbauer, *Hexerei- und Zaubereidelikt in der Literatur von 1450 bis 1550* (Berlín, 1972), pp. 48-70; *Malleus Maleficarum*, pp. 194-205.

firmaban una actitud anterior de la Iglesia hacia la magia frente a las protestas de ortodoxia de los magos rituales. Lo novedoso de la postura escolástica fue su insistencia en el pacto como razón de la herejía y la condena general de toda magia ritual por tal motivo. La importancia de estas ideas sobre el pacto en el desarrollo de las creencias de las personas instruidas acerca de la brujería es doble. Por un lado, la condena de cualquier magia ritual como herejía podía extenderse fácilmente a otros tipos de magia que no interesaban a los escolásticos, en concreto el simple *maleficium* practicado por los campesinos. Según la lógica de la argumentación escolástica, también ellos tenían que haber pactado con el diablo, pues sólo el diablo poseía la facultad de provocar efectos mágicos; además, para aprovecharse de sus poderes mágicos, los campesinos tenían que entregarle algo a cambio. En segundo lugar, la calificación de los magos como herejes y apóstatas los hizo susceptibles de todos los cargos imputados en la Baja Edad Media a los herejes, en especial los de culto secreto y colectivo y conducta depravada, antinómica y antihumana. Y, puesto que los magos eran ahora herejes, podían ser perseguidos como tales por los inquisidores papales.

Una vez que la creencia en el pacto de los magos con el diablo se hubo extendido a quienes perpetraban actos de simple hechicería o, en otras palabras, una vez que el mago se convirtió en brujo, la idea misma del pacto experimentó un cambio significativo. Los pactos que los magos rituales establecían con el diablo suponían siempre algún tipo de adoración al mismo y, al menos según los comentadores escolásticos, la pérdida de la integridad espiritual y la fe del mago, pero daban también a éste cierto poder sobre el diablo. Los pactos ponían al demonio al servicio del mago y lo forzaban a proporcionarle la ayuda que necesitara. La negociación del pacto era en general una operación emprendida entre dos partes iguales, cada una de las cuales intentaba embaucar a la otra e inducirla a dar más de lo que recibía. No obstante, cuando los cargos de practicar la magia y establecer pactos con el diablo se dirigieron contra campesinos ignorantes, cambió la caracterización oficial y erudita del pacto. El mago, que se había transformado gradualmente en brujo, pasó a ser mucho más sirviente que señor del diablo. Según lo expresaría más adelante el rey Jacobo VI de Escocia, «las brujas son sólo siervas y esclavas del diablo; pero los nigromantes son sus señores y dueños» [17].

---

[17] Rey Jacobo, *Daemonologie*, (1597) ed. G. B. Harrison (Londres, 1924), p. 9.

Es cierto que entre ambos se establecía todavía un trato, pero el control que la bruja ejercía sobre el diablo quedaba limitado a su capacidad para obligarle a realizar un *maleficium*, mientras que la reverencia que la bruja prestaba al diablo pasaba a ser mucho más voluntaria, obsequiosa e incondicional. El diablo salía ganando de muchas maneras en la transacción colocándose en un lugar que nunca había ocupado al tratar con el mago ritual. Un signo claro del cambio es que en el caso de la bruja ésta suele acceder a servir al diablo a cambio de recompensas económicas o materiales muy escasas. Es muy frecuente que el demonio consiga su lealtad mediante el ofrecimiento de una monedilla, convertida en piedra inmediatamente después de realizarse el pacto irrevocable. Debemos recordar que el diablo es el gran engañador, como nos dice la Biblia, y una vez que la bruja no se halla ya en pie de igualdad con él, ésta puede convertirse en su víctima. Es también interesante señalar que cuando el mago-señor se transformó en bruja servil, el sexo del malhechor cambió de varón a hembra.

El aquelarre

La idea de que las brujas establecían pactos con el diablo ocupó una posición central entre las creencias del clero y la elite laica de la Europa moderna referentes a la brujería. Sin embargo, los mismos individuos que mantenían estas creencias aceptaban también otra idea de importancia igual e incluso mayor en algunos aspectos. Se trata de la convicción de que las brujas que habían pactado con el diablo le rendían también culto colectivo y participaban en varios ritos blasfemos, inmorales y obscenos. Esta idea no estaba tan extendida como la del pacto y era algo menos uniforme en sus diversas expresiones. No obstante, al igual que la creencia en el pacto, sirvió de condición esencial previa para la gran caza de brujas. Así como la creencia en el pacto imponía que se persiguiera a las brujas, así también la creencia en sus reuniones nocturnas impulsó a las autoridades europeas a buscar a sus aliadas. Sin la creencia en el aquelarre, la caza de brujas habría sido una operación judicial de mucha menor envergadura.

Aunque ambas creencias, la del pacto de las brujas con el diablo y su asistencia a asambleas nocturnas, estaban íntimamente unidas en las mentes de muchos miembros de la elite instruida y aunque el homenaje y hasta los sacrificios al diablo eran elementos presentes en ambas actividades, las dos ideas tenían orígenes un tanto diferentes y su fusión en el concepto acumulativo de brujería no se produjo plenamente hasta el siglo XV. Pero, incluso entonces, esas creencias no estuvieron necesariamente asociadas, ni siquiera en la tradición literaria. Así por ejemplo, el tratado más famoso sobre brujería, el *Malleus Maleficarum*, dice mucho sobre el pacto pero sólo se refiere de pasada a la adoración colectiva al diablo [18].

La creencia en el aquelarre tiene fuentes psicológicas de carácter general e históricas de carácter específico. Las raíces psicológicas, insuficientemente comprendidas en el mejor de los casos, son las que provocan en muchas sociedades diversas pesadillas y fantasías referentes a actividades inhumanas e inmorales. Se sabe que toda cultura genera mitos sobre personas —dotadas a veces de poderes o características físicas peculiares— que subvierten las normas morales y religiosas de la sociedad y representan, por tanto, una amenaza para su misma organización. Se puede alegar que la creencia en la existencia de tales individuos es necesaria para determinar cuáles son esas normas o, al menos, para reforzar las que son generalmente aceptadas. Los valores particulares que supuestamente trastocan esas personas varían según las reglas de cada sociedad, pero, puesto que toda sociedad comparte algunos valores morales similares, las pesadillas provocadas por ellas poseen algunos rasgos comunes. Así, la práctica del canibalismo infanticida, considerado por la mayoría de las sociedades como el máximo delito moral, ha formado parte de la práctica totalidad de esas pesadillas. Lo mismo puede decirse del hecho de bailar desnudo, actividad que muchas sociedades han considerado, hasta fechas muy recientes, como algo social y moralmente escandaloso [19].

La creencia en el aquelarre de las brujas, que implicaba la actividad de bailar desnudas y el infanticidio caníbal, representa en cierto sentido la versión europea de esta pesadilla común, o incluso universal, a finales de la Edad Media y la Edad Moderna. Al mismo tiempo, sin embargo, el aquelarre europeo posee muchas características dis-

---

[18] Los autores afirman, simplemente, que algunos pactos con el diablo se realizaban «en una ceremonia solemne... cuando las brujas se reunían en conclave en un día fijado». *Malleus Maleficarum*, p. 99. También aluden a «una asamblea de mujeres durante la noche» en la que un hombre «vio cómo asesinaban a su hijo, bebían su sangre y lo devoraban». *Ibid.*, p. 66.

[19] Cfr. L. Mair, *Witchcraft* (Nueva York, 1969), p. 40.

tintivas que reflejan la influencia del cristianismo medieval. Es indudable que la fuerte insistencia en los aspectos eróticos del aquelarre —la relación carnal con el diablo y el predominio de actividad promiscua heterosexual y homosexual entre brujos y brujas— deriva de la actitud desfavorable de la iglesia medieval y moderna hacia el sexo. La parodia de la misa católica, que no fue de ninguna manera un rasgo común a todas las descripciones del aquelarre pero que aparece en las de muchas asambleas francesas, españolas e italianas, refleja así mismo el horror específicamente cristiano hacia la burla de su ceremonia más sagrada. La parodia nunca supuso la celebración de una misa negra, ceremonia detallista que algunas brujas modernas realizan en la actualidad sobre el cuerpo de una mujer desnuda. Pero algunos de los aquelarres mantenidos supuestamente en los siglos XVI y XVII incluían la recitación al revés del Credo niceno mientras el participante en el rito se colocaba cabeza abajo, la utilización de expresiones como «Marchad en nombre del diablo», la bendición de la congregación con un hisopo negro, la consagración de una hostia hecha de asaduras, nabos o alguna sustancia negra y el canto coral en «voz ronca, profunda y desafinada» [20].

La representación específicamente cristiana y europea de una antisociedad tal como aparece en las confesiones de las brujas tiene su origen principalmente en las invectivas retóricas lanzadas por los monjes contra los herejes en los siglos XI y XII. Estos monjes, amenazados por la difusión de herejías como las de cátaros y valdenses, trazaron deliberadamente un cuadro de sociedad antihumana y herética con el fin de impedir el desarrollo de tales movimientos y estimular su supresión. Al dar forma a este cuadro, algunos monjes, como Ralph de Coggeshall, no se inspiraban únicamente en la imagen universal de una antisociedad, sino en varias fuentes específicas [21]. Una fue la imagen que se habían hecho los romanos de los primitivos cristianos, a quienes consideraban miembros de una organización secreta que practicaba el infanticidio caníbal y el incesto —imagen cuya circulación había ido en aumento tanto porque los cristianos se reunían

---

[20] Russell, *Witchcraft in the Middle Ages*, p. 253; J. Caro Baroja, *The World of the Witches* (Chicago, 1965), pp. 119, 149-50; M. Summers, *The History of Witchcraft* (Secaucus, N. J., 1956), pp. 147-57; E. Le Roy Ladurie, *Les Paysans de Languedoc* (París, 1966), p. 413.
[21] W. L. Wakefield y A. P. Evans (eds.), *Heresies of the High Middle Ages* (Nueva York, 1969), pp. 251-4.

de hecho en secreto como porque el rito central cristiano, la eucaristía, podía ser fácilmente tergiversado, entendiéndolo como canibalismo—. Otra de las fuentes del aquelarre fue la imagen de los herejes (y de los magos y los judíos) desarrollada por los escritores de la patrística, para quienes eran idólatras e hijos de Satanás. Una tercera fuente, basada en parte en la realidad, pero referida indiscriminadamente a todos los herejes, fue la convicción de que se reunían en secreto, al igual que los cristianos primitivos en la época romana, acusación fomentada por el fracaso mismo de las autoridades en el descubrimiento de herejes [22]. Una cuarta fuente fue el contenido doctrinal de la herejía o, más exactamente, la manera en que ésta era interpretada. Los cátaros, por ejemplo, eran dualistas, lo cual significa que exageraban los poderes del diablo y, en especial, su dominio sobre el mundo material. El objetivo del cristianismo, según la doctrina cátara, era enseñar a los hombres la manera de liberar sus almas, que eran espirituales, de la materia malvada en que habían quedado atrapadas. Cristo, espíritu puro, había proporcionado a los seres humanos los medios para conseguirlo. El catarismo fue, por tanto, acentuadamente antidemoniaco, aunque es fácil de ver cómo la exageración del poder del diablo en el universo y su exaltación a un lugar casi paritario con Dios podía llevar a los defensores de la ortodoxia a representar a los cátaros, y por extensión a otros herejes, como adoradores del demonio. Del mismo modo, el desprecio de los cátaros por la procreación, que era para ellos obra del diablo, podía inducir a que se les acusara de practicar el aborto, y esta creencia, a su vez, alimentó fantasías, surgidas de otras fuentes, referentes a la práctica del infanticidio caníbal.

Basándose en todas estas fuentes, los frailes de los últimos años del siglo XII y primeros del XIII construyeron un estereotipo del hereje como adorador secreto del diablo, nocturno y sexualmente promiscuo. Esta imagen, que adquirió en muchos aspectos vida propia, pudo aplicarse indiscriminadamente a cualquier hereje o persona desviada del cristianismo ortodoxo. En la Baja Edad Media se atribuyó, de hecho, a herejes, magos rituales y simples *maleficae* o brujas. Para lo que aquí nos interesa, la cuestión principal es la de saber cómo y cuándo llegó a aplicarse a este último grupo, a las supuestas practicantes de la magia baja y nociva. Durante un tiempo se pensó

---

[22] Cohn, *Europe's Inner Demons*, pp. 1-15.

que esa atribución se habría producido por primera vez en Francia, en el siglo XIV, en los juicios de algunos cátaros [23]. Se suponía que estos herejes habrían realizado *maleficia* y no fue, por tanto, nada difícil aplicarles como *malefici* las ideas de sus acusadores —inquisidores papales— sobre la conducta de los cátaros. Los cátaros, pues, se convirtieron en brujos. Se ha demostrado, sin embargo, que el relato de sus juicios y las confesiones realizadas en ellos fueron falseados [24] y, por tanto, hemos de buscar en otro lugar la fusión de las ideas de magia, por un lado, y secretismo y práctica colectiva de la herejía, por otro.

El caso más importante y famoso en que se realizó ese nexo fue el juicio de Alice Kytler y sus cómplices en Kilkenny, Irlanda, en 1324-25. Kytler fue acusada de practicar numerosos *maleficia*, algunos de los cuales entrañaron asesinato, con el fin de aumentar su fortuna. En el curso del juicio, que tuvo lugar en la corte del obispo de Ossory, ella y sus cómplices no fueron acusadas simplemente de *maleficia*, sino también de pertenecer a una secta de herejes que se reunía secretamente de noche, renegaba de la fe cristiana y ofrecía sacrificios a los demonios. La señora Alice fue acusada, además, de copular con su demonio personal. Los miembros de la secta no fueron acusados de canibalismo infanticida, pero sí se les imputaron los cargos de haber preparado bebedizos con ropas de niños muertos sin bautismo y con la grasa extraída de cadáveres humanos. El juicio muestra no sólo de qué manera los cargos de *maleficium* —que en este caso tenían casi con seguridad motivación política— sugirieron los de magia demoniaca ritual, sino también cómo las acusaciones de magia, que había pasado a identificarse claramente con herejía, sugerían a su vez otras acusaciones de culto secreto al diablo y copulación con demonios.

En el caso de la señora Alice Kytler, el concepto acumulativo de brujería no se había constituido aún plenamente. Por motivos que explicaremos más adelante no se dijo que ella o sus cómplices hubieran acudido volando a sus reuniones nocturnas. La secta a la que pertenecían era mucho más reducida que las posteriores agrupaciones de trece brujas (*coven*) y sólo constaba de diez personas. Por otra

---

[23] J. Hansen (ed.), *Quellen und Untersuchungen zur Geschicte des Hexenwahns und der Hexenverfolgung im Mittelalter* (Bonn, 1901), pp. 449-54.
[24] Cohn, *Europe's Inner Demons*, 132-8; Kieckhefer, *European Witch Trials*, pp. 16-18.

parte, la descripción de sus asambleas no fue tan macabra como los relatos posteriores de los aquelarres y, según hemos dicho más arriba, el cargo de infanticidio estaba sólo implícito y faltaba el de canibalismo. Ni siquiera aparece explícitamente el pacto, como lo esperaríamos en un juicio que implicaba la supuesta práctica de la magia ritual. No obstante, el caso representa un hito en la formación de las ideas cultas acerca de la brujería, pues refleja por primera vez la creencia de que los *malefici* estaban organizados en una secta herética que rendía culto al diablo y nos sitúa, según ha mantenido Norman Cohn, en el umbral de la gran caza de brujas [25].

Un segundo caso, similar en muchos aspectos al de la dama Kytler y ocurrido en Boltigen, Suiza, entre 1397 y 1406, nos acerca todavía más a la cuestión en algunos sentidos. El juicio, entablado contra un hombre llamado Stedelen, se asemejaba al caso de Alice Kytler por tener su origen en acusaciones de *maleficia*. Stedelen fue acusado de destruir cosechas, provocar esterilidad en el ganado y otros cargos. Al igual que Kytler, Stedelen confesó bajo tortura no sólo los *maleficia*, sino la evocación de demonios y su pertenencia a una secta herética de adoradores del diablo. Los miembros de esta secta renegaban de su fe en Cristo y asesinaban también a niños por medio de la magia, utilizando pociones para hacer ungüentos mágicos. Aparte del cargo explícito de infanticidio, el caso difería del de Kytler en dos aspectos. En primer lugar, todas las apariencias dan a entender que, a diferencia de Kytler, Stedelen y sus cómplices no eran miembros de las clases altas sino personas corrientes, como la mayoría de las brujas de los siglos XVI y XVII. En segundo lugar, el juicio se celebró en un tribunal civil, como muchos procesos posteriores por brujería. En este caso se trató del tribunal de la ciudad de Berna y el juez fue Peter von Greyerz, un magistrado civil. Ello nos muestra que, a comienzos del siglo XV, las ideas originariamente clericales sobre prácticas heréticas y su atribución a individuos acusados de *maleficia* podían ser asumidas no sólo por clérigos, como el obispo de Ossory, sino también por magistrados laicos como Greyerz. La atribución es especialmente significativa, pues el delito original de la acusación contra Stedelen no fue el de herejía, como en el caso de Kytler, sino el delito civil de magia [26].

---

[25] Cohn, *Europe's Inner Demons*, p. 205.
[26] *Ibid.*, p. 204-5. Los casos vistos por Greyerz constituyen la base de la descripción de una secta de *malefici* en la región de Berna y Lausana ofrecida por Nider.

La imagen de apostasía colectiva y culto al diablo, aplicada a los *malefici* en los juicios de Kytler y Stedelen, fue formulada primeramente por frailes para describir prácticas heréticas. Sin embargo, en la época de estos juicios dicha imagen había perdido su vinculación con la herejía y se había asociado exclusivamente a la magia. Ni las descripciones literarias de la herejía ni los procesos por esta causa en el siglo XIV o posteriormente representaban a los herejes de la forma extremosa en que lo habían hecho los frailes de finales del siglo XII y principios del XIII. Los cargos de secretismo y culto colectivo se mantuvieron, sobre todo cuando tenían un fundamento real. Pero, tanto en los tratados escritos sobre ellos como en las actas de los tribunales relativas a sus juicios, los herejes dejaron de aparecer como personas que perpetraban los excesos de conducta descritos por los frailes. En particular, el cargo de canibalismo infanticida contra los herejes desapareció a comienzos del siglo XII y no volvió a aparecer hasta la década de 1450 [27]. A medida que se sabían más cosas sobre las actividades reales de los herejes, estas acusaciones sensacionales se trasladaron a los magos rituales y las brujas. Luego, en el siglo XVI, a medida que el estereotipo de la bruja fue perdiendo la mayoría de los restos de su vinculación con la magia ritual —en especial la evocación de demonios—, los cargos se aplicaron exclusivamente a las brujas. El fantástico estereotipo del mago hereje se convirtió en el estereotipo reservado en exclusiva a la bruja [28].

Vuelos

El último componente principal del concepto acumulativo de brujería fue la creencia en la capacidad de las brujas para volar. En muchos sentidos se trataba de un corolario de la creencia en el aquelarre, pues proporcionaba una explicación de la facultad de las brujas para asistir a reuniones nocturnas secretas en zonas remotas sin que se detectara su ausencia de casa. Cuando el aquelarre se celebraba en países distantes (como las asambleas celebradas en Terranova, a las que supuestamente asistían los campesinos del Pays de Labourd) y cuando se creía que el número de participantes era excepcionalmen-

---

[27] Ginzburg, *Ecstasies*, pp. 76-7.
[28] Peters, *Magician, Witch and the Law*, pp. 33-45.

te grande (la cifra máxima fue de 100.000), se recurrió como corolario necesario a la creencia en la capacidad de las brujas para volar [29]. No obstante, la idea del aquelarre pudo existir y de hecho existió independientemente de la creencia en los vuelos nocturnos, por ejemplo en Escocia. Además, la convicción de que las brujas volaban tenía orígenes que contribuyeron sólo de forma indirecta a la teoría del aquelarre y no fue aceptada por la elite instruida de Europa hasta que ésta se hubo convencido de que los *malefici* establecían pactos con el diablo y se reunían colectivamente para adorarlo.

La convicción de que las brujas podían volar tenía orígenes mucho más netamente populares que la creencia en su pacto con el diablo o su participación en asambleas nocturnas. En origen fueron, de hecho, dos las ideas populares claramente diferenciadas que sustentaron esta idea. La primera de ellas fue la creencia, cuyas huellas pueden seguirse hasta la época clásica, de que las mujeres podían transformarse de noche en lechuzas, o *strigae*, que acostumbraban a devorar niños. Esta creencia en las «brujas nocturnas» ha sido compartida por numerosas culturas, entre ellas muchas primitivas del mundo moderno, e imperaba entre los pueblos germanos incluso antes del periodo de influencia romana. Las *strigae*, término que pasó a ser una de las muchas palabras latinas para designar a las brujas, se llamaban también *lamiae*, en referencia a la mítica reina de Libia, amada de Zeus, que sorbía la sangre a los niños en venganza porque Hera le había asesinado los suyos. Según la segunda creencia, las mujeres salían de noche en una cabalgata, denominada a veces «cacería salvaje», con Diana, la diosa romana de la fertilidad estrechamente asociada a la luna y la noche e identificada a menudo con Hécate, la diosa del mundo subterráneo y la magia. En la Alemania medieval, Diana solía representarse como Holda o Perchta, diosa que, al igual que Diana, podía ser tanto aterradora como nutricia. Así como Diana, diosa virgen, podía matar a sus posibles amantes y transformarlos en animales, Holda dirigía por el cielo una «horda furiosa» compuesta por quienes habían muerto prematuramente. Sin embargo, cuando Holda salía a realizar sus viajes nocturnos terrenales, desempeñaba siempre funciones bienhechoras. En Francia e Italia, esta creencia solía asumir la for-

---

[29] Lea, *Materials*, III, p. 1296.

ma de «las señoras de la noche», mujeres misteriosas dirigidas por una reina que visitaban los hogares con intenciones benéficas [30].

La creencia tanto en las *strigae* como en las señoras de la noche era tan sólida entre la gente común en Europa que algunas mujeres creían realmente que salían volando de noche como *strigae* y otras tenían la convicción de que se unían a la reina sobrenatural en sus correteos nocturnos. Cuando la elite culta acabó por aceptar la realidad de tales actividades, estas mujeres crédulas resultaron fácilmente sospechosas y fueron acusadas de brujería. Sin embargo, hasta el siglo XIV, los hombres instruidos consideraron tales creencias como ilusiones provocadas por el diablo. Puesto que la iglesia había afirmado siempre que Diana y demás divinidades paganas, en especial los dioses ctónicos o de la fertilidad, eran en realidad demonios, fue muy natural que todo aquel espectáculo de señoras que cabalgaban con Diana se considerara obra del diablo. Tanto las que se imaginaban cabalgando de noche como quienes creían ser *strigae* compartían la superstición pagana, al igual que quienes se limitaban a creer que otros seres humanos realizaban tales acciones. Aunque no tuvieran un fundamento real, esas creencias no debían tomarse a la ligera, pues quienes las mantenían eran herejes.

El mejor ejemplo de la actitud de la iglesia medieval hacia tales creencias fue el canon *Episcopi*, conjunto de instrucciones escritas en el siglo X por Regino de Prüm, que se incorporó al derecho canónico de la Iglesia en el siglo XII. Se suele aludir al canon *Episcopi* como ilustración del escepticismo de la iglesia medieval hacia la brujería. Esta interpretación es un tanto engañosa, pues el documento no trata de la brujería en sí, sino de varias prácticas y creencias que más tarde formaron parte del concepto acumulativo de brujería. Además de condenar las artes mágicas como una forma de herejía, a la manera de los Padres de la Iglesia, el canon señala en concreto a

algunas mujeres embrujadas, pervertidas por el diablo, seducidas por ilusiones y fantasmas de demonios, [que] creen y confiesan que cabalgan sobre ciertos animales durante las horas nocturnas acompañando a Diana, la diosa de los paganos, y a una innumerable multitud de mujeres, atraviesan en el mortal silencio de la noche grandes espacios de la tierra, obedecen sus órdenes considerándola su señora y se someten a su servicio en ciertas noches.

---

[30] Cfr. Ginzburg, *The Night Battles*, pp. 42-50; Cohn, *Europe's Inner Demons*, pp. 210-19.

Estas mujeres eran acusadas de ser infieles e inducir a otros al mismo error.

A lo largo de la Baja Edad Media, la actitud culta hacia la creencia en las *strigae* y las señoras de la noche experimentó varios cambios significativos. En primer lugar, las dos ideas, perfectamente distintas en la cultura popular, acabaron a menudo fundidas. Las señoras de la noche pasaron a perpetrar infanticidios caníbales, mientras que su comitiva o cabalgata a lomo de animales se convirtió en un vuelo aéreo. La fusión de ambas ideas se puede observar ya para el siglo XII en la obra de Juan de Salisbury [31], pero no se completó hasta el siglo XV. En segundo lugar, la elite culta, que anteriormente había mantenido que las actividades descritas por el pueblo llano ocurrían sólo en sus sueños, comenzó a defender su realidad física. Los visitantes sobrenaturales fueron ahora, en su opinión, demonios que tomaban efectivamente la apariencia de seres humanos, mientras que las personas que anteriormente sólo habrían soñado o imaginado seguir a aquellos demonios, lo harían de hecho en un estado de perfecta vigilia. Las mujeres que antes habían soñado volar de noche en misiones caníbales, volaron ahora realmente y la fuerza de transporte era proporcionada por el diablo. No están claras las razones para este cambio de actitud entre las personas instruidas, que podemos comenzar a detectar en el siglo XIV. La explicación más plausible es que fue un producto de la demonología escolástica. Una vez definido el diablo como alguien dotado de poderes extraordinarios sobre el movimiento espacial, la consecuencia natural era la de su facultad de mover personas por el aire (que era su terreno propio). Al mismo tiempo, la insistencia de la escolástica en la capacidad del diablo para adoptar formas humanas y de los individuos para establecer pactos con él estimuló la opinión de que las personas podían presentarse ante él, y lo hacían realmente, de la manera descrita en los relatos de la comitiva de Diana. El tercer cargo, consecuencia en parte de los otros dos, fue la fusión de las ideas de las *strigae* y de la comitiva de Diana con la creencia en una secta secreta e inmoral de magos adoradores del diablo. Esta síntesis se realizó a comienzos del siglo XV.

Hemos de señalar que, aunque muchos miembros de la elite europea aceptaban la creencia de que el diablo podía transportar física-

---

[31] A. Kors y E. Peters (eds.), *Witchcraft in Europe, 1100-1700* (Filadelfia, 1973), pp. 36-7.

mente cuerpos humanos por el aire, la actitud anterior más escéptica, según la cual se trataba de los efectos de una fantasía diabólica, nunca fue totalmente rechazada ni siquiera en círculos escolásticos. Así lo confirma el largo debate del *Malleus Maleficarum* sobre la capacidad de los demonios para transportar brujas de un lugar a otro. Al haber de enfrentarse a la autoridad irrecusable del derecho canónico, los autores no podían negar que algunas brujas eran transportadas sólo «en su imaginación» y, en consecuencia, se limitaban a afirmar que del derecho canónico no podía deducirse que *todas* las brujas fueran transportadas así. «Pero, ¿quien es tan necio como para concluir que no pueden ser transportadas *también* corporalmente?», preguntaba el *Malleus*. Sus autores pasaban luego a probar, basándose en la demonología escolástica, que el diablo tenía, de hecho, la facultad de trasladarse de un lugar a otro. Al mismo tiempo, sin embargo, no podían negar que el traslado en fantasía estaba igualmente de acuerdo con la demonología escolástica. Según los escolásticos, muchas de las acciones perpetradas por el diablo eran engaños deliberados. Parte de la magia de las brujas, aunque no toda, se realizaba de esa manera, y la supuesta metamorfosis de las brujas en animales, idea presente en la noción popular de *strigae*, era evidentemente el resultado de una confusión de la facultad imaginativa provocada por el diablo y no una transmutación real de sustancias. Por tanto, no dejaba de ser en absoluto plausible que algunos individuos imaginaran haber asistido al aquelarre, mientras que otros eran de hecho transportados a él corporalmente. Lejos de afirmar que la creencia en la realidad del vuelo de las brujas sustituyó a la idea de la imaginación de tal peripecia por su parte, debemos constatar la coexistencia de ambas convicciones desde el siglo XIV. De acuerdo con la conclusión del *Malleus*, las brujas «son transportadas tanto corporalmente como en su fantasía» [32]. Se había producido, no obstante, un importante cambio consistente en que una larga serie de autores de los últimos años del siglo XV y del siglo XVI admitió que «a veces las brujas son transportadas realmente de un lugar a otro por el diablo, quien, en forma de macho cabrío o de algún otro animal fantástico, las transporta corporalmente al aquelarre y asiste a sus obscenidades» [33]. Quienes si-

---

[32] *Malleus Maleficarum*, p. 108. Ver también Ginzburg, *Night Battles*, p. 20.
[33] F. M. Guazzo, *Compendium Maleficarum*, trad. E. A. Ashwin, ed. M. Summers (Londres, 1929), p. 34.

guieron manteniendo la antigua actitud del canon *Episcopi* para todos los casos fueron los humanistas escépticos de mediados del siglo XVI.

La idea de que las brujas acudían volando al aquelarre y podían utilizar también ese mismo poder para eludir su detención admitía numerosas variantes de detalle. A veces se describía y representaba artísticamente a las brujas cabalgando animales a la manera de las seguidoras de Diana. En otros casos montaban palos que podían estar ahorquillados como una vara de zahorí. Las brujas aparecían mucho más raramente a caballo de horcas o tridentes, símbolo asociado a menudo con el diablo y que deriva en última instancia del tridente de Posidón (Neptuno). Sin embargo, de todos los medios de transporte de las brujas, el más frecuentemente citado y que más ha perdurado en la cultura popular es el del mango de escoba. La escoba es en principio símbolo del sexo femenino y su utilización en la fantasía del aquelarre se limitaría, por tanto, a reflejar la preponderancia de las brujas sobre los brujos. En este sentido, la escoba está al servicio de la misma función simbólica que la rueca, que también aparece ocasionalmente en descripciones de brujería. La escoba podría, sin embargo, haber añadido nuevos significados por el hecho de emplearse a menudo en ritos de fertilidad, sugiriendo así asociaciones con antiguas diosas paganas. Por último, aunque no sea lo menos importante, la escoba servía de símbolo fálico y por tal razón encajaba en un ambiente impregnado de sexualidad.

A veces se representaba a las brujas volando sin ningún tipo de apoyo en un golpe de viento o, simplemente, por sus propias fuerzas. En algunos de estos casos se informó de que se habían embadurnado con ungüentos para volar, planteándose así la cuestión de si las unturas contendrían, quizá, alucinógenos que provocaban en las brujas la sensación de estar recorriendo grandes distancias y la fantasía, incluso, de su posible asistencia al aquelarre. Los experimentos realizados en el siglo XX con los ingredientes enumerados en las recetas para esos ungüentos voladores han mostrado que contenían atropinas y otros tóxicos que, frotados en la piel, puede producir una gran excitación, fantasías engañosas y sueños vívidos [34]. Sabemos también que el excremento de sapos, considerados por las brujas vascas espíritus auxiliares, pueden tener un efecto alucinógeno [35]. Es, por tanto, posible que algunos indivi-

---

[34] M. J. Harner, «Hallucinogens», pp. 127-50; L. Gentz, «Vad förorsakade de stora häxenprocesserna», en: *Arv*, 10 (1954), p. 37.
[35] Henningsen, *Witches' Advocate*, pp. 94, 471-2.

duos que empleaban estos ungüentos imaginaran realmente estar volando y asistir a los aquelarres, explicación propuesta por primera vez en el siglo XVI por algunos escépticos como Johann Weyer. Pero no debemos extraer conclusiones precipitadas. Muchas de las más antiguas recetas para unturas voladoras provenientes del siglo XV contienen tan sólo elementos inertes, como sangre de murciélago y hollín, y todos los relatos primitivos sobre el uso de ungüentos para volar muestran que la untura se aplicaba al palo o la escoba de la bruja y no directamente a su cuerpo [36]. Los ungüentos de las brujas deberían considerarse, por tanto, producto de un folclore ingenuo o de la teoría demonológica y no como sustancias psicotrópicas eficaces.

Metamorfosis

Una creencia popular sobre las brujas estrechamente relacionada con el vuelo y que nunca se integró plenamente en el concepto acumulativo de brujería fue el de la metamorfosis. La idea de que los seres humanos podían alterar su figura ha estado presente en la cultura popular desde los tiempos históricos más antiguos y todavía perdura. Dado que el proceso de la metamorfosis implica la intervención de algún poder mágico o sobrenatural, se asoció fácilmente con la brujería, y la afirmación de que las brujas se transformaban (o transformaban a otros) en animales, en especial en lobos, aparece en muchas confesiones de brujería. El canon *Episcopi* y muchas otras autoridades tardomedievales consideraron herética e ilusoria la creencia en la metamorfosis, al igual que la opinión de que las brujas podían volar. A diferencia de la idea del vuelo, la creencia en la realidad física del cambio de forma no fue, sin embargo, aceptada en general por los intelectuales de la Edad Moderna [37]. En obras de autores como Ulrich Molitor y en el *Malleus Maleficarum*, libro crédulo en otros puntos,

---

[36] Kieckhefer, *European Witch Trials*, p. 41. Harner, «Hallucinogens», p. 131, mantiene que el palo servía como instrumento de aplicación a las sensibles membranas vaginales, pero no quedan claras las razones prácticas de la elección de tal método.

[37] Jean Bodin fue uno de los pocos que la aceptaron. Sin embargo, sus ideas fueron rechazadas por Pierre Le Loyer, Martin del Río y J. de Nynauld. Cfr. J. Pearl, «Humanism and Satanism: Jean Bodin's contribution to the witchcraft crisis», en: *Canadian Review of Sociology and Anthropology*, 19 (1984), pp. 542-44.

persistió la idea tradicional de que la metamorfosis era producto de una ilusión demoniaca. El mismo Henri Boguet, tras citar la Biblia y autoridades clásicas para demostrar «la posibilidad de la metamorfosis de un hombre en animal», admitía que, en su opinión, el cambio era siempre ilusorio [38]. Esta interpretación no impidió, en absoluto, el procesamiento de personas que declararon poder transformarse en animales. En algunas zonas de Europa, sobre todo en regiones muy boscosas, se juzgó y sentenció como brujas a varios lobos [39]. Sin embargo, la acusación de metamorfosis no apareció en los juicios con bastante frecuencia como para llegar a constituir un componente esencial del concepto acumulativo de brujería.

Difusión de las creencias

A mediados del siglo XV el concepto acumulativo de brujería había adquirido todos sus elementos básicos. En efecto, en las regiones alpinas de Francia y Suiza se realizaron en las décadas de 1420 y 1430 varios juicios en los cuales ciertos *malefici* fueron acusados no sólo de haber rendido culto al diablo en prolongados ritos nocturnos y orgiásticos y haber asesinado y devorado a sus hijos, sino también de haber acudido volando a esas ceremonias [40]. Estos juicios tuvieron lugar en zonas donde se había procesado a herejes valdenses y, puesto que tanto valdenses como brujas fueron acusados de reunirse en secreto, los inquisidores consideraron a ambos grupos como amenazas relacionadas entre sí. A fin de cuentas, los magos se consideraban herejes y podían aplicárseles, por tanto, los mismos cargos que tradicionalmente se imputaban a otros heterodoxos. Sin embargo, no hay pruebas de que los inquisidores de las décadas de 1420 y 1430 confundieran con valdenses a los *malefici* procesados por ellos [41]. Los

---

[38] Boguet, *Examen of Witches*, p. 143.

[39] Monter, *Witchcraft in France and Switzerland*, pp. 144-51; C. Oates, «The Trial of a Teenage Werewolf, Bordeaux, 1613», en: *Criminal Justice History*, 9 (1988), pp. 1-29.

[40] Cfr. Cohn, *Europe's Inner Demons*, pp. 225-8. En algunos de estos juicios surgieron también por vez primera descripciones de metamorfosis. Ginzburg, *Ecstasies*, pp. 72-3. Para un juicio celebrado en Todi en 1428, que tuvo muchas de las características de los de Francia y Suiza, ver Kieckhefer, *European Witch Trials*, p. 73.

[41] Cfr. J. J. Marx, *L'Inquisition en Dauphiné* (París, 1914), p. 48. Durante estos años, los inquisidores acostumbraron a distinguir entre los valdenses y la «otra secta perniciosa». No obstante, acabó por surgir una confusión terminológica cuando las nuevas brujas fueron calificadas simplemente de valdenses o herejes. Ver Russell,

cargos de prácticas mágicas y vuelos nocturnos no aparecieron en los juicios contra los valdenses ni tampoco en los incoados contra otros herejes, como los cátaros. Por otra parte, habían transcurrido ya más de tres siglos desde que se lanzaron contra los herejes acusaciones de asesinato ritual y canibalismo. Entre los siglos XI y XIV, tales cargos sólo se habían dirigido contra magos y judíos y, cuando aparecían en esos juicios, como había sucedido en los presididos por Peter von Greyerz, se solían presentar en relación con la preparación de pociones mágicas [42]. Así pues, cuando los inquisidores comenzaron a perseguir a estos *malefici*, debieron de tener la convicción de que habían descubierto a ciertos miembros de una secta herética nueva y muy diferente.

El estereotipo de brujería aparecido por primera vez en los juicios de las décadas de 1420 y 1430 pervivió durante más de dos siglos, pero todavía no se había completado. La creencia, por ejemplo, en que el diablo grababa una marca en el cuerpo de la bruja en el momento de concluir el pacto no surgió con claridad hasta el siglo XVI y fue desarrollada sobre todo por los demonólogos protestantes [43]. Por otra parte, las descripciones de las actividades que tenían lugar en el aquelarre se adornaron en los siglos XVI y XVII con detalles muy diversos y desacostumbrados. En algunos países, como Noruega y Suecia, la idea del aquelarre se identificó con un conjunto de elementos folclóricos referentes a vuelos hasta lugares distantes. En Friuli acabó formando un cuerpo de creencias campesinas relativas a batallas nocturnas entre miembros de un culto de fertilidad, los *benandanti*, y las brujas [44]. Los detalles del aquelarre variaron, además, a lo largo de toda Europa de un lugar a otro y en distintas épocas. El

---

Witchcraft in the Middle Ages, p. 220; Ginzburg, *Ecstasies*, p. 79. En la región del Jura, muchas de las palabras vernáculas para «bruja» se tomaron de los términos que designaban a los herejes. Monter, *Witchcraft in France and Switzerland*, pp. 22-3.

[42] Ginzburg, *Ecstatsies*, pp. 75-6. Sobre la conexión con la magia, ver *supra*, n. 26; Kieckhefer, *European Witch Trials*, p. 73; Hansen, *Quellen*, pp. 449. Las confesiones de mujeres que declaraban haber sido *strigae* podían muy bien reforzar tales cargos. Cfr. Cohn, *Europe's Inner Demons*, p. 228.

[43] Monter, *Witchcraft in France and Switzerland*, pp. 159-166. En algunos casos se encontró más de una marca. En Janet Bruce de Tranent, Escocia, se localizaron cuatro en 1657. Scottish Record Office, JC26/22, proceso contra las brujas de Tranent, 23 de junio de 1657.

[44] Ginzburg, *Night Battles*, pp. 99-145. En *Ecstasies*, pp. 76-8 y *passim*, Ginzburg mantiene que una de las fuentes principales de la idea del aquelarre en la región de los Alpes occidentales a finales del siglo XIV y principios del XV constituía un cuerpo similar de cultura folklórica.

diablo o maestro de ceremonias, por ejemplo, aparece en una amplia diversidad de formas, sobre todo como ser humano o como macho cabrío, pero también como toro, gato, perro, caballo u oveja. El festín o banquete reflejaba también la cocina local y podía describirse en términos atrayentes o desagradables y desabridos. Las descripciones de la actividad sexual en el aquelarre variaban también en un reflejo de la diversidad de la imaginación erótica tanto de acusadores como de acusados. A veces se ofrecían relatos de relación sexual entre brujas y demonios, pero en otras ocasiones se presentaron denuncias de amplia promiscuidad sexual entre las mismas brujas.

Aunque los cargos específicos contra las brujas diferían de un lugar a otro e incluso entre caso y caso, seguían compartiendo varios rasgos comunes. Estas similitudes, unidas a la forma acumulativa en que se desarrollaron las creencias en las brujas, hace pensar seriamente en que las nociones eruditas sobre brujería se transmitieron de región en región y de una generación a la siguiente. Es cierto que, según hemos analizado más arriba, ciertos elementos del concepto acumulativo de brujería, como la idea de una sociedad comunitaria, anticristiana e inmoral, pueden surgir por sí mismos en cualquier lugar y tiempo, pero esto no es aplicable a todo el conjunto de creencias mantenidas por los europeos letrados en relación con las brujas. Estas ideas se fundieron hasta formar en el siglo XV una amalgama bien diferenciada, un producto compuesto que no podría haber surgido por sí mismo en la mente de ningún magistrado o inquisidor. Este cuerpo de conocimientos tenía que aprenderse y, por tanto, transmitirse de un tiempo y un lugar a otro. La única manera de negar el hecho de esta transmisión consistiría en afirmar que la brujería organizada, o alguna otra actividad muy parecida a ella, se practicaba efectivamente por toda Europa. Esta fue la posición adoptada por el filósofo y juez francés Jean Bodin, quien basó su creencia en la realidad de un culto brujeril europeo en la uniformidad de las confesiones de las brujas. Esa fue también la postura de Margaret Murray, quien, fundándose en las misma confesiones, concluyó que todas las acusadas de brujería practicaban de hecho la misma religión de fertilidad. Ni la teoría de Bodin ni la de Murray pueden, sin embargo, confirmarse y, por tanto, debemos explicar cómo se transmitió un conjunto de nociones eruditas referentes a actividades que nunca se practicaron en la realidad [45].

Tanto el desarrollo como la transmisión de nociones eruditas sobre brujería se produjeron a consecuencia de la interacción entre el proceso judicial, por un lado, y una tradición literaria, por otro. La mayoría de las creencias en las brujas se desarrolló y fusionó con otras nociones en los enjuiciamientos promovidos efectivamente contra magos o brujas. El desarrollo o fusión fue invariablemente obra del juez o el inquisidor, quienes combinaron los cargos contra la acusada con sus propias fantasías u obsesiones, que a su vez se nutrían del conocimiento teológico o demonológico o de los informes sobre otros casos fallados por el juez en cuestión o por un colega. Al extraer —habitualmente bajo tortura— las confesiones de las actividades en las que creía involucrada a la bruja, el inquisidor recibía una confirmación de sus sospechas y sus creencias adquirían así validez. Los resultados de estos juicios pasaban a conocimiento de otros jueces, primero de oídas y luego a través de manuales escritos para los inquisidores, quienes utilizaban el testimonio presentado en las causas para ilustrar las diversas actividades de las brujas. En este sentido, el conjunto de creencias eruditas pudo hacerse acumulativo desde el momento en que un nuevo inquisidor, al juzgar una causa, se servía de la información contenida en el manual para formular las preguntas que dirigía a los testigos y a la acusada. Al mismo tiempo, sin embargo, podía utilizar alguno de los cargos específicos presentados contra la persona acusada o recurrir a su propia imaginación para dar un nuevo sesgo a las imputaciones habituales. La confesión que obtendría en función de estos cargos un tanto diferentes, adornados quizá por la imaginación de la bruja y las creencias populares, podría incluirse entonces en otro manual o tratado sobre brujería y ser así transmitida a otros inquisidores. Todo el sistema de transmisión era fomentado por las universidades, que ofrecían a los futuros jueces un cuerpo creciente de bibliografía demonológica e inquisitorial y asesoraban además a la jurisdicción local sobre la manera de tramitar los procesos por brujería [46].

Es difícil, si no imposible, determinar qué fue más importante en

---

[45] J. Bodin, *Démonomanie* (Amberes, 1586), pp. 135-53; Murray, *Witch-Cult*, p. 13 y *passim*.

[46] Sobre el papel de las universidades en Alemania, ver G. Schormann, *Hexenprozesse in Nordwestdeutschland* (Hildesheim, 1977), pp. 9-44.

el desarrollo y transmisión de las creencias sobre las brujas: los juicios mismos o el extenso cuerpo de escritos dedicados a ellas. Por un lado, jueces e inquisidores solían adquirir un amplio conocimiento de la brujería mediante su educación y lecturas antes de llegar a enjuiciar realmente a las brujas. Por otro, los manuales y tratados que leían tendían a reflejar más que a prever los actos jurídicos. Sin querer simplificar en exceso un asunto complejo, podríamos decir que, durante el desarrollo y fusión de las diversas nociones incluidas en el concepto acumulativo de brujería, los juicios mismos fueron de importancia primordial y los escritos tuvieron un cometido secundario en la configuración del curso de las causas y en la transmisión de sus resultados a un público más amplio [47]. Sin embargo, cuando el estereotipo de la bruja quedó perfectamente establecido, la literatura se convirtió en el vehículo principal de transmisión de conocimientos sobre el delito en cuestión. La importancia de esta literatura aumentó significativamente con la introducción de la imprenta en la segunda mitad del siglo XV. Esta innovación posibilitó una difusión de las opiniones cultas más amplia y rápida que la conocida en la época del manuscrito. A medida que esta literatura sobre brujería crecía en volumen y popularidad, los juicios mismos comenzaron a servir únicamente para la función subsidiaria de confirmar las creencias contenidas en dichos escritos, suministrando ejemplos adicionales para los nuevos tratados y haciendo que algunas de esas ideas estuvieran al alcance de la población analfabeta en forma de sentencias leídas públicamente en el momento de la ejecución.

El primer tratado de gran importancia que hizo accesible a un público amplio el concepto acumulativo de brujería fue el *Malleus Maleficarum*. Publicado por primera vez en 1486 y reimpreso en treinta ocasiones antes de 1520, fue escrito por dos inquisidores dominicos, Heinrich Kramer, o Institoris (según su nombre latino), y Jacob Sprenger. Kramer, su autor principal, era un teólogo anciano y quizá emocionalmente trastornado que había sido nombrado inquisidor para el sur de Alemania en 1474. Sprenger, profesor de teología en la universidad de Colonia, había recibido un nombramiento similar como inquisidor para Renania en 1470. Ambos habían cooperado judicialmente, sobre todo en el procesamiento de brujas, y al encon-

---

[47] Esto fue especialmente cierto en el siglo XV. Cfr. Russell, *Witchcraft in the Middle Ages*, p. 243.

trar resistencias para su tarea por parte de las autoridades locales eclesiásticas y civiles, obtuvieron en 1484 del papa Inocencio VIII una bula que los autorizaba a seguir adelante. Dos años después, sirviéndose de los ejemplos de muchos de los casos fallados por ellos, publicaron el *Malleus*, al que adjuntaron como prólogo la bula papal *Summis desiderantes*. También incluyeron un aval de la facultad de teología de la Universidad de Colonia que, según se sabe, fue falsificado, al menos en parte. El libro era fundamentalmente un manual para inquisidores, similar al *Directorium Inquisitorum*, escrito por Nicholas Eymeric en 1376. Tenía la forma de una disputación escolástica, en la que se preguntan y responden una serie de cuestiones; al hacerlo así, se apoyaban firmemente en el pensamiento escolástico, en especial en Tomás de Aquino. Aparte de este autor, el libro se apoyaba de forma más bien ecléctica en un amplio grupo de escritores teológicos y jurídicos [48].

El *Malleus* no formuló de ningún modo el concepto acumulativo de brujería. Tal concepto se había formado ya cincuenta años antes. De hecho, en cuanto manifestación del concepto acumulativo, el *Malleus* era un tanto insuficiente, pues sólo se refería al aquelarre de pasada y no estudiaba el beso obsceno o la marca del diablo. El *Malleus* no contribuyó tampoco a ampliar las ideas sobre las brujas. Sus únicos rasgos novedosos en este sentido son una excesiva insistencia misógina en la capacidad de las mujeres para el crimen y en que la clase de brujas más poderosa (las que infligían cualquier clase de daño y devoraban a sus propios hijos) «practicaban todas la cópula carnal con demonios» [49]. La obra, no obstante, ayudó a confirmar la fusión ya existente entre muchas creencias diversas acerca de las brujas al analizarlas en una única obra y de forma ordenada y sistemática. De ese modo sirvió como «enciclopedia de la brujería» y transmitió, así, un conjunto de creencias cultas a un público más amplio.

El *Malleus* fue, sin embargo, mucho más que una mera síntesis de una diversidad de opiniones sobre las brujas y su recopilación en un amplio tratado bien estructurado. También proporcionó un soporte teológico a las ideas que proponía y asesoramiento legal sobre cómo instruir causas por brujería y, lo que es quizá más importante, decla-

---

[48] Ver S. Anglo, «Evident Authority and Authoritative Evidence: *The Malleus Maleficarum*», en: *The Damned Art: Essays in the Literature of Witchcraft*, ed. S. Anglo (Londres, 1977), pp. 1-31.

[49] Anglo, *Malleus Maleficarum*, pp. 41-8, 99.

ró de manera decidida que quienes negaban la realidad de la brujería eran herejes. Es difícil determinar el efecto del libro sobre la caza de brujas. No abrió la puerta «a procesamientos casi indiscriminados» [50] ni provocó un inmediato incremento del número de juicios. De hecho su publicación en Italia fue seguida de una notable reducción de causas por brujería [51]. Pero, aunque no impulsó a cientos de inquisidores y magistrados a iniciar en sus jurisdicciones cazas masivas de brujas, los hizo más conscientes del delito de brujería y, probablemente, más crédulos acerca de su realidad. Hemos de reconocer que el concepto acumulativo de brujería no imponía una creencia instintiva e inmediata, ni entre las personas educadas ni entre las analfabetas. Era necesario *decir* a la gente que las brujas *podían* realizar y de hecho *realizaban* los distintos actos de que eran acusadas. El *Malleus* fue un instrumento adecuado en este proceso educativo, pues contenía suficiente información tomada de la experiencia judicial y bastantes citas y argumentaciones teológicas como para parecer dotado de autoridad. La supuesta aprobación papal conseguida con la inclusión de la bula de 1484 le dio, quizá, aún mayor autoridad, aunque, como es obvio, no entre los protestantes que se sirvieron del libro en el siglo XVI [52].

El *Malleus*, por tanto, aunque no inspiró un auge frenético de procesos por brujería, contribuyó, no obstante, de manera considerable al desarrollo de la caza de brujas en Europa. Al igual que el concepto acumulativo de brujería, cuya transmisión fomentó, fue condición previa para la intensificación de la caza de brujas. No obstante, es importante señalar que el *Malleus* fue sólo uno de los muchos relevantes tratados sobre brujería publicados durante la caza [53]. Un gran número de los que le siguieron en la imprenta fueron mucho más completos en su descripción del concepto acumulativo de brujería, en especial al tratar el aquelarre, y algunos de ellos alcanzaron incluso más popularidad que el *Malleus*. En 1524, Paulus Grillandus, juez papal que presidió varios juicios por brujería en los alrededores de Roma, publicó un *Tractatus de Hereticis et Sortilegiis*. Este tratado, muy

---

[50] H. Sebald, *Witchcraft*, p. 36.
[51] Midelfort, *Witch Hunting*, p. 22, resta influencia al libro.
[52] Hansen, *Witchcraft at Salem*, p. 27, afirma que el ministro puritano Increase Mather se sirvió del libro en el Massachusetts de finales del siglo XVII.
[53] Ver listas de algunas de estas obras en Russell, *Witchcraft in the Middle Ages*, pp. 246-50; Leutenbauer, *Hexerei- und Zaubereidelikt*, pp. xiv-xxi.

leído, pasó a ser una de las principales fuentes de información en lo referente al aquelarre, en el que Grillandus creía plenamente.

Tras la aparición del libro de Grillandus la producción de literatura dedicada a la brujería se sumió en un sopor de cuarenta años. Durante este periodo se escribieron muy pocos tratados y tampoco se dispuso de nuevas ediciones de las anteriores obras. Hay varias explicaciones posibles para este sorprendente vacío, entre ellas un descenso en el número de procesos en toda Europa y la preocupación de la elite culta por la Reforma protestante. Por otra parte, a medida que se extendía el protestantismo y retrocedía la inquisición papal, incluso en países católicos, se desvaneció el interés por unas obras escritas principalmente por inquisidores. Sin embargo, a partir de 1570 se produjo un auge acentuado en los procesos por brujería y este hecho estimuló la impresión de antiguos tratados y la redacción de otros nuevos. Los nuevos tratados de finales del siglo XVI y del siglo XVII fueron producto de las acciones judiciales, como en el caso del *Malleus*, y, para ilustrar el estereotipo de la bruja y proporcionar una guía a las autoridades públicas, se sirvieron de pruebas tomadas de los mismos juicios.

En 1595, Nicolas Rémy, juez del ducado de Lorena, que afirmaba haber ejecutado a más de 800 brujas en dieciséis años, publicó un tratado, *Demonolatreiae*, que sustituyó en muchos sentidos al *Malleus* como fuente principal de información sobre la acción de Satanás en la tierra. A los lectores de las *Demonolatreiae* se les ofrecieron análisis pormenorizados de las actividades que supuestamente tenían lugar en el aquelarre: el beso obsceno, las comilonas de alimentos repulsivos y carne humana y los bailes al son de desagradables músicas. Algunos años más tarde, un jesuita belga, Martin del Río, publicó sus *Disquisitionum Magicarum Libri Sex*, que sirvieron, como el *Malleus*, de enciclopedia de la magia y suministraron también a los jueces indicaciones específicas. La obra de Del Río, reimpresa en veinte ocasiones y traducida al francés en 1611, se convirtió en el tratado sobre brujería más popular y de mayor autoridad del siglo XVII.

Otras obras de finales del siglo XVI y el XVII complementaron la de Del Río y gozaron también de una amplia popularidad. Un juez borgoñón, Henri Boguet, escribió un tratado basado en su experiencia judicial, *Discours des sorciers* (1602), que alcanzó ocho ediciones. Pocos años más tarde Pierre de Lancre, juez francés que había dirigido una gran caza de brujas en el Pays de Labourd, escribió un tratado, *Tableau de l'inconstance des mauvais anges et démons* (1612), que no sólo describía el aquelarre con detalles desconocidos hasta entonces, sino que incluía además un grabado actualmente famoso del artista polaco Jan Ziarnako que representaba aquel repugnante acto. En 1635 un juez luterano de Sajonia, Benedict Carpzov, publicó su *Practica Rerum Criminalium*, comentario de las leyes de Sajonia relativas a la brujería y compendio de las decisiones del tribunal supremo de Leipzig. El libro de Carpzov, reimpreso nueve veces, se hizo famoso como el *Malleus Maleficarum* del protestantismo, sobre todo porque proporcionaba instrucciones específicas para el procesamiento de brujas. En Italia, la guía más completa sobre brujería, el *Compendium Maleficarum*, fue escrita por un fraile milanés, Francesco Maria Guazzo, en 1608. Guazzo se inspiró ampliamente en las obras de Kramer y Sprenger, Rémy y Del Río, así como en cientos de otras autoridades en la materia, mostrando de esa manera que la obra de los demonólogos era acumulativa, al igual que el concepto de brujería que estaban elaborando. Guazzo incluyó en su libro una serie de ilustraciones de brujas en trance de concluir un pacto con el diablo, ofreciendo así a sus lectores un importante complemento visual a las fantasías descritas.

Considerados en conjunto, los tratados de la Edad Moderna sobre brujería lograron que los miembros cultos de la sociedad europea tomaran conciencia del problema y se convencieran de su realidad. No obstante, los lectores de estas obras se limitaban a una pequeña parte de la población, compuesta sobre todo por miembros de las clases superiores y la elite gobernante. Este sector de la sociedad, que incluía abogados, jueces y magistrados, era perfectamente capaz de emprender una caza de brujas fundándose en el conocimiento adquirido sobre la brujería y en su propio poder legal. Sin embargo, para que la caza de brujas masiva tuviera éxito, fue necesario que las clases bajas se hicieran alguna idea de la naturaleza diabólica del delito. Aunque muchas acusaciones de brujería provenían de «arriba» (es decir, de funcionarios y jueces), la detección y procesamiento de las brujas requería el apoyo de toda la comunidad.

La identificación de las personas sospechosas se confió a los vecinos de las brujas, quienes posibilitarían su detención y testimoniarían en su contra. Para que una caza de brujas, sobre todo de grandes dimensiones, fuera un logro, era necesario que las clases bajas creyeran en la brujería y participaran en el desarrollo de la caza. El problema residía en que la mayoría de los miembros de las clases bajas no compartía las ideas cultas sobre brujería que hacían tan espantoso tal delito. Creían en la magia y en el *maleficium* y reconocían el peligro que suponía para ellos la magia nociva, pero no atribuían necesariamente al diablo el poder de semejante actividad. Creían en las *strigae*, en las señoras de la noche y en la metamorfosis y algunos de ellos, incluso, en íncubos y súcubos, pero no habían llegado a fusionar estas ideas dispersas como lo habían hecho teólogos e inquisidores, con todas sus terribles implicaciones. No obstante, hay pruebas de que algunas de las concepciones cultas sobre brujería y, sin duda alguna, el miedo concomitante a la difusión de una conspiración satánica penetraron en los niveles más bajos de la sociedad europea, al menos durante cortos periodos de tiempo. Hay, por ejemplo, un número suficiente de confesiones espontáneas que muestran que muchas de las fantasías elaboradas por los teólogos y los inquisidores se habían infiltrado en las clases bajas. Cuando descubrimos que unos 2.000 campesinos analfabetos del país vasco confesaban libremente haber asistido a concurridos aquelarres y describían las actividades practicadas en tales asambleas, podemos estar bien seguros de que las ideas de la elite habían llegado hasta ellos por una u otra vía.

Un método para educar al pueblo llano en las concepciones cultas sobre brujería fue la lectura pública de los cargos contra las brujas en el momento de su ejecución. Otro fue el de la instrucción premeditada de la gente en asuntos de brujería con ocasión de los grandes pánicos. Durante la caza de brujas vascas de 1610-14, el rey de España envió cartas a todos los obispos de las zonas afectadas así como a los superiores de las órdenes de predicadores para que sus subordinados predicaran contra la brujería como lo habían hecho durante una anterior caza en 1527. El propósito de este plan era impedir que la gente ignorante se uniera a la secta de las brujas, garantizar las confesiones de quienes ya habían sucumbido a la tentación y conseguir el apoyo del pueblo para acabar con aquel delito pernicioso [54]. En los Países Bajos las autoridades eclesiásticas incluyeron las actividades de las brujas en las listas de errores que periódicamente leían ante sus congregaciones. Por toda Europa se pronunciaron sermones contra la brujería durante las cazas de brujas, sobre todo antes de las ejecuciones. Pero el mejor ejemplo de la función desempe-

---

[54] Ver Henningsen, *Witches' Advocate*, pp. 206-7; «Papers of Salazar», p. 105.

ñada por estos sermones en la difusión de las ideas sobre las brujas entre toda una congregación fue, quizá, el de Salem, Massachusetts, donde el ministro Samuel Parris no sólo preparó inconscientemente a su comunidad para la caza de brujas al describir durante los años anteriores a la caza una amenaza satánica proveniente tanto de fuera como de dentro de la localidad, sino que desarrolló, además, el tema una vez iniciada la persecución [55].

Aunque la elite culta logró cierto éxito en la educación de las clases bajas en sus teorías demonológicas sobre brujería, el proceso de imponer una cultura superior a otra popular pasó también por momentos difíciles y pudo haber tenido como consecuencia un agudo conflicto social. Para comprender la brecha que se abría entre la cultura erudita y la popular no hay, quizá, mejor ejemplo que el del procesamiento de los *benandanti* en Friuli en los últimos años del siglo XVI y primeros del XVII. Según hemos visto, los *benandanti* creían salir de noche «en espíritu» durante las témporas (periodos de ayuno en cada una de las cuatro estaciones) con el fin de combatir a las brujas. Los funcionarios de la inquisición, incapaces de entender este conjunto de creencias folclóricas campesinas y sospechando que los *benandanti* eran en realidad brujos que acudían al aquelarre, convencieron poco a poco a los miembros de este viejo culto de fertilidad de que eran brujos nocivos. En cierto sentido, este episodio sirve de ejemplo de cómo las creencias cultas conseguían atravesar las barreras sociales, pues el resultado final era la imposición de una concepción erudita del aquelarre a un conjunto muy diferente de creencias populares sobre brujería. Sin embargo, las dificultades que encontraron los inquisidores para alcanzar este resultado son, quizá, más significativas que su éxito final. Los inquisidores interrogaron una y otra vez a los sospechosos, quienes insistieron en que «luchaban por Cristo» contra las brujas asegurando la fertilidad de las cosechas; los tribunales tardaron más de cincuenta años en convencerlos de lo contrario [56]. Cuando se examinan bajo esta luz los juicios por brujería, pueden verse como una forma de conflicto cultural y social en el que una clase gobernante instruida intentaba adaptar al campesinado analfabeto a su visión del mundo; el resultado fue que, al intentarlo,

---

[55] P. Boyer y S. Nissenbaum, *Salem Possessed: The Social Origins of Witchcraft* (Cambridge, Mass., 1971), pp. 168-78.
[56] Ginzburg, *Night Battles*.

suprimió, o transformó al menos, fundamentalmente todo un conjunto de creencias populares [57].

La prueba del Renacimiento

Una vez formulado y difundido el concepto acumulativo de brujería, resultó sorprendentemente pertinaz durante los dos siglos siguientes. Su pervivencia ha sido fuente de incógnitas para muchos historiadores puesto que la cultura erudita europea del periodo de la caza de brujas estuvo sometida a la influencia de un movimiento intelectual que supuso una seria amenaza para muchas de esas ideas acerca de las brujas. Este movimiento fue el Renacimiento, la reaparición o reviviscencia de la cultura clásica, iniciado en Italia a finales del siglo XIV y en el siglo XV y extendido gradualmente hacia el norte de Europa en los siglos XV y XVI. El Renacimiento hizo peligrar el concepto de brujería de varias maneras. En primer lugar, fomentó el desprecio hacia la erudición medieval, sobre todo el escolasticismo, que no había logrado situarse a la altura de los altos niveles de la civilización clásica. Dado que las creencias en las brujas formaban parte, en buena medida, de la denostada cultura medieval, resultaron altamente vulnerables a las críticas humanistas. Más en concreto, el principal sistema filosófico del Renacimiento, el neoplatonismo, planteó un reto directo a la filosofía aristotélica del escolasticismo subyacente al concepto acumulativo de brujería. En vez de atribuir al diablo los sucesos supuestamente mágicos, a la manera escolástica, los neoplatónicos afirmaban que el hombre podía practicar la magia por sí mismo aprovechándose de las fuerzas naturales del universo. De hecho, muchos humanistas del Renacimiento practicaron personalmente la magia natural, basada en buena medida en el redescubrimiento de textos clásicos, e intentaron otorgar a su arte una respetabilidad intelectual y moral que la Iglesia le había negado siempre [58].

---

[57] La función desempeñada por estas ideas populares en la formación real del estereotipo culto sigue siendo objeto de debate. Cfr. Ginzburg, *Ecstasies*, p. 11 *et passim*, sobre la afirmación de que el estereotipo fue «el resultado híbrido de un conflicto entre cultura popular y erudita». Para una opinión diferente, ver R. Muchembled, «Satanic Myths and Cultural Reality», en: *Early Modern European Witchcraft: Centers and Peripheries*, ed. B. Ankarloo y G. Henningsen (Oxford, 1990) pp. 140-1.
[58] D. P. Walker, *Spiritual and Demonic Magic: From Ficino to Campanella* (Londres, 1958); W. Shumaker, *The Occult Sciences in the Renaissance* (Berkeley, 1972), pp. 108-59.

Estas personas no estaban, desde luego, muy interesadas en la clase de magia grosera supuestamente practicada por las brujas y que ellos despreciaban como superstición ineficaz y campesina. Pero, al defender sus propias formas de magia erudita y subestimar la de los analfabetos, atacaron muchos de los supuestos del *Malleus Maleficarum*.

La amenaza que el humanismo renacentista suponía para el concepto acumulativo de magia no era ilusoria. Humanistas como Desiderio Erasmo, Pietro Pomponazzi y Andrea Alciati atacaron ciertas ideas relativas a la brujería, mientras Cornelio Agrippa de Nettesheim, el gran practicante de la magia erudita, criticó tanto el *Malleus Maleficarum* como los procesos contra las brujas [59]. A finales del siglo XVI, la mayoría de los escépticos que pusieron en cuestión las doctrinas del *Malleus Maleficarum*, como Weyer, Scot y Montaigne, fueron hombres de formación e intereses humanistas. También puede afirmarse que el neoplatonismo consiguió debilitar, a la larga, el aristotelismo y hacer posible la aceptación de la filosofía mecanicista, que acabó por desplazarlo. No obstante, a pesar de la seriedad de la amenaza del Renacimiento, el concepto acumulativo de brujería sobrevivió intacto hasta finales del siglo XVII.

¿Por qué fue así? ¿Por qué el Renacimiento, con toda su hostilidad hacia el escolasticismo y con su escepticismo polifacético, no logró destruir las ideas eruditas acerca de las brujas? [60]. Una de las razones de este fracaso es que el neoplatonismo nunca alcanzó una posición dominante en los círculos intelectuales europeos ni fue, por tanto, capaz de cambiar la mentalidad de generaciones de juristas y clérigos. De hecho, el aristotelismo experimentó una especie de resurgimiento en la década de 1590 y reinó soberanamente en muchos países hasta mediados del siglo XVII [61]. Pero, aunque el neoplatonismo hubiera sido más fuerte, es improbable que hubiese conseguido minar el concepto acumulativo de brujería, por la sencilla razón de que no negaba dos ideas claves para ella: la existencia del diablo y la eficacia de la magia. Los demonios del neoplatonismo guardaban

---

[59] E. W. Monter (ed.), *European Witchcraft* (Nueva York, 1969), pp. 56-7; H. A. Oberman, *Masters of the Reformation* (Cambridge, 1981), p. 174; Trevor-Roper, «The European Witch-Craze of the Sixteenth and Seventeenth Centuries», en: H. R. Trevor-Roper, *The European Witch-Craze of the Sixteenth ad Seventeenth Centuries and Other Essays*, pp. 132-3.

[60] Sobre el escepticismo renacentista, cfr. C. G. Nauert, *Agrippa and the crisis of Renaissance Thought* (Urbana, Ill., 1965), pp. 200, 240-1, 292-301.

[61] Ver, por ejemplo, H. Kearney, *Scholars and Gentlemen* (Londres, 1970), p. 94.

poco parecido con el diablo de la escolástica, pero, una vez aceptada la existencia y poder de las fuerzas demoniacas, los intelectuales del Renacimiento difícilmente podían hallarse en la mejor posición para lanzar un asalto contra los principios básicos de la demonología medieval. Lo mismo puede decirse de la magia renacentista. Los *magi* eruditos del Renacimiento hicieron cuanto estuvo en sus manos para distinguir de la magia de los ignorantes nigromantes de la Edad Media y las pobres brujas analfabetas de su propia época la practicada por ellos y objeto de sus escritos. Pero las distinciones no eran siempre claras, en especial cuando los *magi* eruditos recurrían a la magia demoniaca, y la creencia en una clase de magia podía llevar a creer en la otra [62]. Los vínculos entre ambos tipos de magia se estrecharon incluso más en los escritos de expertos en brujas como Jean Bodin, quien combinó sus ataques contra ellas con una arremetida contra la magia de Agrippa y Pico della Mirandola [63]. En Italia, la confusión clerical entre magia y brujería pudo haber contribuido de hecho a un aumento de la caza de brujas [64]. Quizá no sea mera coincidencia que la introducción del humanismo en Florencia a finales siglo XIV fuera acompañada de una serie de juicios por hechicería [65].

La fuerza y los límites del escepticismo renacentista por lo que respecta a la brujería son evidentes en la obra del más famoso crítico de la caza de brujas en el siglo XVI, Johann Weyer. Weyer era discípulo de Agrippa y médico del duque Guillermo V de Cléveris, un tolerante humanista. Su obra refleja la actitud desfavorable de Agrippa hacia la necromancia, así como la actitud tolerante de Erasmo con las personas acusadas de brujería. También se apoya en una tradición muy vigorosa entre los círculos teológicos luteranos que, basándose en el canon *Episcopi*, mantenían que las brujas no realizaban todas las actividades que se les atribuían. El principal propósito de los libros de Weyer, *De Prestigiis Daemonum* (1563) y *De Lamiis* (1582), era mos-

---

[62] A. Williamson, *Scottish National Consciousness in the Age of James VI* (Edimburgo, 1979), p. 168; R. H. West, *Reginald Scot and Renaissance Writings on Witchcraft* (Boston, 1984), p. 4.
[63] F. Yates, *The Occult Philosophy in the Elizabethan Age* (Londres, 1979), pp. 67-71.
[64] P. Burke, «Witchcraft and Magic in Renaissance Italy: Gianfrancesco Pico and His *Strix*», en: S. Anglo, *The Damned Art: Essays in the Literature of Witchcraft* (Londres, 1977), p. 49.
[65] G. Brucker, «Sorcery in Renaissance Florence», en: *Studies in the Renaissance*, 10 (1963), p. 8.

trar que las mujeres ignorantes confesas de brujería eran víctimas de una ilusión engañosa y no debían ser procesadas. Estos libros constituyeron, por tanto, un ataque frontal contra las opiniones expresadas en el *Malleus Maleficarum*. Al exponer sus ideas, Weyer recurriría a su conocimiento médico, afirmando que los supuestos *maleficia* de las brujas podían explicarse por causas médicas naturales y, al mismo tiempo, que las confesiones relativas a sus actividades diabólicas eran provocadas en gran medida por una enfermedad uterina, la *melancholia*. Weyer se sirvió también de su conocimiento del derecho romano para demostrar que el pretendido pacto de la bruja con el diablo no constituía un contrato válido y que, por tanto, el delito de haberlo concluido era imposible. Para Weyer, pues, la brujería era el intento realizado por una persona mentalmente trastornada para llevar a cabo algo imposible tanto física como legalmente [66].

La debilidad de la argumentación de Weyer residía en que no negaba la existencia del diablo o su capacidad para inmiscuirse en los asuntos humanos. Al tratar de los *maleficia* de las brujas, su pacto con el diablo y las ceremonias de los magos rituales, Weyer admitía que el diablo podía influenciar la imaginación humana. Los *maleficia* de las brujas podían atribuirse a causas naturales, pero el diablo era responsable de que las brujas creyeran haberlos causado. De igual manera, el demonio se aprovechaba de la imaginación de las mujeres pobres, ignorantes y melancólicas que afirmaban haber concluido pactos con él y seducía así mismo a nigromantes malignos para llevar a cabo los distintos actos de conjuro que les habían hecho tristemente célebres. Pero, si el diablo era capaz de este tipo de actividad, ¿por qué no podría también realizar *maleficia* e implicar a agentes humanos en su obra? Al no examinar con solidez filosófica y teológica los poderes del diablo, el tratado de Weyer quedaba incapacitado para ofrecer resistencia a los ataques que se le harían.

Una segunda debilidad de la argumentación de Weyer fue su impotencia para liberar de responsabilidad moral por sus acciones a las ancianas melancólicas acusadas de brujería. Aunque el pacto de estas personas con el diablo fuera imaginario, seguían siendo culpables de herejía al igual que las mujeres a las que se refería el canon *Episcopi*.

---

[66] H. C. E. Midelfort, «Johann Weyer and the Transformation of the Insanity Defense», en: *The German People and the German Reformation*, ed. R. P. Hsia (Ithaca, 1988), pp. 234-261.

La melancolía, según Weyer, no había convertido a estas mujeres en dementes y, por tanto, inocentes; sólo las había hecho más vulnerables al poder y engaños del diablo. De hecho, Weyer no excluyó su procesamiento por parte de las autoridades eclesiásticas, aunque insistió en que ninguna de ellas debía ser condenada a muerte. Se opuso a su enjuiciamiento por los tribunales civiles, pues no causaban en realidad los daños que se les atribuían, pero esto nada tenía que ver con su delito espiritual. Y, puesto que muchos protestantes mantenían que las brujas podían ser procesadas aunque no existieran pruebas de *maleficia*, por la sencilla razón de que sus voluntades estaban corrompidas por ser brujas, la demanda de tolerancia de Weyer tuvo poca fuerza.

Debido a la debilidad de sus argumentos, las opiniones de Weyer fueron casi totalmente desacreditadas por hombres como Thomas Erastus y Jean Bodin, conocidos ambos sobre todo por sus obras de teoría política. Weyer encontró apoyo en Inglaterra en escritores como Reginald Scot, cuyas ideas eran en realidad más escépticas que las de Weyer, pero, en conjunto, las autoridades intelectuales de toda Europa rechazaron su postura y se afianzaron en la creencia de que la brujería era real y que las brujas debían ser procesadas con rigor por sus crímenes [67]. Los intelectuales europeos no comenzaron a socavar las hipótesis filosóficas y teológicas que fundamentaban las obras de Rémy, Boguet, Guazzo, Del Río y Bodin hasta mediados del siglo XVII, al mostrar hacia el poder del diablo un escepticismo mucho más fundamental que Weyer.

La brujería y el miedo a la rebelión

El conjunto de ideas cultas al que nos referimos con la expresión de concepto acumulativo de brujería demostró, por tanto, una notable capacidad de pervivencia durante los siglos XVI y XVII. La aceptación de estas ideas estuvo sustentada por muchos factores, el más significativo de los cuales fue una firme convicción de que el diablo había obtenido poderes extraordinarios sobre la marcha de

---

[67] Peter Binsfeld atacó también a Weyer declarando que el pacto con el diablo era de hecho posible. *Tractatus de confessionibus maleficorum et sagarum* (Tréveris, 1596).

los asuntos humanos. Esta convicción fue, de hecho la misma que inspiró en origen la formulación del concepto acumulativo de brujería; sin tal creencia, las brujas nunca habrían sido consideradas otra cosa que campesinas supersticiosas. Pero, ¿por qué los hombres que formularon y a continuación difundieron opiniones cultas sobre las brujas llegaron a la conclusión de que el poder de Satanás era tan omnipresente y terrorífico? ¿Qué les llevó a finales de la Edad Media y comienzos de la Moderna a creer que el diablo se movía sin trabas y reclutaba numerosos cómplices humanos?

Esta pregunta no tiene una respuesta simple. Las aparentes manifestaciones del poder demoniaco durante estos siglos fueron muchas y variadas. Las numerosas calamidades de finales del siglo XIV, sobre todo la Peste Negra, incitaron quizá a los intelectuales a suponer una mayor intervención demoniaca en el mundo, mientras que las profundas crisis económicas del periodo moderno, el trauma de la Reforma y la frecuencia de guerras y plagas pudieron haber fortalecido fácilmente la convicción de hombres como Rémy, Boguet, Carpzov y Guazzo de que el diablo era especialmente activo. Estos mismos factores provocaron en las comunidades de la Edad Moderna, según veremos, temores que animaron a los magistrados a perseguir a las brujas [68]. Pero, si quisiéramos identificar un factor subyacente a la formulación y transmisión del concepto acumulativo de brujería y que fuera el más capaz de sustentar la idea de que el diablo actuaba en los asuntos humanos, deberíamos dirigir nuestra atención al miedo a la rebelión, la sedición y el desorden que embargó a los miembros de las clases superiores durante estos años. No es casual que el aquelarre apareciera cuando Europa padecía una oleada de rebeliones sociales, al concluir el siglo XIV [69]. Y tampoco es una coincidencia que la creencia culta en la brujería organizada se extendiera por Europa durante un periodo de profunda inestabilidad y rebelión crónica. La era de la gran caza de brujas fue la gran época de la rebelión popular de la historia europea, siglos que fueron testigos de incontables *jacqueries* campesinas, guerras civiles religiosas y, en fin, las primeras revoluciones nacionales del mundo mo-

---

[68] Ver *infra*, cap. V.
[69] Ver Monter, *Witchcraft in France and Switzerland*, p. 18; G. Holmes, *Europe: Hierarchy and Revolt, 1320-1450* (Nueva York, 1975), pp. 125-33. Nider, que ofrece una de las primeras descripciones del aquelarre, afirma que la secta había estado en activo desde aproximadamente 1375. Ginzburg, *Ecstasies*, p. 71.

derno [70]. Estos trastornos aterraron a los miembros de las clases dominantes de Europa entera y sus miedos se reflejaron en la imaginería del aquelarre.

Como el diablo mismo, que inició su maligna carrera con un acto de rebelión contra Dios, el brujo era el rebelde quintaesenciado. Más abajo examinaremos la diferente cuestión de si los individuos acusados de brujería eran de hecho rebeldes; lo que aquí nos interesa es que teólogos, magistrados y autores de tratados de brujería los veían como tales. La bruja, en cuanto hereje y apóstata, era considerada culpable de lesa majestad o traición a Dios [71]; en cuanto adoradora del diablo, formaba parte de una enorme conspiración política; en cuanto campesina de clase baja, intentaba trastocar el mundo, invirtiendo el orden social jerárquicamente establecido y rechazando todas sus normas morales [72]. A veces, el nexo entre rebelión y brujería se explicitaba, como cuando los cazadores de brujas pregonaban, citando la Biblia, que la «rebelión es como el pecado de brujería», o cuando los realistas escoceses, convencidos de que brujas y *covenanters* eran de la misma ralea, proclamaban en 1661 que «la rebelión es la madre de la brujería» [73]. Hombres de iglesia presentes en el concilio de Basilea, a comienzos del siglo XV, pensaban que la rebelión campesina formaba parte de una conspiración satánica para destruir el celibato clerical, dando así pie a facilitar los procesos por brujería [74]. De hecho, muchas brujas fueron acusadas en concreto tanto de traición como de brujería, sobre todo durante la primera fase de la caza, cuando menudearon las acusaciones de hechicería política. No era raro que se lazaran contra los rebeldes bohemios cargos de satanismo y que, durante la

---

[70] H. Kamen, *European Society 1500-1700* (Londres, 1984); P. Zagorin, *Rebels and Rulers 1500-1660* (2 vols., Cambridge, 1981).

[71] Leutenbauer, *Hexerei- und Zaubereidelikt*, p. 109.

[72] Sobre la naturaleza política de este trastocamiento, cfr. S. Clark, «Inversion, Misrule and the Meaning of Witchcraft», en: *Past and Present*, 87 (1980), esp. pp. 110-127.

[73] I. Samuel, 15, 23; J. Kirkton, *The Secret and True History of the Church of Scotland*, ed. C. K. Sharpe (Edimburgo, 1817), p. 126. Ver también W. Kennett, *The Witchcraft of the Present Rebellion* (Londres, 1715).

[74] L. Rothkrug, «Religious Practices and Collective Perceptions», en: *Historical Reflections*, 7 (1980), pp. 110-11. Sobre la importancia del concilio de Basilea como escenario del desarrollo de nociones cultas sobre la brujería, ver Blauert, *Frühe Hexenverfolgungen*, pp. 32-33.

guerra civil inglesa, un clérigo radical, Thomas Larkham, fuera acusado de «faccioso, hereje, brujo, rebelde y traidor» [75].

Si la brujería y la rebelión se relacionaban tan íntimamente como sugieren estos ejemplos, el miedo a la rebelión debió de haber influido, probablemente, de manera considerable en la formulación y difusión del concepto acumulativo de brujería. Lionel Rothkrug ha mantenido que el interés de los autores del *Malleus Maleficarum* por los hechiceros que fueran a la vez arqueros refleja un miedo extendido en los territorios germánicos hacia la infantería suiza, que en 1477 había derrotado al ejército de Carlos el Temerario, y hacia los campesinos del sur de Alemania, que esperaban lograr el apoyo suizo en una rebelión contra el Imperio [76]. De manera similar, el relato ofrecido por Pierre de Lancre de una conspiración diabólica masiva en el Pays de Labourd estaba condicionado por el hecho de que esta zona era un centro de la resistencia vasca contra la monarquía francesa. Henri Boguet temía que, si hubiera tantos brujos como brujas y si tuviesen un «gran señor» por caudillo, «serían lo bastante fuertes como para hacer la guerra a un rey», según habían presumido algunas brujas [77]. Jacobo VI de Escocia no elaboró las crédulas ideas que aparecen en su *Daemonologia* hasta haberse convencido de que un grupo de brujas encabezado por el duque de Bothwell estaba implicado en una conspiración política en su contra [78]. Jean Bodin, cuyas opiniones absolutistas suscribía plenamente el rey Jacobo, pensaba quizá en términos similares cuando escribió la *Démonomanie* [79]. William Perkins, el puritano inglés autor de *A Discourse of the Damned Art of Witchcraft*, pensaba sin duda en la imagen de la bruja rebelde cuando escribió su obra poco antes de la muerte de la reina Isabel. «El traidor y rebelde más notorio que pueda existir», escribía Perkins, «es la bru-

---

[75] Evans, *The Making of the Habsburg Monarchy 1500-1700* (Oxford, 1979), p. 413; G. H. Radford, «Thomas Larkham», *Reports and Transactions of the Devonshire Association*, 24 (1892), p. 97.
[76] Rothkrug, «Religious Practices», p. 108.
[77] Boguet, *Examen of Witches*, pp. xxxi, xxxvi.
[78] C. Larner, «James VI and I and Witchcraft», en: *The Reign of James VI and I*, ed. A. G. R. Smith (Londres, 1973), pp. 74-90; S. Clark, «King James's *Daemonologie*: Witchcraft and Kingship», en: *The Damned Art*, pp. 156-181.
[79] No hay duda de que consideraba a la bruja como una amenaza para el buen orden de la república. Cfr. J. Bodin, *Démonomanie des Sorciers*, (Amberes, 1586), p. 334.

ja, pues reniega del mismo Dios, rey de reyes, abandona la sociedad de su iglesia y su pueblo y se une en asociación con el diablo» [80].

La formulación, transición y recepción crédula del concepto acumulativo de brujería por los miembros de la elite culta y gobernante fue una de las condiciones previas de la gran caza de brujas europea. Sin esas creencias no habría habido razón para perseguirlas con la decisión manifestada por las autoridades judiciales durante la Edad Moderna. Los procesos individuales por *maleficium*, magia ritual y pacto podrían, sin duda, haberse producido, tal como había ocurrido en el pasado, pero habrían sido inimaginables las campañas contra la brujería y la búsqueda de los supuestos cómplices de las brujas. Sin embargo, la formulación del concepto acumulativo de brujería fue sólo una de las dos principales condiciones previas de la caza. La segunda consistió en el desarrollo de los procedimientos legales que facilitaron el procesamiento y condena de las personas sospechosas de ese delito. Analizaremos ahora estos procedimientos judiciales, igualmente importantes.

---

[80] Perkins, *Damned Art of Witchcraft*, en: *Works*, III, p. 651.

3. LOS FUNDAMENTOS LEGALES

La gran caza de brujas europea fue esencialmente una operación judicial. La totalidad del proceso de descubrimiento y eliminación de las brujas, desde la denuncia hasta el castigo, solía producirse bajo la mirada de los jueces. Incluso en los casos en que las brujas se quitaban a sí mismas la vida, lo hacían habitualmente con el fin de evitar los procesos legales, a menudo crueles y obviamente inevitables [1]. En ciertas ocasiones, los habitantes soliviantados de una población se tomaban la justicia por su mano y ejecutaban brujas actuando al estilo de un grupo parapolicial. Cierto número de hechiceros de la localidad francesa de Marmande pereció de este modo en 1453 y, durante la caza de brujas de 1610 en el país vasco, grandes muchedumbres irrumpieron en las casas de las personas denunciadas y las sometieron a torturas violentas, asesinando al menos a una mujer [2]. En 1662, una turba iracunda linchó en Auxonne, Francia, a un grupo de mujeres consideradas responsables de la posesión demoniaca de todo un convento de monjas [3]. No hay manera de determinar cuántas perso-

---

[1] Dupont-Bouchat, «Répression», p. 106; Lamer, *Enemies of God*, pp. 114, 116, 119; Naess, «Norway», p. 376. Rémy interpreta los suicidios como intentos para liberarse de los poderes del diablo. *Demonolatry*, p. 161.

[2] Hansen, *Quellen*, pp. 559-61; Henningsen, *Witches' Advocate*, p. 209.

[3] Robbins, *Encyclopedia*, p. 394; S. Garnier, *Barbe Buvée et la prétendue possession des Ursulines d'Auxonne* (París, 1895).

nas sospechosas de brujería murieron de esta forma ilegal. En las zonas rurales de Polonia las cifras debieron de haber sido bastante elevadas [4]. No obstante, los gobiernos centrales se opusieron con gran decisión a esta especie de burda justicia campesina, pues suponía un desafío a su autoridad, y tomaron medidas para impedir su reiteración [5]. Podemos estar, por tanto, bastante seguros de que una gran mayoría de las personas ejecutadas por brujería durante la gran caza fue juzgada y sentenciada formal y legalmente.

Puesto que la caza de brujas solía adoptar forma legal, es perfectamente razonable suponer que los procedimientos legales utilizados en los procesos criminales y los modos de actuación de los sistemas judiciales europeos tuvieron mucho que ver con los orígenes de la gran caza de brujas. De hecho, el procesamiento intensivo de brujas en la Europa moderna se vio facilitado por ciertas innovaciones legales ocurridas entre los siglos XIII y XVI. En primer lugar, los tribunales eclesiásticos y civiles de la Europa continental adoptaron un nuevo sistema inquisitorio de procedimiento criminal que hizo mucho más sencilla la incoación y enjuiciamiento de casos por brujería. En segundo lugar, estos tribunales obtuvieron el derecho a torturar a personas acusadas de brujería, haciendo así relativamente sencillo extraer confesiones y nombres de supuestos cómplices de las brujas. En tercer lugar, los tribunales civiles de Europa consiguieron la jurisdicción sobre la brujería, complementando así y sustituyendo en muchos casos a los tribunales eclesiásticos en el papel de instrumentos judiciales de la caza de brujas. Finalmente, se permitió a los tribunales locales y regionales actuar sin demasiada interferencia del control judicial central o nacional, garantizando de ese modo un número relativamente alto de condenas y ejecuciones.

Ninguna de estas innovaciones legales, ni siquiera todas en conjunto, constituyó una causa suficiente para la gran caza de brujas, pero cada una de ellas sirvió como condición previa necesaria de dicha caza. Al igual que las circunstancias intelectuales analizadas en el capítulo anterior, ayudaron a posibilitar la caza de brujas. De hecho, los fundamentos legales e intelectuales de la caza estuvieron estrecha-

---

[4] Baranowski, *Procesy Czarownic*, p. 178. A. F. Soman sugiere que los linchamientos predominaron en Francia porque, de ese modo, la comunidad podía evitar los costos de la justicia oficial. «Parlement of Paris», pp. 42-43.

[5] Para el proceso de los responsables del linchamiento de una bruja en Francia en 1587, ver A. F. Soman, «Witch Lynching at Juniville», pp 8-15.

mente relacionados, pues la adopción de nuevos procedimientos criminales facilitó la síntesis de diversas ideas relativas a las actividades en que supuestamente participaban las brujas. Las innovaciones legales ayudan, así mismo, a explicar por qué la gran caza de brujas ocurrió en un determinado momento. La persecución intensiva de brujas sólo se inició una vez que muchos tribunales europeos hubieron adoptado el procedimiento inquisitorial y comenzado a emplear la tortura. Por otra parte, la caza de brujas intensiva no concluyó hasta que los magistrados y jueces advirtieron que estaban enviando al cadalso a personas inocentes e introdujeron, en consecuencia, varias reformas legales significativas.

Cambios en el procedimiento criminal

Antes del siglo XIII los tribunales europeos utilizaban un sistema de procedimiento criminal que hacía difícil el encausamiento de un delito, en especial si se trataba de un delito oculto. Este sistema procesal, que suele denominarse acusatorio, existía en su forma más pura en los tribunales civiles del noroeste de Europa, pero también se atuvieron a él, con algunas modificaciones significativas, los tribunales civiles de los países mediterráneos y los diversos tribunales eclesiásticos [6]. De acuerdo con el sistema acusatorio, una acción criminal era incoada y seguida por una persona particular, por lo general la parte perjudicada o un pariente. La acusación era una declaración formal, pública y jurada que tenía por resultado el procesamiento del acusado ante un juez. Si el acusado admitía su culpa o si el acusador particular podía suministrar pruebas ciertas, el juez acostumbraba a fallar en contra del acusado. Sin embargo, en caso de duda, el tribunal solía apelar a Dios para que proporcionara alguna señal de la culpabilidad o inocencia de la persona acusada. La forma más habitual de esta apelación era la ordalía o juicio de Dios, una prueba a la que debía someterse la parte acusada para conseguir la absolución. Podía consistir en transportar un hierro candente durante un trecho y mostrar a continuación, después de haber mantenido la mano vendada durante unos días, que Dios había curado mila-

---

[6] Ver G. Bader, *Die Hexenprozesse in der Schweiz*, pp. 11-12, para un análisis breve de las diferencias entre las formas germánica y romana.

grosamente la carne quemada; o en introducir el brazo en agua caliente y exhibir, de la misma manera, el miembro sanado tras haberlo vendado; o en arrojar a alguien a una superficie de agua fría y considerarlo inocente sólo si se hundía hasta el fondo; o en pedirle que engullera de golpe un bocado sin atragantarse. La alternativa a la ordalía consistía en pedir al acusado o a su representante participar en un duelo con el representante de la parte ofendida; su victoria en esta «ordalía bilateral» o juicio por combate se interpretaba como señal de inocencia. También se le podía permitir, como alternativa a la ordalía, un juicio por compurgación. En este caso, la persona acusada tenía que jurar su inocencia y conseguir luego cierto número de «ayudas de juicio» que afirmarían solemnemente bajo juramento la honradez (e indirectamente, por tanto, la inocencia) del acusado. Durante el juicio, sin importar la forma que éste adoptara, el juez solía mantenerse como árbitro imparcial que regulaba el procedimiento del tribunal, pero no procesaba de ninguna manera al acusado. Quien ejercía la acción era el acusador mismo y, si el acusado demostraba su inocencia del cargo, el acusador quedaba sujeto a procesamiento criminal, según la antigua tradición romana de la *lex talionis* [7].

Dos observaciones se imponen por lo que respecta a este sistema de procesamiento criminal practicado en la alta Edad Media. En primer lugar, se trataba de un procedimiento fundamentalmente no racional. La determinación de la culpabilidad o la inocencia no solía hacerse por investigación racional de los hechos relativos al caso, sino por apelación a la intervención divina en las actividades humanas. El ser humano abdicaba, en efecto, de su propia responsabilidad en la investigación de los crímenes y dejaba el asunto en manos de Dios. En segundo lugar, el sistema no resultó especialmente afortunado en el enjuiciamiento criminal. Cada proceso requería un acusador dispuesto a correr el riesgo de una contrademanda basada en la ley del talión, pero, además, el juicio mismo podía ser manipulado en favor del acusado. Unas manos callosas y unas técnicas de respiración apropiadas podían, por ejemplo, ayudar a superar el juicio de Dios, mientras que las personas de elevada reputación (aunque no lo fueran, desde luego, muchos de los individuos acusados de crímenes

---

[7] C. H. Lea, *The Ordeal* (Filadelfia, 1973); J. Gaudemet, «Les ordiales au moyen age: doctrine, legislation, et practique canoniques», en: *La Preuve* (Receuils de la Société Jean Bodin, vol. 17) (Bruselas, 1965), pp. 99-136.

graves), podían garantizarse la absolución por un simple juramento o por compurgación. El sistema se nos muestra como un testimonio de la fe del hombre en la inmanencia de Dios, pero no de su empeño en utilizar la ley como instrumento eficaz de control social.

Sin embargo, a comienzos del siglo XIII, los tribunales eclesiásticos y civiles de Europa occidental abandonaron este antiguo sistema medieval de normas procesales y adoptaron técnicas nuevas que otorgaban una importancia mucho mayor al juicio humano en el proceso criminal. El paso del antiguo sistema al nuevo se vio estimulado en cierta medida por el resurgimiento del estudio formal del derecho romano en los siglos XI y XII [8], pero el principal impulso llegó de la creciente constatación de que el delito —tanto eclesiástico como civil— iba en aumento y debía ser contenido. La Iglesia, enfrentada a la difusión de la herejía, fue la primera en promover este cambio. La Iglesia fomentó, así mismo, los nuevos procedimientos en los tribunales civiles al prohibir formalmente a los clérigos en el Cuarto Concilio de Letrán, en 1215, la participación en las ordalías [9]. Puesto que las ordalías, al ser apelaciones a la guía divina en asuntos judiciales, requerían la presencia de clérigos que bendijeran la operación, la decisión tomada por el Concilio significó su fin [10].

El nuevo sistema de norma procesal, configurado progresivamente durante los siglos XIII, XIV y XV y utilizado por toda la Europa continental en el siglo XVI, se designa con el término de inquisitorio. Su adopción cambió tanto los procedimientos de tramitación de causas criminales como los de los juicios mismos. En cuanto a la incoación, es importante señalar que la adopción de un procedimiento inquisitorio no impedía iniciar una acción legal mediante acusación privada [11]. Muchos crímenes juzgados según el procedimiento inquisitorio, entre ellos un gran número de casos de brujería, se incoaron de esa manera [12]. La

---

[8] Sobre esta influencia, cfr. B. Lenman y G. Parker, «The State, the Community and the Criminal Law in Early Modern Europe», en: *Crime and the Law*, ed. V. Gattrell, *et al.* (Londres, 1980), pp. 29-30.
[9] Sobre el aumento de la oposición clerical al juicio de Dios y el papel fundamental del papado en su supresión, ver R. Bartlett, *Trial by Fire and Water: The Medieval Judicial Ordeal* (Oxford, 1986), pp. 70-102.
[10] No obstante, algunas jurisdicciones municipales continuaron recurriendo a las ordalías hasta el siglo XVII. Sobre la utilización de la ordalía por agua en Braunsberg en 1637, ver Lea, *Materials*, III, 1234.
[11] Ver J. Langbein, *Prosecuting Crime in the Renaissance* (Cambridge, Mass., 1974), pp. 130-1.
[12] Algunos de los casos por brujería juzgados en Schleswig-Holstein fueron in-

única diferencia entre el nuevo sistema y el antiguo, en el que los litigios se iniciaban por acusación, residía en que el demandante no era ya responsable del procesamiento del caso, como analizaremos más adelante. No obstante, además de la iniciación de casos por acusación, el nuevo procedimiento permitía a los habitantes de una comunidad denunciar a un sospechoso ante las autoridades judiciales, procedimiento utilizado ya en el siglo IX por los tribunales de la Iglesia en ciertas circunstancias durante las visitas episcopales [13]. Y lo que es todavía más importante, el nuevo sistema permitía a un funcionario del tribunal —tanto si se trataba de acusador público, conocido a veces como fiscal, como del juez mismo— citar al delincuente basándose en la información obtenida por sí mismo o por rumores [14]. La Iglesia, una vez más, era la que se había servido de este procedimiento, en ciertos casos ya para el siglo IX, manteniendo que la *infamia* o mala reputación del delincuente era el equivalente legal de la acusación privada [15]. Durante la Baja Edad Media, esta práctica se extendió tanto entre los tribunales eclesiásticos como entre los civiles. Esta forma de incoar los casos provocó un significativo incremento en la cifra de procesamientos criminales, pero puso así mismo a los individuos a merced de procesamientos frívolos, maliciosos, de motivación política o arbitrarios por cualquier otra razón.

Más importante aún que la adopción de nuevos modos de incoar acciones criminales fue la oficialización de todas las fases del proceso judicial, una vez presentados los cargos [16]. En vez de dirigir un litigio entre dos partes privadas cuyo resultado se dejaba, al menos en teoría, en manos de Dios, los funcionarios del tribunal —el juez y sus subordinados— se encargaban de investigar el delito y determinar si el acusado era o no culpable. Esta tarea la efectuaban casi siempre interrogando en secreto tanto al acusado como a todos los testigos

---

coados por acusación privada, pero el procedimiento acusatorio de la Edad Moderna no era el mismo que el empleado en la Edad Media y solía seguir el mismo curso que un proceso inquisitorio. Cfr. D. Unverhau, «Akkusationsprozeß-Inquisitionsprozeß: Indikatoren für die Intensität der Hexenverfolgung in Schleswig-Holstein», en: *Hexenprozesse: Deutsche und skandinavische Beiträge*, ed. C. Degn, H. Lehmann, y D. Unverhau (Neumünster, 1983), pp. 59-143, esp. p. 116.

[13] Sobre la denuncia, cfr. *Malleus Maleficarum*, pp. 205-7; Bader, *Die Hexenprozesse in der Schweiz*, p. 15.

[14] Sobre la función del fiscal, cfr. F. Merzbacher, *Die Hexenprozesse in Franken*, (Munich, 1957), pp. 78-80.

[15] H. C. Lea, *Torture*, ed. E. Peters (Filadelfia, 1973), p. xiv.

[16] Langbein, *Prosecuting Crime*, pp. 130-1.

disponibles y registrando su testimonio en declaraciones escritas. De este modo fijaban los hechos del caso, que luego evaluaban fundándose en reglas de evidencia cuidadosamente formuladas con el fin de determinar si el acusado era culpable o no lo era y sentenciarlo como correspondiese. Así pues, el procedimiento no sólo quedó completamente oficializado sino, también, racionalizado. Para enjuiciar un delito se recurría al propio juicio, configurado por las reglas racionales de la ley. No debería sorprendernos, por tanto, que el desarrollo del nuevo sistema estuviese estrechamente relacionado, tanto en calidad de causa como de efecto, con la aparición de un cuerpo de literatura legal científica. También lo estuvo con el aumento de la cifra de quienes practicaban la profesión de las leyes.

El procedimiento inquisitorio se puede comparar no sólo con el acusatorio, al que sustituyó, sino también con el sistema de normas procesales desarrollado en Inglaterra aproximadamente por la misma época. Los tribunales ingleses, como sus homólogos continentales, abandonaron el juicio de Dios y otras «pruebas sobrenaturales» a comienzos del siglo XIII y confiaron la determinación de la culpabilidad al juicio humano, pero no permitieron que el proceso criminal se funcionalizara, como ocurrió en el continente. Mientras en el continente los miembros del tribunal adquirieron el derecho a incoar las actuaciones legales y determinar su resultado, estas funciones fueron cumplidas en Inglaterra por jurados no profesionales —personas sin formación jurídica—. Un jurado acusatorio que actuaba en nombre del rey incoaba o al menos revisaba previamente todos los procesos «públicos», en tanto que la determinación de la culpabilidad se dejaba en manos de un jurado enjuiciador, cuyo deber consistía en determinar los hechos del caso. En origen, los jurados tenían un conocimiento personal del delito, pero desde comienzo del siglo XVI no dispusieron ya de información propia y estaban presentes en el tribunal como jueces no profesionales de las pruebas presentadas ante ellos por funcionarios judiciales locales. A mediados del siglo XVI, estos funcionarios acostumbraban a efectuar un examen del detenido y de los testigos previo al juicio, pero el sistema, no obstante, no llegó a convertirse en inquisitorio, pues quienes decidían el veredicto no eran las autoridades del tribunal, sino los jurados no profesionales. Por otra parte, el juicio inglés mostraba en muchos sentidos la pervivencia del antiguo procedimiento acusatorio. Técnicamente, quien encausaba al delincuente no era un funcionario legal, sino un particular, el individuo que presentaba bajo juramento la demanda original. El juicio seguía siendo público y oral y continuaba asemejándose a un litigio entre dos adversarios y no a una investigación judicial secreta para establecer la verdad [17]. Además, el juez, más que ser un funcionario encargado de detectar, investigar, procesar y condenar el delito, se mantenía, al menos en teoría (aunque difícilmente en la práctica), como árbitro imparcial que presidía el proceso judicial [18].

En el momento del comienzo de la gran caza de brujas, Inglaterra era el único país europeo que no había introducido al menos algunos de los rasgos del procedimiento inquisitorio en su sistema legal. El procedimiento criminal escocés representaba algo parecido a una forma híbrida entre los modelos inglés y continental. Por un lado, los escoceses no disponían de un jurado acusatorio y, como parte del procedimiento anterior a la vista, los jueces escoceses recogían extensos informes de declaraciones escritas utilizados como prueba en los juicios criminales. Por otra parte, los juicios escoceses se asemejaban a los ingleses y los jurados que dictaban sentencia conservaron una considerable independencia a lo largo de casi toda la Edad Moderna como jueces de los hechos [19]. Inglaterra y Escocia no eran los únicos países de Europa en utilizar jurados, pero, en todos los demás, dichos jurados acabaron constituyendo un cuerpo ratificador cuyas decisiones estaban completamente controladas por las autoridades del tribunal y por la información reunida por ellas. En cuanto el papel del jurado, se convertía en algo ceremonial, había una tendencia a no tenerlo en cuenta y, cuando tal cosa ocurría, el jurado mismo desaparecía o se transformaba en un jurado de jueces profesionales.

La adopción del procedimiento inquisitorio facilitó el procesamiento de todo tipo de delitos, pero demostró su máxima utilidad en la investigación y enjuiciamiento de la herejía y la brujería. Dado que la mayoría de los herejes eran conocidos sólo por su fama pública y

---

[17] Sin embargo, el juicio inglés era menos acusatorio o contradictorio que el de la época moderna. Ver J. Langbein, «The Criminal Trial before the Lawyers», en: *University of Chicago Law Review*, 45 (1978), 307-316.

[18] Ver en general L. W. Levy, «Accusatorial and Inquisitorial Systems of Criminal Procedure: The Beginnings», en: *Freedom and Reform*, ed. H. Hyman y L. Levy (Nueva York, 1967), pp. 16-54.

[19] Sobre el debilitamiento del jurado escocés a finales del siglo XVII, cfr. I. D. Willock, *The Origins and Development of the Jury in Scotland* (Edimburgo, 1966), pp. 218-21.

puesto que no existían víctimas de sus crímenes que solicitaran un castigo merecido, la única manera eficaz de llevarlos ante la justicia era la denuncia o la propuesta oficial. De hecho, si la Iglesia adoptó los nuevos modos de incoar un proceso, fue, sobre todo, para combatir la herejía. Las brujas, conocidas también por su mala reputación, podían así mismo ser procesadas *ex officio*, pero también podían acusarlas las personas que habían recibido algún daño de ellas. En tales casos el efecto principal del nuevo sistema fue el de eliminar la responsabilidad del demandante [20]. Es lógico que, con el antiguo sistema acusatorio, una víctima de hechicería pudiera mostrarse poco dispuesta a acusar a quien la había agredido con la magia de un *maleficium*, si existía la posibilidad de que ella misma fuera penalizada por haber lanzado la acusación [21]. Ahora, sin embargo, podía hacerlo impunemente. Una vez que herejes y brujas eran acusados según los nuevos procedimientos, la probabilidad de condena aumentaba, ya que el juez podía utilizar sus poderes de investigación para preparar un informe relativo al supuesto crimen. El interrogatorio directo del acusado era especialmente útil al respecto, pues el juez podía extraer por su medio la información necesaria para el fallo condenatorio.

El único peligro de que los nuevos procedimientos redujeran, en vez de aumentar, las posibilidades de concluir con éxito un procesamiento residía en que los requerimientos de prueba conformes con el procedimiento inquisitorio eran extraordinariamente exigentes. Puesto que la adopción del procedimiento inquisitorio suponía pasar de la confianza en la intervención divina en asuntos humanos a confiar en el juicio racional de la persona, los juristas convinieron en la absoluta necesidad de que los jueces dispusieran de pruebas de culpabilidad concluyentes antes de dictar una sentencia. La norma adoptada, que derivaba de la ley de traición del derecho romano y que solemos designar generalmente con la expresión de ley romanocanónica de prueba, era la del testimonio de dos testigos oculares o la confesión del acusado. Ninguna otra forma de prueba se consideraría suficiente, sin importar su calidad de convicción. Mientras dos testigos no pudieran testificar haber presenciado realmente el delito cometido o mientras el detenido mismo no confesara el hecho, el

---

[20] Ver Kieckhefer, *European Witch Trials,* p. 19.
[21] Ver Cohn, *Europe's Inner Demons,* pp. 160-3.

acusado no podía considerarse convicto. La rigidez de esta ley de prueba se aprecia con especial nitidez al compararla con las normas de prueba empleadas a menudo por los jurados ingleses para fallar en contra de un delincuente. Los jurados ingleses podían dictar y de hecho dictaban veredictos de culpabilidad basándose en pruebas de referencia, pruebas circunstanciales o el testimonio de un único testigo ocular. Ahora bien, es cierto que, a partir de 1367, estos mismos jurados requirieron unanimidad en sus veredictos y mostraron a menudo una gran reticencia a considerar culpable al acusado. Pero, cuando decidían un fallo condenatorio, solían hacerlo fundándose en pruebas más bien carentes de solidez, incluso hasta el siglo XVIII, cuando comenzó a tomar forma el derecho probatorio inglés.

La adhesión al derecho probatorio canónico romano planteaba problemas serios a los jueces en situaciones en que no era posible presentar testigos oculares. Esto ocurría sobre todo en juicios por delitos ocultos, entre los cuales destacaban la herejía y la brujería. La herejía era esencialmente un crimen intelectual, aunque los testigos podían testificar sobre la divulgación de las ideas de un hereje. La brujería, que implicaba herejía, planteaba problemas similares. El número de individuos con capacidad para testificar que una bruja había realizado *maleficia* ante sus propios ojos era ciertamente pequeño, mientras que las únicas personas que podían ofrecer un relato ocular de diabolismo y asistencia al aquelarre eran los supuestos cómplices de las brujas, a quienes resultaba imposible detectar, al menos mientras alguna no hubiera confesado y declarado sus nombres. En tales circunstancias, los jueces tenían que depender exclusivamente de la confesión para obtener fallos condenatorios. Sin embargo, no siempre podían disponer de confesiones, por lo que las autoridades judiciales comenzaron a permitir la utilización de la tortura con el fin de obtenerlas. El recurso a la tortura en casos de herejía, brujería y otros fue, pues, el resultado directo de la adopción del procedimiento inquisitorio. La lógica de uno llevó a la aplicación de la otra.

La tortura

Cuando hablamos de tortura judicial no nos referimos al empleo de la tortura como castigo por un delito. Era muy frecuente que los tribunales condenaran a tormento a los criminales antes de su ejecución, y los métodos utilizados solían ser los mismos que los empleados durante el juicio. Algunos estudiosos distinguen entre este tipo de tortura *retributiva* o *punitiva* y la tortura *interrogatoria*, pero la tortura judicial propiamente definida se refiere sólo a este último caso. La tortura judicial era un medio utilizado para obtener de una persona acusada o de un testigo recalcitrante la confesión o alguna información oculta.

El empleo de la tortura judicial en la Baja Edad Media y en la Edad Moderna tenía precedentes que se remontaban a la primera y Alta Edad Media. En la antigua Grecia y Roma, los esclavos, que no poseían los mismos derechos legales que las personas libres, solían ser torturados durante los juicios, mientras que en la época del Imperio romano eran torturados incluso los libres en los procesos por traición y otros crímenes atroces. En muchos reinos bárbaros la tortura siguió utilizándose con los esclavos, pero en ninguna circunstancia con las personas libres. Debido a estos precedentes, es pertinente considerar la introducción de la tortura en la Europa del siglo XIII como una reimplantación más que como una innovación. Al igual que el procedimiento inquisitorio, con el que se la asocia, debió en parte su aparición al restablecimiento del estudio del derecho romano, pero la razón principal de su reintroducción en Occidente fue la necesidad de enjuiciar con mayor eficacia las causas criminales y el hecho de la adopción del procedimiento inquisitorio con ese objetivo.

La primera prueba documental del uso de la tortura en la Baja Edad Media procede de las leyes de la ciudad de Verona, en 1228. Al cabo de unos pocos años siguieron su ejemplo otras ciudades-estado de Italia, del Sacro Imperio Romano y del reino de Castilla [22]. En estas jurisdicciones civiles, el principal propósito de la tortura era la obtención de pruebas de criminales notorios sospechosos de delitos ocultos. En 1252, la Iglesia, que había sido la primera en adoptar el procedimiento inquisitorio, siguió el ejemplo de los tribunales civiles al permitir el uso de la tortura. En ese momento, el papa Inocencio IV autorizó a los inquisidores papales emplear la tortura en los procesos por herejía, que en muchos sentidos era el crimen oculto por excelencia. Resultaba especialmente indicado torturar a los sospechosos de herejía, pues su crimen era el equivalente eclesiástico de

---

[22] Lea, *Torture*, p. xiii.

la traición y los primeros romanos libres sometidos a tormento habían sido traidores. La utilización de la tortura en juicios por herejía proporcionó el fundamento de su empleo contra las brujas en los tribunales eclesiásticos, mientras que tanto el ejemplo de estos últimos como la práctica general de la aplicación de tormento en el procesamiento de delitos capitales llevaron a que se empleara en los juicios civiles por brujería.

La utilización de la tortura judicial se basa en la suposición de que una persona confesará la verdad si es sometida al dolor físico durante el interrogatorio. La suposición no es siempre válida. Es cierto que, en muchos casos, la aplicación de la tortura ha extraído confesiones francas o verdades de hecho del culpable o de otras partes conocedoras de los hechos. En tiempos de guerra, la tortura de prisioneros militares ha tenido a menudo los mismos efectos. En otros momentos, sin embargo, la tortura ha demostrado ser un medio muy poco fiable para descubrir la verdad, pues ha generado confesiones amañadas o, al menos, parcialmente engañosas. La probabilidad de tales falsificaciones es mayor cuando (a) la persona torturada es inocente del supuesto delito o ignora la información deseada; (b) cuando se le sugieren los detalles de la confesión mediante preguntas capciosas, y (c) cuando la magnitud de la tortura es excesiva. Disponemos de abundantes pruebas procedentes de fuentes tanto contemporáneas como históricas que nos muestran que, si la tortura es lo bastante dolorosa, hasta la persona más inocente y de labios más cerrados cometería perjurio contra sí mismo y confesaría prácticamente cualquier cosa que sus torturadores quisieran que dijese. La prueba histórica más clara de este caso es la misma gran caza de brujas, en la que, al ser sometidos a tortura, miles de individuos confesaron crímenes que no habían cometido y que, en realidad, no podían haber cometido.

Los arquitectos del sistema judicial de tortura no desconocían que ésta no era un medio fiable de establecer la verdad. Sabían que, aunque la tortura podía lograr extraer una gran cantidad de pruebas exactas e incriminatorias que de otro modo serían inalcanzables, también podía perjudicar seriamente los derechos de un acusado y provocar su condena injustificada. Estas fueron precisamente las razones que habían llevado a la Iglesia a prohibirla hasta mediados del siglo XIII [23]. Así pues, cuando la tortura se reinstauró en esas fechas, los

---

[23] M. Ruthven, *Torture: The Grand Conspiracy* (Londres, 1980), p. 43.

tratadistas legales y otras autoridades idearon un conjunto de reglas que regirían su aplicación. Los objetivos principales de estas reglas eran los de reducir al mínimo la posibilidad de que se torturase a una persona inocente, impedir que se amañaran confesiones y poner algunos límites a la severidad y duración del tormento. Estas normas no sirvieron para acreditar el empleo de la tortura, pues su justificación se fundaba en la necesidad de obtener confesiones de delitos amenazantes para el Estado. Pero las reglas hicieron más digerible el sistema para quienes mostraban un genuino interés en proteger los derechos del acusado y deseaban impedir fallos condenatorios contra personas inocentes.

Las reglas que controlaban el empleo de la tortura variaban de un lugar a otro y cambiaron también con el paso del tiempo. En su forma y rigor originales contenían, ante todo, la prohibición de utilizarla a menos que el juez pudiera demostrar que el crimen se había cometido de hecho. Una vez confirmado esto, el juez no podía tampoco ordenar atormentar a un sospechoso, a no ser que hubiera una sólida presunción de culpabilidad, proporcionada habitualmente por el testimonio de un testigo ocular (la mitad de la prueba requerida para la condena) o evidencias circunstanciales (*indicia*), equivalente legal del testimonio de un testigo ocular [24]. Aunque se satisficiera este requisito, el juez tenía prohibido emplear la tortura a no ser que fuese el único medio de establecer los hechos del caso, y, antes de ordenarla, se le exigía que amenazara al sospechoso con su uso.

Se establecieron así mismo reglas, tanto por razones humanitarias como legales, para restringir la severidad y duración de la tortura. La más ampliamente reconocida fue la de que la tortura no debía provocar la muerte de la víctima; esta fue la razón de que muchos tribunales utilizasen métodos de tortura que distendían o comprimían las extremidades. El instrumento más común de tortura que lograba tal efecto era el de la garrucha, una polea que alzaba a la persona del suelo por los brazos, atados tras la espalda. También se utilizaban con frecuencia otros instrumentos de distensión: el potro y la mancuerda. De los instrumentos de compresión, los más comunes eran los tornos para pulgares y piernas y los garrotes y torniquetes para la cabeza. Todos ellos tenían la ventaja de que

---

[24] Ver J. Langbein, *Torture and the Rule of Proof* (Chicago, 1978), p. 14, y M. Kunze, *Der Prozeß Pappenheimer* (Ebelsbach, 1981), pp. 216-22.

podían aflojarse en cuanto la persona torturada accedía a confesar o proporcionar la información deseada. También permitían incrementar el tormento de forma gradual. La mayoría de las jurisdicciones disponía de reglas que controlaban la intensidad de la tortura dependiendo de la gravedad del delito y el grado de presunción de culpabilidad. Cuando se utilizaba la garrucha, las reglas determinaban el tiempo en que el acusado debía colgar del techo y si se tiraría o no de él con brusquedad. En la forma más dura del tormento con garrucha, el sacudimiento, se solían fijar a los pies del torturado todo tipo de pesos, de 18 a 300 kilos y, a continuación, se tiraba de las cuerdas, procedimiento que podía dislocar de sus articulaciones los brazos de una persona. Se suponía que todos los grados de tortura, al margen de su gravedad, habían de realizarse en un mismo día; estaba prohibida la repetición del tormento. Había también reglas que eximían de tortura a ciertas clases de gente, como las mujeres embarazadas y los niños.

Otro conjunto de reglas se pensó específicamente para impedir que se urdieran confesiones falsas. Se prohibió al juez recurrir a preguntas capciosas que, como es natural, podrían permitir al prisionero detectar lo que el interrogador deseaba oír. El testimonio tomado en la cámara de tortura no era admisible y se requería al prisionero que repitiese su confesión «libremente» fuera de ella en un periodo de veinticuatro horas. Al juez se le exigía, además, que verificara los detalles de las confesiones obtenidas bajo tortura.

Si los tribunales de Europa hubiesen observado estrictamente estas reglas relativas al empleo del tormento, la adopción de tal método de investigación criminal no habría conducido a los innumerables errores judiciales con los que casi siempre se le asocia. En concreto, la caza de brujas europea no se habría producido jamás. Sin embargo, estas reglas se relajaron de manera considerable y el sistema fue objeto de enormes abusos. En algunas jurisdicciones, las reglas se modificaron oficialmente con el fin de facilitar el procesamiento de cualquier delito. En otras, las reglas se suspendieron por costumbre en el procesamiento de crímenes considerados especialmente graves y de difícil encausamiento. Debemos señalar que la brujería se consideraba un *crimen exceptum*, un delito excepcional, y en el curso de una acción contra tales delitos no eran de aplicación ciertas reglas procesales como las relativas a los requisitos de los testimonios [25]. Además, en otras jurisdicciones, los jueces ignoraban o violaban flagrantemente las reglas, en especial en casos de brujería.

La modificación más significativa de las reglas fue la relativa al requisito de que el juez comenzara por establecer que un delito se había cometido realmente. Como ha afirmado John Langbein, si se hubiese aplicado estrictamente tal regla, «la caza de brujas en Europa no habría llegado nunca a cobrarse sus incontables víctimas» [26]. Pero, por desgracia, se hacía una excepción con aquellos delitos ocultos cuyas pruebas se habían esfumado en el momento de su comisión. Esto significaba que los jueces podían torturar por crímenes que se creían cometidos pero para los que no existía una evidencia tangible [27].

Otra relajación oficial de las reglas relativas a la tortura se refiere a su reiteración. Al redactar en 1376 su manual para inquisidores, Nicholas Eymeric eludió la prohibición de repetir el tormento permitiendo su *continuación* en un momento posterior. Finalmente, los tribunales europeos prescindieron de esta casuística y facultaron a los jueces para repetir el tormento al menos una vez y en ocasiones dos o más, si el prisionero mostraba ser recalcitrante [28]. En algunos casos de brujería la tortura se aplicó de forma indefinida. Está documentado al menos un ejemplo de su reiteración en cincuenta y seis ocasiones [29], y en 1631 el verdugo de la ciudad de Dreissigacker, en Alemania, en una heladora declaración a una persona acusada de brujería, reveló hasta qué punto se había abandonado por completo la salvaguarda contra la repetición de la tortura. «No me ocuparé de ti uno, dos, tres u ocho días, ni algunas semanas», le dijo el sayón, «sino durante medio año o uno entero, o durante toda tu vida, hasta que confieses; y si no confiesas, te torturaré hasta la muerte y finalmente serás quemado» [30].

Si la duración de la tortura se extendió indefinidamente, lo mismo ocurrió con su severidad. Parece ser que en muchas jurisdiccio-

---

[25] Cfr. J. Bodin, *De la Démonomanie des Sorciers* (Amberes, 1586), libro IV, c. V; C. Lamer, «Crimen Exceptum?», pp. 49-74.
[26] Langbein, *Torture*, p. 14.
[27] Para el debate planteado por Caesar Carena sobre este problema, ver Lea, *Materials*, II, p. 996.
[28] Langbein, *Torture*, pp. 15, 150.
[29] Robbins, *Encyclopedia*, p. 256.
[30] P. Carus, *The History of the Devil and the Idea of Evil* (Nueva York, 1969), p. 331.

nes los tormentos más brutales se reservaban para las brujas. Al leer el relato del procesamiento de Anna Spülerin de Ringingen, torturada tan cruelmente que sus miembros quedaron mutilados y perdió la vista y el oído, se tiene, sin duda, esta impresión [31]. En Escocia, el Dr. Fian, uno de los muchos brujos sospechosos de traición contra el rey, «fue sometido al dolor más severo y cruel, denominado las botas», con el resultado de que «sus piernas fueron aplastadas y reducidas a golpes hasta el tamaño mínimo posible y los huesos y la carne quedaron tan magullados que la sangre y el tuétano salpicaban abundantemente» [32]. Algunas de estas torturas estaban autorizadas por el derecho penal de ciertos Estados, pero otras fueron aplicadas ilegalmente, siguiendo simplemente las órdenes de un juez excesivamente celoso y, quizá, sádico. En Alemania, muchos tribunales utilizaron la silla de la bruja, que se calentaba con fuego desde abajo, y en Escocia, según informes, se arrancaron con pinzas las uñas de los dedos de las manos de una bruja. En los territorios de España, Francia y Alemania no era infrecuente que los tribunales hicieran tragar a sus detenidos grandes cantidades de agua. Entre los tormentos claramente ilegales estaba el de taponar con cal y agua los orificios nasales, atar a la víctima a una mesa cubierta de ramas de espino, hacer rodar a lo largo de la columna vertebral un rodillo con puntas como cuchillas, vaciar ojos, cortar orejas, aplastar a los hombres los genitales y quemar alcohol o azufre sobre el cuerpo de la víctima.

Muchos de estos tormentos especialmente brutales se utilizaron en origen o exclusivamente en casos de brujería, no sólo por tratarse del crimen más atroz y cuyo procesamiento, por tanto, debía culminar con éxito, más que el de ningún otro delito, sino también por el temor de muchos jueces a que las brujas recurrieran a la hechicería para soportar el dolor. En estas circunstancias, los jueces creían, quizá, que una forma especialmente cruel de tortura tendría éxito donde otras habían fracasado. El método especialmente ideado para tales casos no producía, sin embargo, un daño físico directo. La tortura de la vigilia forzada, o *tormentum insomniae*, se consideraba el antídoto más eficaz contra la hechicería de la víctima. Como este método, que mantenía a la víctima despierta durante cuarenta horas o más, no lesionaba en realidad el cuerpo, resultaba muy atractivo para los jueces

---

[31] H. A. Oberman, *Masters of the Reformation* (Cambridge, 1981), pp. 160-1.
[32] *Newes From Scotland* (Londres, 1591), pp. 18, 28.

humanitarios. Además, era extremadamente eficaz, probablemente porque producía una especie de lavado de cerebro. Un juez afirmaba que las personas capaces de resistirlo sin confesar eran menos del 2 %.

Así como los límites de duración y severidad de la tortura se ampliaron o ignoraron por completo, así también las reglas relativas a las confesiones falsas fueron modificadas o abandonadas de manera gradual. Los interrogatorios capciosos se convirtieron en algo rutinario en casos de brujería, viéndose estimulados por la publicación de series de preguntas que debían plantearse a las brujas. Eran pocos los esfuerzos realizados para verificar los detalles de las confesiones y, cuando un acusado se retractaba de una confesión hecha bajo tortura, los jueces permitían una segunda e incluso una tercera o cuarta aplicación de tormento, violando así la regla contra su reiteración [33]. No era insólito que los jueces dictaran sentencias no capitales contra los prisioneros que se retractaban de sus confesiones, pero si el delito era de brujería, los jueces se mostraban muy reticentes a comportarse de ese modo. A algunas brujas no se les concedía siquiera la posibilidad de retractarse, mientras que otras que se retractaban eran ejecutadas en cualquier caso, de acuerdo con lo prescrito para los herejes contumaces.

Queda aún por responder la pregunta de si los jueces que aplicaban la tortura con gran severidad y aparente desprecio de, por lo menos, las reglas originales, no sentirían la preocupación de estar, quizá, forzando a personas inocentes a culparse a sí mismas. La respuesta casi cierta es que no. O bien creían que Dios protegería a los inocentes y les concedería soportar la tortura, como les había permitido sobrevivir a la ordalía, o no consideraban seriamente la posibilidad de que el acusado fuera inocente. Aun cuando las pruebas de la culpabilidad de una persona fueran insuficientes según la ley, los jueces recurrían a la tortura dando por supuesto que el acusado era culpable y diría, por tanto, la verdad cuando le amenazaran con causarle dolor o realmente se lo infligieran. Por más escrúpulos que pudiese sentir un juez ante la idea de someter a un ser humano a un tormento atroz, la tortura quedaría compensada por el reconocimiento de la enormidad de su crimen y la necesidad de su eficaz procesamiento.

---

[33] Boguet, *Examen of Witches*, p. 225, permite una triple aplicación de tortura en tales circunstancias.

Y, por supuesto, una vez iniciada la tortura, los jueces contaban con un motivo adicional para concluir su tarea con éxito, pues la confesión misma servía de primera justificación para la aplicación del tormento.

La reintroducción de la tortura en el sistema legal de Europa occidental y la relajación o el desprecio de las reglas que regulaban su uso influyó profundamente en el origen y desarrollo de la gran caza de brujas europea. En primer lugar, la tortura facilitó la formulación y difusión del concepto acumulativo de brujería. Aunque las diferentes ideas relativas a la brujería fueron sintetizadas y difundidas principalmente por los autores de tratados cultos, su fusión se produjo en primer lugar en las salas de audiencia, donde los inquisidores utilizaban el tormento para confirmar sus sospechas y constatar sus fantasías. En la mayoría de los casos, los tratados se inspiraban en ideas surgidas inicialmente en la cámara de tortura, que luego desarrollaba. Además, una vez que estas ideas se habían puesto por escrito, la obtención de confesiones bajo tortura confirmaba su realidad y facilitaba su transmisión. La mejor manera de comprobar la importancia de la obtención de confesiones destinada a ratificar creencias que, de lo contrario, sólo aparecían en los libros es el estudio del destino que tuvieron en Inglaterra ciertas creencias sobre las brujas. La idea de unas brujas que asistían al aquelarre y rendían culto al diablo no fue en absoluto desconocida en este país, al menos en forma literaria, durante los siglos XVI y XVII, pero nunca gozó de una aceptación amplia entre la elite, sobre todo porque en casos de brujería no podía aplicarse la tortura y, por tanto, no era fácil obtener confesiones de actividades diabólicas.

El segundo efecto de la adopción de la tortura sobre la caza de brujas fue un notable incremento de la posibilidad de declararlas culpables. La introducción del procedimiento inquisitorio debería haber tenido por sí misma tal efecto, pero la aceptación del derecho probatorio canónico romano amenazaba con anular su eficacia en el caso de delitos ocultos. El empleo de la tortura, en especial si se aplicaba sin restricciones, no sólo resolvía el problema de la insuficiencia de pruebas, sino que posibilitaba así mismo la condena de casi todos los que incurrirían en sospecha de brujería. Aunque no contamos con estadísticas completas, parece ser que, cuando la tortura se utilizaba de manera habitual en los procesos por brujería, el índice de condenas podía ascender al 95 %[34]. Cuando no se aplicaba tormento, como ocurría en

---

[34] Ver Midelfort, *Witch Hunting*, p. 149.

Inglaterra, la tasa de fallos condenatorios estaba bastante por debajo del 50 %. Entre ambos extremos había, por supuesto, muchas posiciones intermedias que podían reflejar el uso de tortura sólo en algunos casos, una mayor o menor aceptación de las reglas de control en la aplicación de la misma o diferentes grados de humanitarismo por parte de los jueces [35]. En algunas jurisdicciones la tortura resultaba ineficaz porque algunos prisioneros empleaban ciertas técnicas que les ayudaban a soportar el dolor [36]. Es, sin embargo, indudable que sin tortura la condena de las brujas habría sido mucho menos común y la pauta de procesamientos y fallos condenatorios por brujería se habría parecido probablemente a la de Inglaterra más que a la de Alemania.

El tercer y más importante efecto de la adopción de la tortura en la caza de brujas en Europa atañe a su utilización para conseguir los nombres de los supuestos cómplices de la bruja. El derecho romano había hecho hincapié en que una persona confesa de un crimen no podía ser torturada por el cometido por otra persona, pero la mayoría de las jurisdicciones europeas —con la notable excepción de España y los territorios papales— abandonaron esta norma durante la Baja Edad Media o en la Edad Moderna. Sólo cuando se produjo este cambio crucial y las autoridades comenzaron a creer en la brujería como una conspiración, resultaron posibles las grandes cazas por una reacción en cadena. La aplicación de tormento a individuos acusados de brujería con el fin de hacerles confesar pudo haber dado lugar a un alto porcentaje de sentencias condenatorias, pero sólo la tortura de esas personas para obtener los nombres de sus cómplices hizo posible el desencadenamiento de cazas de brujas en las que se juzgó a decenas cuando no a centenares de individuos por un crimen colectivo.

Brujería y tribunales civiles

La tercera novedad legal que hizo posible la gran caza de brujas en Europa fue el despliegue de todo el poder judicial del Estado en el procesamiento de un crimen que era primariamente de naturaleza espi-

---

[35] Sobre la incapacidad de la tortura para generar fallos condenatorios cuando era aplicada por el Parlamento de París, cfr. A. Soman, «Trente procès de sorcellerie dans le Perche (1566-1624)», en: *L'Orne Littéraire*, 8 (1986), pp. 44-5.

[36] J. Tedeschi, «Inquisitorial Law and the Witch», en: *Early Modern EuropeanWitchcraft*, pp. 102-3.

ritual. En la medida en que la brujería implicaba la adoración del diablo, se trataba de un delito espiritual —el delito de apostasía y herejía— y en cuanto tal merecía ser castigado por las autoridades eclesiásticas. Muchas de las brujas fueron de hecho procesadas en tribunales eclesiásticos y en los de los inquisidores papales, cuya principal misión había consistido, ya desde comienzos del siglo XIII, en combatir la difusión de la herejía. Sin embargo, desde el inicio mismo de la gran caza de brujas, los tribunales civiles de los Estados de Europa occidental tomaron también parte en ella cooperando con los tribunales eclesiásticos en su trabajo o juzgando a las brujas por propia autoridad. A medida que fue desarrollándose la caza, los tribunales civiles asumieron un papel cada vez más importante en los hechos, mientras decaía el de los tribunales eclesiásticos. Los gobiernos definieron la brujería como un delito civil y, en algunos países, los tribunales laicos obtuvieron el monopolio de su encausamiento. Cuando se produjo este cambio, la Iglesia siguió mostrando un interés activo en materia de brujería y a menudo alentó u ordenó a las autoridades civiles que persiguieran con agresividad a las brujas [37], pero la fuerza judicial activa en la caza de brujas pasó a ser la autoridad civil y no la eclesiástica. Sin la intervención de este poder secular, la gran caza de brujas habría sido una mera sombra de lo que fue.

La idea extraordinariamente tenaz de que la caza de brujas en Europa fue esencialmente una operación clerical, inspirada por el celo de los clérigos y auspiciada por la Iglesia, deriva tanto de la magnitud de la contribución del clero al desarrollo del concepto acumulativo de brujería como del papel representado por los tribunales eclesiásticos en el procesamiento por los crímenes de herejía, magia y brujería durante la Baja Edad Media. Es innegable que los hombres de Iglesia fueron los primeros en formular las ideas sobre la brujería, aunque teólogos seglares como Arnau de Vilanova y magistrados laicos que fallaron casos de hechicería tuvieron una función significativa en todo ello [38]. No obstante, una observación importante que se ha de hacer al respecto es que, al iniciarse la gran caza de brujas, esas ideas, fuera cual fuese su origen, pasaron a formar parte del acervo de los magistrados civiles tanto como de la elite clerical [39]. Una vez ocurrido esto, existía la misma probabili-

---

[37] Ver, por ejemplo, S. Clark, «Protestant Demonology: Sin, Superstition and Society (c. 1520-c. 1630)», en: *Early Modern European Witchcraft*, pp. 49-50; Holmes, «Popular Culture?», pp. 92-3.

[38] Ver Peters, *Magician, Witch and the Law*, p. 106.

[39] Trevor-Roper, «European Witch-Craze», p. 171, afirma que las ideas del clero

dad de que tales ideas emergieran tanto en las salas de audiencia civiles como en las eclesiásticas.

Por lo que respecta al papel de los clérigos en los procesos por magia, herejía y brujería en la Baja Edad Media, debemos hacer varias matizaciones. En primer lugar, los procesos por magia eran emprendidos tanto por las autoridades civiles como por las eclesiásticas, pues se trataba claramente de un delito de «jurisdicción mixta» [40]. La Iglesia condenaba tal práctica porque implicaba cierto tipo de trato con los demonios y la juzgó como una forma de herejía, pero las autoridades civiles sentían un legítimo interés por el delito, pues provocaba daños físicos, sobre todo cuando se utilizaba con fines políticos. De hecho, el fundamento más importante para las posteriores prohibiciones legales de la brujería fue la jurisdicción tradicional que las autoridades civiles mantenían sobre el *maleficium*, cuyos vestigios se remontan hasta los tiempos de Roma. En segundo lugar, las autoridades civiles desempeñaron así mismo cierto cometido en los procesos por herejía, aunque se reconoce su carácter más limitado. Casi todos los juicios por herejía de la Baja Edad Media se vieron en los tribunales episcopales o de los inquisidores papales, pero estos funcionarios solicitaban y obtenían de las autoridades civiles un considerable apoyo en su trabajo. Los funcionarios civiles ayudaban a localizar y detener sospechosos y, una vez condenados, los ejecutaban basándose en leyes civiles. La cooperación de las autoridades seculares en el castigo de los herejes era un elemento esencial, pues los tribunales eclesiásticos no podían infligir daños físicos y se veían, por tanto, obligados a entregar a los herejes convictos al brazo secular para su castigo. Como es natural, la preocupación ante la posibilidad de que los funcionarios laicos no cooperaran era escasa, pues la herejía se consideraba en general causa de desorden civil [41].

Desde el momento en que los tribunales civiles tuvieron jurisdicción sobre la magia y el *maleficium* y prestaron voluntariamente servicios indispensables a los tribunales eclesiásticos en las causas por he-

---

se extendieron hasta los magistrados civiles (pero no al «laicado independiente») para la fecha más bien tardía de 1600.

[40] *Malleus Maleficarum*, pp. 194-205; A. Gari Lacruz, «Variedad de competencias en el delito de brujería 1600-1650 en Aragón», en: *La Inquisición Española*, ed. J. Pérez Villanueva (Madrid, 1980), pp. 319-21; Ginzburg, *Night Battles*, pp. 113-14.

[41] Ver R. Kieckhefer, *The Repression of Heresy in Medieval Germany* (Filadelfia, 1980), pp. 75-82.

rejía, asumieron, naturalmente, una importante función en el procesamiento de las brujas. Al iniciarse la caza de brujas en el siglo XV, los juicios se tramitaron no sólo en los tribunales episcopales y de los inquisidores papales, sino también en distintos tribunales municipales. Las célebres campañas de caza de brujas de Kramer y Sprenger en Alemania durante la década de 1480, aprobadas directamente por el papa Inocencio VIII con su bula de 1484, y la publicación del *Malleus Maleficarum* por ambos autores dos años después han hecho suponer en general que la mayor parte de las actividades contra las brujas en el siglo XV fueron auspiciadas por los inquisidores papales. Sin embargo, es evidente que las cosas no sucedieron así. Es cierto que los inquisidores fueron los primeros responsables de las numerosas cazas de brujas del sur de Francia a principios del siglo XV. Estos juicios fueron, en cierta medida, un efecto concomitante de la persecución de los herejes valdenses en esa región [42]. No obstante, en otras partes de Francia y Europa, los tribunales eclesiásticos y civiles encausaron a personas acusadas de brujería a veces en cooperación con los inquisidores o en colaboración mutua y a veces independientemente. En una de las primerísimas cazas de brujas, ocurrida en Berna a finales de la década de 1420, el obispo representó un papel protagonista pero se sirvió para su procesamiento de los tribunales civiles, que presidía como señor territorial, y no de los episcopales, que también presidía como prelado.

A medida que la caza de brujas se afianzaba en el siglo XVI y comienzos del XVII, una serie de circunstancias dio pie a la reducción de la jurisdicción clerical sobre la brujería y al correspondiente aumento de la implicación de los jueces civiles. La primera de esas circunstancias fue la definición de la brujería como delito civil. Tanto el *Malleus Maleficarum* como un tratado titulado *Layenspiegel*, escrito en 1510 por Ulrich Tengler, gobernador de Höchstädt, fijaron los fundamentos teóricos de dicha definición, pero los gobernantes civiles no intervinieron oficialmente hasta bien avanzado el siglo XVI. Los cuerpos legislativos de muchos Estados europeos, aterrados porque la brujería se difundía y sus practicantes eludían los procesamientos, dictaron leyes concretas contra ella, promulgaron edictos con el mismo fin o incluyeron en sus códigos penales prohibiciones específicas de practicarla. La Dieta Imperial del Sacro Imperio Romano incluyó

---

[42] Ver Cohn, *Europe's Inner Demons*, p. 226.

un artículo relativo a la brujería en el famoso código *Carolina* de 1532, en tanto que muchos Estados germánicos del Imperio promulgaron sus propias leyes particulares contra el crimen. El Parlamento inglés aprobó leyes sobre brujería en 1542, 1563 y 1604 y lo mismo hizo el Parlamento escocés en 1563; igualmente, los gobernantes del Franco-Condado, Suecia, Dinamarca, Noruega y Rusia dictaron leyes contra la brujería a finales del siglo XVI y principios del XVII [43]. La mayoría de estas leyes contra la brujería se basaban en la jurisdicción tradicional sobre el *maleficium* reivindicada por el Estado, pero en algunos casos la ley permitía el enjuiciamiento por el delito exclusivamente espiritual de concluir un pacto con el diablo o, más vagamente, mantener tratos con espíritus malignos [44]. Estas leyes no sólo otorgaron a los tribunales civiles un derecho indiscutible a conocer casos de brujería, sino que contribuyeron directamente al incremento de la caza al dar publicidad al delito y facilitar su procesamiento.

Una segunda circunstancia que produjo un significativo desplazamiento de los casos de brujería desde los tribunales eclesiásticos hacia los civiles fue el declive tanto de la «inquisición» papal como de otros tribunales eclesiásticos. El debilitamiento general de la autoridad papal en el siglo XV y comienzos del XVI y el posterior rechazo protestante de esa autoridad en el momento de la Reforma, dejó a la inquisición, que, ante todo, nunca había sido una institución organizada, en una situación de debilidad permanente [45]. La inquisición sólo siguió mostrando algunos signos de vitalidad en España, donde a finales del siglo XV se instauró una Inquisición a modo de institución nacional bajo la autoridad del rey; en Portugal, que dispuso de forma semejante de tres tribunales inquisitoriales que se mantuvieron independientes de Roma, y en Italia, donde en 1542 se estableció una nueva Inquisición Romana según el modelo español [46]. No obstante, la inquisición papal no era el único instrumento de justicia

---

[43] Francia fue un caso insólito por no disponer de una legislación especial contra la brujería. Soman, «Witch Lynching at Juniville», p. 9.

[44] J. C. V. Johansen, «Denmark: the Sociology of Accusations», en: *Early Modern European Witchcraft*, p. 341; Midelfort, *Witch Hunting*, p. 23; S. Fox, *Science and Justice*, (Baltimore, 1968), pp. 37-43; Lea, *A History of the Inquisition of the Middle Ages*, III, p. 544.

[45] Sobre el problema de aludir a la «inquisición» papal como a una institución, cfr. Kieckhefer, *Repression of Heresy*, pp. 3-8.

[46] Sobre la pérdida final de jurisdicción inquisitorial en el Franco-Condado en torno a 1600, cfr. Monter, *Witchcraft in France and Switzerland*, p. 73.

eclesiástica que experimentó un proceso de decadencia en esta época. Los tribunales eclesiásticos perdieron gran parte de su autoridad por toda Europa, especialmente en los países protestantes pero también en los que se mantuvieron católicos, y quedaron claramente subordinados al poder civil del Estado [47]. Sus poderes coercitivo y jurisdiccional fueron restringidos en muchos países y, a mediados del siglo XVI, resultaron ser instrumentos mucho más débiles que los tribunales civiles para la importante tarea de extirpar la brujería.

Una tercera razón de la reducción de la participación clerical en la caza de brujas fue el desarrollo de una considerable repugnancia entre los juristas y jueces eclesiásticos a tolerar los abusos de procedimiento de los que dependía el éxito de la caza de brujas. Resulta bastante irónico el hecho de que los inquisidores papales, que anteriormente habían sido los primeros en violar muchas de las normas procesales que regulaban el empleo de la tortura, fueran también los primeros en reconocer que esas violaciones habían provocado numerosos errores judiciales y recomendar cautela en posteriores actuaciones. Por otra parte, los funcionarios eclesiásticos manifestaron una mayor reticencia a imponer sentencias duras en los siglos XVI y XVII, como signo de una vuelta a las tradicionales funciones penitenciales y admonitorias desempeñadas originalmente por la justicia eclesiástica. En cambio, los tribunales civiles, al preocuparse por el mantenimiento del orden público, que estaba siendo seriamente amenazado, manifestaron en general menos escrúpulos.

El paso del control del delito de brujería a manos de las autoridades civiles tuvo un profundo impacto en el desarrollo de la caza de brujas en muchos países europeos. En Escocia, por ejemplo, las cazas de brujas de grandes proporciones no comenzaron hasta después de que el Parlamento escocés definiera la brujería como delito civil en 1563 y una vez que los tribunales civiles hubieron impuesto prácticamente su monopolio sobre los procesos por brujería. En Transilvania, donde se había ejecutado a pocas brujas mientras los tribunales eclesiásticos tuvieron jurisdicción sobre dicho delito en los siglos XV y XVI, la adopción de su control por la autoridad civil, en el siglo XVII, estuvo acompañada de una llamativo aumento de las ejecu-

---

[47] Ver, por ejemplo, R. Houlbrooke, «The Decline of Ecclesiastical Jurisdiction under the Tudors», en: *Continuity and Change*, ed. R. O'Day y F. Heal (Leicester, 1976), pp. 239-57.

ciones [48]. En Polonia, el proceso de secularización se desarrollaría muy lentamente y la caza de brujas no provocó en este país un gran número de víctimas hasta después de que los tribunales eclesiásticos, bastante tolerantes, permitieran con reticencias a los tribunales municipales iniciar procesos por brujería [49].

Al mismo tiempo que la apropiación del control sobre la brujería por las autoridades civiles provocaba un aumento de los procesos en algunos países, el mantenimiento de la jurisdicción eclesiástica sobre el delito ayudó en otros a mantener los enjuiciamientos en un nivel mínimo. Los dos países europeos donde los tribunales eclesiásticos y, en particular los de la inquisición, retuvieron la principal jurisdicción sobre la brujería a finales de los siglos XVI y XVII, fueron España e Italia. En ambas zonas el número de procesos y ejecuciones por brujería durante este periodo se mantuvo relativamente bajo para lo que era normal en Europa. En Italia esta lenidad judicial resulta especialmente interesante, pues, durante el siglo XV y principios del XVI, cuando los inquisidores papales se mostraron menos cohibidos en la persecución de las brujas, el norte de Italia había sido uno de los principales centros de enjuiciamientos [50]. En España, la autoridad de los tribunales eclesiásticos fue tan grande que, ya en el siglo XVII, consiguieron mitigar la severidad de sentencias dictadas por tribunales civiles en casos de brujería [51].

Es importante señalar que la decadencia de la jurisdicción eclesiástica sobre la brujería no supuso en el clero un abandono del interés por la caza de brujas. Los clérigos siguieron tan preocupados por el culto al diablo y la práctica de la magia nociva como lo habían estado en el pasado. No obstante, cambiaron sus tácticas, convirtiéndose en auxiliares de las autoridades judiciales, de la misma manera, poco más o menos, como los funcionarios civiles habían proporcionado su ayuda anteriormente a los jueces eclesiásticos. En los siglos XVI y XVII el clero presionó a menudo a las autoridades laicas a actuar contra las brujas con más dureza, colaboraron en la detención de sospechosas y utilizaron el poder del púlpito para mantener las cazas. En Salem, Massachusetts, el clero estimuló activamente el procesamiento de brujas, aun cuando los juicios se celebraban en tribunales

---

[48] Lea, *Materials*, III, p. 1263.
[49] Baranowski, *Procesz Czarownic*, p. 180.
[50] Kieckhefer, *European Witch Trials*, pp. 21-22.
[51] Henningsen, *Witches' Advocate*, pp. 387-8.

civiles [52]. En Escocia, el clero no sólo interrogaba a las brujas tras su detención, sino que urgió colectivamente al gobierno en varias ocasiones a aumentar sus operaciones de caza de brujas [53]. En la región de Cambrésis, los párrocos participaron estrechamente en su identificación y procesamiento [54]. La influencia clerical más directa en las acciones de los tribunales civiles contra la brujería se dio en los territorios germanos y borgoñones, donde obispos o monjes ejercían un poder temporal [55]. En estos Estados cuasi eclesiásticos, los clérigos gobernantes se servían de funcionarios laicos y de la autoridad civil para procesar a las brujas, táctica que les daba más libertad procedimental que si hubiesen recurrido a los tribunales eclesiásticos y los liberaba, además, de cualquier posible reserva hacia la aplicación de castigos corporales por un tribunal de la Iglesia [56]. Las cazas de brujas efectuadas en los territorios de Ellwangen, Mergentheim, Tréveris, Würzburg y Bamberga fueron tan importantes como las de otras partes de Alemania [57].

Aunque la brujería se convirtió en un delito civil, encausable en los tribunales seculares, y aunque la mayoría de las autoridades laicas reivindicaban su jurisdicción sobre ella basándose en el hecho de que implicaba *maleficium* más que herejía, la forma de castigo adoptada por los tribunales civiles para este delito reflejaba su naturaleza más bien herética que criminal. A excepción de Inglaterra y Nueva Inglaterra, donde las brujas sentenciadas a muerte eran colgadas como otros criminales, lo normal era que fuesen quemadas en la pira. Este era el castigo aplicado tradicionalmente a los herejes relapsos y su utilización en casos de brujería tenía el propósito de identificar a la bruja con el hereje, pues se creía a ambos servidores del diablo [58].

---

[52] Sin embargo, a medida que se desarrolló la caza, el clero se mostró menos entusiasta. Cfr. Boyer y Nissenbaum, *Salem Possessed*, pp. 9-10.
[53] Larner, *Enemies of God*, p. 72.
[54] Muchembled, «Witches of the Cambrésis», pp. 259-60, 266-7. En Lorena, sin embargo, los sacerdotes locales no participaron en general en los juicios. Ver Briggs, *Communities of Belief*, pp. 71-2.
[55] L. Rothkrug, «Religious Practices», pp. 104-5.
[56] El príncipe obispo de Bamberga se sirvió de un consejo laico compuesto por doctores en derecho civil para procesar a las brujas en su diócesis. Sebald, *Witchcraft*, pp. 38-9.
[57] Midelfort, *Witch Hunting*, pp. 98, 143; Robbins, *Encyclopedia*, p. 35.
[58] Las brujas fueron tratadas con más severidad que los herejes, pues normalmente eran ejecutadas tras la comisión del primer delito. Cfr. Lea, *Inquisition*, III, p. 515.

La práctica de la quema de herejes tenía una base escrituraria en la afirmación de que «si uno no permanece en mí, lo tirarán afuera como el sarmiento y se secará: los recogen, los echan al fuego y se queman» [59]. Quemar brujas era, también, un rito de purificación, asociada con el fuego en todas las mitologías, y pudo haber servido, así mismo, como sustituto implícito de la ordalía por fuego, que la Iglesia había abolido por las mismas fechas, más o menos, en que se iniciaron los juicios y ejecuciones por herejía. En un sentido mucho más práctico, la muerte por fuego daba, quizá, a los intranquilos jueces garantías de que las brujas no regresarían de entre los muertos por medio de la hechicería. Pero la principal razón de que los tribunales civiles dictaran habitualmente esta sentencia fue que las brujas eran culpables de un delito similar, si no idéntico, al de herejía [60].

La mayoría de las brujas no eran quemadas vivas. Aunque esta práctica era la habitual en los territorios españoles e italianos (donde se ejecutó a un número relativamente bajo), en Francia, Alemania, Suiza y Escocia se daba garrote a las brujas en el poste antes de que las llamas consumieran sus cuerpos. En el principado alemán de Ellwangen, el prebendario del príncipe solía conmutar la sentencia de la hoguera por la de muerte por la espada, pero a continuación ordenaba que se quemara el cadáver [61]. De manera similar, todo un grupo de brujas fue sentenciado en Ortenau en 1630 a morir «por la espada y ser quemadas» [62]. En Suecia era práctica común decapitar previamente a las personas condenadas por brujería y quemar luego sus cuerpos [63]. En ocasiones se utilizaron otros medios de ejecución, como el ahogamiento por inmersión, pero en la inmensa mayoría de las sentencias capitales se quemaba o a la bruja viva o su cadáver [64].

En algunos casos, los tribunales, tanto civiles como eclesiásticos, dictaron sentencias no capitales. Tales casos fueron más comunes principalmente en Inglaterra, donde las leyes sobre brujería preveían

---

[59] Juan, 15: 16.
[60] La ordenanza danesa sobre brujería de 1617 especificaba que sólo se habían de quemar aquellas brujas convictas de haber concluido un pacto con el diablo. Johansen, «Denmark», p. 341.
[61] Midelfort, *Witch Hunting*, p. 99.
[62] F. Volk, *Hexen in der Landvogtei Ortenau und der Reichsstadt Offenburg* (Lahr, 1882) p. 27. En 1628 se quemó vivas a cuatro brujas.
[63] Ankarloo, «Sweden: The Mass Burnings (1668-1676)», en: *Early Modern Witchcraft: Centres and Peripheries*, ed. Bengt Ankarloo y Gustav Henningsen (Oxford, 1990), p. 295.
[64] G. Schormann, *Hexenprozesse in Nordwestdeutschland*, pp. 19, 24, 30-1, 34.

ese tipo de penas cuando se trataba del primer acto delictivo y no se había provocado la muerte de la parte agraviada. En Escocia y en algunos países del continente se dio una relación mucho más estrecha entre el número de sentencias de culpabilidad y el de ejecuciones, pero tampoco fueron en absoluto raras las sentencias no capitales, por lo general el destierro o la cárcel [65]. En Francia, la práctica de apelar las sentencias a los *parlements* provinciales solía tener como resultado la conmutación de sentencias de muerte, mientras que en Ginebra los jueces que no podían determinar con certeza la culpabilidad solían desterrar a los acusados [66]. Henri Boguet recomendaba el destierro cuando el prisionero soportara la tortura, aunque el juez estuviese convencido de su culpabilidad [67]. La sentencia de destierro no implica necesariamente que el juez considerara el crimen de brujería de naturaleza menos espiritual que la herejía; en los pocos casos en que los tribunales civiles alemanes procesaron herejes en la Edad Media, los jueces aplicaron ese mismo castigo [68]. Sin embargo, el destierro sugiere que, al menos en casos de culpabilidad «cierta», las autoridades judiciales estaban más interesadas en liberar a sus comunidades de individuos peligrosos o socialmente marginales que en combatir las fuerzas de Satanás. Así ocurriría, sobre todo, en países como Hungría, donde se insistió más en los aspectos mágicos de la brujería que en los diabólicos [69].

Al margen de sus motivaciones, el recurso a la sentencia de destierro en los tribunales civiles no debería considerarse indicio de que éstos fueran más indulgentes que sus homólogos eclesiásticos en el procesamiento de la brujería. La realidad no era así, en términos generales. Los tribunales civiles de Ginebra fueron, quizá, especialmente reticentes en condenar a muerte a las brujas, mientras que el tribunal de audiencia y resolución de Salem no ejecutó a nadie que hubiera confesado [70]. Sin embargo, ninguna de estas jurisdicciones alcanzó el nivel de lenidad establecido por la Inquisición española a

---

[65] Ver el cuadro de Monter, *Witchcraft in France and Switzerland*, p. 49.
[66] *Ibid.*, 51, 66.
[67] Boguet, *Examen of Witches*, p. 226.
[68] Kieckhefer, *Repression of Heresy*, pp. 76-8.
[69] Evans, *Habsburg Monarchy*, pp. 411-12.
[70] Es posible que los jueces de Salem pretendieran ejecutar a todas las brujas confesas, una vez que proporcionaron pruebas relativas a los crímenes de otras. Ver P. Boyer y S. Nissenbaum, *Salem Village Witchcraft* (Belmont, Calif., 1972), I, Introducción.

comienzos del siglo XVII. En la caza de brujas más importante de la historia de España, en la que se vieron involucradas 1.900 personas, únicamente once fueron condenadas a la pira, y de ellas sólo una, una mujer que había reclutado a otras brujas, llevado sapos al aquelarre y mantenido relación sexual asidua con el diablo, había confesado realmente [71]. A diferencia de la mayoría de los tribunales civiles, donde una confesión solía suponer la condena y la ejecución, en España llevaba por lo general a la reconciliación con la Iglesia. El objetivo originario de la justicia eclesiástica era precisamente esa reconciliación y, en España, la Inquisición se aseguraba de que, incluso en casos de brujería, sólo sufrieran los contumaces.

El ejemplo español revela, en un contexto más amplio, la importancia fundamental de la participación y final predominio de las autoridades civiles en la dirección de la caza de brujas en Europa. Si los tribunales civiles no hubieran complementado en un principio a los eclesiásticos, si no hubieran cooperado plenamente con las autoridades de la Iglesia en la detención y ejecución de brujas, si no hubieran llenado un vacío creado cuando los tribunales eclesiásticos se hicieron más indulgentes con ellas o abandonaron su persecución, y si los clérigos que regían Estados territoriales no hubiesen podido disponer de esos tribunales para los casos de brujería, la gran caza de brujas europea no habría adquirido las dimensiones que tuvo.

Brujería y tribunales locales

Una condición final para la gran caza de brujas en Europa fue la facultad de los tribunales locales y de instancias subordinadas para actuar con cierto margen de independencia del control central político y judicial. La mayoría de los procesos por brujería fueron tramitados en tribunales con una jurisdicción geográficamente limitada. Se trataba de los tribunales de señoríos, ciudades, condados, diócesis, provincias o territorios eclesiásticos. Esto no quiere decir que las autoridades centrales no tuvieran nada que ver en el procesamiento de las brujas. El papa, los monarcas de Estados territoriales, los consejos reales y las asambleas nacionales representativas fueron a menudo responsables directos de la aprobación de leyes o promulgación de

---

[71] Henningsen, *Witches' Advocate*, pp. 143-180, 397.

edictos que sancionaban la persecución de brujas, mientras que no era nada infrecuente que los tribunales supremos de los Estados europeos celebraran juicios por brujería. No era un fenómeno desconocido que las autoridades centrales iniciaran cazas de brujas, y a menudo concedieron a los funcionarios locales o regionales la autoridad para tramitar casos por brujería [72]. Pero la mayoría de las cazas de brujas fueron dirigidas en realidad por funcionarios judiciales de secciones administrativas menores del Estado o la Iglesia [73]. Estos jueces de jurisdicciones locales o «inferiores» mostraron frecuentemente mucho más celo en procesar brujas que las autoridades centrales y, cuando se les dejaba actuar a su antojo, ejecutaban por lo general a muchas más brujas que cuando eran vigilados estrechamente por sus superiores judiciales.

Hay dos principales razones para explicar por qué los tribunales locales se mostraron en general menos indulgentes que los centrales en el procesamiento de casos por brujería. La primera es la mayor probabilidad de que las autoridades locales que presidían los juicios contra las brujas experimentaran, más que sus superiores centrales, un miedo intenso e inmediato a la brujería. Las autoridades centrales podían admitir que las brujas constituían una amenaza para la sociedad y era necesario llevarlas a los tribunales, pero raras veces tenían un conocimiento directo de las personas acusadas de brujería (a diferencia de muchos magistrados locales) y no se veían ante la perspectiva de vivir en la misma comunidad que las brujas, si éstas quedaban absueltas. Además, era menos probable que se sintieran afectadas por la histeria que solía apoderarse de ciudades y pueblos cuando se producían las cazas de brujas. Así pues, era más normal que las autoridades centrales procedieran contra las brujas basándose en las pruebas existentes y evitaran el prejuicio en que incurriría naturalmente un juez alarmado. La segunda razón es que los jueces centrales estaban en general más comprometidos con el funcionamiento mismo del sistema judicial y más dispuestos, por tanto, a proporcionar a las personas acusadas de brujería cualquier garantía procesal que la ley pudiera otorgarles.

Una comparación entre los procesos por brujería en Alemania y

---

[72] Esto fue especialmente cierto en el caso de Finlandia. Cfr. Heikkinen, *Paholaisen Liittolaiset*, p. 381.
[73] Ver, por ejemplo, Evans, *Habsburg Monarchy*, p. 410.

España nos ofrece una buena ilustración de los efectos que la ausencia de control judicial eficaz tuvo en las pautas de la caza de brujas. Durante la Edad Moderna, Alemania fue una zona con muy poca centralización política y judicial. Aunque los distintos territorios alemanes estaban incluidos en el Sacro Romano Imperio y aunque la Dieta imperial promulgaba leyes para todos los súbditos del emperador, el país se componía de unas trescientas unidades políticas relativamente autónomas. La medida en que cada una de estas unidades seguía la ley del Imperio y se sometía al control central dependía de varios factores. Las ciudades imperiales eran generalmente las más observantes, pero incluso ellas manifestaban una fuerte propensión a la independencia y se regían, en muchos sentidos, de manera autónoma. La autonomía de los territorios alemanes se observa con máxima evidencia en los asuntos judiciales. Cada territorio tenía sus propios tribunales y, aunque estas instituciones aplicaban en mayor o menor grado los códigos de derecho imperial, cada cual tenía autonomía práctica sobre su propia vida judicial. No existía una institución judicial central que enviara jueces comarcales o supervisara el comportamiento de la justicia local. Había un tribunal imperial supremo, el *Reichskammergericht*, con sede en Espira, que conocía los casos de apelación, pero no se disponía de un procedimiento regular para su tramitación [74]. En los asuntos eclesiásticos, el cuadro era semejante y cada obispo o dignatario eclesiástico mantenía su propio tribunal. Antes de la Reforma y en las zonas que se mantuvieron católicas después de ella, hubo cierta regulación de la justicia local por parte de autoridades superiores, pero solía ser mínima. El mismo papado no controló con mucha eficacia a los inquisidores nombrados para diversas regiones [75]. Estos inquisidores recibían su autoridad de Roma, pero su autonomía quedaba restringida mucho más por la competencia de los tribunales civiles y episcopales que por las trabas impuestas por el papado.

La descentralización de la vida judicial influyó profundamente en los procesos por brujería en Alemania. Sin un control eficaz por parte de las autoridades centrales, los jueces e inquisidores locales gozaron de enorme libertad para perseguir a las brujas según sus deseos.

---

[74] Sobre el *Reichskammergericht*, cfr. Merzbracher, *Hexenprozesse*, pp. 63-4 Midelfort, *Witch-Hunting*, p. 114.
[75] Ver Kieckhefer, *Repression of Heresy*, p. 107.

No debería sorprendernos el hecho de que las mayores cazas de brujas individuales tuvieran lugar en el ámbito alemán, que los informes de las torturas más bárbaras procedieran de Alemania y que la cifra total de ejecuciones por brujería en el Imperio fuera superior a la de todas las demás zonas juntas. Hay muchas razones diversas para explicar la intensidad relativamente alta de la caza de brujas en Alemania, pero la situación judicial se ha de considerar la más importante de ellas. La significación de estos factores judiciales resulta aún más evidente cuando constatamos que las jurisdicciones que aceptaron estrictamente el código imperial de derecho penal, la *Constitutio Carolina*, ejecutaron a muchas menos brujas que quienes lo ignoraron descaradamente [76].

España, como Alemania, era también un país políticamente descentralizado. Aunque no estaba tan fragmentado como ésta, España se componía de varios reinos unidos sólo por la lealtad a un monarca único. En la Edad Moderna no existía un Estado español, como tampoco existía un Estado alemán. Sin embargo, España contó con una institución judicial altamente centralizada: la Inquisición española, que asumió el control de la mayoría de los procesos por brujería. La Inquisición española, a diferencia de la inquisición medieval en Alemania, era una institución nacional cuya autoridad principal, el inquisidor general, recibía el nombramiento del rey, sometido a confirmación papal. La Inquisición española era también una institución altamente centralizada en la que ventiún diferentes tribunales regionales repartidos por todo el imperio español estaban subordinados a un tribunal central, el Consejo de la Suprema, en Madrid. Este Consejo aseguraba el cumplimiento de un conjunto de normas procesales criminales que hacían la condena y ejecución de brujas mucho más difícil que en otras partes de Europa. El Consejo de la Suprema conocía también las apelaciones referentes a casos de brujería, lo cual permitía a las autoridades centrales pasar por encima del juicio de sus subordinados locales o regionales. El funcionamiento de este sistema judicial no explica por sí solo por qué en España se procesó a un número relativamente escaso de brujas, pero no hay duda de que el sistema impidió que las cazas de brujas, sobre todo la ocurrida en 1609-11, quedaran sin control.

Un segundo ejemplo de la importancia de la autonomía judicial

---

[76] Monter, *Witchcraft in France and Switzerland*, p. 106.

en la caza de brujas es el de Escocia, donde casi todos los juicios por brujería se tramitaron en tribunales civiles, ateniéndose a lo estipulado por la ley sobre brujería aprobada por el Parlamento escocés en 1563. Las brujas podían ser juzgadas en Escocia por tres principales tipos de tribunales civiles. En primer lugar se hallaba el Tribunal Supremo (*Court of Justiciary*), con sede en Edimburgo. En él podían conocerse casos de toda Escocia, pero un número desproporcionadamente alto procedía de los condados inmediatamente vecinos a la capital. Venían luego los tribunales de distrito (*circuit courts*), constituidos en los diversos condados del país y presididos por jueces de los tribunales centrales. Estos tribunales de distrito no funcionaron con mucha regularidad hasta finales del siglo XVII. Finalmente, los tribunales locales *ad hoc*, comisionados bien por el Consejo Privado o por el Parlamento para juzgar a personas acusadas de brujería en las zonas donde habían sido arrestadas. Estos tribunales, a diferencia del Tribunal Supremo y de los tribunales de distrito, no disponían de una plantilla de jueces profesionales de los tribunales centrales, sino que estaban formados por propietarios y magistrados locales.

CUADRO 2
Índice de ejecuciones en los juicios por brujería en Escocia

Tipo de tribunal	Personas juzgadas	Ejecuciones (conocidas)	% de personas ejecutadas
Tribunales superiores	197	108	55
Tribunales de distrito	105	17	16
Comisiones locales	100	91	91

Aunque no poseemos estadísticas completas, es bastante evidente que la tasa de ejecuciones en Escocia resultó impresionantemente más alta cuando los casos de brujería fueron vistos por autoridades locales no sometidas a ninguna supervisión que cuando intervenieron jueces de los tribunales centrales, en Edimburgo o en los distritos. Como indica el cuadro 2, el índice de ejecuciones, determinado únicamente en función de los casos cuyos resultados nos son conocidos, fue del 91 % en los juicios locales comisionados por el Consejo

Privado o por el Parlamento, pero sólo del 55 % en el Tribunal Supremo y de un bajísimo 16 % en los tribunales de distrito [77]. En otras palabras, la presencia de autoridades judiciales centrales influyó de manera significativa en el resultado de los casos por brujería. Por lo demás, no es sorprendente descubrir que en Inglaterra, donde prácticamente todos los procesos por brujería eran tramitados por jueces centrales en tribunales de distrito (*the assizes*, antiguos tribunales de lo penal), las tasas de condena y ejecución fueran excepcionalmente bajas para las pautas europeas, aunque la estricta prohibición de la tortura tuvo probablemente mucho más que ver con esa situación que la supervisión de la justicia local por autoridades centrales.

Un ejemplo más del efecto de la autonomía local sobre los procesos por brujería es el de Francia, donde, a pesar de un alto grado de centralización política, los enjuiciamientos de brujas solían tener lugar en tribunales locales o provinciales. En estos tribunales, las tasas de condena y ejecución se situaron, en general, entre las predominantes en Alemania, por un lado, y las de Inglaterra, por otro. No obstante es importante señalar que, en Francia, en casos de brujería se podía apelar a los parlamentos regionales. En el *Parlement* de París, que ejercía jurisdicción de apelación sobre la mayoría del norte de Francia y era para todos los efectos un tribunal central, el porcentaje de casos de apelación que concluyeron en absolución plena alcanzó la cifra sorprendentemente alta de un 36 %, mientras que sólo se confirmó el 24 % de los casos [78]. La razón principal de la mayor benignidad del tribunal parisino fue su aceptación de una norma probatoria más rígida que la aceptada por los tribunales inferiores, al negarse a sentenciar a muerte a las brujas en función de una confesión obtenida bajo tortura. No obstante, también desempeñaron cierto papel otras consideraciones, como la lejanía entre los jueces y las circunstancias reales de la caza de brujas y, quizá, un mayor escepticismo respecto de la brujería. Es bastante interesante observar que los ocho *parlements* provinciales de Francia que no eran, como el *Parlement* de París, instituciones centrales, tuvieron un historial mucho menos indulgente en el procesamiento de brujas y, al final del siglo

---

[77] La fuente para el cuadro 2 es Lamer, *Source-Book of Scottish Witchcraft*, p. 237, cuadro 2. Las cifras dadas aquí no incluyen los casos que concluyeron con la muerte en prisión del acusado, la fuga o cualquier otro resultado «vario».

[78] Soman, «Parlement of Paris», p. 36. Sobre un caso temprano, cfr. Cohn, *Europe's inner Demons*, p. 232.

XVII, hubieron de someterse al control directo del rey para poner fin a la caza de brujas.

La manera en que un sistema de apelación preceptiva podía refrenar la impaciencia de los tribunales locales por condenar a muerte a las brujas puede observarse también en Dinamarca. Aquí, la legislación aprobada en 1576 exigía que una sentencia de muerte dictada contra una bruja por un tribunal local o de distrito debía ser revisada por el tribunal del condado. Basándonos en los datos de Jutlandia, donde al parecer se revisaron todos los casos de brujería, los tribunales locales sentenciaron a muerte a poco menos del 90 % de los acusados, cifra que se corresponde con el porcentaje escocés de ejecuciones en juicios tramitados por las autoridades locales. Sin embargo, en los tribunales de condado se revocó casi el 50 % de las sentencias capitales, generalmente en función de la insuficiencia de las pruebas o la violación de procedimientos legales establecidos, entre ellos las restricciones para la aplicación de la tortura [79].

Las autoridades centrales no ejercieron siempre una influencia restrictiva en el desarrollo de la caza de brujas. Los jueces de tribunales superiores confirmaron muchas sentencias apeladas; los consejos reales dieron pasos, en ciertas ocasiones, para estimular los procesamientos, y, a veces, los mismos reyes iniciaron cazas de brujas. En 1590, Jacobo VI de Escocia representó un papel protagonista en una de las mayores cazas de brujas de la historia escocesa, mientras que Cristian IV de Dinamarca no sólo promulgó una ordenanza sobre brujería en 1617, sino que estimuló activamente el enjuiciamiento de personas sospechosas de brujería en Copenhague y Helsingor en 1626 [80]. En la Iglesia, varios papas promovieron campañas contra magos y brujas a finales de la Edad Media. Pero, en la mayoría de los casos, las autoridades centrales actuaron como agentes neutrales en el desarrollo de la caza de brujas o bien le impusieron algún tipo de trabas. La historia de muchas cazas de brujas particulares puede escribirse como el relato de la manera en que las autoridades locales, tras haber decidido someter a las brujas a juicio, conseguían de sus superiores cuantas aprobaciones fueran necesarias y luego, armadas de esas garantías, procedían contra las supuestas culpables con mu-

---

[79] J. C. V. Johansen, «Denmark», pp. 339-50.
[80] *Ibid.*, pp. 341, 345-7; Henningsen, *Witches' Advocate*, p. 18. La promulgación de la ordenanza fue seguida por un periodo de intensifiación de la caza de brujas.

chas menos trabas de las que las mismas autoridades centrales se habrían impuesto. La verdadera iniciativa del caso procedía de los representantes locales y no del gobierno central [81].

El cometido esencial desempeñado por estos funcionarios locales y provinciales no sometidos a vigilancia ni trabas en la realización de la caza de brujas hace difícil determinar un nexo causal claro entre el desarrollo del Estado moderno y la gran caza de brujas en Europa. El surgimiento del Estado moderno en Europa occidental actuó, de varias maneras, como condición necesaria para dicha caza [82]. Si el Estado no hubiera adquirido su inmenso poder judicial, reflejado en la adopción del procedimiento inquisitorio y dirigido tanto contra los traidores como contra las brujas con efectos igualmente devastadores, la caza no se habría producido nunca. Además, si los Estados de Europa occidental no se hubiesen dotado de amplias burocracias judiciales, impuestas por el mismo procedimiento inquisitorio, es improbable que se hubiese procesado o condenado a un gran número de brujas. No es casual que la gran caza de brujas se produjera durante el periodo de desarrollo de la construcción del Estado a lo largo de Europa. Podría incluso afirmarse que el proceso de construcción del Estado, que suponía un ataque al ordenamiento tradicional, creó tensiones que se expresaron en la caza de brujas [83]. Por otra parte, la caza de brujas en Europa dependió, de extraña manera, de la incapacidad del Estado tardomedieval y de la Edad Moderna para hacer realidad todas sus posibilidades.

Una de las características del Estado moderno es un alto grado de centralización. Los Estados modernos son estructuras consolidadas territorialmente en las que el gobierno central ejerce el poder supremo sobre zonas incluso remotas. La mayoría de los Estados modernos europeos no lograron alcanzar ese grado de centralización y continuaron cediendo cierta porción de autonomía a las organizaciones locales. De hecho, toda la historia política de la Edad Moderna puede describirse en función del conflicto entre el centro y la periferia. Desde el punto de vista judicial, este conflicto solía desembocar

---

[81] Henningsen, *Witches' Advocate*, p. 18; Trevor-Roper, «Witch-Craze», p. 114; Briggs, *Communities of Belief*, p. 14; Naess, «Norway», pp. 379-80.

[82] C. Larner, *Witchcraft and Religion*, p. 89, considera que el surgimiento de los Estados nacionales fue uno de los «factores fundamentales» que intervinieron en el auge de la caza de brujas.

[83] Muchembled, «Witches of Cambrésis», pp. 261-9.

en una situación en que se delegaba una considerable parte de poder a las autoridades locales y regionales. Por lo que respecta a la brujería, esta delegación de poder o el mero reconocimiento por parte de los gobiernos centrales de que las jurisdicciones locales seguían manteniéndolo contribuyó a la posibilidad de la gran caza de brujas tanto como la adquisición de poderes efectivos de investigación y coerción judicial por parte del Estado. En definitiva, la diseminación del poder judicial en el seno del Estado fue tan importante como su desarrollo real.

4. EL IMPACTO DE LA REFORMA

La formación del concepto acumulativo de brujería y las diversas innovaciones legales descritas en el capítulo anterior hicieron posible la caza de brujas europea de los siglos XV, XVI y XVII. Si no se hubieran dado esos hechos intelectuales y legales, la caza no habría tenido lugar, al menos en la forma y magnitud en que se produjo. Estas condiciones previas no ofrecen, sin embargo, una explicación causal completa de la caza. En otras palabras, fueron causas necesarias pero no suficientes de aquel suceso que costó la vida a miles de personas en Europa. Para llegar a un entendimiento más pleno de la caza debemos investigar las condiciones religiosas, sociales y económicas dominantes en la Europa moderna. Estas condiciones crearon una atmósfera en la que la caza de brujas no fue meramente posible sino probable. Incitaron a la gente a creer en la brujería, crearon tensiones que se expresaron a menudo en acusaciones de brujería y corroboraron, tanto en la elite gobernante como en el pueblo llano, la determinación de llevar a ciertos individuos ante los tribunales por ese delito. Así pues, las citadas condiciones ocupan un segundo nivel de causalidad en la caza de brujas europea. No fueron ni condiciones previas necesarias ni causas eficientes, pero sirvieron para intensificar el proceso de la caza de brujas. También ayudan a explicar por qué la caza se produjo de la manera en que lo hizo.

El propósito del presente capítulo es indagar las diversas maneras en que los distintos procesos religiosos profundos ocurridos en la Europa moderna estimularon el incremento de la caza de brujas. El más importante de estos cambios fue la Reforma, movimiento que echó por tierra la aparente unidad de la cristiandad medieval. El principal objetivo de los primeros reformadores protestantes, como Martín Lutero, Juan Calvino, Huldreich Zwinglio y Martín Bucero fue el de devolver la Iglesia a su pureza cristiana original. Al actuar así, negaron la eficacia de las indulgencias, redefinieron la función de los sacramentos, eliminaron o alteraron drásticamente la misa católica romana y modificaron la función del clero. Proclamaron la autonomía de la conciencia individual y postularon una relación directa entre el hombre y Dios, descartando muchos de los intermediarios clericales y angélicos que el catolicismo medieval había establecido entre ambos. Desarrollaron la idea de que todo creyente era un sacerdote que mediante la lectura de la Biblia podía adquirir la fe, única capaz de aportarle la salvación. La incompatibilidad entre estas ideas y las doctrinas de la Iglesia católica romana, el fracaso de esta Iglesia en su propia reforma y la imposibilidad con que se encontraron los reformadores para hallar un apoyo escriturario a la autoridad papal les llevó a romper con Roma e instituir iglesias protestantes independientes. Millones de europeos, estimulados en muchos casos por la implantación de iglesias estatales protestantes, abandonaron el seno de la Iglesia romana. El protestantismo se convirtió en la religión dominante en muchas partes de Alemania, Suiza y los Países Bajos; de Inglaterra, Escocia y los reinos escandinavos, y de ciertas zonas de Francia, Hungría y Polonia.

El éxito de la Reforma protestante estimuló el desarrollo de un movimiento reformista dentro del catolicismo. Este movimiento, al que denominamos con el término de Contrarreforma o reforma católica, respondió a una demanda antigua del clero y el laicado católicos que solicitaban acometer una reforma sin destruir la estructura de la Iglesia. Así pues, no puede considerarse simplemente como una respuesta negativa al nacimiento del protestantismo; de hecho, sus orígenes se remontan al periodo anterior a la Reforma. Los principales objetivos de los reformadores católicos fueron los de eliminar la corrupción dentro de la Iglesia, educar al clero, inspirar y fortalecer la fe del laicado y reclamar la lealtad de aquellos individuos y comunidades perdidos por su paso al protestantismo. La Contrarreforma logró un éxito considerable. Bajo la dirección del papado, la Iglesia introdujo una serie de cambios administrativos y litúrgicos, muchos de los cuales fueron sancionados por el concilio de Trento (1574-74, 1551-52, 1562-63). Misioneros de la recién fundada Compañía de Jesús y de otras órdenes religiosas ayudaron a reconvertir a los protestantes en muchas partes de Europa, mientas los tribunales eclesiásticos mantenían la ortodoxia teológica y la decencia moral en zonas nominalmente católicas. Las fuerzas militares de los países católicos emprendieron la guerra contra los protestantes en varios conflictos internos e internacionales, los más significativos de los cuales fueron las guerras civiles de Francia a finales del siglo XVI y la Guerra de los Treinta Años en las primeras décadas del XVII. Como resultado de toda esta actividad, varias partes de Alemania, Austria, Bohemia, Polonia, Hungría y los Países Bajos regresaron al seno del catolicismo, mientras que otras se mantuvieron protestantes.

El periodo durante el cual se produjeron todos esos conflictos y actividad reformadora, la época de la Reforma, abarca los años 1520-1650. Dado que estos años incluyen la etapa de mayor intensidad en la caza de brujas, los historiadores han dado siempre por supuesto que la Reforma sirvió de catalizador para la caza de brujas. De hecho, hay quienes han considerado que las fuerzas desbocadas de la Reforma y la Contrarreforma fueron su motivo principal. En este punto debemos proceder con cautela, pues la caza de brujas europea comenzó en realidad casi un siglo antes de que Lutero clavara sus noventa y cinco tesis en la iglesia del castillo de Wittenberg. Por otra parte, durante los primeros años de la Reforma, de 1520 a 1550, hubo relativamente pocos procesos por brujería en Europa, por lo que es difícil determinar una relación causal directa entre ambos procesos. Y, en el otro extremo de la caza de brujas europea, en las primeras dos décadas del siglo XVIII, cuando miles de brujas seguían siendo sometidas a juicio en Polonia, es difícil hablar de Reforma o Contrarreforma como realidades contemporáneas. Así, lo más que podemos decir es que la Reforma y la Contrarreforma sirvieron para intensificar el proceso de la caza de brujas y ayudaron, quizá, a que se difundiera de un lugar a otro [1].

Así pues, la cuestión consiste exactamente en saber *cómo* contribuyó la Reforma al desarrollo de la caza de brujas. Al responder a

---

[1] Para una exposición más clara de esta afirmación, ver Trevor-Roper, «Witchcraze», p. 136 y *passim*.

esta pregunta es importante que estudiemos los efectos tanto de la reforma protestante como de la católica. La principal razón para adoptar este planteamiento amplio es que la gran caza de brujas se dio tanto en los países protestantes como en los católicos. Las comparaciones entre las cifras de brujas ejecutadas por las autoridades católicas y protestantes pueden llegar fácilmente a oscurecer este hecho fundamental. Es, quizá, cierto que los católicos ejecutaron en el sudoeste de Alemania más brujas que los protestantes, tal como puede ser cierto lo contrario para la Suiza occidental [2]. También podría ser cierto que para estas diferencias existieran explicaciones religiosas. Sin embargo, la consideración más importante es que durante la época de la Reforma se produjeron en *todos* estos países grandes cazas de brujas —significativamente mayores que las ocurridas antes de 1500—. Además, el mero hecho de que los protestantes fueran por delante en el procesamiento de brujas en algunas zonas, mientras que los católicos lo estuvieran en otras, hace aconsejable que consideremos los efectos de ambas reformas. Así pues, los dos movimientos reformadores —que en cierta medida constituyeron manifestaciones diversas del mismo resurgir general religioso extendido por toda Europa— tuvieron muchos efectos similares sobre la caza de brujas [3]. Al fin y al cabo, reformadores protestantes y católicos compartían muchas de las creencias acerca de la brujas y mostraban un deseo similar de extirpar la brujería [4].

Al abordar el tema de esta manera amplia, seguiremos tres diferentes líneas de investigación. En primer lugar, estudiaremos los cambios en las actitudes y prácticas religiosas durante la época de la Reforma que estimularon el crecimiento y pervivencia de la caza de brujas. Algunos de estos cambios fueron más fácilmente visibles en los círculos protestantes que en los católicos por la simple razón de que la Reforma protestante fue más radical que la católica, pero existen pruebas suficientes de que los cambios no quedaron reducidos a las zonas protestantes. En segundo lugar, estudiaremos las formas en

---

[2] Ver Midelfort, *Witch Hunting*, p. 33; Monter, *Witchcraft in France and Switzerland*, p. 106-7.

[3] Sobre la relación entre caza de brujas y resurgimiento agustiniano, común al protestantismo y al catolicismo, ver A. D. Wright, *The Counter-Reformation* (Nueva York, 1982), pp. 1-50.

[4] Sobre la influencia mutua entre escritores católicos y protestantes, cfr. N. Paulus, *Hexenwahn und Hexenprozesse, vornehmlich im 16. Jahrhundert* (Friburgo, 1910), p. 69.

que el conflicto religioso entre protestantismo y catolicismo y, en menor medida, entre las diferentes denominaciones protestantes avivó los procesos y ejecuciones por brujería. Finalmente, veremos cómo la Reforma, al tiempo que estimulaba de varias maneras los juicios por brujería, contribuyó también a la larga a su decadencia.

La nueva perspectiva religiosa

El miedo al demonio

Durante la época de la Reforma los europeos se hicieron más conscientes de la presencia del diablo en el mundo e intensificaron su determinación de declararle la guerra. Una de las principales fuentes de esta conciencia mayor del poder diabólico y de la militancia en su contra fue el pensamiento de los grandes reformadores protestantes Martín Lutero y Juan Calvino. Estos hombres no introdujeron una concepción nueva y original del diablo; sus creencias sobre quién era el diablo y los poderes que poseía eran esencialmente las mismas que las de los demonólogos católicos de la Baja Edad Media. Esta coincidencia con los católicos es en sí un tanto sorprendente. Teniendo en cuenta que los reformadores pusieron en duda tantos otros aspectos del catolicismo medieval y fueron tan críticos con la teología escolástica, es de suponer que deberían haber desarrollado una demonología protestante distinta. Pero en vez de ello se limitaron a adoptar las opiniones tradicionales tardomedievales, modificándolas sólo en algunos aspectos y situándolas sobre fundamentos escriturarios más firmes.

Aunque los grandes reformadores introdujeron pocos cambios en la demonología tradicional católica, tendieron a acentuar la presencia del demonio en el mundo y mostrar un miedo más profundo hacia él. Martín Lutero, que explicaba cómo había mantenido peleas físicas reales con Satanás, le atribuyó una posición en el mundo rayana con la herejía dualista. «Todos estamos sometidos al diablo en nuestro cuerpo y nuestros bienes», escribía Lutero, «y somos extranjeros en este mundo, del que él es príncipe y dios». El diablo, según Lutero, «vive y reina a lo largo de todo el mundo». El peligro que representaba Satanás para el mundo era tanto físico como espiritual. No sólo «practica la hechicería entre las obras de la carne», sino que engaña a la mente con opiniones perversas [5]. Varios autores de la Baja Edad Media habían atribuido a Satanás intenciones similares, pero pocos de ellos habían descrito el poder demoniaco como una fuerza tan omnipresente. Todos los seres humanos, hasta el más santo, podían ser engañados y cazados en las trampas de la astuta perfidia de Satanás. Lutero confiaba en que el reino de Cristo acabaría prevaleciendo sobre las fuerzas de las tinieblas, pero la lucha contra ellas sería difícil y continua y todo individuo era siempre susceptible de engaño y perjuicios [6].

Juan Calvino no estaba menos preocupado por el poder diabólico en el mundo ni menos empeñado en oponerse a él. Para Calvino, el poder de Satanás tenía tal fuerza y capacidad de infiltración que el verdadero santo cristiano debía mantener una «incesante lucha contra él» [7]. La militancia del calvinismo, que se expresó a menudo en batallas físicas reales, tenía su fundamento en la constante campaña contra el diablo impuesta al santo. Al igual que Lutero, Calvino tenía absoluta confianza en que el diablo fracasaría en su intento de triunfar sobre las fuerzas del bien [8]. Para él, no menos que para los teólogos escolásticos, el diablo actuaba sólo con permiso de Dios su creador. Pero el número de los seguidores terrenales del diablo era tan grande que el santo no podía permitirse ceder en sus esfuerzos [9].

Ni a Lutero ni a Calvino les preocupaba la brujería en cuanto tal. Aunque Lutero dijo en cierta ocasión que todas las brujas eran putas del diablo y en otra que había que quemar a todas ellas, su preocupación era cualquier forma de idolatría, considerada por él como un acto de hechicería contra Dios, más que las formas tradicionales adoptadas por la brujería. De hecho, creía que la brujería de los hechiceros no era tan frecuente como lo había sido en el pasado, antes de que fuera revelada la verdad del evangelio. Calvino se pronunció aún menos que Lutero sobre la brujería en sí. Basándose en Éxodo 22, 17, insistía en que no se debía «dejar con vida a la hechicera»,

---

[5] Kors y Peters (eds.), *Witchcraft in Europe*, p. 197.
[6] H. A. Oberman, *Luther: Man between God and the Devil* (New Haven, 1989), p. 104, afirma que, según Lutero, el Dios omnipotente estaba oculto al hombre mientras que el Dios revelado, encarnado en Cristo, «se había expuesto a la furia del diablo».
[7] Kors y Peters, *Witchcraft in Europe*, p. 204
[8] Ver M. Walzer, *The Revolution of the Saints* (Cambridge, Mass., 1965), pp. 64-5.
[9] Ver Monter, *European Witchcraft*, p. 59.

pero la brujería no era para él de máxima importancia [10]. No obstante, la preocupación de ambos reformadores por el poder satánico infundió en muchos de sus seguidores mayor determinación para emprender acciones contra las brujas dondequiera que se manifestara su presencia. La preocupación de luteranos y calvinistas por Satanás estimuló así mismo la acentuación de los aspectos heréticos de la brujería por encima de los mágicos, lo cual les inspiró una mayor decisión de extirparla.

Las actitudes de reformadores como Lutero y Calvino hacia el poder del demonio alcanzaron una amplia influencia porque tanto ellos como sus discípulos se encontraron con unos ministros predicadores activos capaces de llegar a un público numeroso. El impacto de los reformadores se ha de medir no sólo por la circulación lograda por sus obras publicadas, sino por la diseminación de sus ideas desde el púlpito. Debido sobre todo a su confianza en la Biblia como fuente de verdad religiosa, los protestantes hicieron mucho hincapié en el éxito de la predicación. Personas de todas las clases sociales, y no sólo una pequeña elite letrada, adquirieron desde el púlpito, entre otras cosas, la sensación de la inmediatez del poder diabólico, tan presente en los escritos de Lutero y Calvino. Esta conciencia del miedo a la acción del diablo en este mundo pudo no haber estimulado muchas de las primeras acusaciones de brujería, que siguieron teniendo su origen en los miedos de los campesinos al *maleficium*. Pero la mayor conciencia de la actividad diabólica hizo, sin duda, que las comunidades de la Europa moderna —y no sólo los miembros de la elite gobernante— fueran más celosas en llevar a juicio a estas brujas como agentes del diablo siempre que surgían acusaciones de *maleficium* [11].

En los siglos XVI y XVII no es precisamente en los círculos protestantes donde podemos detectar una mayor preocupación por el poder demoniaco. Para muchos reformadores católicos, el diablo resultó tan atemorizador y omnipresente como para los luteranos y calvinistas. De hecho, el auge mismo del protestantismo era en opinión de muchos católicos obra de Satanás y les hizo ser más conscientes de su capacidad para traer al mundo todo tipo de males. Pe-

---

[10] Sobre las declaraciones de Calvino acerca de la brujería, ver J. Teall, «Witchcraft and Calvinism in Elizabethan England: Divine Power and Human Agency», en: *Journal of the History of Ideas*, 23 (1962), pp. 27-9.
[11] Thomas, *Religion and the Decline of Magic*, p. 476.

dro Canisio, misionero jesuita, mencionaba de hecho a Satanás mucho más a menudo que a Cristo en el catecismo elaborado. Los sacerdotes católicos no solían ir a la zaga de sus colegas protestantes en la tarea de convencer a sus feligreses de la omnipresencia de Satanás y suscitar en ellos el miedo al diablo [12]. También podían ser igualmente eficientes en el momento de estimularlos a emprender campañas en su contra. Tanto las filas católicas como las protestantes se comprometieron a purificar el mundo declarando la guerra a Satanás con un celo reforzado a veces por creencias milenaristas. La guerra debería librarse internamente, resistiendo a la tentación, y externamente, llevando a juicio a brujas y herejes [13].

Santidad personal, culpa y brujería

Un segundo efecto de la Reforma sobre la brujería resultó de la insistencia, tanto de protestantes como de católicos, en la piedad y santidad personales. Una de las características más destacadas de la época de la Reforma fue la demanda de los predicadores protestantes y católicos a todos los cristianos, incluido el laicado, para que llevaran una vida moral ejemplar y se responsabilizaran de su propia salvación. En vez de limitarse a fomentar la conformidad con ciertas pautas de observancia religiosa (como la de acudir a la iglesia), los reformadores de los siglos XVI y XVII instruyeron al pueblo para que mantuviera una vida más exigente y moralmente rigurosa. Este tipo de exhortaciones, que reflejaban la preocupación del momento por el peligro de la tentación diabólica, contribuyó a cristianizar Europa de una manera desconocida hasta entonces. Todos, incluidas las personas de zonas remotas y rurales, fueron exhortados a convertirse en cristianos activos y moralmente conscientes. Este proceso se inició con el mismo clero, cuya conducta moral no era en muchos casos mejor que la de sus parroquianos y, a través de ellos, se difundió seguidamente entre el laicado [14]. Para los calvinistas, debido a su firme creencia en la predestinación, la santidad personal comportaba un premio especial. Si Dios había predeterminado a ciertas personas a la

---

[12] Ver R. Muchembled, «The Witches of Cambrésis», pp. 259-73.
[13] Ver W. Lamont, *Godly Rule* (Londres, 1969), pp. 98-100.
[14] Larner, *Enemies of God*, p. 25.

salvación y a otras a la condenación, era especialmente importante llevar una vida personal sin tacha, pues esta santidad podía interpretarse fácilmente como signo de elección. Además, una vez convencidos de pertenecer al número de los elegidos, los calvinistas se esforzarían por lograr la perfección moral, tanto para confirmar su condición de santos (que generaba siempre un resto, al menos, de duda) como para agradecer a Dios por su don de la salvación. La búsqueda sistemática y constante de salvación entre los calvinistas contribuyó al desarrollo de un nuevo tipo de personalidad, un individuo fuertemente motivado y lleno de empuje, cuya energía moral podía ser dirigida hacia la actividad política y económica.

La nueva insistencia en la piedad personal y la búsqueda intensa de salvación se cobraron un pesado peaje psicológico, pues conllevaban un profundo sentido del pecado. Cuando una persona consciente pecaba o no conseguía cumplir con las exigentes pautas de comportamiento proclamadas tan alto, o cuando experimentaba dudas sobre su propia santidad, tenía que enfrentarse a posibles sentimientos profundos de culpa y demérito moral. Estos sentimientos eran especialmente fuertes entre quienes se veían ante la terrible perspectiva de no hallarse entre los elegidos, pero ningún cristiano moralmente consciente, ya fuera protestante o católico, podía evitar del todo tales pensamientos. Cuando una persona experimentaba este tipo de culpa, buscaba, como es natural, aliviarla de cualquier posible manera, y uno de los métodos frecuentemente utilizados era el de transferirla a otra. Ni siquiera la posibilidad de católicos y anglicanos de recurrir a la confesión auricular impidió que se produjese este fenómeno de proyección. Y el objeto ideal de dicha proyección era la bruja, una persona que encarnaba el mal según se definía en la sociedad contemporánea. Por este medio indirecto, la bruja ofrecía, tanto al individuo como a la comunidad, la oportunidad de volver a sentir seguridad respecto a la propia valía moral.

El alivio de la culpa por proyección en otra persona podía conducir fácilmente a acusaciones y procesos por brujería. Alan Macfarlane ha mostrado, por ejemplo, que en la Inglaterra de los siglos XVI y XVII, muchas acusaciones surgieron al negarse algunos individuos a proporcionar ayuda económica a gente necesitada que se presentaba a solicitarla en las puertas de sus hogares. Al negar tal ayuda, ordenada por la doctrina moral tanto de católicos como de protestantes, la persona se sentía, obviamente, culpable, pero si retrataba como bruja y, por tanto, como agresor moral indigno de recibir ayuda a aquel a quien no había auxiliado, se liberaba de la culpa experimentada. En un sentido muy auténtico, el vecino culpable proyectaba su culpa sobre la bruja [15].

Los Países Bajos católicos, donde la cristianización de la población, sobre todo la rural, formó parte de la Contrarreforma, nos proporcionan otro ejemplo de este tipo de proyección. Al estudiar las cazas de brujas en la región del Cambrésis, Robert Muchembled ha observado que los párrocos locales, que intervinieron activamente en este proceso, vieron cómo a menudo ellos mismos decaían en su aceptación de las reglas de conducta moral más estrictas que acababan de pregonar. En el caso de los sacerdotes el pecado solía ser el de la incontinencia sexual. Cuando un sacerdote experimentaba un sentimiento profundo de culpa y debilidad moral, acostumbraba a proyectar esa culpa sobre las brujas, en cuya detención e interrogatorio tomaba parte activa. Dado que las personas acusadas de brujería solían ser mujeres, que cumplían en cierto sentido la función de símbolos sexuales, la proyección era bastante clara. Además, al proceder contra las brujas, los sacerdotes no actuaban solos, sino en connivencia con muchos otros miembros de la comunidad, a quienes habían transmitido el mensaje educativo del catolicismo reformado. Las brujas pasaban a ser, pues, no sólo objetos de la culpa proyectada del sacerdote, sino «víctimas expiatorias» de toda una comunidad que se esforzaba por instaurar un nuevo orden moral [16].

El caso de Salem, Massachusetts, nos proporciona más pruebas de proyección de la culpa en acusaciones de brujería. Paul Boyer y Stephen Nissenbaum han mostrado que quienes presentaron las acusaciones contra las brujas del pueblo de Salem se aferraban desesperadamente a un conjunto de valores puritanos sociales y morales estrictos, mientras que las personas acusadas representaban una ética nueva, secular y comercial. La situación era, por tanto, algo diferente de la predominante en Essex, Inglaterra, donde los denunciantes fueron, al parecer, quienes estaban imbuidos de los valores de una sociedad comercial, mientras que las brujas actuaban como guardianas de la antigua moralidad. No obstante, los acusadores de Salem no eran tan diferentes de sus equivalentes ingleses, pues también ellos se

---

[15] Macfarlane, *Witchcraft in Tudor and Stuart England*, pp. 192-9.
[16] Muchembled, «Witches of Cambrésis», pp. 266-7, 259-60.

sentían tentados por el materialismo de la nueva sociedad y experimentaban sentimientos de culpa por esa codicia. Así pues, las acusaciones de brujería presentadas por ellos fueron no sólo un intento de preservar el edificio moral de una comunidad cristiana modélica frente a las influencias corruptoras, sino también proyecciones de su propia culpa sobre los otros. Una vez más, el fenómeno era, por supuesto, tanto colectivo como individual [17].

La culpa de inspiración religiosa que hallamos en la raíz de muchos procesos por brujería no era siempre proyectada. A veces, las brujas mismas manifestaban un profundo sentimiento de pecado y culpa. Esto fue especialmente evidente entre aquellas personas que se consideraban a sí mismas brujas o que lo fueron constatando progresivamente, pero, aun cuando los acusados de brujería no llegaban a tal conclusión, parecían a veces muy conscientes de su hostilidad pecaminosa hacia los demás. William Monter ha afirmado que, en la región del Jura, las brujas se sentían dominadas por tales sentimientos, hasta el punto de poder marcar un claro contraste entre la bruja británica, moralmente superior, cuya culpa es una proyección de los demás sobre ella y cuyo acto de venganza puede estar justificado en cierto sentido, y la bruja del Jura, cuya culpa es interna y cuyos actos vengativos eran gratuitos [18].

El ataque a la superstición, el paganismo y la magia

La cristianización de la población europea supuso no sólo la exigencia de que todos los cristianos llevaran una vida ejemplar, sino que aprendieran, además, los elementos de la verdadera fe cristiana y las formas correctas de culto. Dicho proceso fue, en otras palabras, tanto doctrinal y litúrgico como moral y la predicación e instrucción catequética del clero reformado estuvo al servicio de todos estos objetivos relacionados entre sí. Uno de los principales propósitos de esta instrucción fue el de purificar la fe mediante la erradicación de creencias y prácticas supersticiosas, la eliminación de vestigios del paganismo y la abolición de la magia (el gran rival de la verdadera religión) en todas sus formas. Entre las actividades que fueron objeto de

---

[17] Boyer y Nissenbuam, *Salem Possessed*, p. 179-216.
[18] E. W. Monter, *Witchcraft in France and Switzerland*, p. 137.

esos ataques se incluían las bendiciones y exorcismos simples a imitación de la práctica litúrgica medieval, la utilización de agua bendita, ensalmos y amuletos para protegerse uno mismo y sus propiedades del poder maligno y la práctica del curanderismo, la adivinación y la magia amatoria, en todas las cuales podían darse encantamientos y recitación de oraciones [19].

La naturaleza de esta campaña contra la superstición y la magia populares se puede observar en el extenso cuerpo de escritos demonológicos de pastores protestantes, la mayoría de los cuales tuvieron como origen los sermones pronunciados ante sus congregaciones. A diferencia de los teólogos y juristas, que escribían tratados eruditos sobre brujería y demonología, estos pastores estaban tan preocupados por los ensalmos, la adivinación y el curanderismo como por la brujería nociva. De hecho, algunos escritores protestantes ingleses como William Perkins consideraban a las «brujas buenas» más peligrosas incluso que sus equivalentes dañinas [20]. Y puesto que estos pastores protestantes deseaban alertar a sus congregaciones sobre las consecuencias morales y espirituales de la magia y la brujería, insistieron, más que en los efectos reales de los actos mágicos, en el trato con demonios que tales actividades implicaban. Como buenos protestantes, se apoyaban también en la Biblia, en especial en los libros del Antiguo Testamento, para establecer los diferentes tipos de «brujería» condenada por ellos [21].

La determinación del clero protestante en la eliminación de las prácticas populares supersticiosas y, por tanto, en purificar la fe tiene su especial equivalente en el clero católico de la Contrarreforma en los inquisidores de los países mediterráneos. Al reconocer que las prácticas exteriores reflejaban creencias internas, los inquisidores colaboraron con el clero local en la erradicación del error y en la normalización de todas las prácticas devocionales. Como es obvio, los reformadores católicos no calificaron de mágica la liturgia oficial de la iglesia medieval, como lo habían hecho los protestantes, pero intenta-

---

[19] Sobre algunas de estas prácticas, cfr. Thomas, *Religion and the Decline of Magic*, pp. 27-50; R. Scribner, «Ritual and Popular Religion in Catholic Germany at the Time of the Reformation», en: *Journal of Ecclesiastical History*, 35 (1984), 47-77, y E. Duffy, *The Stripping of the Altars* (New Haven, 1992), pp. 277-87. Sobre el fenómeno de la «folklorización» de la cristiandad, cfr. J. Delumeau, *La Peur en Occident* (París, 1978), pp. 166-70.
[20] Perkins, *Damned Art of Witchcraft*, en: *Works*, III, pp. 638 y ss.
[21] Clark, «Protestant Demonology», pp. 45-81.

ron eliminar muchas de las oraciones, bendiciones y prácticas derivadas de esa liturgia, así como las diversas formas de magia blanca de uso popular, sobre todo la magia terapéutica y amatoria [22].

La campaña de los reformadores contra estas diversas formas de superstición y magia blanca condujo a un aumento de los procesos por brujería por dos vías diferentes. En primer lugar, las personas que los reformadores protestantes y católicos identificaban como practicantes de brujería blanca podían incurrir fácilmente en la sospecha de haberse visto involucrados también en magia maléfica. Es cierto que los magos blancos y quienes eran culpables de prácticas supersticiosas fueron tratados en general con más indulgencia que las brujas maléficas, pero esto no impidió que volvieran a definirse los cargos contra las brujas blancas con el fin de incluir acciones nocivas. De hecho, no fue raro que los curanderos fueran acusados de brujería maligna, pues estaba extendida la creencia de que quienes podían curar también podían dañar [23]. Aunque se distinguieron netamente los dos tipos de cargos, la campaña contra la magia en general provocó un aumento de los procesos por brujería. En la década de 1580, por ejemplo, la Inquisición romana, actuando según el espíritu de la Contrarreforma, dirigió cada vez más su atención hacia los casos de superstición, magia y hechicería. Presentó ante los tribunales numerosas acusaciones de adivinación, magia amatoria, magia terapéutica y encantamientos y, al mismo tiempo, juzgó a algunas personas por brujería [24].

El ataque contra la superstición y la magia contribuyó a intensificar la caza de brujas de una segunda manera al privar a las víctimas de hechicería de algunas de las armas utilizadas por costumbre para protegerse de las brujas. Quienes se sentían amenazados y perjudicados por una bruja, no podían ya seguir haciendo el signo de la cruz, al menos en los países protestantes, rociar sus casas con agua bendita, colgar medallas de santos o realizar muchos de los ritos preventivos utilizados tradicionalmente por los europeos cuando se veían amena-

---

[22] R. Martin, *Witchcraft and the Inquisition in Venice, 1550-1650* (Oxford, 1989), pp. 246-50; M. O'Neill, «Magical Healing, Love Magic and the Inquisition in Late Sixtenth-Century Modena», en: *Inquisition and Society in Early Modern Europe*, ed. S. Haliczer (Totowa, N. J.), pp. 88-114.
[23] Ver *infra*, cap. V.
[24] Parker, «Some Recent Work», p. 529; W. Monter, *Ritual, Myth and Magic in Early Modern Europe* (Athens, Ohio, 1983) pp. 66-8.

zados por el poder del diablo. Es cierto que los reformadores protestantes no consiguieron eliminar con éxito completo las formas populares de contramagia, pero sí lograron disuadir de su uso a los miembros de muchas comunidades piadosas. Cuando ocurría esto, era fácil que las víctimas de brujería acabaran concluyendo que el único modo de enfrentarse a las brujas era el de emprender acciones legales en su contra, llegando así a un incremento en el número de procesos [25].

Es interesante señalar que tanto protestantes como católicos siguieron emprendiendo ante los tribunales acciones contra las diversas formas de magia blanca y superstición mucho después de que hubieran concluido los juicios por brujería maléfica. Estos procesos se llevaron a cabo sólo ante tribunales eclesiásticos y nunca concluyeron en ejecuciones, pero se emprendieron bajo el supuesto de que el acusado había tenido tratos con el diablo. Así, en Holanda, donde los juicios por brujería finalizaron a comienzos del siglo XVII, los procesos por magia continuaron hasta bien entrado el XVIII [26]. Lo mismo puede decirse de Escocia, donde los tribunales presbiterianos emprendieron acciones por «encantamiento» muchos años después de que se hubiera ejecutado a la última bruja. En 1728, por ejemplo, el sínodo de Merse y Teviotdale advirtió a las personas de su jurisdicción de que un tipo especial de encantamiento conocido como «cortes de ceja», realizado cuando alguien imaginaba que se le había hecho «un mal» a él o a sus parientes, «habría de ser justamente considerado como cierta forma y grado de brujería, intolerable en un país reformado». También se observó que tales cortes, al implicar «la efusión de sangre humana, podían ser calificados de sacrificios al diablo» [27]. En las católicas España e Italia, la Inquisición siguió procesando a algunas personas durante todo el siglo XVIII por diversas formas de magia y superstición, basándose en que tales prácticas suponían adoración al diablo o abuso de los sacramentos y, por tanto, se calificaban de «herejía manifiesta».

---

[25] Ver Thomas, *Religion and the Decline of Magic*, p. 498.
[26] M. Gijswijt-Hofstra, «Witchcraft in the Northern Netherlands», en: *Current Issues in Womens History*, ed. A. Angerman *et al.* (Londres, 1989), p. 77.
[27] Scottish Record Office, CH2/265/2, p. 165.

Brujería y Estado piadoso

Otro efecto de la Reforma sobre los procesos por brujería se evidenció en el mismo desarrollo legislativo. Según mencionamos anteriormente, todo el fenómeno de reforma religiosa estuvo caracterizado por un interés celoso por purificar la sociedad y fomentar la moralidad individual. La predicación y la instrucción catequética fueron los principales métodos utilizados para conseguir estos fines, pero los reformadores no dudaron en servirse del poder legislativo del Estado para facilitar las cosas. Un signo de esta nueva táctica fue la aprobación de un considerable volumen de legislación contra los actos morales punibles. Estos delitos habían sido tradicionalmente coto exclusivo de los tribunales eclesiásticos, pero la decadencia general de la jurisdicción eclesiástica, sobre todo en los países protestantes, animó a las autoridades civiles a emplear la potestad legislativa y judicial del Estado para conseguir los mismos objetivos. La brujería fue precisamente uno de los delitos morales contra los que se dirigieron los ataques; las autoridades seculares aprobaron también leyes contra la sodomía, la fornicación, la prostitución y el adulterio. Pero, para lo que aquí nos interesa, es significativo que muchas de las leyes contra la brujería que, según hemos comentado, constituyen una de las principales condiciones previas para la caza de brujas, tuvieran su origen en una manera de pensar a cuyo nacimiento contribuyó la Reforma. Esta misma mentalidad se expresó también en la nueva insistencia sobre la responsabilidad del magistrado civil para procesar más decididamente delitos morales. El resultado final de todo este celo fue la creación del Estado piadoso, una institución secular que cargaba con la obligación de preservar la pureza moral de la sociedad. El Estado medieval había perseguido hasta cierto punto este objetivo, sobre todo al enfrentarse a la herejía, pero la fuerza de la Iglesia como institución independiente había hecho innecesario que el Estado dedicara sus energías a tal tarea. En la época de la Reforma, sin embargo, el Estado, actuando a menudo bajo presión del clero, se convirtió en guardián de la moralidad individual. El cambio fue especialmente evidente en Escocia, donde el clero presionó de diversas maneras al Estado para que llevara a cabo su nueva misión, en Nueva Inglaterra, donde el clero ejercía una influencia excepcionalmente fuerte sobre el gobierno civil, y en Suecia, donde el gobierno siguió los consejos del clero en el momento de decidir cómo tratar las infracciones contra la ley mosaica. En todos estos territorios, los poderes civiles autorizaron y dirigieron grandes cazas de brujas [28].

Biblia y brujería

Este breve repaso de los diversos modos en que la Reforma contribuyó a la caza de brujas no estaría completo sin la mención del efecto del biblismo protestante sobre los hechos. La Reforma protestante no sólo estatuyó a la Biblia como fuente única de verdad religiosa, sino que hizo que se tradujeran las Escrituras a todas las lenguas europeas de importancia. Al mismo tiempo, se insistió de nuevo en su interpretación literal. El efecto encadenado de todo ello fue que, a medida que la Reforma se difundía, un número creciente de europeos pudo leer la Biblia y entender literalmente aquellos pasajes que se refieren a la brujería. Uno de los principales fue el de Éxodo 22, 17: «No dejarás con vida a la bruja». No importaba que la palabra del original hebreo traducida por «bruja» en este pasaje significara envenenadora o «alguien que actúa en la oscuridad y murmura cosas», más bien que un hechicero que concluye un pacto con el diablo y le rinde culto. En este sentido, los esfuerzos de estudiosos como Erasmo y Weyer por demostrar que la Biblia tenía poco que decir sobre la brujería del siglo XVI cayeron en oídos sordos [29]. Tampoco importó que algunos teólogos no aceptaran la orden como una ley positiva, basándose en que Cristo había derogado la ley judicial del Antiguo Testamento [30]. Lo que importa tener en cuenta es que la palabra había sido traducida por «bruja» en todas las lenguas europeas occidentales y que predicadores y jueces se servían del texto para sancionar una campaña sin cuartel contra las brujas. «Tenemos aquí», clamaba el reverendo James Hutcheson de Killallan, Escocia,

---

[28] Larner, *Enemies of God*, pp. 67-8, 71-5; Ankarloo, *Trolldomsprocesserna*, p. 328.
[29] Johann Weyer, *Witches, Devils, and Doctors in the Renaissance*, ed. George Mora (Binghamton, N. Y., 1991), pp. 93-8. Ver también Sir Robert Filmer, *A Difference betweene an English and Hebrew Witch* (Londres, 1653).
[30] Para una visión general de la opinión protestante acerca de esta difícil cuestión, ver P. D. L. Avis, «Moses and the Magistrate: A Study in the Rise of Protestant Legalism», en: *Journal of Ecclesiastical History*, 26 (1975), pp. 149-72.

en un sermón pronunciado sobe este texto, «un precepto de la ley de Dios referido a cierta especie de malhechor que puede encontrarse en el seno de la Iglesia visible» [31].

David Meder, pastor de Nebra, en Turingia, pronunció no menos de ocho sermones sobre Éxodo 22, 17 con el fin de animar a los magistrados civiles a que emprendieran acciones judiciales contra las brujas [32]. El mismo Jean Bodin, de confesión católica, se basó en el texto del Éxodo para apoyar la caza de brujas, aunque no lo hizo por ningún tipo de biblismo, sino porque apoyaba en la tradición judía su condena de la brujería [33]. Es interesante observar que la Biblia sirvió también para corroborar la creencia de mucha gente en la realidad de la brujería. Hasta finales del siglo XVIII, cuando la creencia en las brujas no estaba ya en absoluto de moda en la mayoría de círculos intelectuales, John Wesley escribía que «renunciar a la brujería es, efectivamente, renunciar a la Biblia» [34]. El famoso jurista inglés William Blackstone, que escribía por las mismas fechas que Wesley, afirmaba con no menor credulidad que «negar la posibilidad, o mejor, la real existencia de la brujería y la hechicería equivale por entero a contradecir la palabra revelada de Dios» [35].

Conflicto religioso

La Reforma y la Contrarreforma no sólo cambiaron muchos aspectos de las ideas religiosas de protestantes y católicos, sino que provocaron también amargos conflictos entre ellos. Los esfuerzos de los protestantes para imponer la religión reformada en toda Europa se encontraron con una resistencia católica cada vez más fuerte y acabaron provocando intentos de reconversión. También surgieron conflictos entre las diferentes denominaciones protestantes, como luteranos y calvinistas. Todas estas disensiones confesionales, que estallaron a menudo en forma de guerras civiles o incluso internacionales,

---

[31] A. L. Drummond y J. Bulloch, *The Scottish Church, 1688-1843* (Edimburgo, 1973), pp. 12-13. Ver también J. Stearne, *A Confirmation and Discovery of Witchcraft* (Londres, 1648), p. 9.
[32] Paulus, *Hexenwahn*, p. 82.
[33] U. Lange, *Untersuchungen zu Bodins Démonomanie* (Francfort, 1970), pp. 159-60.
[34] *Journal of the Rev. John Wesley* (Nueva York, 1906), III, p. 330.
[35] W. Blackstone, *Commentaries on the Laws of England* (Oxford, 1769), IV, p. 60.

tuvieron un papel importante en la caza de brujas en Europa. No obstante, dicho papel fue mucho más indirecto de lo que han mantenido algunos estudiosos [36].

La irregular distribución geográfica de los procesos por brujería a lo largo de Europa sugiere, de forma aproximativa, que el conflicto religioso tuvo cierta vinculación con la caza de brujas. Se puede establecer una relación bastante imprecisa entre la intensidad de los procesos por brujería, por una parte, y el alcance de las divisiones religiosas, por otra. Las cazas de brujas fueron más graves en países o regiones donde vivían grandes minorías religiosas dentro de las fronteras de un Estado, o donde la población de un Estado o territorio se adhería a una religión y los habitantes del Estado vecino aceptaban otra.

La caza de brujas fue especialmente intensa en Alemania, Suiza, Francia, Polonia y Escocia, países todos ellos heterogéneos desde el punto de vista de la religión. En Alemania, compuesta por cientos de unidades políticas en el interior del débil Sacro Imperio Romano, la religión oficial de un territorio concreto estuvo determinada en la mayoría de los casos por el príncipe local. En consecuencia, algunas zonas, sobre todo en el norte, se hicieron luteranas, mientras que otras se mantuvieron católicas o se convirtieron al calvinismo. En Suiza, que comprendía trece cantones laxamente confederados, seis de ellos pasaron al protestantismo mientras que otros siete permanecieron católicos.

En Francia la situación fue un tanto diferente, puesto que el país se mantuvo nominalmente católico durante este periodo. El calvinismo, sin embargo, se había fortalecido considerablemente en muchas áreas, especialmente allí dónde la nobleza local se había convertido a la nueva fe. Tras las crueles guerras de religión de finales del siglo XVI, el rey Enrique IV, convertido del protestantismo al catolicismo, promulgó el Edicto de Nantes (1598) que garantizaba la libertad de conciencia a todos los franceses, la libertad de culto en todas las ciudades donde se hubiera establecido el protestantismo y un importante grado de independencia política para esas mismas ciudades. El Edicto, que no fue revocado hasta 1685, aseguró la supervivencia de

---

[36] Sobre la exposición clásica de este razonamiento, cfr. Trevor-Roper, «Witchcraze», p. 161. Para el punto de vista opuesto, ver Schormann, *Hexenprozesse in Nordwestdeutschland*, p. 159.

una amplia minoría calvinista, los hugonotes, a lo largo del siglo XVII. En Escocia la situación fue aún más confusa. La iglesia nacional protestante, instaurada por ley en 1567, era esencialmente una iglesia calvinista que adquirió forma de gobierno eclesiástico presbiteriano en la década de 1590. Al mismo tiempo, sin embargo, la estructura episcopal de la iglesia, que derivaba de la época del catolicismo y se parecía a la estructura episcopal protestante de la Iglesia de Inglaterra, pervivió en forma atenuada y fue fortalecida y restaurada en numerosas ocasiones distintas por el rey, quien, a partir de 1603, fue también rey de Inglaterra. La iglesia escocesa estaba, por tanto, dividida entre facciones protestantes rivales, mientras que fuera de ella había sobrevivido un gran número de católicos, sobre todo en el norte.

En todas estas zonas, las divisiones y conflictos religiosos alimentaron la inestabilidad y la violencia política. En Alemania, un importante conflicto entre el emperador católico y los príncipes protestantes llevó en última instancia a la Guerra de los Treinta Años y al práctico hundimiento del Imperio en 1648. Suiza evitó este conflicto devastador pero, no obstante, sufrió políticamente a causa de la desunión religiosa. El desarrollo del protestantismo provocó una guerra abierta entre cantones protestantes y católicos en la década de 1530 pero, además, las divisiones religiosas hicieron prácticamente imposible lograr la unidad nacional en los siguientes doscientos años. En Francia, las guerras de religión de 1560-98 dieron lugar al caos político e, incluso después de la promulgación del Edicto de Nantes, algunos gobernantes católicos, como el cardenal Richelieu, emprendieron intensas campañas contra la autonomía política de los hugonotes y socavaron enérgicamente muchas de las protecciones que les ofrecía el Edicto. En Escocia, las diferencias religiosas entre presbiterianos y episcopalianos (a quienes aquéllos consideraban papistas) desembocaron en la revolución de la década de 1640 y el prolongado conflicto posterior.

Si la caza de brujas fue más extensa e intensa en zonas religiosamente divididas, la expresión inversa también es cierta: en general, los Estados religiosamente homogéneos o monolíticos vivieron sólo cazas de brujas ocasionales y un número de ejecuciones relativamente bajo. Los dos ejemplos principales de esta correlación son España e Italia, que siguieron siendo sólidamente católicos a lo largo de la época de la Reforma. Ni una ni otra fueron totalmente ajenas a la caza de brujas. España conoció grandes persecuciones en el país vasco en la década de 1520 y en 1609-11, mientras que el norte de Italia fue el escenario de varios juicios en el siglo XV y principios del XVI. Pero en ninguno de los dos países se dio un estallido de pánico local como los que afligieron a Alemania, Francia y Suiza a finales del siglo XVI y principios del XVII y, aunque es imposible de fijar con precisión, la cifra total de ejecuciones en ambos países fue extremadamente baja. Una situación similar imperó en Irlanda, que, a pesar de la llegada de colonos protestantes ingleses y escoceses, siguió siendo predominantemente católica. En los reinos escandinavos, sólidamente luteranos, hubo también relativamente pocos procesos y ejecuciones por brujería.

Podemos, por tanto, establecer una correlación muy genérica entre desunión religiosa y conflicto, por un lado, y caza de brujas intensa, por otro. Tal correlación, sin embargo, no indica necesariamente que hubiera un nexo causal entre ambos fenómenos. Las razones de por qué fueron sometidas a juicio más brujas en unas zonas que en otras son muchas y variadas, y algunas de ellas tienen, según hemos visto, naturaleza legal o judicial. Es *posible* que las tensiones religiosas tuvieran poco o nada que ver con los procesos contra las brujas. Los historiadores han desacreditado, por ejemplo, la idea de que la concentración relativamente elevada de procesamientos en los condados ingleses de Essex y Lancashire hubiera podido reflejar conflictos entre anglicanos y una minoría importante de puritanos en el primero y una minoría católica en el segundo [37]. No obstante, la correlación geográfica general entre conflicto religioso e intensidad en la caza de brujas es tan estrecha que sin duda existe entre ellos *algún* nexo causal.

Pero, ¿cuál es este nexo? Al responder a tal cuestión hemos de descartar varias posibilidades. En primer lugar, los seguidores de la fe predominante en una zona religiosamente dividida no recurrieron a los procesos por brujería para dar cuenta de sus antagonistas religiosos. Un hecho así podría haber ocurrido en Freudenberg, donde el obispo de Würzburg, Julius Echter von Mespelbrunn, acusó supuestamente a los protestantes de brujería con el fin de consolidar la

---

[37] Thomas, *Religion and the Decline of Magic*, p. 499n.

vuelta al catolicismo tramada por él [38]. Sin embargo, Erik Midelfort y Gerhard Schormann han mostrado que estas pautas se aplicaron en raras ocasiones [39]. En la mayoría de los casos, los individuos perseguidos por brujería pertenecían, al menos formalmente, a la misma fe que sus demandantes. Puesto que las brujas solían ser originarias de las mismas comunidades o regiones que sus jueces, es de esperar que así fuera. Ahora bien, es cierto que las brujas se solían considerar herejes, etiqueta que los católicos estarían tan dispuestos a aplicar a un protestante que viviera entre ellos como los protestantes para describir a los católicos. Pero la herejía de la bruja era algo bastante diferente de la del inconformista católico o protestante. La bruja era una hereje porque había abandonado por completo su fe cristiana y establecido un pacto con el diablo; el inconformista religioso era un hereje porque rechazaba una o más doctrinas de la religión instituida. Ambos podían ser perseguidos por las mismas autoridades y servir de chivos expiatorios para los males de la sociedad, pero sus delitos se confundirían en contadas ocasiones. Esto es verdad aunque nos remontemos al siglo XV, cuando el delito de brujería estaba en trance de definición, pero aún lo fue más en los siglos XVI y XVII, periodo en que el estereotipo de la bruja era ampliamente conocido [40].

En ocasiones, un reformador protestante, como el obispo Palladius de Dinamarca, amenazaba con procesar por brujería a quienes volvieran a la religión «pasada» [41]. La amenaza ilustra la estrecha relación establecida por los protestantes entre superstición católica y magia, pero no hay pruebas de que las autoridades danesas recurrieran de hecho a los juicios por brujería para solucionar su problema religioso. En Escocia, los cargos contra muchas brujas dan a entender que seguían practicando la antigua religión. Algunas mujeres como Agnes Sampson, por ejemplo, fueron acusadas de servirse de las oraciones católicas para sus prácticas mágicas y también de rezar en iglesias en ruinas [42]. Tales car-

---

[38] Midelfort, *Witch Hunting*, p. 138.
[39] *Ibid.*; Schormann, *Nordwestdeutschland*, p. 159.
[40] Marx, *L'Inquisition en Dauphiné*, p. 48; Burr, «Fate of Dietrich Flade», p. 229. Pudo existir cierta confusión entre brujas y criptoprotestantes que se reunían en conventículos en los territorios de los Habsburgos. Cfr. Evans, *Habsburg Monarchy*, p. 406.
[41] Ver E. Cowan, «The Darker Vision of the Scottish Renaissance», en: *The Renaissance and Reformation in Scotland*, ed. I. B. Cowan y D. Shaw (Edimburgo, 1983), p. 128.
[42] *Ibid.*

gos nos informan más sobre las preocupaciones de los acusadores de Agnes Sampson que sobre su verdadero comportamiento religioso. No hay pruebas de que Sampson fuera realmente recusante [católico romano que se negaba a asistir a los oficios anglicanos] renegada, pero, aunque lo fuese, es improbable que las autoridades escocesas hubieran recurrido a un juicio por brujería para procesarla. Reginald Scot afirmaba que algunas brujas inglesas eran papistas, pero no sugirió por ello que los procesos por brujería fueran un medio de resolver el problema de los recusantes [43]. Lo más que puede decirse sobre la relación entre inconformismo protestante o católico y brujería es que las personas sospechosas de algún tipo de inconformismo religioso o procesadas por él, al igual que quienes habían sido llevadas a juicio por inmoralidad o delitos menores, estaban más expuestas que otras a ulteriores acusaciones de brujería. En Massachusetts, por ejemplo, Anne Hutchinson resultó sospechosa de brujería tras haber sido ya identificada como hereje «antinomista» [44]. Pero este fenómeno es muy diferente del recurso deliberado a acusaciones de brujería para procesar a inconformistas religiosos [45].

También debemos descartar la posibilidad de que las guerras religiosas entre protestantes y católicos inspiraran la caza de brujas [46]. Esto, sencillamente, no es verdad. La caza de brujas europea pudo haber coincidido en su totalidad con la época de las guerras de religión, pero el estallido de las hostilidades en una localidad concreta solía tener una influencia restrictiva en el desarrollo de la caza de brujas. Luxemburgo, por ejemplo, detuvo los procesos por brujería por las fechas en que Francia intervino en la Guerra de los Treinta Años, y tanto el Franco-Condado como Württemberg conocieron una reducción en los procesamientos de brujas desde el momento en que entraron en guerra. Y viceversa, los periodos más intensos de caza de brujas en el norte de Francia y en París mismo fueron momentos de paz religiosa [47].

Existen varias razones para explicar esta relación inversa entre guerras de religión y procesos por brujería. En primer lugar, las cam-

---

[43] R. Scot, *The Discoverie of Witchcraft*, ed. M. Summers (Londres, 1930), p. 4.
[44] J. Demos, *Entertaining Satan* (Nueva York, 1982), p. 64.
[45] Henningsen, *Witches' Advocate*, p. 16, ofrece un análisis diferente de los procesos por brujería como «cazas de herejes camufladas».
[46] Trevor-Roper, «The European Witch-Craze», pp. 143-5.
[47] Delumeau, *La Peur*, pp. 356-8.

pañas de guerra solían obstaculizar el funcionamiento de la maquinaria judicial normal utilizada para procesar a las brujas. A veces, cuando los ejércitos extranjeros ocupaban una zona determinada, se encargaban de dirigir tal maquinaria y, puesto que la brujería no suponía una amenaza inmediata para las autoridades recién llegadas, no solían éstas considerar muy prioritario llevarlas a juicio. La presencia de soldados en un territorio proporcionaba a sus habitantes medios alternativos para explicar su infortunio. En tiempos más pacíficos, sería frecuente que los miembros de una comunidad atribuyeran sus desgracias de la vida diaria a las brujas, que pasaban a ser así los chivos expiatorios de la sociedad. En tiempo de guerra, sin embargo, las desgracias —que normalmente eran más graves— podían ser atribuidas fácil y convincentemente a los soldados o, más en general, al enemigo. La guerra, en otras palabras, dirigía la hostilidad de una comunidad hacia personas distintas de las brujas. Es cierto, evidentemente, que la guerra agravaba a la larga el número de problemas sociales y económicos, que acababan fomentando las acusaciones de brujería. La actividad bélica podía trastornar la vida económica de una comunidad, afectar de forma drástica al tamaño y composición de la población e introducir la enfermedad. Estos efectos de la guerra contribuían en última instancia a crear situaciones en las que resultaban más probables las acusaciones y procesos por brujería. No obstante, no debemos olvidar que tales efectos a largo plazo provocados por la guerra no eran, ni siquiera entonces, peculiares de los conflictos de inspiración religiosa. En otras palabras, es difícil atribuir a las acciones de guerra de religión en cuanto tales un aumento de la caza de brujas.

¿Cuál fue, entonces, el efecto que el conflicto y la división religiosa tuvieron en los procesos contra las brujas? En términos muy generales, dieron pie a que las comunidades temieran más la subversión religiosa y moral, fueran más conscientes de la presencia de Satanás en el mundo y mostraran, por tanto, mayores deseos de liberar a sus comunidades de influencias corruptoras y subversivas, la más evidente y vulnerable de las cuales eran las brujas. Es lógico que el temor a la subversión moral y religiosa fuera más fuerte en aquellas zonas donde los seguidores de confesiones rivales vivían en una proximidad relativamente estrecha que donde reinaba la homogeneidad religiosa [48]. El conocimiento de que una comunidad

---

[48] En Lorena y en los tres electorados arzobispales de Renania, fronterizos todos

o un territorio vecino se habían convertido o reconvertido a una fe rival, atizaba, naturalmente, el miedo a que algo igual pudiera suceder en el propio territorio. La posibilidad de que un ejército impusiera tal conversión aumentaba forzosamente los temores. En semejante atmósfera, no resulta difícil imaginar cómo pudo llegar a generalizase el miedo al cambio confesional hasta convertirse en miedo hacia cualquier tipo de subversión moral o religiosa. Si Satanás era responsable de la conversión al protestantismo o la reconversión al catolicismo, era obvio que actuaba en la sociedad y constituía un peligro en muchos sentidos. La brujería era sólo uno de esos signos de la actividad satánica, pero un signo al que podía responderse con un contraataque. El enjuiciamiento de las brujas podía no ser un medio directo de afrontar la amenaza del protestantismo o el catolicismo, pues, probablemente, la bruja no profesaba la fe rival. Pero el procesamiento de las brujas ayudaba a proteger a la comunidad de las influencias y fuerzas siniestras corruptoras en general y corroboraba también en dicha comunidad la convicción de que sus miembros pertenecían al número de los piadosos. Del mismo modo que la caza de brujas permitía a los individuos proyectar su culpa sobre otros miembros de la comunidad y reivindicar así su propia piedad, también permitía a las comunidades protestantes o católicas en zonas religiosamente divididas demostrar que Dios estaba de su lado, o, hablando con más propiedad, que ellas se hallaban en el suyo.

Los procesos contra brujas en una zona religiosamente dividida funcionaron, por tanto, como *alternativa* del procesamiento de herejes o inconformistas religiosos. Ambas actitudes constituían intentos de reacción contra la subversión religiosa inspirada y alentada por Satanás. La prueba más clara de su causa y objetivo común proviene de Francia, donde los juicios por brujería solían iniciarse en el mismo momento en que cesaban los juicios por herejía. De manera similar, el obispo católico de Colonia detuvo en 1605 las causas promovidas contra los anabaptistas e inició los procesos contra las brujas [49]. En Italia, la Inquisición comenzó a juzgar brujas a finales del siglo XVI por las mismas fechas en que los casos de herejía descendieron más

---

ellos con territorios protestantes, existía una actitud religiosa «combativa» y se produjeron también muchas cazas de brujas. Monter, *Ritual, Myth and Magic*, p. 84.

[49] Monter, *European Witchcraft*, pp. 35-6.

de un 75 por ciento [50]. Estas pautas tan netas no aparecen en Europa en cualquier parte. En algunas zonas, los juicios por brujería tuvieron lugar antes de iniciarse las causas por herejía, mientras que en otras ocurrieron simultáneamente [51]. Además, en muchas regiones, sobre todo cuando la religión predominante era el protestantismo, no hubo juicios por herejía. Lo importante del caso, sin embargo, es que en todas estas zonas los juicios por brujería cumplían una función muy similar a la de los juicios por herejía: eliminar a individuos considerados aliados de Satanás y corruptores de la sociedad. Y la convicción de que tal corrupción se estaba produciendo era, en general, más fuerte allí donde las actividades «heréticas» de una minoría protestante o católica eran próximas, visibles y amenazantes.

La Reforma y la decadencia de la brujería

Las reformas protestante y católica y el acerbo conflicto entre miembros de ambas confesiones durante los siglos XVI y XVII influyó, por tanto, en el desarrollo de la caza de brujas en Europa. Sin embargo, al mismo tiempo, estos mismos hechos sentaron los cimientos de su decadencia final. La insistencia protestante en la soberanía de Dios, el éxito en la cristianización del laicado, el aumento de la cultura bíblica y el escepticismo general hacia los exorcismos católicos y protestantes en casos de brujería acabaron por tener este efecto final de declive.

La cristiandad, al ser una religión monoteísta, ha acentuado siempre la soberanía de Dios. Ha aceptado la existencia en el universo de un poder malvado sobrenatural, el diablo, pero ha rechazado como herética la opinión teológica del demonio como una fuerza equivalente a la de Dios. Como hemos dicho más arriba, algunos reformadores protestantes, sobre todo Lutero, parecieron exagerar el alcance de la actividad diabólica en el mundo casi hasta el punto de coquetear con la herejía maniquea o dualista. Las apariencias, sin embargo, engañan, pues Lutero insistía en que en la agria lucha entre Dios y Satanás, aquél prevalecería siempre. Calvino hizo aún mayor hincapié

---

[50] Parker, «Some Recent Work», p. 529.
[51] En Tréveris, los procesos contra herejes cotinuaban en el momento de las grandes cazas de brujas de los últimos años de la década de 1580 y primeros de la de 1590. Ver Burr, «Fate of Dietrich Flade», pp. 228-9.

en la majestad de Dios, afirmando que el Diablo no podía hacer nada sin su permiso y que era poco más que su siervo y ejecutor. La insistencia en la soberanía de Dios condujo a varios escritores y predicadores protestantes a negar la capacidad del diablo para producir ciertos tipos de prodigios, como las tormentas de granizo, y esto alimentó el escepticismo hacia los *maleficia* que tales prodigios suponían. En consecuencia, los protestantes estuvieron menos dispuestos que los católicos a acusar a una bruja de provocar una granizada con el fin de destruir las cosechas, lo que constituía una forma corriente de *maleficium*[52]. Durante la mayor parte del periodo de la caza de brujas europea, esta tendencia protestante no tuvo como resultado una reducción general de los procesos y ejecuciones por brujería en los territorios de esta confesión, pues se vio superada en gran medida por una voluntad mayor de enjuiciar a las brujas en función, simplemente, del pacto demoniaco. Al final, sin embargo, la insistencia protestante en la soberanía de Dios condujo a un escepticismo general respecto a la realidad de los *maleficia*, lo cual, a su vez, desembocó en un escepticismo aún más amplio en relación con todos los aspectos de la brujería.

La manera en que la concepción protestante de la soberanía de Dios podía socavar la creencia en las brujas incluso en fechas muy tempranas se puede observar en la obra de George Gifford, un clérigo puritano del condado inglés de Essex, quien escribió dos tratados sobre brujería a finales del siglo XVI[53]. Gifford no era en absoluto un completo escéptico en cuestiones de brujería y, de manera típicamente protestante, citaba el pasaje de Éxodo 22, 17 para justificar los procesos contra brujas que habían concluido un pacto con el diablo. Pero el principal objetivo de Gifford era poner fin a los recientes e irreflexivos enjuiciamientos por brujería que, según él, distraían a la gente del peligro real que suponía que Satanás se apropiara de las almas humanas. El problema, tal como él lo veía, era que las personas habían perdido su fe en Dios; de ahí la relación entre la brujería y la pervivencia obstinada del catolicismo. Bastaría con que la gente se diera plena cuenta de la soberanía de Dios y reconociera que Satanás actúa como agente suyo y que los *maleficia* únicamente ocurren con

---

[52] Monter, *Witchcraft in France and Switzerland*, pp. 151-7.
[53] *A Discourse of the Subtle Practice of Devils by Witches* (1587); *A Dialogue Concerning Witches and Witchcraft* (1593).

su permiso, para que cesara el castigo de las brujas por cosas como destruir el ganado. Y una vez que los hombres tuvieran fe en Dios, éste no permitiría ya a Satanás y las brujas ejercer su poder en el mundo [54].

Una segunda contribución de la Reforma a la decadencia final de las persecuciones por brujería fue consecuencia de la cristianización del pueblo, sobre todo en las zonas rurales. Este proceso de cristianización, característico tanto de la reforma protestante como de la católica, desempeñó un importante cometido en el desarrollo de la caza. Imbuyó de un profundo sentimiento de pecado y culpa personal a sacerdotes y laicos, que se proyectaría a su vez sobre las brujas, y estimuló también a los agentes de la cristianización —el nuevo clero instruido y los miembros de la elite gobernante— a atacar la magia en sus diversas formas. A la larga, sin embargo, el proceso de cristianización tuvo el efecto de reducir la creencia en la magia y su práctica entre la población rural y de dar, por tanto, menos motivos de preocupación a los cazadores de brujas. También estimuló el desarrollo de un concepto estrictamente espiritual del diablo —implícito en gran parte del pensamiento protestante— y quitó hierro a la noción común que lo consideraba una criatura física, el hombre o animal negro que aparecía en el aquelarre. Estos cambios no se produjeron con rapidez, pero para la década de 1660 comenzaron a tener consecuencias demostrables [55].

La cultura bíblica tuvo el efecto similar de avivar, primero, y reducir, después, la caza de brujas. Puesto que el Antiguo Testamento contenía la orden mortal: «No dejarás con vida», la adhesión estricta a la letra de la Escritura podía impulsar a las autoridades, y a menudo lo hizo, a condenar a muerte a las brujas. A la larga, sin embargo, el aumento de la confianza en las Escrituras consiguió detener seriamente a los cazadores de brujas. La Escritura no sólo contenía muy pocas referencias a la brujería y ninguna al culto al diablo, sino que, además, proporcionaba abundantes pruebas de las trabas impuestas por Dios al poder diabólico en el mundo. La firme creencia de Calvino en la soberanía de Dios y su seguridad de que prevalecería sobre el diablo se basa, a fin de cuentas, en un sólido fundamento escritu-

---

[54] J. Hitchcock, «George Gifford and Puritan Witch Beliefs», en: *Archiv für Reformationsgeschichte*, 58 (1967), pp. 90-99; Teall, «Witchcraft and Calvinism», pp. 21-36.
[55] Delumeau, *Catholicism*, pp. 172-4; Larner, *Enemies of God*, pp. 160-2.

rario. El calvinismo pudo, quizá, haber incitado a las personas a emprender una guerra sin fin contra Satanás, pero también las animó a definir con exactitud cuáles eran en última instancia sus poderes y adoptar esa concepción puramente espiritual del diablo que ya hemos analizado más arriba. No es de sorprender, por tanto, que a finales del siglo XVII el ataque a los procesamientos por brujería partiera tanto de protestantes conservadores como Balthasar Bekker, como de deístas escépticos [56].

El mismo conflicto entre católicos y protestantes contribuyó de manera significativa, aunque indirecta, a dar fin a los procesos por brujería. Una de las formas interesantes que adoptó este conflicto fue el interés de las autoridades por demostrar que seguían la verdadera religión exorcizando demonios en personas poseídas. Al recurrir, por ejemplo, a la eucaristía como uno de los métodos de exorcismo, los católicos intentaban probar que Cristo estaba realmente presente en ella, doctrina negada por los calvinistas. Los protestantes, por otra parte, utilizando métodos claramente no católicos, procuraban expulsar los demonios para probar que Dios favorecía la causa de la reforma protestante. Estos esfuerzos estuvieron estrechamente relacionados con la caza de brujas, pues, a finales del siglo XVI y en el XVII, muchas de las personas poseídas que fueron exorcizadas acusaron a las brujas de provocar su posesión demoniaca. El problema, sin embargo, residió en que las posesiones demoniacas y los esfuerzos de los exorcistas, que atraían una amplia atención del público, generaron un alto grado de escepticismo. Muchos se convencieron de que las posesiones eran fraudulentas y los exorcismos una ficción. Así pues, por extensión, las acusaciones de brujería, estimuladas a menudo por los exorcistas, quedaron desacreditadas al igual que los procesos a que daban lugar. Por tanto, la simple rivalidad entre católicos y protestantes en casos de posesión tuvo, en parte, como resultado que los críticos de la caza de brujas consiguieran pruebas en apoyo de su causa [57].

Naturalmente, debemos situar en su contexto los efectos restrictivos de la Reforma sobre la caza de brujas. Al igual que su auge, la decadencia de la caza de brujas fue un fenómeno complejo. Muchos

---

[56] En Finlandia la oposición partió de los obispos. Cfr. Heikkinen, *Paholaisen Liittolaiset*, p. 394.
[57] R. Mandrou, *Magistrats et Sorciers*; D. Walker, *Unclean Spirits* (Londres, 1982).

otros factores que tuvieron muy poco que ver con la Reforma o, incluso, con la religión en general contribuyeron a poner fin a la caza de brujas en Europa. Estos factores se analizarán en conjunto más adelante. Tampoco podemos perder de vista el hecho de que la Reforma tuvo más que ver con el auge de la brujería que con su decadencia. Pero el hecho de que influyera en la caza de brujas de forma tanto favorable como desfavorable deberá llevarnos a contenernos antes de achacar en su totalidad la caza de brujas europea a la Reforma protestante, a la Contrarreforma católica o a ambas.

5. EL CONTEXTO SOCIAL

Para dar una explicación satisfactoria de la caza de brujas en Europa habremos de considerar no sólo los cambios y conflictos religiosos de la Edad Moderna, sino también el entorno social más amplio en que surgieron las acusaciones. Este tipo de investigación puede resultar, por supuesto, provechoso para estudiar cualquier delito, pues al adquirir un conocimiento del entorno social donde se produce y de la relación entre el delincuente y su víctima, conseguimos comprender más plenamente la motivación del criminal. Pero, en el caso de la brujería, que en gran medida era un delito imaginario, la investigación social será, quizá, incluso más reveladora, pues puede ayudarnos a explicar por qué las supuestas víctimas de ese crimen o sus allegados escogían a personas inocentes para llevarlas a juicio. La historia social de este delito es, por tanto, algo más que un estudio de la conducta desviada. Al tratar de la brujería, el historiador debe explicar no sólo por qué la bruja actuaba de determinada manera, sino también por qué sus vecinos sospechaban de ella y la acusaban. Cuando la bruja maldecía a sus enemigos o utilizaba la hechicería en su contra respondía, quizá, a presiones económicas o sociales, pero sus vecinos, al denunciar a la bruja y testificar contra ella, reaccionaban en no menor medida a las condiciones sociales en que vivían. Las acusaciones de brujería permitieron a los miembros de las comunidades de la Europa moderna resolver sus conflictos entre ellos y sus convecinos y explicar los infortunios sufridos en su vida cotidiana.

Al establecer el contexto social de la caza de brujas europea, los historiadores se encuentran con varios problemas. El primero de ellos es una falta de información en lo referente a las vidas y actividades de las personas acusadas de brujería y de sus acusadores. Aunque las actas de los juicios acostumbran a dar los nombres de quienes fueron juzgados por brujería y, más raramente, los de quienes testificaron en su contra, es muy frecuente que no nos digan mucho más. Clasifican cuidadosamente los diversos *maleficia* cometidos supuestamente por las brujas y describen a menudo con atroces detalles los diversos actos de demonismo en que participaron, pero raramente nos dicen la edad de las brujas, cuál era su estado civil, en qué se ocupaban ellas o sus consortes y qué tipo de trato mantenían con sus vecinos. A veces los registros de los tribunales contienen las declaraciones de los testigos contra el acusado y, puesto que dichas declaraciones mencionan los conflictos surgidos entre los declarantes y la bruja, podemos obtener de ellas una cantidad limitada de información sobre la condición social de los individuos implicados y las circunstancias que rodeaban el proceso. Sin embargo, es demasiado habitual que las declaraciones se hayan perdido o que, en algunos casos, nunca se llegaran a tomar. A veces el contenido del acta legal se limita a la mera denuncia de culto al diablo, sobre todo durante las grandes cazas de brujas, cuando muchas de ellas eran implicadas por personas convictas con anterioridad. Ante tales lagunas en las fuentes, los historiadores de la brujería han de basar su interpretación de la dinámica social de las acusaciones de brujería en una muestra de casos muy pequeña.

Un nuevo problema se presenta al intentar hacer generalizaciones sobre el contexto social de los procesamientos por brujería a lo largo de Europa en un periodo de tiempo amplio. Aunque muchos casos de brujería surgieron de circunstancias socioeconómicas similares, las condiciones variaban, como es obvio, de un lugar y un tiempo a otro. Por más que centremos nuestra atención en un área geográfica particular durante un periodo de tiempo relativamente breve, nos encontraremos con que las acusaciones y procesos por brujería reflejaban a menudo una amplia diversidad de tensiones sociales. Por tal razón, es imposible dar una interpretación socioeconómica única de la caza de brujas en Europa. Lo mejor que podemos hacer es describir los entornos más típicos en que surgieron las acusaciones de brujería, fijar las características sociales más comunes de los individuos elegidos como víctimas de procesamiento e investigar algunas de las razones por las que estaban especialmente expuestos a esas acusaciones. Esta técnica nos permitirá extraer algunas conclusiones generales acerca de la identidad de una bruja «típica» europea, sin pasar por alto la variedad de circunstancias que pudieron haber llevado a su acusación y procesamiento.

Además de estos problemas, derivados de la insuficiencia de pruebas y de la diversidad geográfica y temporal, la investigación social de la brujería plantea dos cuestiones sustanciales. La primera se refiere a la importancia relativa de los factores sociales y económicos en la explicación de la gran caza de brujas. Los anteriores capítulos deberían habernos hecho ver con claridad que la caza tuvo unas causas intelectuales y legales a largo plazo y otras religiosas más inmediatas. Es posible que en algunas cazas de brujas estos factores, tomados en conjunto, ofrecieran una explicación suficiente de los procesamientos. Así fue, sobre todo, cuando las cazas de brujas se iniciaron desde arriba, es decir, por iniciativa de magistrados o inquisidores, cuando se utilizó la tortura para obtener los nombres de los cómplices y cuando los cargos de demonismo predominaron claramente sobre los de *maleficia*. En tales situaciones, la ideología religiosa se convertía en la fuerza impulsora de la caza y la única dinámica social era la interacción entre el funcionario, de clase alta, y la bruja, perteneciente a la clase baja. Sin embargo, cuando la caza de brujas comenzaba desde abajo, cuando la razón inicial para presentar cargos contra una persona era la decisión de sus vecinos de castigarla por *maleficia*, entonces las consideraciones sociales y económicas cobraban una importancia sin parangón. En la mayoría de los casos había, por supuesto, una amplia connivencia entre magistrados y campesinos en la caza de brujas. Cuando los procesos se iniciaban desde arriba, los vecinos eran llamados a testificar sobre supuestos *maleficia;* cuando tenían su origen abajo, los magistrados acababan por tomar las riendas del procedimiento e insistían en la naturaleza diabólica del crimen. Por tal razón, sólo en contadas ocasiones se puede pasar por alto el contexto social de la caza de brujas. Sin embargo, hemos de tener cuidado al mismo tiempo en no exagerar la importancia de dicho contexto. Las razones para acusar a alguien de brujería eran muchas y no todas estaban condicionadas por los factores generales sociales y económicos.

La segunda cuestión fundamental se refiere a la importancia del *cambio* social y económico en la explicación de la aparición de la caza de brujas. Puesto que la caza de brujas en Europa fue un fenómeno ligado al tiempo, iniciado en el siglo XV y concluido a principios del XVIII, es tentador considerarlo el producto de los profundos cambios sociales y económicos ocurridos durante esos mismos siglos. A lo largo de la Edad Moderna la población de Europa creció de manera impresionante tras un prolongado periodo de estancamiento y decadencia; los precios de todos los bienes aumentaron a un ritmo sin precedentes; las ciudades crecieron en superficie y habitantes, y en muchas zonas se introdujo tanto el capitalismo mercantil como el agrícola. Para más confusión, hubo estallidos periódicos de peste y otras enfermedades epidémicas y muchos años de malas cosechas y hambrunas. Durante el mismo periodo, la vida familiar se transformó y se proclamaron nuevos valores morales para dar explicación de un mundo cambiante. No hay duda de que todos estos cambios influyeron en los procesos por brujería. Generaron conflictos en el seno de las comunidades y, lo que es aún más importante, contribuyeron a crear un estado de ánimo general caracterizado por la ansiedad que estimuló la caza de brujas. Historiadores como Keith Thomas, Alan Macfarlane, Robert Muchembled, Paul Boyer y Stephen Nissenbaum han mostrado cómo las acusaciones de brujería reflejaban las tensiones generadas por tales cambios. El problema, sin embargo, reside en que muchas de las condiciones específicas sociales y económicas que subyacen a la caza de brujas no eran tan nuevas. Muchos de los conflictos sociales que dieron origen a las acusaciones de brujería fueron comunes a las sociedades medievales precapitalistas y no parece que se hubieran agudizado a causa de nuevas circunstancias. Ciertas acusaciones de brujería pueden haberse dado en colectividades en estado de transición, pero muchas otras surgieron en pueblos que forman aún parte de un mundo relativamente estático y tradicional [1]. En estas zonas, los conflictos interpersonales que llevaron a unas personas a acusar a otras de brujería no fueron en absoluto más inten-

---

[1] En este sentido, es instructivo el contraste entre Inglaterra y zonas como el sureste de Escocia, Lorena y el Franco-Condado. Ver B. P. Levack, «The Great Scottish Witch Hunt of 1661-1662», en *Journal of British Studies*, 20 (1980), p. 102; Delumeau, *La Peur*, p. 375.

sos en la Edad Moderna de lo que lo habían sido durante la Edad Media. La razón de por qué estos conflictos dieron origen a los procesos por brujería en la Edad Moderna, mientras que no lo habían hecho antes, tuvo que ver mucho más con los cambios en la naturaleza de la creencia en las brujas, la creciente conciencia de la brujería en todos los sectores de la sociedad, la posibilidad de emprender con éxito una acción legal y el impacto causado por la Reforma, que con las realidades del cambio social.

Así pues, al tratar del contexto social y económico de los procesos por brujería, hemos de reconocer que el entorno que estamos describiendo no era necesariamente nuevo y que los conflictos sociales que provocaron o reforzaron los enjuiciamientos no fueron siempre producto de un amplio cambio social. Podría ser cierto que algunas de las cazas de brujas ocurrieran en periodos críticos de la historia moderna de Europa, cuando un nuevo conjunto de valores y una nueva forma de vida chocaran con los anteriores. También podría ser cierto que todo el fenómeno de la caza de brujas fuera, en cierta medida, un subproducto de la gran ansiedad generada por el rápido cambio social. Pero si aceptamos que la totalidad de las acusaciones y enjuiciamientos por brujería pueden atribuirse directamente a un proceso de cambio social, corremos el riesgo de leer en los documentos más de lo que hay escrito en ellos y no reconocer que los conflictos personales que se expresaban a menudo en las acusaciones de brujería podían darse tanto en un mundo relativamente estático como rápidamente cambiante.

El marco geográfico y social

Al fijar el contexto social de los procesos por brujería, es importante comenzar definiendo el tipo de comunidades en que ocurrieron las persecuciones. Nuestra impresión general es que, durante este período, la brujería fue un fenómeno esencialmente rural [2]. La inmensa mayoría de las brujas parece haber salido de pequeñas poblaciones agrícolas que formaban parte de una economía campesina.

---

[2] Caro Baroja, *World of the Witches*, p. 100; Schormann, *Deutschland*, p. 72; Muchembled, «Satan ou les hommes? La Chasse aux sorcières et ses causes», en: M. Dupont-Bouchat *et al., Prophètes et sorciers dans les Pays-Bas*, XVIe-XVIIIe *siècle* (París, 1978), p. 19; Monter, *Witchcraft in France and Switzerland*, p. 128; Lamer, *Enemies of God*, p. 199.

Esta localización de la brujería en el campo se atribuye habitualmente a dos características de la vida rural: el vigor de las creencias supersticiosas entre el campesinado, inculto y conservador, y las pequeñas dimensiones de estas comunidades. Los estudios antropológicos de las sociedades primitivas nos han dado a conocer en la actualidad no sólo que las creencias en la magia perduran de manera especial entre los campesinos sin instrucción, sino también que las acusaciones de hechicería tienden a surgir cuando la gente vive en una comunidad muy unida y sin posibilidad de aislamiento, donde todos se conocen y donde no es fácil ignorar a las personas indeseables [3]. Dado que este tipo de condiciones prevalecían en las poblaciones rurales de la Europa moderna, la brujería se ha considerado un fenómeno peculiarmente rural. Algunos historiadores han llegado incluso a mantener que la existencia de un campesinado que creyera en las brujas era condición necesaria para la gran caza desatada en Europa [4].

Aunque es incontestable que una gran mayoría de las brujas de la Edad Moderna europea provenía del campo, no se puede ignorar la existencia de acusaciones y procesos por brujería en las villas y ciudades de la Europa moderna. De hecho, algunas de las cazas más importantes y famosas durante la brujomanía se produjeron en medios urbanos. Ninguna descripción de la brujería europea puede pasar por alto las cazas de brujas ocurridas en Loudun, Tréveris, Würzburg y Bamberga. En algunos casos, el escenario urbano de la brujería es, por supuesto, ilusorio, pues las brujas fueron llevadas del campo a las ciudades para ser juzgadas. En los registros de brujería escoceses, por ejemplo, hay referencias ocasionales a brujas provenientes de Edimburgo, Aberdeen o Dalkeith, pero tras un examen más atento se constata que en realidad vivían en poblaciones rurales próximas a esas ciudades o villas. En Ginebra, donde se dieron varias cazas de brujas en los siglos XVI y XVII, aproximadamente la mitad de las víctimas procedía de aldeas rurales que rodeaban la ciudad, pero que sólo sumaban en torno al 20 por ciento de la población de aquella exigua república [5].

Aunque descontemos todos los juicios urbanos en que las perso-

---

[3] Cfr. L. Mair, *Witchcraft* (Nueva York, 1970), pp. 9-10.
[4] Ver, por ejemplo, Lamer, *Enemies of God*, p. 193.
[5] Monter, *Witchcraft in France and Switzerland*, p. 65. Ver también Blauert, *Frühe Hexenverfolgungen*, p. 14.

nas acusadas de brujería procedían del campo vecino, nos queda aún un buen número de casos estrictamente urbanos, sobre todo en Alemania. Es imposible determinar el porcentaje de estos casos sobre el total. Hay, sin embargo, buenas razones para creer que ese porcentaje fue más alto que el del componente urbano de la totalidad de la población. En otras palabras, el número de casos urbanos de brujería puede haber sido desproporcionadamente alto. En Polonia, por ejemplo, el 19 por ciento de las personas acusadas de brujería vivía en zonas urbanas, una proporción pequeña, sin duda, pero mucho mayor que la cantidad relativa de la población urbana del país, que se hallaba sin duda por debajo del 5 por ciento [6]. En Finlandia, no menos rural que Polonia, la proporción de brujas urbanas fue incluso más elevada: un 26 por ciento [7]. No debemos olvidar que, a pesar de su enorme importancia económica y política, las ciudades no albergaban un porcentaje muy alto de la población europea de la Edad Moderna. Aunque utilicemos la reducida cifra de 2.000 habitantes para definir el tamaño mínimo de una ciudad, la población urbana de Alemania o Inglaterra no superaba el 10 por ciento a comienzos del siglo XVI [8].

En algunos casos de brujería urbana, el entorno social no era muy diferente del de los pueblos rurales. Las ciudades cumplían funciones económicas diferentes de las de los pueblos y poseían también una identidad distinta, pero con frecuencia su tamaño sólo era mayor por un reducido margen. Algunas de las ciudades menores de la Edad Moderna contaban con una población de poco más que 2.000 almas y eran, por tanto, comunidades con relaciones tan directas, o «sociedades a pequeña escala», como sus equivalentes rurales [9]. Así pues, no debería sorprendernos saber que la abrumadora mayoría de las brujas urbanas polacas provenía de pequeñas ciudades y que en Essex, Inglaterra, donde la brujería era en gran medida asunto rural,

---

[6] Baranowski, *Procesy Czarownic*, p. 180. Peters, *Magician, Witch and the Law*, p. 206, sugiere que la brujería podría ser un fenómeno tanto urbano como rural.

[7] Heikkinen, *Paholaisen*, p. 386.

[8] Cfr. F. Braudel, *The Structures of Everyday Life* (Nueva York, 1981), pp. 482-4. Si tomamos la cifra de 10.000, el porcentaje queda justo por encima del 3 por ciento. J. De Vries, *European Urbanization* (Cambridge, Mass. 1984).

[9] Schormann, *Hexenprozesse in Deutschland*, p. 72, cifra en 2.000 habitantes la población mínima de una ciudad de tamaño medio y en 500 la mínima de una ciudad pequeña. D. Herlihy y C. Klapisch-Zuber, *Tuscans and their Families* (New Haven, 1985), p. 54, sitúa en 700-800 habitantes la línea divisoria entre pueblo y ciudad pequeña.

las pocas brujas urbanas existentes fueran originarias de ciudades con mercado, como Chelmsford, o dedicadas a trabajos textiles, como Braintree, Coggeshall y Dedham. En estas pequeñas comunidades sería difícil determinar la existencia de alguna característica peculiar urbana en las acusaciones de brujería [10].

Sin embargo, en ciudades y capitales mayores nos encontramos con un tipo de entorno completamente diferente. En estas comunidades de más de 5.000 habitantes se podía en general ignorar, o al menos evitar, al vecino. Por tanto, el predominio de las acusaciones de brujería en estas áreas urbanas debe atribuirse a factores diferentes del de la inevitable interacción social o, en su caso, de la superstición campesina. Hubo, de hecho, varias razones para que un medio urbano relativamente populoso pudiera resultar un campo fértil para las acusaciones y procesos por brujería. La primera es que la práctica de la hechicería de inspiración política, presente en algunas de las primeras cazas, solía darse en las ciudades, donde se producía habitualmente la mayor parte de la actividad política significativa. El predominio de la hechicería política en las ciudades puede ayudarnos a explicar por qué la mayoría de los juicios por hechicería, demonismo y evocación durante el periodo de 1300 a 1500 tuvo lugar en las ciudades y no en el campo [11].

Las ciudades, además de servir de terreno de enfrentamiento para la práctica de la hechicería política, eran los únicos lugares donde se persiguió como brujos a los propagadores de peste (*engraisseurs*). Los propagadores de peste eran personas que habían conseguido supuestamente destilar la esencia de la plaga en forma de ungüento, que luego utilizaban para infectar diversas partes de las ciudades. Al igual que otros hechiceros, los propagadores de peste fueron acusados de rendir culto al diablo y actuar colectivamente; pasaron, así, a no distinguirse de las brujas. Su enjuiciamiento se asemejaba también al de las brujas, pues un brote epidémico podía desencadenar un pánico hacia los propagadores de peste durante el cual se acusaba y juzgaba a un gran número de *engraisseurs*. Ginebra conoció no menos de tres de estas cazas en el siglo XVI, y en 1630 se produjo otra en Milán [12]. Dado que los brotes de plaga en los siglos XVI y XVII se limi-

---

[10] Macfarlane, *Witchcraft in Tudor and Stuart England*, pp. 149, 325-330.
[11] Kieckhefer, *European Witch Trials*, p. 95.
[12] Ver Monter, *Witchcraft in France and Switzerland*, p. 207.

taron casi por entero a las ciudades, los pánicos suscitados por los propagadores de peste constituyen una forma peculiarmente urbana de procesamientos por brujería.

Otra forma de brujería predominante aunque no exclusivamente urbana fue la utilización de poderes mágicos para provocar una posesión demoniaca colectiva. Aunque durante el periodo de la gran caza de brujas se registran en zonas rurales casos de posesión y hasta de posesión en grupo, los ejemplos principales y más famosos de posesión múltiple o colectiva con implicación de brujería se produjeron en ciudades, especialmente en Francia. La principal razón de esta concentración debe de haber sido el simple hecho de que la posesión demoniaca colectiva solía producirse en conventos y hospitales, situados muy a menudo en capitales y ciudades. Las ciudades podían así mismo suministrar las grandes multitudes de observadores que hacían prosperar esos sucesos, como sabemos por la muchedumbre congregada para presenciar el exorcismo de las monjas ursulinas de Loudun en 1634 [13].

Hay dos razones más para explicar por qué las ciudades resultaron ser un terreno fértil para los procesos por brujería. La primera es que la caza, una vez iniciada, tenía más probabilidades de cobrarse una cifra superior de víctimas en las ciudades, por su mayor densidad de población, que en el campo, sobre todo por ser limitado el número de personas de cada comunidad a quienes podía procesarse con éxito por brujería sin provocar algún tipo de oposición. Este es el motivo de que los pánicos por brujería en zonas rurales tendieran a desplazarse de pueblo en pueblo mediante el rumor y las acusaciones ocasionales de los forasteros, mientras que los pánicos urbanos se desarrollaban con más rapidez y se cobraban más víctimas. La segunda razón es que la vida urbana generaba cierto número de tensiones susceptibles de expresarse en acusaciones de brujería. En las ciudades era, quizá, más fácil ignorar al vecino y convencerse de que carecía de poderes mágicos para causar daño, pero, al mismo tiempo, los problemas de los habitantes de la ciudad para adaptarse a la vida urbana pudieron haberlos llevado a considerar a sus vecinos sospechosos de brujería más fácilmente que si hubieran vivido en el campo.

Podemos concluir, por tanto, que en la Europa moderna hubo más de un «mundo de las brujas». Había, sin duda, un mundo cam-

---

[13] Ver A. Huxley, *The Devils of Loudun* (Nueva York, 1952).

pesino en el que las sospechas y acusaciones de brujería eran un producto de la vida cotidiana y daban lugar periódicamente a juicios aislados o grandes pánicos. Se trataba de un mundo donde las creencias campesinas se mezclaban de manera a menudo mortífera con los conflictos interpersonales surgidos corrientemente en la sociedad de relaciones directas. Pero existía también un mundo urbano de brujería en el que el hechicero político, el mago ritual, la monja posesa y el propagador de pestes representaban un papel en el que las acusaciones y las cazas en cadena podían difundirse con rapidez. Este universo urbano era también el destino de muchas brujas rurales, el lugar donde la campesina analfabeta acusada por sus vecinos se encontraba ante un magistrado o un clérigo urbano y letrado que actuaba como su inquisidor. Cuando se producía este enfrentamiento, la bruja se veía acusada no sólo por unos vecinos que creían que les había dañado por arte de magia, sino por un poder judicial decidido a situar en un contexto demonológico el testimonio escuchado. El juicio se convertía, pues, en el lugar donde interactuaban la elite y la cultura popular y donde el campo entraba realmente en contacto con la ciudad.

¿Quiénes fueron las brujas?

Para entender las tensiones sociales que constituyeron el fundamento de los procesos por brujería es necesario determinar a qué grupos de personas se acostumbró a juzgar como brujos o brujas en el periodo de la gran caza y descubrir por qué estos grupos estaban más expuestos a tales cargos. Según hemos dicho anteriormente, la escasez de pruebas disponibles tanto respecto a las brujas como a la motivación de sus acusadores hace un tanto especulativa este tipo de investigación. Incluso en los casos en que se puede reunir una buena cantidad de información, sigue siendo difícil determinar cuáles fueron las características de la personalidad de la bruja y los conflictos entre ella y sus convecinos que llevaron a acusarla. No obstante, disponemos de bastantes datos como para establecer ciertas pautas generales de acusación y ofrecer algunas posibles razones de por qué se acusó a estas personas.

Sexo

La característica mejor documentada de las personas procesadas por brujería es que fueron predominante, si no abrumadoramente, mujeres. Según indica el cuadro 3, el número de brujas sobrepasó el 75 por cien en la mayoría de las regiones de Europa, y en algunos lugares como el condado de Essex, Inglaterra, el obispado de Basilea y el condado de Namur (en la actual Bélgica) fue superior al 90 por ciento [14].

Estas cifras dan a entender que la brujería era un delito relacionado con el sexo, aunque no de manera específica. En otras palabras, las mujeres eran más fácilmente objeto de sospecha y procesamiento por brujería en virtud de su sexo, pero no poseían por naturaleza el monopolio del delito. En la definición de brujería no había nada que excluyera a los varones. Tanto los hombres como las mujeres podían practicar la magia nociva, establecer pactos con el diablo y asistir al aquelarre [15]. En algunos de los xilograbados y láminas editadas durante los siglos XVI y XVII, sobre todo los que ilustran el pacto con el diablo, se muestran brujos y brujas en igual proporción [16]. En dos países, Rusia y Estonia, los hombres constituyeron una sólida mayoría entre las personas acusadas de brujería, mientras que en la mayoría de los países escandinavos la distribución por sexos era casi equivalente.

---

[14] Fuentes para el cuadro 3: Midelfort, *Witch Hunting*, p. 281; Monter, *Witchcraft in France and Switzerland*, pp. 119-20; Peter Kamber, «La Chasse aux sorciers et sorcières dans le Pays de Vaud: aspects quantitatifs (1581-1620)», en: *Revue Historique Vaudoise*, 90 (1982), pp. 22-3; Dupont-Bouchat, «La Répression», p. 138; A. Denis, *La Sorcellerie à Toul aux XVIe et XVIIe siècles* (Toul, 1888), pp. 177-8; Gari Lacruz, *Variedad de competencias*, p. 236; Martin, *Witchcraft and the Inquisition in Venice*, p. 226; Heikkinen and Kervinen, «Finland», p. 321; M. Madar, «Estonia I», pp. 266-7; V. Kivelson, «Through the Prism of Witchcraft: Gender and Social Change in Seventeenth-Century Muscovy», en: *Russia's Women*, ed. B. E. Evans *et al.* (Berkeley, 1991), p. 83; G. Klaniczay, «Hungary», p. 222; Macfarlane, *Witchcraft in Tudor and Stuart England*, p. 160; C. Karlsen, *Devil in the Shape of a Woman* (Nueva York, 1987), p. 47; Lamer *et al., Source Book of Scottish Witchcraft*, p. 240, cuadro 6.

[15] Sobre la afirmación de que la brujería es universalemente específica de las mujeres, cfr. R. Briffault, *The Mothers* (Nueva York, 1927) II, p. 556. Ver también M. Hester, *Lewd Women and Wicked Witches* (Londres, 1992), pp. 109-123.

[16] Ver, por ejemplo, las ilustraciones de Guazzo, *Compendium Maleficarum*, passim.

CUADRO 3
Sexo de las personas acusadas de brujería

Región	Años	Hombres	Mujeres	% mujeres
Suroeste de Alemania	1562-1684	238	1.050	82
Obispado de Basilea	1571-1670	9	181	95
Franco-Condado	1559-1667	49	153	76
Ginebra	1537-1662	74	240	76
Pays de Vaud	1581-1620	325	624	66
Condado de Namur	1509-1646	29	337	92
Luxemburgo	1519-1623	130	417	76
Ciudad de Toul	1584-1623	14	53	79
Dept. del Norte, Francia	1542-1679	54	232	81
Castilla	1540-1685	132	324	71
Aragón	1600-1650	69	90	57
Venecia	1550-1650	224	490	69
Finlandia	1520-1699	316	325	51
Estonia	1520-1729	116	77	40
Rusia	1622-1700	93	43	32
Hungría	1520-1777	160	1.482	90
Condado de Essex, Inglaterra	1560-1675	23	290	93
Nueva Inglaterra	1620-1725	75	267	78

Fueron pocos los casos en que los hombres tendían a resultar tan sospechosos de brujería como las mujeres. Una circunstancia de este tipo se presentaba cuando los juicios por brujería aparecían estrechamente vinculados con procesos por otras formas de herejía. William Monter ha mostrado que en la región del Jura, cuando, en el siglo XV, los procesos por brujería se dieron en conexión con los promovidos contra los herejes valdenses, se llevó a juicio a un número mucho mayor de hombres que de mujeres [17]. La razón del amplio porcentaje de varones en estas causas es que la herejía, a diferencia de la brujería, no se relacionaba en general con el sexo. Las mujeres estuvieron, sin duda, altamente representadas en las sectas heréticas medievales

---

[17] Monter, *Witchcraft in France and Switzerland*, pp. 23-4. Ver también Burghartz, «Equation of Women and Witches», p. 64. Las personas descritas como brujas en el *Formicarius* de Nider (1435-7) eran tanto hombres como mujeres. Ginzburg, *Ecstasies*, p. 70.

El contexto social 179

y su destacado papel en estos grupos pudo haber reforzado su posterior identificación como brujas, pero en esas sectas heréticas los hombres fueron incluso más activos y por tal motivo pudieron hacerse fácilmente sospechosos en lo referente a la nueva «herejía» de la brujería [18]. Es significativo que en estos primeros juicios por brujería, la mayoría de los cuales se celebraron en tribunales eclesiásticos, los jueces estuvieran mucho más interesados por los aspectos diabólicos o heréticos de la brujería que por el *maleficium* [19].

El hecho de que la herejía no estuviese ligada al sexo puede explicar también por qué las inquisiciones española y romana juzgaron un porcentaje superior de brujos que la mayoría de otros tribunales europeos. Tal como indica el cuadro 3, el porcentaje de brujos juzgados por la inquisición tanto en Castilla como en Venecia estuvo muy por encima del europeo. En el reino de Aragón, donde casi todas las personas procesadas por brujería en los tribunales civiles fueron mujeres, el 72 por ciento de los juzgados por la Inquisición durante la primera mitad del siglo XVII fueron varones [20]. La Inquisición de Italia y España, como los tribunales eclesiásticos del Jura a finales del siglo XV, procesó la brujería sobre todo como una forma de herejía y mostró poco o ningún interés por el *maleficium* [21]. Al definir el delito en estos términos, los hombres tenían una gran probabilidad de ser sometidos a juicio.

Otra situación en que los hombres tendían a estar expuestos a un proceso por brujería se daba cuando el delito implicaba hechicería política. Durante la Edad Media, algunos hombres habían practicado realmente la hechicería con el fin de hacer prosperar su suerte política recurriendo al instrumento de la magia ritual [22]. Muchas de las creencias en las brujas se desarrollaron en relación con este tipo de prácticas. El sexo y la condición social del malhechor cambiaron a

---

[18] Russell, *Witchcraft in the Middle Ages*, p. 281; B. Easlea, *Witch Hunting, Magic and the New Philosophy* (Brighton, 1980), pp. 35-6.
[19] Burghartz, «Equation of Women and Witches», p. 64. El porcentaje de brujas fue mucho más alto en los juicios conocidos por los tribunales civiles, como el de Lucerna, durante un mismo periodo de tiempo. En estos juicios, donde el estereotipo demonológico de la bruja no estaba muy bien establecido, se prestó más atención al *maleficium* que al demonismo. *Ibid.*, pp. 62-4.
[20] Ver Gari Lacruz, «Variedad de competencias», p 326.
[21] Sobre la preocupación de la Inquisición veneciana por determinadas formas de magia con resabios de herejía manifiesta y su falta de interés por el *maleficium*, ver Martin, *Witchcraft and the Inquisition in Venice*, pp. 254-7.
[22] Ver Peters, *Magician, Witch and the Law*, pp. 120-5.

medida que el mago se fue transformando gradualmente en la bruja, pero durante el primer periodo de la gran caza de brujas esta transición no fue completa. Muchos juicios tempranos por brujería suponían, por tanto, actividades de traición y, en consecuencia, el número de hombres procesados durante las primeras fases de la caza fue mayor que en su momento álgido.

Una tercera situación que llevó a procesar a un número notable de brujos se producía cuando las cazas de brujas quedaban fuera de control. En estos incidentes, que no ocurrían con mucha frecuencia, las acusaciones en cadena y el histerismo de la población daban pie a imputaciones de brujería casi indiscriminadas. En tales circunstancias el estereotipo de la bruja perdía su eficacia, viéndose también encausadas muchas personas que no se adecuaban al modelo de la bruja típica, entre ellas miembros de alto rango social.

Una vez reconocidas estas tres principales excepciones a la regla general, nos queda aún la tarea de explicar por qué en la mayoría de los casos y, desde luego, en el conjunto total de los procesos, las brujas fueron abrumadoramente mujeres. No bastará con decir que el estereotipo de la bruja había sido siempre mujer y, por tanto, quienes temían que alguien recurriera a la brujería en su contra sospechaban instintivamente de las mujeres antes que de los hombres, haciéndolas objeto de sus acusaciones. Esto era, desde luego, así hasta cierto punto. Puesto que el prototipo de la bruja en la cultura y el arte antiguo y medieval había sido siempre femenino, resultaba más fácil sospechar de las mujeres que de los hombres por este delito [23]. Sin embargo, la imagen de la bruja fue tanto producto como causa de acusaciones y procesos de brujería. Si no se hubiera sospechado de las mujeres y no se las hubiera procesado por brujería con más facilidad que a los hombres, la imagen de la bruja no habría sido exclusivamente femenina.

En cierto modo, las mujeres eran objeto de sospechas de brujería porque se las consideraba moralmente más débiles que a los hombres y, por tanto, más proclives a sucumbir a la tentación diabólica. Esta idea, que data de los primeros días del cristianismo, aparece a menudo en los tratados de brujería de la Edad Moderna,

---

[23] Holmes, «Popular Culture?», p. 95, mantiene que la asociación entre poder maléfico y mujer fue un «componente permanente en las creencias populares».

especialmente en el *Malleus Maleficarum*, extremadamente misógino [24]. El *Malleus* atribuye esta debilidad no sólo a la inferioridad intelectual y carácter supersticioso de las mujeres, sino también a su pasión sexual, y concluye diciendo que «toda brujería proviene del placer de la carne, que en las mujeres es insaciable» [25].

La imagen de las mujeres como los miembros más carnales y sexualmente inmoderados de la especie fue omnipresente en la cultura europea medieval y moderna; sólo en el siglo XVIII comenzó a dar paso a la descripción alternativa que las representaba como sexualmente pasivas [26]. La imagen recibió su apoyo más firme de los clérigos, sobre todo del clero regular, que consideraban a las mujeres una tentación sexual, pero no quedó en absoluto reducida a círculos clericales. Bodin, jurista y magistrado laico, aludía a la «bestial concupiscencia» de las mujeres de manera similar a como lo hacían Sprenger y Kramer, mientras que Boguet, juez asimismo civil, afirmaba que el diablo mantenía relaciones sexuales con todas las brujas porque sabía que a las «mujeres les gustan los placeres carnales» [27]. La idea de que las mujeres eran arrastradas por la concupiscencia se ajustaba de manera especial al crimen de brujería, pues se creía que la bruja solía pactar con el diablo a consecuencia de la tentación carnal, para luego participar en actividades sexuales promiscuas en el aquelarre. Los brujos tomaban también parte en estas orgías, pero la hipótesis de que las mujeres sentían mayores deseos de satisfacer su concupiscencia de esa manera corroboró sin más la imagen de la bruja. Esta imagen obtuvo un refuerzo visual con los grabados de Hans Baldung Grien, quien representó a las brujas como encarnación de la potencia sexual femenina [28].

Su idea de la bruja como alguien moralmente débil y proclive a la sexualidad podría muy bien haber impulsado a los miembros de las clases cultas y dirigentes a hacer a las mujeres sospechosas de brujería y llevarlas a juicio, sobre todo cuando emprendían campañas

---

[24] *Malleus Maleficarum*, pp. 41-47; Lea, *Materials*, II, p. 449; P. de Lancre, *Tableau de l'inconstance des mauvais anges et démons*, ed. N. Jacques-Chaquin (París, 1982), pp. 89-93, Rémy, *Demonolatry*, p. 56; James VI, *Daemonologie*, pp. 43-4.
[25] *Malleus Maleficarum*, p. 47.
[26] Sobre la fuerza de la antigua imagen a finales del siglo XVII, cfr. R. Thompson, *Unfit for Modest Ears* (Londres, 1979), p. 97.
[27] Bodin, *Démonomanie*, p. 386; Boguet, *Examen of Witches*, p. 29.
[28] C. Zika, «Fears of Flying: Representations of Witchcraft and Sexuality in Early Sixteenth-Century Germany», en: *Australian Journal of Art*, 8 (1989), pp. 19-48.

de inspiración religiosa para reformar la moralidad popular [29]. Entre la gente común, que eran a menudo los primeros en acusar o denunciar a las brujas y testificar en su contra, esa imagen tenía menor importancia. Estas personas compartían, quizá, algunas de las opiniones clericales sobre las mujeres, pero al sentir más interés por los aspectos mágicos de la brujería que por los demoniacos, tendían a sospechar de ellas porque sus funciones habituales en la sociedad les ofrecían más ocasiones de practicar la magia nociva. Las mujeres de las comunidades de la Edad Moderna europea solían trabajar como cocineras, curanderas y comadronas y todas estas actividades las exponían a la acusación de practicar la hechicería. Sus funciones de cocineras no sólo les proporcionaban la posibilidad de recoger hierbas con fines mágicos, sino también la facultad de transformarlas en pociones y ungüentos. No son casuales las frecuentes representaciones de las brujas donde aparecen junto a un caldero, pues la mayor parte de los ingredientes de la hechicería se cocinaban de hecho en ese tipo de recipientes. La imagen de un hombre dedicado a esta clase de actividad es, por lo menos, muy poco plausible.

Las mujeres actuaban también como curanderas en los pueblos de la Europa moderna. Estas personas, a las que se solía dar en inglés el nombre de *wise women* (ensalmadoras, saludadoras), recurrían en su trabajo a diversos remedios populares —casi siempre hierbas o unturas—. La mayoría de estos tratamientos deberían considerarse mágicos, aunque sólo sea porque sus ingredientes naturales se complementaban habitualmente con fórmulas mágicas o plegarias de carácter religioso. Como las ensalmadoras cumplían una función útil en sus comunidades, eran generalmente toleradas por sus vecinos. No obstante, estaban expuestas a la acusación de practicar la magia blanca y cuando sus convecinos contraían alguna enfermedad o morían repentinamente podían fácilmente ser acusadas de utilizar sus artes mágicas para fines maléficos. El *Malleus Maleficarum* se refiere expresamente a estas brujas capaces tanto de curar como de dañar, y, en 1499, una mujer de Módena aseguró a la Inquisición que «quien sabe cómo sanar, también sabe cómo destruir» [30]. Los estudios de declara-

---

[29] J. Klaits, *Servants of Satan* (Bloomington, Ind., 1985), pp. 65-85, mantiene que lo novedoso en la «nueva misoginia» era su relación con movimientos de reforma de base ideológica.
[30] *Malleus Maleficarum*, p. 99; Ginzburg, *Night Battles*, p. 78. Ver también Monter, *Witchcraft in France and Switzerland*, p. 179; Dömötör, «The Cunning Folk in English

ciones juradas realizadas en Francia, Suiza, Austria, Hungría, Schleswig-Holstein, Inglaterra, Escocia y Nueva Inglaterra revelan que muchas de las personas procesadas por brujería eran en realidad ensalmadoras [31]. Lo mismo puede decirse de Francia, donde alrededor de la mitad de los casos por brujería vistos para apelación en el *Parlement* de París recogían acusaciones de curación mágica [32].

Lo mismo que las cocineras y las curanderas, las comadronas estaban también expuestas a ser objeto de cargos de hechicería. Hasta el siglo XVIII, cuando parteros y médicos comenzaron a ayudar en el alumbramiento, el nacimiento de niños se confiaba por completo a las mujeres. Varias de estas comadronas —aunque, probablemente, no tantas como se creyó en otros tiempos— fueron procesadas por brujería [33]. El principal motivo que las hacía víctimas de este tipo de cargos era la facilidad con que podían ser acusadas de la muerte de los recién nacidos. En un tiempo en que una quinta parte de los niños moría en el parto o durante los primeros meses de vida y en que el infanticidio no era en absoluto un hecho raro, el cargo contra una comadrona por haber asesinado a un bebé por brujería era a la vez práctico y plausible y ofrecía a los padres que habían perdido a su hijo un medio de venganza. En algunos casos la comadrona era víctima de sospechas acumuladas durante años. En la ciudad alemana de Dillingen, una comadrona

---

and Hungarian Witch Trials», en *Folklore Studies in the TwentiethCentury*, ed. V. J. Newall (Woodbridge, 1978), p. 183. En Rusia, los curanderos que trataban la impotencia masculina eran a veces objeto de sospechas de haberla causado ellos mismos. Kivelson, «Through the Prism of Witchcraft: Gender and Social Change in Seventeenth-Century Muscovy», en: *Russia's Women Accomodation, Resistance, Transformation*, ed. B. E. Evans, *et al.* (Berkeley, 1991), p. 89.

[31] Horsley, «Who Were the Witches?», pp. 700-712; Dömötör, «Cunning Folk», pp. 183-6; R. C. Sawyer, «'Strangely Handled in All Her Lyms': Witchcraft and Healing in Jacobean England», en *Journal of Social History*, 22 (1989), 461-85; Larner, *Enemies of God*, pp. 138-42; J. P. Demos, *Entertaining Satan: Witchcraft and the Culture of Early New England* (Nueva York, 1982), pp. 81-4.

[32] Soman, «Parlement of Paris», p. 43. Ver también Briggs, *Communities of Belief*, p. 16.

[33] En Lucerna, una de las 45 mujeres juzgadas por brujería puede ser identificada como comadrona. Burghartz, «Equation of Women and Witches», p. 67. D. Harley, «Historians as Demonologists: The Myth of the Midwife-witch», en *Social History of Medicine*, 3 (1990), 1-26, confirma que, en contra de una creencia muy extendida, no se generalizaron los procesos por brujería contra las comadronas, sobre todo en Inglaterra. Sin embargo, las comadronas son prácticamente el único grupo ocupacional mencionado de alguna manera en las actas procesales.

oficial llamada Walpurga Hausmännin fue acusada en 1587 de haber causado la muerte por brujería de cuarenta niños, algunos de ellos hasta doce años antes [34].

Una vez que la comadrona era acusada de diversos *maleficia*, la teoría demonológica, que, evidentemente, fue más importante para los jueces que para el pueblo llano, añadía plausibilidad a su delito. Recordemos que las brujas ansiaban apoderarse de niños no bautizados para poderlos sacrificar al diablo, devorar su carne en los banquetes del aquelarre y servirse de sus restos para elaborar ungüentos mágicos. En su función de comadronas, las brujas se hallaban en una situación ideal para conseguir los bebés necesarios y tenían, además, la posibilidad perfecta de bautizarlos al servicio del demonio. En 1782, una comadrona húngara de Szeged, quemada en la pira por brujería, fue acusada de haber bautizado 2.000 niños en nombre del diablo [35].

Las mujeres encargadas de cuidar hijos ajenos fueron más numerosas que las comadronas entre las acusadas. Lyndal Roper ha mostrado que muchas de las acusaciones por brujería presentadas en Augsburgo a finales de los siglos XVI y XVII surgieron por conflictos entre madres y asistentes encargadas de cuidar de ellas y sus hijos durante varias semanas después del parto [36]. Era bastante natural que las madres proyectaran sobre estas mujeres sus miedos acerca de su propia salud y la precariedad de la de sus hijos. Por tanto, cuando ocurría alguna desgracia, estas nodrizas estaban muy expuestas a que se las acusara de haber privado de alimento al niño o haberlo asesinado. Lo interesante de estas acusaciones es que se originaban en tensiones surgidas entre mujeres y no entre hombres y mujeres. Lo mismo puede decirse de muchas otras acusaciones contra mujeres que habían dañado a niños pequeños [37]. El origen de estas tensiones en círculos femeninos ayuda a explicar por qué un

---

[34] Monter, *European Witchcraft* (Nueva York, 1969), pp. 75-81. En Hungría, las comadronas de localidades diferentes que competían en su oficio se acusaron a menudo mutuamente de brujería, acusaciones que llevaron a la ejecución de ambas partes. Klaniczay, «Hungary», p. 254.

[35] *Malleus Maleficarum*, p. 66; Lea, *Materials*, III, p. 1255. Ver, en general, T. R. Forbes, *The Midwife and the Witch* (New Haven, 1966).

[36] L. Roper, «Witchcraft and Fantasy in Early Modern Germany», *History Workshop Journal*, 32 (1991), pp. 19-43, en especial pp. 30-1.

[37] *Ibid.*, p. 23; J. Sharpe, «Witchcraft and Women in Seventeenth-Century England: Some Northern Evidence», *Continuity and Change*, 6 (1991), pp. 179-99.

gran número de testigos en los juicios por brujería eran, de hecho, mujeres [38].

Una explicación final de la preponderancia de las brujas sobre los brujos es la convicción de que las mujeres, que en general no disponían de la fuerza física ni política del hombre, podían utilizar la hechicería como instrumento de protección y venganza. La capacidad de producir daño por medios mágicos era una de las formas de poder a disposición de las mujeres en la Europa moderna. Aunque las mujeres no recurrieran en realidad a las artes mágicas con tales fines, fueron, por supuesto, sospechosas de hacerlo. Esta idea popular de la bruja como una mujer con poderes nos recuerda que, aunque fuera a menudo chivo expiatorio de los males de la sociedad y víctima, muchos de sus convecinos la veían como alguien poderoso y amenazante [39]. Al hacerla juzgar y ejecutar, sus vecinos no se limitaban a intimidar a una anciana inerme, sino que reaccionaban contra una forma de poder femenino que los había expuesto a ellos, sus hijos y sus animales domésticos a considerables peligros.

Edad

El estereotipo más común de la bruja, el de una mujer vieja, halló un sólido fundamento en los procesos de la Edad Moderna. Los limitados datos de que disponemos referentes a la edad de las brujas, resumidos en el cuadro 4 [40], nos muestran que una importante mayoría era de más de cincuenta años, lo que en aquella época se consideraba una edad mucho más avanzada que hoy en día [41]. Parece ser, además, que la bruja típica tenía bastante más de cincuenta años. En dos lugares, Ginebra y el condado de Essex, la edad media de las

---

[38] C. Holmes, «Women Witnesses and Witches», *Past and Present*, 140 (1993), pp. 45-78.

[39] Sobre el poder de las brujas, cfr. Sharpe, «Witchcraft and Women», pp. 185-6.

[40] Fuentes para el cuadro 4: E. Bever, «Old Age and Witchcraft in Early Modern Europe», en: *Old Age in Preindustrial Europe*, ed. P. Stearns (Nueva York, 1982), p. 181; J. P. Demos, «Underlying Themes in the Witchcraft of Seventeenth-Century New England», en: *American Historical Review*, 75 (1970), p. 1315.

[41] Los historiadores han situado la edad de comienzo de la vejez en todos los puntos desde los cuarenta años, edad de la menopausia en la Europa moderna, hasta los sesenta y cinco. Cfr. Bever, «Old Age and Witchcraft» p. 165. Sobre la utilización de la edad de sesenta años para Nueva Inglaterra, cfr. Demos, *Entertaining Satan*, p. 67.

brujas era exactamente de 60. Reginald Scot pisaba, pues, en firme cuando declaraba que «las brujas son por lo general mujeres viejas» [42].

Hay varias razones que explican por qué las brujas solían ser de edad avanzada. Para empezar, las brujas eran procesadas en general después de que las sospechas que gravaban sobre ellas hubieran ido en aumento a lo largo de los años —situación que elevaba considerablemente, como es natural, la edad media de las encausadas—. Según hemos visto, algunas brujas eran también comadronas y curanderas, personas mayores casi por definición. De acuerdo con otra explicación, los ancianos, sobre todo si eran seniles, solían manifestar signos de conducta excéntrica o antisocial que tendía a incomodar a los vecinos y dar pie a acusaciones de brujería [43]. Debido a su senilidad, era más probable que este mismo tipo de personas mayores confesara libremente actividades diabólicas. Como escribía el escéptico Cyrano de Bergerac a mediados del siglo XVII: «Era vieja; la edad había debilitado su razón. La edad hace a las personas parlanchinas; habría inventado su historia para entretener a los vecinos. La edad debilita la visión; confundió gato por liebre. La edad provoca miedos; pensaría haber visto cincuenta en vez de uno» [44]. Una última explicación para el gran número de brujas ancianas es que las personas mayores son físicamente menos poderosas que las jóvenes, por lo cual resultaba más probable que recurrieran a la hechicería como medio de protección o venganza. Las mujeres jóvenes, que el arte del Renacimiento suele representar con capacidad para la violencia, podrían haberse defendido de algunos de sus enemigos [45], pero las ancianas estaban obligadas a confiar en la frágil autoridad adquirida en virtud de su longevidad o en el supuesto control que ejercían sobre las fuerzas ocultas de la naturaleza [46].

---

[42] Monter, *Witchcraft in France and Switzerland*, p. 123; R. Scot, *The Discoverie of Witchcraft*, ed. M. Summers (Londres, 1930), pp. 4, 19.

[43] S. R. Burstein, «Aspects of the Psychopathology of Old Age Revealed in the Witchcraft Cases of the Sixteenth and Seventeenth Centuries», *British Medical Bulletin*, 6 (1949), pp. 63-72.

[44] Citado en Monter, *European Witchcraft*, p. 115.

[45] C. Merchant, *The Death of Nature: Women, Ecology and the Scientific Revolution* (Nueva York, 1980), pp. 132-6.

[46] Sobre el poder de las mujeres ancianas de Nueva Inglaterra, cfr. Demos, *Entertaining Satan*, p. 68.

Cuadro 4
Edad de las mujeres acusadas de brujería

Región	Años	Número de las que se conoce la edad	De más de cincuenta años	% de más de cincuenta años
Génova	1537-1662	95	71	75
Dept. del Norte, Francia	1542-1679	47	24	51
Condado de Essex, Inglaterra	1645	15	13	87
Württemberg	1560-1701	29	16	55
Salem, Mass.	1692-1693	118	49	42

El estereotipo de la bruja vieja y carente de atractivos no era, en absoluto, incompatible con la idea imperante de la bruja como mujer impulsada por el deseo sexual. Podríamos pensar que las jóvenes hermosas representadas a menudo como brujas en pinturas y grabados de época [4] se consideraban sexualmente más voraces que las viejas carcamales, pero los contemporáneos no lo veían siempre así. Es verdad que los autores del *Malleus* distinguían entre las «honestas matronas poco entregadas al vicio carnal» y las muchachas, «más dadas a la concupiscencia y placeres del cuerpo», pero otros escritores no coincidían con ellos [48]. El inglés Robert Burton, aunque se quejaba en su popular libro *Anatomy of Melancholy* (1612) de que las jóvenes buscaban el sexo en cuanto alcanzaban la pubertad, insistía en que las viejas eran igualmente concupiscentes. «Pero, a pesar de ser un carcamal», escribía Burton, «la vieja maulla y necesita tener un semental, un campeón; tiene que volver a casarse y lo hará y se prometerá a algún joven» [49]. Todavía hoy, en la región española de Andalucía, sigue siendo opinión común que las viudas, «incluso en casos evidentemente improbables, son sexualmente depredadoras con los jóvenes» [50].

---

[1] Hans Baldung Grien, *Prints and Drawings*, ed. J. H. Marrow y A. Shestack (Chicago, 1981), pp. 116-19.
[48] *Malleus Maleficarum*, p. 97.
[49] R. Burton, *Anatomy of Melancholy* (Nueva York, 1932), III, pp. 55-6.
[50] J. Pitt-Rivers, «Honour and Social Status», en *Honour and Shame: The Values of Mediterranean Society*, ed. J. G. Peristiany (Chicago, 1966), p. 69.

El retrato de una vieja tarasca sexualmente voraz se sustentaba en un profundo miedo masculino ante la mujer sexualmente experta e independiente. Por muy concupiscentes que pudieran ser, las muchachas jóvenes se seguían considerando sexualmente inexpertas al menos hasta el matrimonio, momento en que pasaban a estar estrictamente subordinadas a sus maridos. Había mucho más que temer de la mujer madura y sexualmente experimentada cuya pasión no se había apagado, sobre todo si hacía ya tiempo que no vivía en matrimonio ni podía concebir hijos. Este miedo era, quizá, el fundamento de las frecuentes condenas y ridiculización de la concupiscencia femenina después de la menopausia [51]. Otro de los motivos del temor masculino en esta materia era la opinión extendida de que, al llegar a la vejez, los hombres no eran sólo menos ardientes que las mujeres, sino, además, menos capaces sexualmente [52].

Por tanto, la bruja vieja y, en especial, la viuda anciana eran el objeto primordial de los miedos sexuales masculinos, de la hostilidad de los hombres y de sus acusaciones por brujería. La designación de esas mujeres como brujas cobraba también sentido en el contexto de la teoría demonológica, pues se creía que el diablo, conocido por sus proezas sexuales, se aparecía a las futuras brujas en forma de joven atractivo y les hacía proposiciones sexuales. Según se pensaba, la concupiscencia arrastraba a las viejas, que, al no conseguir encontrar pareja, serían la presa ideal del Príncipe de las Tinieblas. En un tratado sobre brujería escrito hacia 1540, Arnaldo Albertini, obispo de Patti, Sicilia, afirmaba que la mayoría de las brujas eran viejas que no lograban tener amantes y, por esa razón, se convertían en *strigae* [53].

Aunque la gran mayoría de las brujas eran ancianas o de mediana edad, las personas jóvenes no eran inmunes a los procesos por brujería. Así por ejemplo, la edad de las brujas acusadas en los primeros

---

[51] Sobre alguna de estas afirmaciones, cfr. Bever, «Old Age and Witchcraft», p. 175, n. 112. Los apetitos sexuales de las mujeres después de la menopausia se relacionaban con su sequedad y su deseo de fluido seminal. Cfr. L. Roper, «Witchcraft and Fantasy in Early Modern Germany», en *History Workshop Journal*, 32 (1991), pp. 28-9.

[52] Ver el análisis que hace Easlea de las opiniones de Montaigne sobre este asunto en *Witch Hhunting*, p. 28.

[53] Lea, *Materials*, II, p. 449.

tiempos de ejercer la magia amatoria solía oscilar entre los veinte años y los primeros de la treintena, pues era costumbre que este arte específico fuera practicado por mujeres relativamente jóvenes. Ello explica por qué la Inquisición veneciana, especialmente preocupada por la práctica de la magia amatoria y no por el *maleficium*, llevara a juicio a más brujas de veinte y treinta años que de cuarenta y cincuenta [54].

En algunas ocasiones se juzgó y ejecutó por brujería a niños y adolescentes [55]. Los niños son probablemente más conocidos como origen que como objeto de acusaciones de brujería, pero en algunas cazas de brujas aparecen en numerosos procesos, sobre todo a finales del siglo XVII y principios del XVIII [56]. Su cifra aumentaba notablemente cuando la actividad acusatoria quedaba fuera de control. En Würzburg, por ejemplo, más del 25 por ciento de las 160 personas ejecutadas por brujería entre 1627 y 1629 fueron niños y todos ellos resultaron implicados en las últimas etapas de la caza [57]. A veces los hijos de las brujas eran víctimas de sospechas y acusaciones de brujería, pues existía la creencia extendida de que las brujas podían recibir sus poderes de sus padres, habitualmente mediante instrucción y, a veces, por herencia [58]. En un caso ocurrido en Sajonia en 1660 los dos hijos de un mago fueron ejecutados sumariamente con motivo de la condena de su padre [59]. Los niños ocuparon también un lugar destacado en las cazas de brujas cuando se daba pábulo y crédito a su fértil imaginación. En la famosa caza de brujas del país vasco, en 1610-14, en que se concedió a las brujas libertad para confesar con

---

[54] Martin, *Witchcraft and the Inquisition in Venice*, p. 228.
[55] Ver, por ejemplo, F. Byloff, *Hexenglaube und Hexenverfolgung in den österreichischen Alpenländern* (Berlín, 1934), p. 117; E. W. Monter, *Ritual, Myth and Magic in Early Modern Europe* (Athens, Ohio, 1983), p. 104.
[56] W. Behringer, «Kinderhexenprozesse: zur Rolle von Kindern in der Geschichte der Hexenverfolgung», en: *Zeitschrift für Historische Forschung*, 16 (1988), pp. 31-47.
[57] Ver H. C. E. Midelfort, «Witchcraft and the Domino Theory», en: *Religion and the People, 800-1700*, ed. James Obelkevich (Chapel Hill, NC, 1979), p. 283.
[58] Henningsen, *Witches' Advocate*, p. 34; Bader, *Hexenprozesse in der Schweiz*, p. 209; C. Karlsen, *Devil in the Shape of a Woman: Witchcraft in Colonial New England* (Nueva York, 1987), pp. 3, 71; Perkins, *Damned Art of Witchcraft*, p. 643; Mandrou, *Magistrats et Sorciers en France au XVII siècle* (París, 1968), 115-16; W. G. Soldan y H. Heppe, *Geschichte der Hexenprozesse*, ed. M. Bauer (Munich, 1912), I, pp. 483-5; Rémy, *Demonolatry*, p. 92; D. W. Sabean, *Power in the Blood: Popular Culture and Village Discourse in Early Modern Germany* (Cambridge, 1984), p. 107.
[59] Lea, *Materials*, II, p. 902.

impunidad, más de 1.300 de los aproximadamente 1.800 individuos confesos fueron menores de edad. En otra caza muy conocida incoada en Mora, Suecia, en 1669, una combinación de imaginación juvenil y denuncia de cómplices dio como resultado una cifra desproporcionadamente alta de niños brujos. La caza comenzó cuando un joven de quince años acusó a una muchacha y a varias personas más de secuestrar niños para el diablo. En los juicios que siguieron se condenó a muerte a varios niños, mientras que a otros se les aplicaron penas no capitales en virtud del testimonio de otras brujas confesas que declararon haber sido acompañadas al aquelarre por ellos [60].

Estado civil

El estado civil de las personas acusadas de brujería variaba considerablemente de un lugar y un tiempo a otro, según indican los escasos datos resumidos en el cuadro 5 [61].

En la mayoría de las regiones, sin embargo, el porcentaje de brujas no casadas (es decir, las que habían enviudado o nunca se habían casado) fue superior al correspondiente a la población femenina en general. En seis de las diez regiones representadas en el cuadro, las brujas casadas no llegan a constituir mayoría entre las acusadas y en algunas zonas, como el condado inglés de Kent y la ciudad de Toul, en Lorena, el porcentaje de brujas casadas fue sorprendentemente bajo. Las viudas eran las más numerosas entre las brujas no casadas, pero no debemos ignorar a las solteras, pues sin ellas no podríamos afirmar que la bruja europea típica era una mujer no casada.

Es difícil determinar hasta qué punto el estado no matrimonial de las brujas las hacía vulnerables a las acusaciones de brujería. Los habitantes de pueblos y ciudades pudieron haber considerado a viudas y ancianas solteras sospechosas de brujería sobre todo por el hecho de ser

---

[60] Robbins, *Encyclopedia*, pp. 348-50.
[61] Fuentes para el cuadro 5: Denis, *Toul*, p. 177; Macfarlane, *Witchcraft*, p. 164; A. Pollock, «Social and Economic Characteristics of Witchcraft Accusations in Sixteent- and Seventeenth-Century Kent», en: *Archaeologia Cantiana*, 95 (1979), p. 41, cuadro 3 (con exclusión de las catalogadas en las acusaciones como «casadas y solteras»); Larner et al., *Source-Book of Scottish Witchcraft*, p. 241, cuadro 8; Karlsen, *Devil in the Shape of a Woman*, p. 72; Ankarloo, «Sweden», p. 311; Monter, *Witchcraft in France and Switzerland*, p. 121; Martin, *Witchcraft and the Inquisition in Venice*, p. 229.

Cuadro 5
Estado civil de las mujeres acusadas de brujería

Región	Años	Casadas	Viudas	Solteras	% casadas
Ciudad de Toul	1584-1623	17	29	7	36
Basilea	1571-1670	110	60	11	61
Montbéliard	1555-1661	31	25	11	50
Condado de Essex, Inglaterra	1645 sólo	22	21	8	43
Condado de Kent, Inglaterra	1560-1700	11	24	19	25
Escocia	1560-1727	245	67	7	70
Salem, Mass.	1692-1693	68	22	40	52
Suecia	1668-1676	49	19	32	49
Ginebra	1537-1662	104	81	50	44
Venecia	1550-1650	170	71	32	62

viejas y pobres, más que por no estar casadas [62]. Hay, sin embargo, motivos para creer que el estado de soltería de muchas brujas contribuyó, al menos indirectamente, a su penosa situación. En una sociedad patriarcal, la existencia de mujeres no sometidas ni a un padre ni a un marido era motivo de inquietud, cuando no de miedo, y no es irrazonable suponer que tanto los vecinos que acusaban a tales mujeres como las autoridades que las sometían a proceso respondían a tales miedos [63]. Los mismos acusadores podían haber llegado también a la conclusión de que, al margen de su edad, las mujeres no casadas eran más susceptibles que las mujeres casadas de ser seducidas por un demonio encarnado en un varón.

Los miedos de las autoridades a las mujeres no casadas fueron más acuciantes durante la Edad Moderna tanto por haber aumentado su número como por el cambio que experimentó su posición en ciudades y pueblos. El porcentaje de viudas entre la población femenina, que os-

---

[62] Burghartz, «Equation of Women and Witches», pp. 65-6, mantiene que, en Lucerna, la edad fue una característica distintiva de las brujas más importante que la viudez.

[63] Las mujeres que habían perdido a sus maridos estaban especialmente expuestas a las sospechas de brujería. Martin, *Witchcraft and the Inquisition in Venice*, pp. 229-30. Ver también Karlsen, *Devil in the Shape of a Woman*, p. 73.

cilaba habitualmente entre el 10 y el 20, aumentó en algunos momentos y lugares hasta el 30 [64]. Estos incrementos se solían producir tras las acometidas de la peste, que acostumbraban a causar más muertes entre los hombres que entre las mujeres, y tras períodos de campañas bélicas, cuando la población masculina sufría más bajas que la femenina [65]. Al mismo tiempo, el número de mujeres que nunca llegaban a casarse ascendió de entre el 5 y el 10 por ciento en algunos lugares en la Baja Edad Media hasta el 20 por ciento en el siglo XVII, proceso que coincidió con un aumento de la edad en las primeras nupcias [66]. En el momento de producirse este cambio, las instituciones que habían acogido una gran proporción de la población soltera femenina en la Edad Media —los conventos— experimentaron un descenso en el número de miembros o fueron disueltas a consecuencia de la Reforma. Esto significaba no sólo la presencia de un mayor número de mujeres no casadas en las comunidades locales de la Europa moderna que en la Edad Media, sino también más dificultades para darles acogida en ellas. Es cierto que muchas mujeres no casadas hallaban un lugar en los hogares patriarcales de sus señores, hermanos o hijos adultos, pero otras optaban por una existencia independiente. El hecho de que estas mujeres no casadas fueran notablemente pobres y constituyeran, por tanto, un serio problema social empeoraba aún más la situación. Si los hombres habían abrigado un miedo profundo hacia las mujeres no sometidas, sus temores se agravaron a causa de ese proceso de cambio social y demográfico.

A diferencia de las brujas solteras y viudas, las casadas no estuvieron en general expuestas a cargos de brujería en razón de su condición marital. Otros factores relacionados con el sexo o la posición económica parecen haber contribuido mucho más a hacerlas sospechosas. No obstante, el matrimonio de una bruja contribuyó, al menos indirectamente, a su acusación en dos circunstancias. En un primer caso, las acusaciones de brujería eran provocadas por los conflictos entre ella y su esposo o sus hijos. Uno de los atractivos de

---

[64] En la Toscana, a comienzos del siglo XV, la proporción de viudas iba del 16 por ciento en el campo al 25 por ciento en las ciudades. D. Herlihy y C. Klapisch-Zuber, *Tuscans and their Families* (New Haven, 1985), pp. 216-17.

[65] En algunas localidades, como la de Mora, Suecia, donde se produjo una gran caza de brujas en 1668, el número de hombres adultos no llegaba a la mitad del de mujeres adultas, sobre todo a causa de la guerra. Cfr. Ankarloo, «Sweden», p. 316.

[66] Ver S. C. Watkins, «Spinsters», *Journal of Family History*, 9 (1984), pp. 315-316; P. Laslett, *The World We Have Lost* (3.ª ed., Nueva York, 1984), p. 111.

FIG. 1.—Enfermedad ocular atribuida a embrujamiento. De Georg Bartisan, *Ophthalmologeia* (Dresde, 1583).

FIG. 2.—Ahorcamiento de las brujas de Chelmsford. Los pequeños animales que aparecen en primer término son los espíritus familiares; las brujas los alimentaban y ellos las ayudaban a realizar su magia. De un pliego de cordel contemporáneo (siglo XVII).

Fig. 3.—El diablo seduce a una mujer para que concluya un pacto con él. De Ulrich Molitor, *De Lamiis* (1489).

Fig. 4.—Brujas que se han transformado a sí mismas en animales lanzan sus hechizos contra la puerta de un vecino. Xilograbado de la obra de Guazzo, *Compendium maleficarum* (edición de 1610).

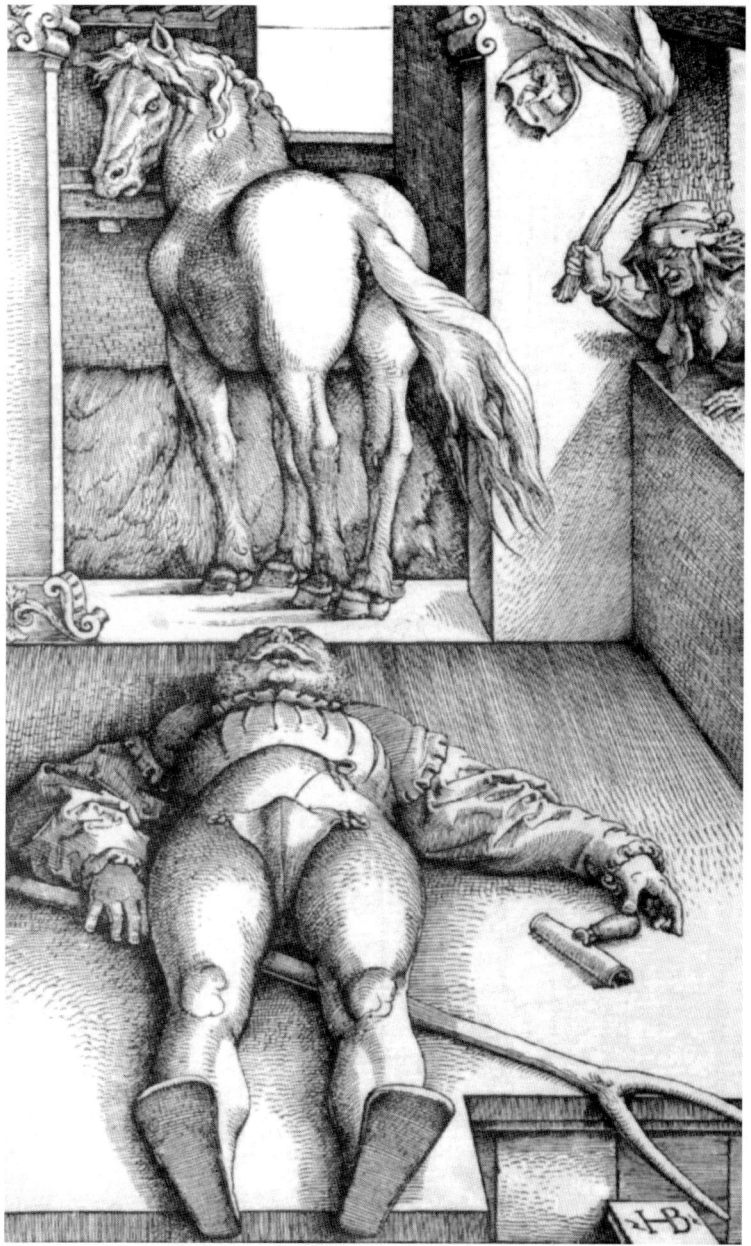

Fig. 5.—Muerte de un mozo de cuadras por brujería; obra de Hans Baldung Grien (principios del siglo XVI).

Fig. 6.—Brujas en trance de quemar y cocer niños. De Guazzo (edición de 1610).

Fig. 7.—Brujos y brujas besando el trasero a su señor, el diablo, en muestra de sumisión. De Guazzo (edición de 1610).

Fig. 8.—El demonio rebautiza a un brujo. De Guazzo (edición de 1610).

Fig. 9.—Brujos y brujas pisotean la cruz por orden del diablo en un acto simbólico de su apostasía. De Guazzo (edición de 1610).

Fig. 10.—Brujas jóvenes y viejas jugando al salto de la rana; obra de Hans Baldung Grien.

FIG. 11.—Mago ritual en el acto de conjurar a un demonio. De la portada del *Dr. Faustus* de Christopher Marlowe.

FIG. 12.—Ejecución de Urban Grandier en Loudun, 1634.

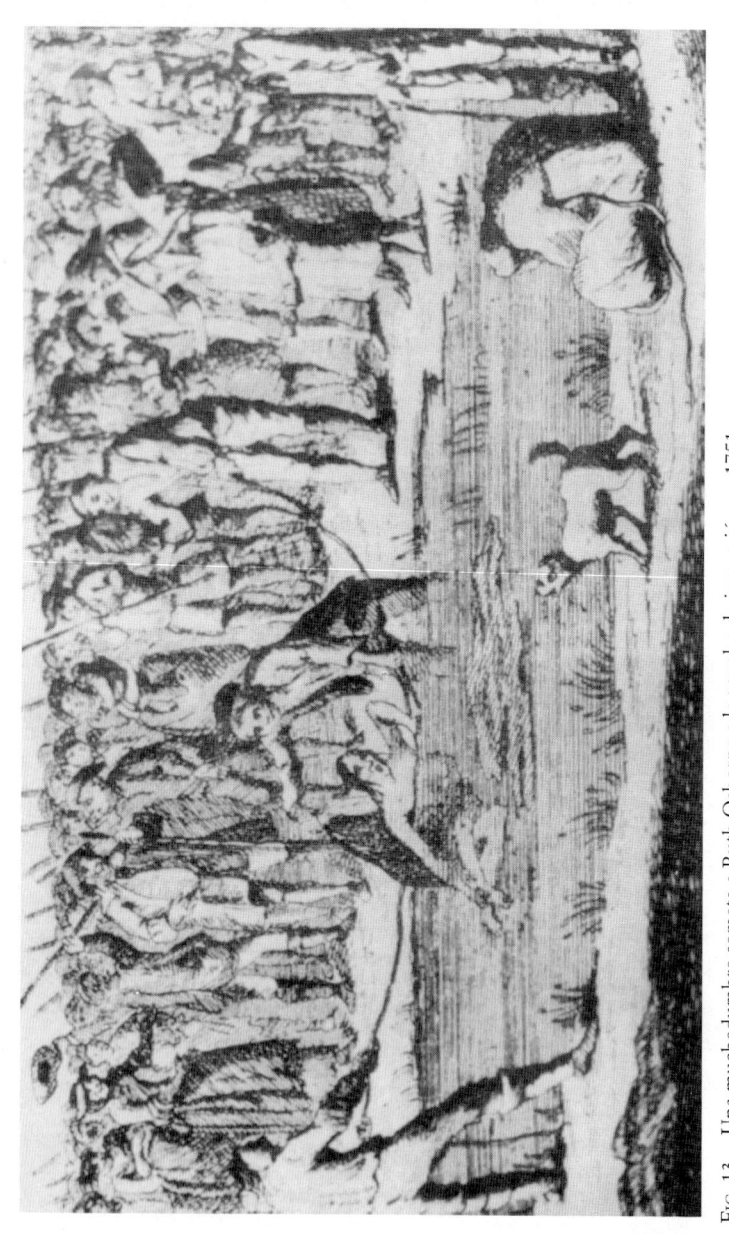

Fig. 13.—Una muchedumbre somete a Ruth Osborne a la prueba de inmersión en 1751.

lanzar una acusación de brujería contra otra persona era que permitía al acusador expresar sentimientos hostiles que no podían manifestarse por ningún otro medio socialmente aprobado. Hablando en términos generales, no se permitía que las hostilidades entre miembros de una familia desembocaran en actos de violencia o en acciones legales. Podemos esperar, por tanto, que en las unidades familiares surgieran en ocasiones acusaciones de brujería y así fue, de hecho, con la notable excepción de Inglaterra [67]. Dado que la brujería se consideraba en general un crimen practicado por mujeres en edad adulta, las esposas y las madres estaban más expuestas a tales cargos que otros miembros de la familia. En ciertos casos los maridos denunciaron como brujas no sólo a sus mujeres sino a veces, incluso, a sus madres [68]. En varias ocasiones el hijo y su esposa recurrieron a acusaciones de brujería para desquitarse de una madre que había desaprobado su matrimonio. De hecho, las acusaciones por brujería se convirtieron en una de las muchas armas utilizadas para atacar la costumbre del matrimonio convenido —práctica que experimentó una pérdida gradual de popularidad durante la Edad Moderna a medida que los reformadores religiosos insistían en la fidelidad marital y aumentaba la edad de las primeras nupcias [69].

La segunda circunstancia en que el estado marital de una mujer la exponía a que se la acusara de brujería se daba en el caso de verse envuelta en conflictos sobre las propiedades de su marido. Aunque en esa época las mujeres casadas no poseían bienes o propiedades independientes, solían ayudar en su trabajo al marido. Así pues, era muy frecuente que participaran en disputas sobre las rentas, el trabajo o, incluso, la posesión de tierras, y es sabido que muchas de esas disputas desembocaron en acusaciones de brujería. Desde el punto de vista del acusador, calificar de bruja a la mujer de un competidor solía resultar especialmente atrayente cuando no se contaba con mecanismos legales para resolver el conflicto entre ellos.

---

[67] Para Inglaterra, cfr. M. MacDonald, *Mystical Bedlam* (Cambridge, 1979), p. 110; Thomas, *Religion and the Decline of Magic*, p. 561.
[68] Ver, por ejemplo, Midelfort, *Witch Hunting*, pp. 101-2. E. Delcambre, «La Psychologie des inculpés Lorrains de sorcellerie», en: *Revue historique de droit français et étranger*, serie 4, 32 (1954), p. 517.
[69] Ver S. Ozment, *When Fathers Ruled* (Cambridge, Mass., 1983), pp. 27-8, donde estudia el control parental del matrimonio.

Condición social y económica

Aunque son muy pocas las pruebas sólidas que han llegado hasta nosotros relativas a la situación social, ocupacional y económica de las brujas, podemos estar muy seguros de que la gran mayoría de las personas procesadas procedía de los niveles bajos de la sociedad. Los comentarios generales realizados por los autores de los tratados de brujería, la suposición de que las brujas establecían pactos con el diablo a cambio de beneficios materiales muy pequeños, los motivos atribuidos a las brujas para actuar contra sus vecinos y el mero hecho de que tantas brujas fueran mujeres no dependientes y sin ninguna característica peculiar social perceptible son datos que apuntan a esta conclusión. Las brujas no eran necesariamente los miembros más pobres de la sociedad. Los mendigos ambulantes, por ejemplo, no parecen haber figurado de manera muy destacada en los juicios, excepto en algunos territorios habsburgueses [70], y muchas brujas disponían de algunas propiedades [71]. Las brujas solían vivir, sin embargo, en los límites de la subsistencia y algunas de ellas tuvieron que recurrir de hecho a la mendicidad para sobrevivir [72]. Así, el médico italiano Girolamo Cardano describía a las brujas como «ancianas miserables y mendicantes que subsisten en los valles con castañas y hierbas del campo», mientras que Nicolas Rémy afirmaba, en su tratado de 1595, que las brujas eran «en su mayoría mendicantes que se mantienen con las limosnas recibidas» [73]. En Nueva Inglaterra, la gran mayoría de las mujeres acusadas de brujería antes del episodio de Salem de 1692, eran miembros dependientes de la comunidad que cumplían las condiciones de pobreza exigidas para disfrutar de la beneficencia [74]. En Noruega, donde un número considerable de personas acusadas de brujería aparecían descritas en las actas judiciales como extremadamente pobres, la mayoría de las que sufrieron condena eran mendicantes [75].

---

[70] Evans, *Habsburg Monarchy*, pp. 412-13.
[71] Ver, por ejemplo, A. Pollock, «Kent», p. 45.
[72] Heikkinen, *Paholaisen*, pp. 388, 390, muestra que incluso las brujas de Ostrobotnia no calsificadas como mendicantes necesitaban a menudo mendigar.
[73] G. Cardano, *De Rerum Varietate* (Basilea, 1557), citado en Lea, *Materials*, II, p. 446; Rémy, *Demonolatry*, p. 159. Sobre las exageraciones de Rémy en este punto, cfr. Briggs, *Communities of Belief*, p. 75.
[74] Wiseman, *Witchcraft, Magic and Religion*, pp. 76-91. Cfr. también Thomas, *Religion and the Decline of Magic*, pp. 562-3.
[75] Naess, «Norway», p. 377.

Hay varias razones que explican por qué las personas situadas en los niveles más bajos de la sociedad incurrirían en acusaciones de brujería. Los pobres, en especial las mujeres pobres, eran los miembros más débiles y vulnerables de la sociedad. «Las brujas», escribía Johann Weyer, «son criaturas pobres e ignorantes, viejas y sin poder» [76]. Debido a su impotencia tenían más probabilidades que nadie de ser escogidas como chivos expiatorios de los males de la sociedad. Además, en cuanto individuos que vivían en estrechez económica, eran las personas más dispuestas a recurrir a la venta de curas mágicas para sobrevivir o a utilizar la hechicería como medio de venganza contra quienes las amenazaban con privarlas de sus ya escasos recursos. Aunque no practicaran en realidad la magia maligna, serían para sus vecinos las más sospechosas de hacerlo. De manera similar, los pobres tenían en la sociedad mayores probabilidades que ningún otro de establecer pactos con el diablo para mejorar su situación económica, y aunque fuesen muy pocas las que lo hicieran, una acusación de este tipo era extraordinariamente plausible. Finalmente, el dato quizá más importante es que los pobres, al depender de la colectividad, despertaban fácilmente entre sus convecinos sentimientos hostiles y de culpa (cuando no se les proporcionaba asistencia). En estas circunstancias, calificar de brujas a personas pobres era un método empleado por algunos para desquitarse legalmente de quienes se aprovechaban de ellos o para proyectar la propia culpabilidad sobre dichas personas.

Dado que la pobreza de las brujas parece haber contribuido de manera importante para incitar a la gente a acusarlas de ese delito, es razonable suponer que algunos de los cambios económicos de la Edad Moderna tuvieron algún papel en el desencadenamiento de la gran caza de brujas [77]. No hay duda de que la caza de brujas se produjo en un momento en que la pobreza se agravó y extendió. La razón principal de este desagradable proceso fue un tremendo aumento de la población europea de finales del siglo XV a principios del XVII. Como la mano de obra era abundante, los salarios reales cayeron en picado. Al mismo tiempo, una inflación sin precedentes, provocada principalmente por la presión ejercida por una población en

---

[76] Citado en Lea, *Materials*, II, p. 491.
[77] W. Behringer, *Hexenverfolgung in Bayern* (Munich, 1987), pp. 96-112, relaciona la crisis agraria de finales del siglo XVI, así como los cambios sociales de la época, con el aumento de los procesos por brujería.

expansión sobre un suministro de recursos limitado, tuvo un impacto más serio en los pobres que en los ricos. El resultado último fue un descenso del nivel de vida —fenómeno que se inició a finales del siglo XV y continuó hasta entrado el XVIII— [78]. Este descenso se sintió ampliamente, pero afectó con más gravedad a los elementos más marginales de la sociedad, a las personas muy pobres, que se convirtieron en las principales víctimas de la gran caza de brujas.

Si el cambio económico agravó la penosa situación de los pobres haciéndolos más propensos a contemplar la hechicería como solución a sus problemas, también hizo que sus acusadores estuvieran más dispuestos a denunciarlos por brujería. Al sentir casi todos al menos el temor a un futuro de decadencia económica, disminuyó su complacencia y tolerancia hacia los pobres, al tiempo que aumentaba su tendencia a recurrir a las acusaciones de brujería con el fin de mantener su débil posición en la sociedad. En algunos casos, como ocurrió en la mayoría de los procesos por brujería en Inglaterra estudiados por Alan Macfarlane, se mostraron menos dispuestos a conceder a los pobres la asistencia solicitada por la teoría social y religiosa de la Edad Media. En otros casos, los acusadores fueron más intolerantes con los pobres y más propensos a emprender acciones legales en su contra, pues les recordaban con demasiada claridad la situación en que ellos mismos podrían haberse visto en los tiempos que corrían.

Aunque la gran mayoría de las brujas vivía en condiciones económicas de estrechez, unas pocas estaban relativamente bien situadas. Algunas veces, al derrumbarse el estereotipo de la bruja, estas mujeres más afortunadas eran acusadas en las fases tardías de cazas desarrolladas por reacción en cadena, al igual que hombres y niños. En otros casos, sin embargo, algunos hombres destacados y ricos (o, más aún, sus mujeres) se convirtieron tempranamente en diana de las acusaciones de brujería. Tal situación se presentó con especial frecuencia en los comienzos de la caza de brujas europea, cuando se acusó de brujería a algunos individuos que ocupaban puestos elevados, habitualmente en relación con algún tipo de conspiración política real o imaginada. Cuando se lanzaban cargos de esta naturaleza, guardaban una estrecha semejanza con las acusaciones de hechicería

---

[78] F. Braudel y P. Spooner, «Prices in Europe from 1450 to 1750», en: *Cambridge Economic History of Europe*, vol. IV (Cambridge, 1967), p. 429.

de carácter político, planteadas a menudo en los siglos XIV y XV. Sin embargo, los motivos políticos podían intervenir incluso en las acusaciones lanzadas en el siglo XVI, como ocurría en aquellos casos en que los miembros de los consejos urbanos presentaban cargos de brujería contra sus rivales o las mujeres de éstos.

Otro de los móviles para acusar a personas ricas y destacadas era el deseo que abrigaban sus parientes o los magistrados de obtener las propiedades del brujo o la bruja condenados. En la colonia de Nueva Inglaterra, la posesión de bienes por herencia tuvo una especial importancia en las acusaciones de brujería. Carol Karlsen ha demostrado que la mayoría de las mujeres de Nueva Inglaterra denunciadas como brujas poseían propiedades por herencia o tenían la posibilidad de heredarlas. Los bienes de estas mujeres variaban considerablemente pero, por su condición de madres sin hijos o mujeres sin hermanos, todas ellas «se interponían en la línea correcta de transmisión de la propiedad de una generación de varones a otra» [79]. Así, los conflictos entre hombres y mujeres por los recursos económicos fueron de importancia fundamental para determinar el modelo de las acusaciones por brujería en Nueva Inglaterra.

Personalidad de la bruja

Si atendemos ahora a las características personales de la bruja, por oposición a las sociales y económicas, nos encontramos con un cuadro de gran diversidad. Como es de esperar, las brujas no se ajustaban a un perfil de personalidad único. No obstante, solían mostrar ciertos rasgos de comportamiento que explican por qué se las elegía más que a otras como víctimas de acusaciones y procesamientos. Ante todo y sobre todo, las descripciones de las brujas nos las presentan como personas de lengua afilada, mal carácter y pendencieras —rasgos que, naturalmente, las llevaban a intervenir en disputas con sus vecinos y estar expuestas a resentimientos inespecíficos por parte de la comunidad— [80]. Las brujas solían ser las detractoras de la locali-

---

[79] Karlsen, *Devil in the Shape of a Woman*, pp. 111-116.
[80] Thomas, *Religion and the Decline of Magic*, p. 530; Macfarlane, *Witchcraft in Tudor and Stuart England*, pp. 158-60; Monter, *Witchcraft in France and Switzerland*, pp. 136-7; Demos, *Entertaining Satan*, pp. 54-6; J. Kamensky, «Words, Witches and Woman Trouble: Witchcraft, Disorderly Speech and Gender Boundaries in Puritan New England», en: *Essex Institute Historical Collections*, 128 (1992), pp. 286-307.

dad, inclinadas, entre otras cosas, a la maldición —costumbre que puede interpretarse fácilmente como acto de hechicería y causa del infortunio de un vecino—. En la Nueva Inglaterra colonial, las mujeres acusadas de brujería tenían una mala reputación por su lenguaje amenazante y «desordenado» [81]. Las brujas eran, en otras palabras, personas cuya vecindad resultaba poco grata.

Puesto que las brujas constituían un grupo de personas predominantemente ancianas, solían manifestar signos de senilidad. Y son, por supuesto, esas personas seniles las que muestran a menudo los rasgos pendencieros e irritables a los que nos acabamos de referir. Además, la senilidad de las brujas explica a la pefección la creencia, extendida pero errónea, de que las brujas estaban mentalmente desequilibradas [82]. Las brujas tenían, sin duda, fantasías vívidas, como revelan claramente los detalles de las confesiones realizadas libremente, y algunas de ellas pudieron haber sido mitómanas [83]. Es bastante más dudoso que un número significativo padeciera histeria, como la sufrían probablemente muchas víctimas de posesión demoniaca [84]. Johann Weyer, el escéptico del siglo XVI, pensaba que aquellas mujeres «necias y miserables» que creían haber realizado pactos con el diablo y cabalgado de noche con Diana habían contraído la enfermedad femenina uterina de la melancolía y es posible que algunas brujas fueran de hecho personas depresivas. Pero, en función de lo que sabemos actualmente acerca de los efectos de la edad en la actividad mental, las mujeres sobre las que escribía Weyer, así como la gran mayoría de las brujas «mentalmente desequilibradas», mostraban simplemente signos de senilidad [85].

Otra característica personal de muchas brujas era su mala reputación debida a diversas formas de comportamiento desviado religioso o moral. Las brujas eran, por definición, criaturas intrínsecamente malas y, en consecuencia, sus convecinos daban por sentado que sus actos de hechicería y culto al diablo constituían sólo una parte de un historial moral deficiente. A su vez, la reputación de las brujas respecto a otras transgresiones morales las exponía más a la acusación

---

[81] Kamensky, «Words, Witches and Women Trouble», p. 288.
[82] G. Zilboorg, *The Medical Man and the Witch during the Renaissance* (Nueva York, 1941), pp. 204-20.
[83] E. Delcambre, «La Psychologie», pp. 391-2.
[84] Sobre esta afirmación, cfr. I. Veith, *Hysteria: The History of a Disease* (Chicago, 1965), pp. 58-61.
[85] Ver Burstein, «Old Age», pp. 65-8.

de brujería. Al determinar la reputación moral de las personas acusadas de brujería no podemos fiarnos de las referencias a su conducta reiteradamente pecaminosa que aparecen a menudo en los cargos formales presentados contra ellas, pues los magistrados habrían incluido dichas afirmaciones en las actas de manera deliberada sin tener en cuenta su veracidad a fin de mostrar a la bruja bajo la peor luz posible. Disponemos, sin embargo, de pruebas judiciales independientes, contenidas por lo general en actas de tribunales eclesiásticos, según las cuales muchas brujas habrían sido de hecho objeto de sospecha por otras manifestaciones de conducta inmoral y en algunos casos se las habría procesado por ellas. Las brujas no eran, seguramente, criminales contumaces y sólo un pequeño porcentaje habría sido procesada alguna vez por delitos graves como el robo [86]. No obstante, cierto número de brujas aparecen citadas en actas de tribunales eclesiásticos por delitos como el de no asistir a la iglesia, quebrantar el descanso dominical, decir palabrotas, fornicar, prostituirse, abortar y hasta cometer adulterio, mientras que algunos brujos se hicieron sospechosos de homosexualidad, aunque no fueran acusados formalmente [87]. Una mujer inglesa juzgada por brujería en 1613 había dado a luz tres hijos ilegítimos, y sabemos que las mujeres acusadas de brujería en Lucerna habían hablado abiertamente de asuntos sexuales o hecho exhibición pública de su sexualidad [88]. Es también sabido que las mujeres sospechosas de inconformismo religioso o que no practicaban ningún tipo de religión estaban expuestas a ser acusadas de brujería [89]. Sería demasiado arriesgado afirmar, en función de estos datos, que las brujas fueran personas depravadas [90], tér-

---

[86] En Nueva Inglaterra, 10 de cada 118 brujas habían sido procesadas por robo. Ver Demos, *Entertaining Satan*, p. 77. En Noruega, sabemos de 40 personas acusadas de brujería que anteriormente habían sido llevadas ante los tribunales locales por otros crímenes. Cfr. Naess, «Norway», p. 378. Ver también Monter, *Witchcraft in France and Switzerland*, p. 136.

[87] Delcambre, «La Psychologie», p. 105; Levack, «Great Scottish Witch Hunt», p. 101; Karlsen, *Devil in the Shape of a Woman*, p. 138; Byloff, *Hexenglaube*, p. 117; A. Evans, *Witchcraft and the Gay Counterculture* (Boston, 1978), pp. 76-7; E. W. Monter, «La sodomie à l'époque moderne en Suisse romande», en: *Annales*, 29 (1974), pp. 1031-2.

[88] *Witches Apprehended, Examined and Executed* (Londres, 1613), sig. B; Burghartz, «Equation of Women and Witches», pp. 68-9.

[89] Scot, *The Discoverie of Witchcraft*, ed. M. Summers (Londres, 1930; reimpr. Nueva York, 1972), p. 4; Delcambre, «La Psychologie», p. 105.

[90] Muchembled, «Witches of Cambrésis», p. 222, rechaza la utilización del término. Sobre la depravación, cfr. Erikson, *Wayward Puritans* (Nueva York, 1966) y C. McCaghy,

mino que connota a menudo criminalidad, pero, sin duda, mostraron «una conducta inapropiada en la mujer» y no lograron salvaguardar su reputación [91].

Brujería y rebelión

Las autoridades consideraban al brujo o la bruja una persona rebelde —un apóstata rebelado contra Dios y un conspirador opuesto al orden político, social y moral humano—. Según hemos visto, el miedo a la rebelión en la sociedad de la Baja Edad Media y la Edad Moderna europea tuvo una importancia señalada en la creación de la fantasía del aquelarre y el miedo y odio suscitados contra la bruja. No obstante, está todavía por determinar en qué medida las brujas se ajustaban en la realidad a su estereotipo culto. Al no haber existido, casi con seguridad, una auténtica secta de brujas, es difícil representarlas, siguiendo la tradición de la historiografía francesa del siglo XIX, como campesinas rebeldes que se reunían en secreto para protestar contra las injusticias económicas y sociales de su mundo [92]. Algunas de sus confesiones en las que describían un mundo del revés podrían interpretarse como protesta simbólica contra el orden establecido, según ha afirmado Emmanuel Le Roy Ladurie [93]. Pero, puesto que muchas de estas confesiones fueron extraídas bajo tortura, los símbolos contenidos en ellas son habitualmente proyección de los miedos de los magistrados, más que de las protestas de los pobres. Mientras veamos a brujas y brujos como chivos expiatorios y víctimas, como lo eran en la gran mayoría de los casos, será difícil representarlos como protestatarios o rebeldes, aunque pueda demostrarse que algunos de ellos procedían de familias rebeldes [94]. Sólo en el Perú colonial, donde se identificó a las personas acusadas de brujería con defensores

---

Deviant Behavior (Nueva York, 1976), pp. 2-4; N. Ben-Yehuda, *Deviance and Moral Boundaries* (Chicago, 1985).
[91] C. Garrett, «Women as Witches: Patterns of Analysis», en: *Signs*, 3 (1977), p. 466. Karlsen, *Devil in the Shape of a Woman*, pp. 119, 127, mantiene que en Nueva Inglaterra las brujas eran mujeres que se negaban a aceptar el lugar que los hombres les habían asignado en la sociedad.
[92] Ver, por ejemplo, Michelet, *Satanism and Witchcraft*, tr. al inglés de A. R. Allison (Nueva York, 1939).
[93] Le Roy Ladurie, *Paysans de Languedoc* (París, 1966), pp. 407-13.
[94] Muchembled, «Witches of Cambrésis», p. 264, insiste en que las brujas de esta región no eran rebeldes sino víctimas pasivas.

de la cultura andina nativa contra el régimen español, podría considerárselas realmente subversivas desde el punto de vista político, que incitaban a desobedecer tanto a los párrocos como a las autoridades locales [95].

En cierto sentido, sin embargo, las brujas europeas desempeñaron el papel de rebeldes. Son demasiadas las ocasiones en que la bruja, en su esfuerzo por sobrevivir en un medio hostil, fue exponente de una protesta contra la sociedad masculina y sus superiores políticos. A veces ese empeño adoptaba la forma de una maldición o un acto de hechicería, las únicas armas de la bruja contra los habitantes de su pueblo y las autoridades que hacían de ella una víctima. En otros casos se convertía en protesta heroica contra los tribunales que la investigaban. Es cierto que algunas brujas se sometieron humildes a quienes torturaban su conciencia y su cuerpo confiando ingenuamente en ser absueltas. Otras veces, de manera casi inconcebible, expresaron gratitud a sus torturadores [96]. En otras ocasiones, sin embargo, eran reacias a someterse y proferían amenazas contra sus inquisidores. En Salem, por ejemplo, las brujas más severamente castigadas fueron las que se negaron a reconocer la autoridad del tribunal que las juzgaba [97]. Esta protesta individual no convertía a la bruja en una rebelde conspiradora, pero daba a entender que la imagen de ella como víctima completamente pasiva debe ser objeto de una importante matización. En el ducado de Württemberg las brujas demostraron una audacia considerada impropia de su sexo, mientras que en el Pays de Labourd se dieron a conocer por su «desvergüenza» [98].

Si necesitáramos una palabra para describir a la bruja de la Edad Moderna, podríamos denominarla con el término de inconformista. La bruja no era por lo general forastera o extraña en su comunidad, pero difícilmente podía considerarse una pueblerina típica. Era más anciana y pobre que la media y su estado civil era más bien el de no

---

[95] I. Silverblatt, *Moon, Sun, and Witches: Gender Ideologies and Class in Inca and Colonial Peru* (Princeton, 1987), pp. 195-6.
[96] Delcambre, «La Psychologie», pp. 87-8.
[97] D. Konig, *Law and Society in Colonial Massachusetts* (Chapel Hill, N.C., 1980), 173-4.
[98] E. W. M. Bever, «Witchcraft in Early Modern Württemberg» (Princeton, tesis doctoral de Filosofía, 1983); N. Z. Davis, *The Return of Martin Guerre* (Cambridge, Mass., 1983), p. 32.

casada, por lo que no aceptaba las pautas de comportamiento tradicionales de su comunidad o su sexo. Por sus actos y sus palabras, desafiaba las normas contemporáneas de docilidad y domesticidad y trastocaba el ideal de buena mujer cristiana y madre [99]. Excéntrica, acerba y a menudo malhumorada a causa de las adversidades, era objeto de atención, hostilidad, sospechas y miedo. A veces, pero no absolutamente siempre, poseía características físicas que le daban un aspecto todavía más alejado de lo normal. Para Reginald Scot las brujas eran «habitualmente viejas, impedidas, de vista nublada, pálidas, malolientes y llenas de arrugas... encorvadas y deformes y cuyas caras muestran una melancolía que horroriza a cuantos las ven» [100]. Al someter a juicio a tales personas, los miembros de la elite dirigente podían no estar eliminando pervertidos o rebeldes en el sentido tradicional de la palabra, pero inconscientemente, quizá, estaban haciendo a sus comunidades más homogéneas y, posiblemente, más armoniosas. También estaban apoyando las pautas convencionales de conducta femenina.

El cambio social y la gran caza de brujas

Los factores sociales y económicos contribuyeron de manera importante a suscitar acusaciones de brujería y determinar qué individuos habían de ser culpados por los infortunios personales, pero es mucho más discutible que la caza de brujas europea en conjunto haya de considerarse producto del *cambio* económico y social. Es indiscutible que parte de los procesos económicos, sociales y demográficos ocurridos en la Europa moderna agravaron las tensiones subyacentes en muchas de las acusaciones por brujería. Según hemos mencionado más arriba, la inflación, el incremento de la pobreza, las presiones ejercidas por una población en aumento sobre una provisión de recursos limitada, el mayor número de mujeres independien-

---

[99] S. Brauner, «Martin Luther on Witchcraft: A True Reformer?», en: *The Politicsof Gender in Early Modern Europe*, ed. J. R. Brink, *et al., Sixteenth-Century Essays and Studies*, 12 (1989), pp. 29-42; A. P. Coudert, «The Myth of the Improved Status of Protestant Women: The Case of the Witchcraze», en: *The Politics of Gender in Early Modern Europe*, ed. J. R. Brink *et al.*, pp. 61-94.

[100] Macfarlane, *Witchcraft in Tudor and Stuart England*, p. 158; Scot, *Discovery*, p. 320.

tes y los cambios en la estructura de la familia contribuyeron en parte a fomentar las acusaciones por brujería. Algunas mujeres pudieron ser acusadas de brujería por haber sufrido más que nadie tales cambios o haber ofrecido la mayor resistencia al advenimiento del capitalismo [101]. Además, ciertas crisis económicas específicas como la hambruna, los brotes de enfermedades epidémicas y los desplazamientos provocados por la guerra podrían haber ayudado a desencadenar muchas de las cazas de brujas particulares, como se analizará más adelante. Sin embargo, en más de un caso, no parece que haya habido relación alguna entre las cazas de brujas y estos procesos específicos. Muchos de los conflictos personales que concluyeron en acusaciones de brujería, así como las desgracias que los habían provocado, fueron un rasgo constante de la vida campesina y podrían haberse producido tanto en épocas de bonanza como en tiempos malos [102]. En numerosos casos, los cargos presentados contra las brujas nos proporcionan pocas pruebas de que ellas o sus convecinos estuvieran respondiendo a un cambio social o económico, y la relación resulta aún más difícil de detectar cuando eran los magistrados o los inquisidores quienes incoaban o dirigían los procesos.

No obstante, el cambio social contribuyó a la caza de brujas de una manera más general e indirecta. Sumada a los cambios religiosos y sociales de la época, la transformación social y económica creó en todos los sectores de la sociedad un sentimiento de angustia que hizo a las personas más conscientes del peligro de la brujería en el mundo y más dispuestas a contrarrestarlo. Se puede, desde luego, afirmar que todas las épocas históricas son periodos de cambios y transformaciones monumentales y que el fenómeno del cambio provoca invariablemente miedos y ansiedad entre quienes lo experimentan o son sus testigos. Podría muy bien ser así, pero el periodo de la caza de brujas, que fue el momento en que Europa sufrió los dolores de parto del mundo moderno, constituye un caso especial. Durante estos años, Europa no sólo conoció una inflación sin precedentes y un descenso en el nivel de vida, sino también el crecimiento del capitalismo, la aparición del Estado moderno, un estallido de rebeliones y guerras civiles y la destrucción de la unidad visible del cristianismo

---

[101] Macfarlane, *Witchcraft in Tudor and Stuart England*, p. 161; Thomas, *Religion and the Decline of Magic*, p. 562.
[102] Briggs, *Communities of Belief*, p. 74.

medieval. Los cambios ocurridos fueron más fundamentales, rápidos y extensos que en cualquier otro momento de la historia europea anterior a la llegada de la revolución industrial. Estos cambios tuvieron unos importantes costes psíquicos. Para una población que creía en el orden fijo del cosmos, la transformación de casi todos los aspectos de sus vidas fue una experiencia desconcertante y la posible causa de la sensación de abatimiento, pesimismo y tristeza que tanto los contemporáneos como los historiadores posteriores han detectado en la Europa de la Baja Edad Media y la Edad Moderna y que provocó, sin duda, un miedo profundo entre quienes no fueron capaces de encarar la inestabilidad e inseguridad del nuevo mundo. El predominio de este miedo a lo largo de Europa y en todas las clases sociales fue lo que ha llevado a designar este periodo como la «edad de la ansiedad» y uno de los «periodos de la historia humana físicamente más inquietos» [103].

La generalización de esta ansiedad creó, tanto entre la elite como entre el pueblo llano, un estado de ánimo que estimuló considerablemente el fenómeno de la caza de brujas. Entre las clases cultas y gobernantes impulsó una tendencia a atribuir a la influencia de Satanás en el mundo la agitación, la inestabilidad y la confusión que veían por todas partes en torno suyo, circunstancia que sugería a su vez la actividad de las brujas. Muchos de los signos concretos de desintegración social —la disensión religiosa, la rebelión popular, la difusión perceptible de la pobreza e incluso el nacimiento del espíritu del capitalismo— se atribuyeron de hecho a menudo a Satanás y sus aliados. Convencidos de que el diablo andaba suelto, los miembros de la elite administrativa pudieron llegar fácilmente a la conclusión de que una de las mejores maneras de oponerse a él y a su influencia destructora era procesar a los individuos que habían establecido pactos con el diablo. De este modo, el mundo podía purificarse de sus contaminantes diabólicos y restablecerse el orden social. Además, al emprender una caza de brujas, las autoridades administrativas podían resolver, al menos temporalmente, las divisiones sociales potencialmente peligrosas centrando la atención de toda la comunidad sobre

---

[103] White, «Death and the Devil», en: *The Darker Vision of the Renaissance*, ed. R. S. Kinsman (Berkeley, 1974), p. 26.

un enemigo común y distrayéndola así de preocupaciones más serias (y más reales) [104].

Entre el pueblo llano, el ataque a las brujas contribuía así mismo a aliviar la angustia. Los individuos que presentaron los primeros cargos contra las brujas lo hicieron, por supuesto, de manera muy específica, pues al denunciarlas daban explicación a los infortunios que les habían afectado y conseguían vengarse de quienes les habían causado algún daño. Pero, de manera más general, al contribuir a la detención de las brujas, testimoniar en su contra y congregarse para presenciar su ejecución, la comunidad entera respondía a una necesidad emocional. Abocada a la inflación, a una creciente competencia por una porción de tierra limitada, a las hambrunas periódicas y los estallidos de la peste y a un conjunto a menudo confuso de cambios religiosos y políticos, campesinos y labriegos encontraron en la brujería un alivio para la extrema confusión psíquica que experimentaban. En otras palabras, la caza de brujas pasó a ser uno de los medios utilizados por la gente para mantener su equilibrio en un tiempo de gran tensión. Las brujas se convirtieron en chivos expiatorios no sólo de quienes habían sufrido alguna desgracia, sino de comunidades enteras.

La función de las cazas de brujas en la atenuación de los miedos se hace aún más evidente si consideramos la ansiedad moral o espiritual experimentada por muchos habitantes de zonas rurales en la época de la Reforma. Gracias a la instrucción y exhortación moral de los reformadores religiosos —tanto protestantes como católicos—, los residentes en pueblos y ciudades de la Europa de los siglos XVI y XVII se hicieron muy conscientes de su necesidad de alcanzar la salvación. Este proceso estuvo acompañado, como es natural, por sentimientos de culpa muy difundidos, generados por las transgresiones morales, y de angustia respecto al destino eterno de cada cual, debido sobre todo a la transformación de las normas mismas de comportamiento moral. En tales circunstancias, el procesamiento de individuos que, por definición, eran intrínsecamente malos y estaban supuestamente minando el orden moral en su conjunto, proporcionó cierto grado de seguridad a las almas inquietas. El apoyo a los juicios

---

[104] Sobre la opinión radical según la cual la clase gobernante se habría servido deliberadamente de la caza de brujas para provocar inseguridad entre las clases bajas y desviar la energía revolucionaria latente, cfr. M. Harris, *Cows, Pigs, Wars and Witches* (Nueva York, 1974), pp. 225-40.

por brujería ofreció a los miembros de las comunidades europeas un medio para poder confiar en la propia santidad moral y en la salvación definitiva.

El aspecto moral de la ansiedad de la Europa moderna revela hasta qué punto es difícil separar los efectos de la transformación social y económica de los del cambio religioso. El malestar experimentado por los europeos de la Edad Moderna es, quizá, vago y difícil de analizar, pero era sin duda consecuencia tanto del proceso de cambio religioso como de la transformación de la sociedad y la economía. En última instancia fue el fenómeno mismo del cambio, más que cualquier cambio en concreto, lo que sentó los fundamentos de la caza de brujas. Una vez que se impuso un estado de ánimo general conducente a la caza de brujas, entraron en juego las preocupaciones sociales y económicas, mucho más específicas, y llevaron a identificar a ciertas personas —por lo general mujeres ancianas y pobres— como brujas.

6. DINÁMICA DE LA CAZA DE BRUJAS

El procesamiento de las brujas en la Europa moderna se suele abordar de manera monolítica. Acostumbramos a hablar de *la* caza de brujas europea o brujomanía de los siglos XV, XVI y XVII. Hay razones legítimas para considerar de este modo general y global la persecución de las brujas. Las distintas autoridades eclesiásticas y civiles que sometieron a proceso a las brujas desde España hasta el Báltico y de Escocia a Transilvania participaban en cierto sentido en una empresa común: la destrucción de una herejía especialmente peligrosa y una forma de rebelión que se había extendido por toda Europa. La intensidad de su campaña varió considerablemente de un lugar y un tiempo a otro, pero sus razones para procesar a las brujas, los cargos que se les imputaron y los métodos utilizados para descubrirlas tuvieron mucho en común. En cierto sentido, pues, *hubo* una gran caza o campaña que se inició en el siglo XV, se hizo mucho más intensa en la segunda mitad del XVI, alcanzó su punto culminante en torno a 1620 y decayó lentamente a finales del siglo XVII y en el XVIII. Esta larga caza paneuropea ha constituido hasta aquí el foco principal de nuestro libro.

Pero, a pesar de su validez, el concepto de una única caza de brujas podría resultar engañoso, pues además de inducir a una posible formulación de afirmaciones generales sobre la brujería europea que ignorarían las variantes nacionales y regionales (objeto del siguiente capítulo), ocultaría, quizá, el hecho de que aquella persecución fue una amalgama de cientos y hasta miles de distintas cazas realizadas en diferentes lugares y tiempos. Cada una de ellas, como el fenómeno global, con su mayor amplitud, tiene su propia historia y todas ellas son susceptibles de análisis detallados. Algunas de estas cazas particulares, como la serie de juicios celebrados en Tréveris en las décadas de 1580 y 1590, la campaña contra la brujería en el país vasco en 1609-14, la caza dirigida por Matthew Hopkins y John Stearne en Inglaterra de 1645 a 1646, la gran caza de brujas escocesa de 1661-62 y el episodio ocurrido en Salem, Massachusetts, en 1692, han sido objeto de investigaciones pormenorizadas. Muchas otras de tamaño diverso aguardan todavía un estudio académico. Contamos, no obstante, con información suficiente para explorar las distintas maneras de iniciación de estas cazas, las diferentes formas que adquirieron en su desarrollo y los diversos caminos que llevaron a su conclusión. El cuadro resultante es de una diversidad tan amplia que resulta difícil describir una caza de brujas «típica».

Condiciones previas

Para la realización de una caza de brujas era necesario que se satisficieran antes ciertas condiciones previas. Estas premisas, aproximadamente análogas a las de la caza europea en general, se refieren a las creencias de la población local sobre brujas, las leyes e instituciones judiciales de la zona y el estado de ánimo de toda la comunidad. En cuanto a las creencias acerca de las brujas, hacía falta que tanto la elite gobernante como el pueblo llano tuvieran algún conocimiento de las diversas actividades en que supuestamente participaban. Ello no significa que todos los miembros de las comunidades que fueron testigos de cazas de brujas poseyeran un conocimiento pleno del concepto acumulativo de brujería, pero sí que las personas, en general, creían en la realidad de la magia nociva y que los magistrados y el clero estaban al menos vagamente familiarizados con la teoría demonológica desarrollada por los intelectuales desde la Baja Edad Media para explicar esa magia. Si la gente corriente no hubiera creído en la realidad de los *maleficia* y en la existencia de las brujas, no habría estado dispuesta a testificar que sus infortunios eran atribuibles a la brujería. Una reticencia así podría haber frustrado el empeño del fiscal más decidido y provocado, incluso, una oposición popular a los juicios. Así pues, antes de poder iniciar la caza de brujas, era esencial contar previamente con una población que creyese en ellas. En la mayoría de los casos, esta condición previa se cumplió fácilmente. Las creencias populares en la brujería eran anteriores a la formación de su concepto acumulativo y fueron remodeladas por los predicadores tras haber llegado al convencimiento de que las brujas andaban sueltas entre la población. Por otra parte, hubo zonas en Europa, sobre todo en el sur de España, donde tales creencias eran débiles y la práctica ausencia de procesos por brujería en esas regiones se puede atribuir, al menos en parte, a este hecho [1].

Mucho más importantes que las creencias populares fueron las de las elites gobernantes y administrativas. Estas personas controlaban el procedimiento judicial, por lo que su creencia en la brujería resultaba esencial para emprender una caza de brujas. Según sabemos por los sucesos ocurridos a finales del siglo XVII, cuando el escepticismo había comenzado a impregnar los niveles altos de la sociedad, las creencias populares no lograban provocar una caza de brujas si se topaban con una burocracia incrédula y con la inactividad judicial. Para que pudiera producirse una caza de brujas era, por tanto, necesario que ese grupo de funcionarios creyese en la realidad de la brujería y abrigara profundos temores hacia ella. También se requería que tales personas estuvieran suficientemente familiarizadas con la teoría demonológica contemporánea sobre la brujería, según la cual la esencia del delito era el pacto con el diablo. Y, para darse una gran caza con búsqueda de cómplices, era necesario que esas mismas personas consideraran la brujería como una actividad colectiva y conspiratoria. Al aumentar la instrucción de la elite gobernante de Europa y a medida que comenzó a llegar a las pequeñas comunidades un mayor volumen de literatura (incluidos tratados sobre brujería) y que las noticias sobre este asunto se extendieron entre las minorías dirigentes provinciales corriendo de boca en boca, la probabilidad de que se produjeran cazas de brujas se hizo mucho mayor. En la región de Cambrésis, el auge de los procesos por brujería coincidió con la difusión de la alfabetización entre las elites locales, y en las regiones marginales de Europa, como Escandinavia o Transilvania, la caza de

---

[1] G. L. Kittredge, *Witchcraft in Old and New England* (Cambridge, Mass., 1929), p. 357; Henningsen, *Witches' Advocate*, p. 389.

brujas no se dio nunca hasta la introducción de las creencias cultas sobre brujería [2].

Un segundo conjunto de condiciones previas para las cazas de brujas particulares se refiere a las leyes y maquinaria judicial vigentes en la zona donde se produjeron. Para su iniciación era necesario que los tribunales con competencias en una localidad concreta poseyeran tanto una jurisdicción claramente definida sobre el delito de brujería como los instrumentos procesales requeridos para encausar debidamente a las brujas. La necesidad de una definición clara, conseguida habitualmente mediante la aprobación de una ley sobre brujería, la promulgación de un edicto en su contra o la publicación de un nuevo código legal que hiciera referencia a ella, fue evidente sobre todo en Inglaterra, donde prácticamente no hubo juicios hasta la aprobación de la ley sobre brujería de 1542. De manera similar, la promulgación del código penal imperial, la *Carolina* de 1532, que contenía referencias específicas al delito de brujería, facilitó la realización de cazas de brujas por todo el Sacro Imperio Romano. Si volvemos la mirada a un periodo anterior, podemos afirmar que los procesos por brujería incoados por los inquisidores papales no fueron posibles hasta que la hechicería fue específicamente clasificada como herejía [3]. Pero, incluso entonces, fue necesario que el papa Inocencio VIII publicara su famosa bula *Summis desiderantes* para dar a sus dos inquisidores, Kramer y Sprenger, la autoridad para proceder contra las brujas en Alemania en 1484.

Además de disponer de una jurisdicción clara sobre la brujería, los tribunales europeos tendrían que haber llegado a adoptar ciertos procedimientos para procesar con éxito a las brujas. Como mínimo, deberían haber abandonado la norma por la que el acusador se exponía al cargo de acusación falsa, la *lex talionis*, en el caso de que el acusado probara su inocencia. Para que se produjera una caza de gran alcance se requería así mismo que las autoridades judiciales tuvieran el derecho de acusar e interrogar a los individuos por su propia autoridad y de utilizar medidas coercitivas —habitualmente la tortura— para obtener confesiones. En la mayoría de los casos, los tribunales consiguieron estos derechos con la introducción del pro-

---

[2] Muchembled, «Witches of Cambrésis», pp. 256-7.
[3] El primer paso fue dado en 1258 por el papa Alejandro IV. Cfr. Kors y Peters, *Witchcraft in Europe*, pp. 77, 79.

cedimiento inquisitorio, circunstancia que se dio en la mayoría de las jurisdicciones europeas a mediados del siglo XVI. En Inglaterra, por supuesto, no se adoptó este procedimiento y la tortura no se pudo aplicar en casos de brujería. Esto significó, en realidad, que las grandes cazas fueron improbables en este país y, de hecho, hubo muy pocas. No obstante, mediante el recurso a procesos públicos incoados por grandes jurados que actuaban en nombre de la comunidad tras la presentación de una demanda privada, junto con cierto grado de coerción judicial, se consiguió sacar adelante causas por brujería con o sin confesiones. Y, aunque en Inglaterra no podía utilizarse la tortura, la facultad del jurado para dictar veredictos basándose en pruebas circunstanciales significó que el sistema judicial inglés fue muy capaz de facilitar cazas de brujas.

La condición previa última de la caza de brujas en las sociedades europeas fue la presencia de una atmósfera que incrementó el miedo a la brujería e incitó al pueblo a actuar en su contra. Ya hemos visto cómo un estado de ánimo de ansiedad general difundido por Europa proporcionó el medio emocional para la caza de brujas en general. En las ciudades y pueblos donde se produjeron cazas de brujas, este estado de ánimo era perfectamente visible en un pequeño grupo de la población campesina o en los magistrados o, más generalmente, en la totalidad de la población. La ansiedad compartida por estas personas podía nacer de una disquisición sobre la brujería o, de forma algo más indirecta, de los acontecimientos económicos, políticos o religiosos.

El origen probablemente más habitual de la atmósfera propicia a la caza de brujas fue el mismo debate público sobre la brujería. En muchos casos, los sermones de un predicador de la caza de brujas preparaban las mentes de los feligreses para ir a buscarlas entre quienes compartían con ellos la vida de cada día. Hace ya mucho tiempo que se ha reconocido el papel del clero reformado, tanto protestante como católico, en la difusión de la brujomanía desde el púlpito [4]; los sermones pronunciados por Samuel Parris en Salem antes de la caza de brujas iniciada allí en 1692 nos ofrecen un buen ejemplo de ello. En algunos casos, los contemporáneos hicieron observaciones sobre la influencia de la predicación en el desencadenamiento de cazas de

---

[4] Ver, por ejemplo, Trevor-Roper, «European Witch-Craze», pp. 137-9; Clark, «Protestant Demonology», *passim;* Naess, «Norway», p. 374.

brujas. El inquisidor Alonso de Salazar afirmaba, en su crítica de la gran caza de brujas de 1610, que «todo el asunto comenzó después de que fray Domingo de Sardo acudiera allí para predicar sobre estas cosas», y en un comentario sorprendentemente perspicaz sobre el desarrollo general de la caza de brujas mantuvo que «no hubo ni brujas ni embrujados hasta que se les habló y se escribió de ello»[5].

Los predicadores no fueron los únicos responsables de que se hablara y se escribiera. Las noticias de cazas de brujas y ejecuciones en otras partes de un país podían atizar fácilmente los miedos populares y de la elite y crear un estado de ánimo favorable a la caza de brujas en un pueblo o una ciudad. Muchas cazas se propagaron de pueblo en pueblo a causa de tales informaciones, incluso cuando las brujas confesas no implicaron a cómplices fuera de sus comunidades o cuando los cazadores de brujas no se trasladaron de un sitio a otro. En ciertos casos la difusión de panfletos o tratados dedicados a los casos de brujería sirvieron al mismo fin, mientras que las declaraciones oficiales respecto al peligro de la brujería podían suscitar así mismo miedos que, de lo contrario, habrían continuado aletargados. Una caza de brujas ocurrida en el Franco-Condado en la primera década del siglo XVII se inició poco después de la publicación del *Discours des sorciers* de Henri Boguet (1602), mientras que otra, desatada en la misma provincia en 1657, no comenzó hasta que los inquisidores proclamaron un *monitoire* en cada provincia requiriendo a toda persona que poseyera información sobre actos de brujería a darla a conocer a los inquisidores[6].

De forma algo más indirecta, la experiencia de la crisis económica, religiosa o política provocó a menudo un estado de ánimo que dio pie fácilmente al inicio de la caza de brujas. Una serie de malas cosechas y situaciones próximas a la hambruna parece haber estimulado en varios casos el desarrollo de la caza. En Tréveris, por ejemplo, una combinación de diversas calamidades naturales provocó la pérdida de todas las cosechas, excepto dos, entre 1580 y 1599, y durante este periodo se produjo una feroz epidemia de juicios por brujería[7]. De manera similar, una serie de malas cosechas en las áreas

---

[5] Kors y Peters, *Witchcraft in Europe*, p. 341.
[6] Monter, *Witchcraft in France and Switzerland*, pp. 72-3, 81. Como ilustración de los efectos de los rumores sobre la caza de brujas, cfr. Ankarloo, *Trolldomsprocesserna i Sverige* (Estocolmo, 1971), pp. 338-9.
[7] Ver Robbins, *Encyclopedia*, p. 202.

septentrionales del Franco-Condado creó el ambiente para la caza de brujas ocurrida allí en 1618-29 [8]. Las epidemias, entre ellas la peste, tuvieron a menudo efectos similares, como en el caso de Ellwangen en 1611 [9]. En ciertas zonas de Europa parece haberse dado a grandes rasgos una correlación entre periodos de escasez, hambruna y peste, por un lado, y épocas de intensas cazas de brujas, por otro. En Alemania, por ejemplo, los años que fueron testigos de las crisis agrarias más serias, entre 1562 y 1630, fueron también los del inicio de grandes cazas de brujas [10]. En Suiza pueden observarse pautas similares a lo largo del siglo XV, y en el Pays de Vaud entre 1581 y 1620 [11]. Sería engañoso pretender explicar las cazas de brujas particulares exclusivamente en tales términos, pero las crisis agrarias y las epidemias contribuyeron evidentemente a crear una atmósfera en la que era probable la aparición de acusaciones de brujería.

Las crisis religiosas, en especial la experiencia de un cambio confesional reciente, en acción o inminente, fueron también muy capaces de generar el tipo de ansiedad comunitaria que desembocaba en acusaciones de brujería y, según hemos visto, esto podría explicar por qué las cazas de brujas se producían sobre todo en zonas de inestabilidad religiosa. Otro sentimiento religioso que pudo haber tenido un efecto similar fue el milenarismo, la convicción de la presencia del Anticristo y la inminencia del reinado de Cristo. Las brujas no se identificaban con el Anticristo, pero el deseo de purificar el mundo para preparar el camino del Señor pudo fácilmente haber estimulado su persecución, pues, a fin de cuentas, eran agentes del diablo [12]. La preponderancia del sentimiento milenarista en Anglia oriental en 1645 pudo muy bien haber hecho que su población se mostrara receptiva hacia las actividades de caza de brujas de Matthew Hopkins [13].

El papel de las crisis políticas en la preparación del terreno para

---

[8] Monter, *Witchcraft in France and Switzerland*, pp. 77, 86.
[9] Midelfort, *Witch-Hunting*, p. 122.
[10] Behringer, «Erhob sich das ganze Land», pp. 141-3. La peste no tuvo siempre ese efecto. Cfr. Midelfort, *Witch Hunting*, p. 122.
[11] Blauert, *Frühe Hexenverfolgungen*, pp. 20-23; Kamber, «La Chasse», pp. 26-8.
[12] John Steare, *A Confirmation and Discovery* (Londres, 1648), p. 60, mantiene que a la llegada del milenio no habría brujas. Cfr. también Trevor-Roper, «Witch-Craze», pp. 172-3.
[13] Macfarlane, *Witchcraft in Tudor and Stuart England*, pp. 141, 223; W. Lamont, *Godly Rule* (Londres, 1969), pp. 14, 99.

la caza de brujas es más sutil que el de hambrunas, enfermedades o cambios religiosos. Las crisis políticas solían ejercer sobre las elites dirigentes mayor impacto que sobre la población en general y por tal razón provocaban, probablemente, una ansiedad profunda sólo en los niveles altos de la sociedad. Además, las crisis políticas tenían una influencia inmediatamente contraria a la caza de brujas al interrumpir la acción de la maquinaria judicial. No obstante, la presencia de agitaciones políticas podía crear inquietud entre los magistrados e impulsarlos a iniciar una caza de brujas, sobre todo en los momentos inmediatamente posteriores a la crisis. En tales circunstancias, la caza de brujas ofrecería a la elite la posibilidad de acabar con lo que consideraban una amenaza peligrosa para el orden de la sociedad e incluso de castigar, quizá, a malhechores que, en medio del cambio político más urgente y a consecuencia de la parálisis judicial, podrían haber eludido el brazo de la ley. Estas fueron en parte las razones de las grandes cazas de brujas ocurridas en Escocia en 1661-62, tras concluir el predominio inglés y después de dos años de inactividad judicial; en Lorena, en 1658, una vez finalizado el dominio francés, y en Salem, en 1692, después de unos años de desorden constitucional e incertidumbre judicial [14].

El factor último con un papel importante en la predisposición psicológica de las personas para la caza de brujas fue la guerra, que, por sus efectos profundos y de largo alcance, tuvo una enorme capacidad de generar ansiedad en las comunidades. Sin embargo, una vez más, no debemos hacer suposiciones injustificadas. El efecto directo e inmediato del conflicto armado sobre la caza de brujas, al igual que el de las crisis políticas que solían acompañar a la guerra, era habitualmente contrario. La experiencia de la guerra resultaba tan alteradora y sus efectos tan generalizados que las comunidades donde se libraban las batallas o donde se acuartelaban las tropas tenían poco tiempo para interesarse por las actividades de hechiceros malignos o incluso apóstatas. En las ciudades y pueblos de Francia, Alemania, Suiza, Austria y los Países Bajos, los juicios por brujería fueron relativamente raros durante los periodos de campañas bélicas efectivas e incluso durante el subsiguiente periodo de agotamiento. La caza de brujas era para todos los efectos una actividad de tiempos de paz [15]. No obstante, la expe-

---

[14] Levack, «Great Scottish Witch Hunt», pp. 90-5, 107-8; Trevor-Roper, «European Witch-Craze», p. 160.
[15] Monter, *Witchcraft in France and Switzerland*, p. 81; Kamber, «La Chasse», p. 27; Byloff, *Hexenglaube*, p. 160.

riencia real de la guerra, que suponía una interrupción de la vida social durante años una vez concluidas las hostilidades, pudo contribuir a crear las ansiedades colectivas que constituían el fundamento del fenómeno de la caza de brujas. No era casual que en Besançon, en 1657, un sacerdote pensara que la brujería había adquirido proporciones epidémicas «porque los trastornos de las últimas guerras han sido de tanta magnitud y han causado tales desórdenes en la provincia» [16]. Las mismas circunstancias pueden explicar por qué los procesos por brujería en Hungría tendieron a aumentar pocos años después de finalizar una guerra o una sublevación interior, una vez que el país había comenzado a experimentar sus efectos a largo plazo [17]. También es posible establecer una relación bastante clara entre los efectos a largo plazo de la guerra en Polonia y el desencadenamiento de una intensa caza de brujas en el mismo país a finales del siglo XVII [18].

Al tratar de los fundamentos psicológicos de la caza de brujas, es importante señalar que, en la mayoría de los casos, el estado de ánimo que hacía sentir a la gente el apremio de perseguir a las brujas no fue provocado por un único factor. Habitualmente su origen se debía a una combinación de circunstancias como la guerra, la peste y las hambrunas o las malas cosechas, en coincidencia con la promulgación de un edicto oficial contra las brujas. No existió, además, relación causal entre un estado de ánimo propicio a la caza de brujas y la realización concreta de esa caza. Así pues, no debería sorprendernos que una combinación de factores parezca haber «causado» una caza de brujas en un determinado lugar, mientras que una situación prácticamente idéntica no daba pie al inicio de procesamientos oficiales en otra. El estado de ánimo de una comunidad era meramente una condición previa para la caza de brujas y esta clase de condiciones hacían simplemente posible, pero no inevitable, dicha caza.

Desencadenantes

Las cazas de brujas no se iniciaban de manera espontánea en las comunidades preparadas intelectual, legal y psicológicamente para ex-

---

[16] Monter, *Witchcraft in France and Switzerland*, p. 81.
[17] Klaniczay, «Hungary», p. 224.
[18] Baranowski, *Proceszy Czarownic*, p. 178.

perimentarlas. Alguien —un ciudadano particular, un grupo de campesinos o un magistrado— tenía que echar a rodar la pelota acusando o denunciando a alguien o citando a una persona de la que se rumoreaba que era bruja. Siendo así, hemos de preguntarnos qué sucesos específicos provocaban las acusaciones iniciales. En la mayoría de los casos, el catalizador era una desgracia personal que un individuo y sus vecinos interpretaban como un acto de magia maléfica. La muerte repentina de un niño o un miembro de la familia, la caída en una enfermedad (sobre todo si no se conocía su causa), la pérdida de una cabeza de ganado, la impotencia sexual o el fracaso amoroso, el fuego o incluso el robo impulsaban a la víctima del infortunio a atribuir el daño a brujería y a llevar a la bruja ante la justicia en un intento por explicar lo ocurrido y tomar venganza de los supuestos malhechores. En algunos casos, sobre todo en las grandes cazas, varios individuos que buscaban por separado satisfacer su propia desgracia personal presentaban sus quejas a las autoridades competentes.

La mayoría de las desgracias que desencadenaban las cazas de brujas eran de naturaleza individual, pero ocasionalmente tenían carácter colectivo y, en tales casos, eran los magistrados quienes incoaban, como representantes de la comunidad, la acción contra las brujas. Las granizadas, que podían destruir en pocos minutos cosechas enteras, fueron probablemente la más frecuente de tales desgracias colectivas y en muchos casos, sobre todo en Wiesensteig, Alemania, en 1562, dieron el impulso inicial para que se llevara a cabo una redada de brujas locales [19]. El fuego, muy difícil de controlar en aquella época, fue motivo menos frecuente para que sus víctimas pensaran que podría estar causado por brujería, mientras que, en las comunidades costeras, las tormentas marinas (que solían acabar con vidas y propiedades) pudieron haber tenido idéntico efecto. En la primavera de 1590, una tormenta en el mar del Norte que destruyó uno de los barcos del cortejo de Jacobo VI de Escocia y su nueva esposa, Ana de Dinamarca, fue el primero de muchos sucesos que provocaron cazas de brujas en ambos reinos [20].

Llama la atención que la peste, que devastó comunidades enteras

---

[19] Midelfort, «Witch Hunting», pp. 88-90.
[20] Ver C. Larner, «James VI and Witchcraft», en: *The Reign of James VI and I*, ed. A. G. R. Smith, (Londres, 1979), pp. 80-1.

durante todo el periodo de la caza de brujas en Europa, no actuó muy a menudo como catalizador de cazas concretas. Como muchas de las demás epidemias que afectaron a Europa en este tiempo, la peste agravaba las tensiones sociales y, según hemos dicho más arriba, contribuyó probablemente a generar un estado de ánimo que estimuló la caza de brujas, pero no motivó directamente muchas acusaciones. La causa pudo haber sido el conocimiento del procedimiento de propagación de la enfermedad de un lugar a otro; no era, por tanto, probable que estuviera provocada por la acción de las brujas locales. En unos pocos casos, sin embargo, se acusó a ciertos individuos de diseminar la peste recogiendo su esencia en un ungüento que aplicaban a las casas. Estos propagadores de la peste fueron acusados de magia y culto al diablo y procesados como brujos. En Ginebra se produjeron pánicos suscitados por la propagación de la peste en 1530, 1545, 1567-68, 1571 y 1615; en Chambéry, en 1577; en Vevey, en 1613, y en Milán, en 1630 [21].

La designación de chivos expiatorios en respuesta al infortunio fue probablemente el desencadenante más común en las cazas de brujas en Europa, pero de ninguna manera el único. A veces, por ejemplo, ciertos individuos presentaban deliberada y maliciosamente cargos por brujería contra sus antagonistas —rivales políticos, competidores económicos y, en algunos casos, incluso miembros de la familia con los que entraban en conflicto— con el fin de resolver sus diferencias y vengarse de ellos. Otras veces habían observado realmente a la parte acusada practicar algún tipo de ritos mágicos o lanzar un encantamiento contra alguien, lo que les llevaba a exponer el hecho a la atención de las autoridades.

Aunque los supuestos *maleficia* fueron el motivo desencadenante de la mayoría de las cazas de brujas, las acusaciones de culto al diablo pudieron también haber estimulado los procesamientos. Dada la improbabilidad de los aquelarres, no tenemos noticia de cazas de brujas iniciadas porque algún viajero se encontrara de improviso con orgías caníbales o viera brujas volando hacia esas reuniones o de vuelta de ellas. No obstante, ciertas asambleas menos llamativas de pequeños grupos de mujeres dieron principio ocasionalmente a algunas cazas de brujas. En Neuchâtel, por ejemplo, una mujer llamada Jehanne Berna fue detenida por brujería tras haber sido vista bailan-

---

[21] Monter, *Witchcraft in France and Switzerland*, pp. 44-7.

do en torno a un fuego con varias otras; suponemos que la reunión se interpretó como un aquelarre [22]. En el condado de Essex, en Inglaterra, la famosa caza de brujas de Matthew Hopkins y John Stearne comenzó cuando Hopkins llegó a la conclusión de que Elizabeth Clarke y otras mujeres se reunían habitualmente en una casa próxima a la residencia de Hopkins en Manningtree [23]. Una acusación de demonismo fue también lo que hizo estallar la gran caza de brujas sueca de 1669. Este episodio se inició cuando un muchacho de quince años acusó a varios otros y a una mujer de setenta años de robar niños para el diablo.

Algunas cazas de brujas comenzaron por las confesiones de actividad diabólica hechas libremente por determinados individuos tras haber sido engatusados por sus confesores o en el contexto de una investigación por otro delito. Parece ser que algunas de las primeras cazas de brujas se produjeron cuando los inquisidores que investigaban la herejía valdense en Francia y Suiza se encontraron con que algunas mujeres confesaban haber salido de cabalgata con Diana por la noche. Era más habitual que ciertas mujeres intentasen establecer realmente pactos con el diablo y, al confesar libremente tales planes, sus declaraciones sirvieron de indicio razonable de brujería. De manera similar, el «sueño epidémico» que proliferó en los pueblos vascos del norte de España en 1610 fue el estímulo inicial de la caza de brujas de aquel año.

Un desencadenante de varias cazas de brujas, la posesión diabólica, merece especial consideración. La posesión era, en cierto sentido, una desgracia personal, pues acarreaba ataques, lesiones cutáneas y otras dolencias físicas poco comunes. Por otro lado, la posesión no era en absoluto un simple *maleficium*, pues, según la teoría demonológica, el diablo no actuaba externamente sobre la persona afectada, sino que se introducía realmente en su cuerpo. Además, la afección era a menudo comunitaria y la experimentaba un gran número de individuos, por ejemplo monjas y niños. Al margen de cómo deseemos clasificarla, la posesión demoniaca actuó como desencadenante de algunas famosas cazas de brujas en Francia (Aix-en-Provence, 1611; Lille, 1613; Loudun, 1634, y Louviers, 1647) y de otras pequeñas en Inglaterra y el Franco-Condado. En Salem, en 1692, las dolencias

---

[22] *Ibid.*, pp. 92-3.
[23] Hopkins, *The Discovery of Witches* (Londres, 1928), p. 50.

padecidas por las jóvenes, que llevaron finalmente a la ejecución de diecinueve brujas, fueron percibidas por los contemporáneos como signos de posesión diabólica.

Siempre que se tratan los orígenes de las cazas de brujas surge la cuestión de si los procesamientos provinieron de «arriba» o de «abajo», es decir, de los jueces y otros miembros de la elite dirigente o del pueblo. Todos están de acuerdo en que en Inglaterra, donde los jueces no podían incoar causas por su cuenta, la presión para iniciar los procesos provino de los convecinos de las brujas [24]. Los jueces de paz podían incitar ocasionalmente a la gente a presentar acusaciones, pero la naturaleza del procedimiento judicial les impedía dar los primeros pasos. En el continente, sin embargo, y en menor medida en Escocia, las autoridades judiciales podían tomar la iniciativa, lo cual ha hecho suponer que la mayoría de los procesos por brujería fuera de Inglaterra procederían de arriba. Un historiador ha propuesto la idea de que el pueblo llano sería tan tolerante con los sospechosos de brujería que habría tenido que ser empujado por los funcionarios para testificar en su contra [25]. No se puede negar que algunos magistrados decidieron desencadenar cazas de brujas por propia iniciativa —y no sólo cuando eran ellos mismos víctima de las supuestas brujas—. En tales casos, los jueces redactaban los cargos y seguidamente convocaban al tribunal a los habitantes del lugar para que testificaran en su contra. Pero la mayoría de las veces, el impulso inicial para los procesamientos provino, exactamente igual que en Inglaterra, de la gente corriente [26]. Esta presión desde abajo tardaba a menudo mucho tiempo en concretarse. Por lo general, los campesinos no se sentían urgidos a emprender acciones legales contra sus vecinos y sólo lo hacían tras haberse agotado todas las alternativas, incluida la reconciliación con la bruja y la utilización de medidas de contramagia [27].

---

[24] Thomas, *Religion and the Decline of Magic*, pp. 457-8; A. Gregory, «Witchcraft, Politics and 'Good Neighbourhood' in Early Seventeenth-Century Rye», en: *Past and Present*, 133 (1991), pp. 31-66.

[25] Horsley, «Who Were the Witches?», p. 713.

[26] C. Baxter, «Jean Bodin's *De la Démonomanie des Sorciers:* The Logic of Persecution», en: *The Damned Art*, p. 78; Muchembled, «Witches of Cambrésis», p. 241; Soman, «Parlement of Paris», pp. 42-3; Schormann, *Hexenprozesse in Deutschland*, pp. 109-10; Henningsen, *Witches' Advocate*, 1; Ankarloo, «Sweden», pp. 308-9.

[27] Larner, *Witchcraft and Religion*, p. 134; Briggs, *Communities of Belief*, p. 63; Macfarlane, *Witchcraft in Tudor and Stuart England*, p. 103.

Una vez que los habitantes de un pueblo decidían llevar a juicio a la bruja, denunciaban a la persona sospechosa ante un tribunal local o pedían a los miembros de la corporación que regía el pueblo, ancianos de la iglesia o magistrados locales, que emprendieran acciones en su contra. Estos hombres pertenecían, por lo general, a lo que podíamos llamar la elite de la localidad, un grupo social situado entre el campesinado, por una parte, y la aristocracia y los tribunales centrales de justicia, por otra [28]. Los habitantes del lugar sólo presionaban directamente a los miembros de este grupo superior ocasionalmente. Uno de estos casos se dio en Escocia en 1661, cuando los arrendatarios del conde de Haddington amenazaron con dejar sus tierras de Samuelston si no se procesaba a las brujas locales. Haddington, un noble influyente, solicitó entonces al Parlamento que delegara una comisión para juzgar a las malhechoras, iniciando así la mayor caza de brujas de la historia escocesa [29].

Los miembros de la elite local que se hacían eco de las presiones populares solían encargarse de la detención e interrogatorio inicial de la acusada. Estos hombres estaban a menudo familiarizados con la teoría demonológica, por lo que las nociones de pacto y aquelarre se introducían con frecuencia en esta fase del proceso judicial [30]. Los miembros de la elite local eran también quienes punzaban a la bruja para ver si tenía la marca del diablo y a veces aplicaban la tortura legal, facilitando así la imposición de sus nociones demonológicas. En la mayoría de los casos, sin embargo, estas personas no juzgaban de hecho a la bruja acusada. Para hacerlo, solía ser necesario obtener la aprobación de instancias gubernativas superiores. En Escocia, por ejemplo, los ancianos de los tribunales inferiores de la iglesia presbiteriana (*kirk sessions*) acostumbraban a trasladar al magistrado civil los casos de brujería conocidos por ellos o solicitaban que el Consejo Privado autorizara a ciertas personas para juzgar a las brujas en la localidad. Conseguir la cooperación de funcionarios judiciales superiores no era siempre tan fácil como podría parecer. En Mora, Suecia, en 1669, los padres de numerosos niños embrujados, los ancianos de la parroquia y el vicario presionaron al alguacil local para que iniciara los procedimientos legales contra las personas acusadas de bruje-

---

[28] Briggs, *Communities of Belief*, p. 36; Soman, «Witch Lynching at Juniville», p. 15.
[29] *Register of the Privy Council of Scotland*, 3ª ser. I, pp. 11-12.
[30] Briggs, *Communities of Belief*, p. 136.

ría, pues el administrador regional de justicia no solía visitar la zona. Avanzada la caza, las mismas partes de la acusación consideraron necesario apelar al gobierno real de Estocolmo con el fin de llevar a las brujas a juicio [31].

Desarrollo de las cazas

Una vez que las autoridades judiciales accedían a conocer los casos de brujería, asumían el control total del desarrollo de la caza de brujas. Se ha hablado de los jueces como cancerberos de las cazas de brujas, pues decidían qué casos someter a proceso y cuáles ignorar. También decidían a qué testigos citar, qué personas habían de ser torturadas y cuáles serían los supuestos cómplices de las brujas a quienes se debía perseguir. En la mayoría de los casos determinaban la culpabilidad o inocencia del acusado y también las sentencias que se habían de dictar contra las brujas. Aunque el impulso inicial para el procesamiento tuviera su origen en las clases bajas, la manera como se desarrollaban las cazas estaba casi siempre determinada desde arriba. La gente corriente representaba sólo un papel secundario, testificando contra los implicados en el proceso y manteniendo el estado de ánimo popular propicio a la caza de brujas

Procesos individuales y pequeñas cazas

Una vez llevados a juicio los primeros sospechosos, la caza se solía desarrollar de acuerdo con uno de los tres siguientes modelos. El primero, el más común con mucho, suponía el procesamiento de una a no más de tres personas. Utilizar la palabra «caza» para describir tales procesos es, en cierto sentido, inapropiado, pues ese término connota habitualmente la búsqueda de un amplio grupo de personas que comparten creencias y características personales similares y su enjuiciamiento [32]. Pero, dado que incluso este tipo de operación implicaba la búsqueda de brujas y la imposición de ciertas fantasías a perso-

---

[31] Ankarloo, «Sweden», p. 308.
[32] Sobre las connotaciones modernas de la palabra, cfr. Larner, *Witchcraft and Religion*, p. 88.

nas inocentes, merece ser calificado de caza. El rasgo principal de la pequeña caza es que la búsqueda de malhechores se limita a los individuos inicialmente acusados. Fue común sobre todo en Inglaterra, donde los cargos por brujería solían tener un fundamento sólido en los *maleficia* y donde los jueces no podían recurrir a la tortura para obtener nombres de cómplices. En Europa, sin embargo, el procesamiento de individuos por actos aislados de hechicería no fue en absoluto raro. Incluso en Alemania, tristemente famosa por sus grandes cazas en forma de reacción en cadena, hubo un flujo constante de procesos individuales [33]. La mayoría de estas operaciones podía evolucionar hasta convertirse en grandes cazas, pues en casi todos los juicios celebrados en el continente existía la posibilidad de que surgieran cargos de asistencia al aquelarre, y tales cargos podrían llevar a su vez a la búsqueda de cómplices. No obstante, este tipo de reacción en cadena no se desarrolló muy a menudo, quizá porque los jueces estaban interesados en otros asuntos o porque el estado de ánimo de la comunidad no llegaba a alcanzar el pánico. Muchas de las cazas del continente pudieron no haber ido a más porque la población o las autoridades estaban decididas a liberarse sólo de individuos concretos, y, una vez conseguido este objetivo, no sentían necesidad urgente de continuar con el asunto.

Cazas de tamaño medio

Cuando las autoridades no se contentaban con limitar su investigación de la brujería a las personas inicialmente acusadas, podían darse cazas de brujas más ajustadas al estereotipo de tales operaciones. Una de las formas que asumían tales cazas era la de la caza de tamaño medio, con un número de víctimas que oscilaba entre cinco y diez. William Monter ha descubierto que este tipo de caza, que denomina «pequeño pánico», se dio a menudo en la Suiza de habla francesa; se pueden presentar otros ejemplos de Alemania y Escocia. La principal característica de la caza de dimensiones medias es el empleo de la tortura y una segunda ronda de acusaciones, aunque el suceso no se fuera de las manos. En algunos casos, como los procesamientos ocurridos en el condado de Neuchâtel en 1583 y en

---

[33] Roper, «Witchcraft and Fantasy», p. 21.

Friburgo en 1634, se lograba contener las cazas utilizando la tortura con moderación y permitiendo sentencias no capitales. Otras cazas podían concluir tras la denuncia del primer grupo de cómplices, al haberse agotado la provisión de brujas que respondían al estereotipo. Naturalmente, desde un punto de vista técnico, cualquiera podía ser brujo y en algunas cazas grandes estaba expuesto prácticamente todo el mundo. Pero, en la mayoría de las comunidades, el número de individuos que resultaban instintivamente sospechosos de brujería era bastante reducido. Eran brujas aquellas personas de las que «todos sabían que eran brujas por su reputación general»[34]. Cuando se había acabado con ellas se hacía necesario recurrir a pautas de brujería menos discriminatorias a fin de poder continuar con la caza. En comunidades donde se producían cazas de tamaño medio podía no darse un grado suficiente de histerismo popular como para establecer las pautas menos rigurosas a las que se iba a recurrir. Así pues, en última instancia, la razón del desarrollo limitado de la caza de dimensiones medias pudo haber sido muy bien la ausencia de un pánico a gran escala entre las autoridades judiciales o la población en general.

Grandes cazas

Las grandes cazas de brujas de los siglos XVI y XVII, las que se cobraron entre diez y cientos de víctimas y se caracterizaron por un alto grado de pánico o histerismo, fueron los prototipos de la clásica «caza de brujas». Estas cazas fueron más comunes en Alemania, pero casi todos los países europeos, incluidos Inglaterra, España y Suecia, conocieron al menos uno de estos episodios[35]. Muchos de esos procesamientos masivos fueron cazas de reacción en cadena en las que las primeras brujas juzgadas daban los nombres de sus cómplices, que eran a su vez detenidos, juzgados, condenados y forzados a denunciar a otros. La mayor de estas cazas tuvo lugar en Tréveris, donde un total de 306 brujas denunciaron a unos 1.500 cómplices y cada una de las personas acusadas de brujería ofreció un promedio de veinte nombres[36]. Otras

---

[34] Garrett, «Women and Witches», p. 464.
[35] En Baviera, entre 1586 y 1631, hubo catorce grandes cazas, cada una de las cuales se cobró veinte o más vidas. Estas cazas sumaron más de la mitad de las 929 ejecuciones de la región. Behringer, *Hexenverfolgung in Bayern*, pp. 65-68.
[36] Robbins, *Encyclopedia*, p. 515.

cazas a modo de reacción en cadena bien conocidas tuvieron lugar en Ellwangen en 1611, en Würzburg en 1627-29, en Bamberga en 1620 y en el Pays de Labourd, en Guyena, en 1609. La reacción en cadena no era, sin embargo, el único medio de desarrollo de las grandes cazas. En algunos casos, un único acusador o un grupo de acusadores actuó como origen principal de denuncia de nombres a lo largo de la caza. Las personas poseídas por el demonio, como las jóvenes de Salem, podían hacerlo con relativa facilidad, pues, al no ser ellas mismas culpables de brujería, no eran ejecutadas en el curso de la caza. Incluso cuando no había posesión demoniaca, un reducido número de acusadores podría ser responsable de todo el desarrollo de la caza. En Rouen, por ejemplo, un grupo de nueve personas dio lugar a un total de 525 actas de acusación en 1670 [37]. Otra variante en la mecánica de la gran caza consistía en que un pequeño grupo de magistrados llamara a declarar a un gran número de sospechosos basándose en informaciones reunidas por diversos medios. Cuando se seguía este guión, la caza adoptaba la forma de una redada de brujas procedentes muy a menudo de unos pocos pueblos, más que de un conjunto de acusaciones propagadas de manera gradual de pueblo en pueblo.

Nuestro retrato de la caza de brujas a gran escala resulta aún más abigarrado cuando advertimos que muchas cazas de estas dimensiones fueron de hecho el resultado de la acumulación de varias pequeñas cazas. Ocurriría así sobre todo cuando la zona precisa de la caza era muy extensa o muy largo el periodo de su desarrollo. En Escocia, por ejemplo, hablamos de la gran caza de brujas de 1661-62, pues durante esos años se produjeron centenares de acusaciones, juicios y ejecuciones por todo el país, sobre todo en los condados del sureste. Estos procesamientos no fueron completamente independientes entre sí. El Consejo Privado o Parlamento aprobó todos los juicios, un importante número de casos fue visto ante los mismos jueces, algunos de los pueblos contrataron a los mismos hombres para que buscaran personas sospechosas de llevar las marcas del diablo y, en unos pocos casos, las brujas de un pueblo implicaron a cómplices de otro. Pero en la mayoría de los casos, las cazas particulares comprendidas en esta campaña más amplia eran operaciones distintas, manifestaciones separadas de un pánico general y nacional causado por la bruje-

---

[37] *Ibid.*, p. 318.

ría. Lo mismo podría decirse de la caza de 1669-75 en Suecia y de la ocurrida en Inglaterra en 1645-46, si bien en este último caso los viajes de Matthew Hopkins y John Stearne a varias ciudades y pueblos de Essex y Suffolk dieron a esta caza más unidad estructural que la que tuvo la de Escocia. Curiosamente, la actividad de búsqueda de brujas en Inglaterra en 1645-46 se pareció a las campañas que solían promover los inquisidores papales en el continente al trasladarse de ciudad en ciudad para juzgar casos de brujería.

Aunque los funcionarios o cazadores de brujas se mantuvieran en un mismo lugar para entender de los casos presentados ante ellos, las grandes cazas de brujas podían carecer de la cohesión que aparentemente tuvieron. Los jueces no sólo veían a menudo casos provenientes de zonas muy distintas dentro de su jurisdicción, sino que, además, lo hacían durante un largo periodo de tiempo. Las cazas de brujas solían producirse muy a menudo por oleadas en las que cada brote de juicios poseía su propia dinámica. Cuando una caza de brujas abarcaba un periodo de dos o tres años, puntuado por intervalos sin juicios, resulta problemático decidir si se trataba de una gran campaña o de una serie de pequeñas operaciones emprendidas por el mismo tribunal o el mismo juez. Un examen pormenorizado de la caza de brujas ocurrida en la ciudad imperial de Offenburg durante el periodo de 1627-30 revela la complejidad de lo que podríamos describir como una gran caza particular. La campaña se inició en 1627, como rebrote de una caza que había tenido lugar en la *Landvogtei* de Ortenau, la unidad territorial superior a la que pertenecía Offenburg. Basándose en las denuncias realizadas por brujas de Ortenau, los miembros del consejo municipal de Offenburg iniciaron una caza en la que perdieron la vida doce brujas entre noviembre de 1627 y enero de 1628. Tras un respiro de cinco meses, el consejo, al haber recibido más información referente a los hijos de una de las brujas ejecutadas en enero, comenzó una nueva ronda de juicios que concluyeron con la ejecución de siete brujas más y la muerte de otra durante la tortura. Luego, después de un nuevo intervalo de cuatro meses, el concejo comenzó una serie de juicios que duró hasta enero de 1630 y se cobró otras cuarenta vidas más. La caza, en otras palabras, incluyó en realidad tres operaciones distintas, cada una de las cuales tuvo su propia dinámica [38].

---

[38] F. Volk, *Hexen in der Landvogtei Ortenau und der Reichstadt Offenburg* (Lahr, 1882), pp. 58-88-, Midelfort, *Witch Hunting*, p. 128.

Aunque muchas grandes cazas estuvieron compuestas de hecho por cazas menores, la intensidad del miedo a la brujería proporcionaba unidad a todos los juicios ocurridos en lugares como Offenburg. De hecho, una de las principales características de la gran caza de brujas fue el predominio de un estado de ánimo de profundo miedo o pánico mientras duraba la caza. Este estado de ánimo es el que da sentido a la utilización de la palabra «manía» o «locura» (*craze*) utilizada en inglés para describir el proceso de la caza de brujas. Las apariencias sugieren que las comunidades implicadas en la caza de brujas vivieron a veces cierta forma de histeria de masas. No obstante, debemos procurar distinguir este fenómeno psíquico de la histeria patológica que afectó a algunos grupos de poseídos por el demonio. Es cierto que las autoridades y campesinos o ciudadanos que fueron víctimas del pánico al constatar que las brujas infestaban su vecindario no manifestaban señales de histeria clínica, con los correspondientes paroxismos, lesiones y parálisis parcial [39]. La histeria de los cazadores de brujas fue, más bien, una forma de lo que hoy podríamos llamar «conducta obsesiva colectiva», término general que se puede aplicar a diversos conjuntos de fenómenos que van desde la moda pasajera o el «boom»' hasta el frenesí del disturbio. En el caso de las cazas de brujas, fue producto de una ansiedad general que actuó como condición previa de prácticamente todas ellas. Al igual que los aterrados londinenses que se enteraron de la Conjuración Papista de 1678 y de las personas que conocieron los terrores rojos de 1919-20 y 1947-54, estas gentes del campo y la ciudad, al saber que un número cada vez mayor de sus convecinos e incluso algunos de sus gobernantes estaban siendo denunciados por brujos, se sintieron aterrados —aterrados porque sus amigos íntimos y vecinos más próximos eran brujos, aterrados porque sus comunidades podían caer totalmente en el cautiverio del poder diabólico e incluso aterrados, quizá, porque ellos mismos podían ser acusados en falso—. Este terror les llevó a apoyar los juicios, llamar la atención de las autoridades competentes sobre los sospechosos y hasta imaginar que habían visto a gente volando por el aire o asistiendo a los aquelarres. En ese mismo estado de ánimo, las personas que abrigaban sentimientos profundos de culpa pudieron haberse visto impulsadas a confesar libremente actos de brujería. Es incuestionable que la «epidemia de

---

[39] I. Veith, *Hysteria. The History of a Disease* (Chicago, 1965).

sueños» en la que cientos de personas admitieron haber asistido a los aquelarres en el país vasco en 1610-1611 reflejaba el estado de histerismo dominante durante esa caza de brujas masiva. De manera similar, las declaraciones de los campesinos franceses de Rouen que, en 1670, dijeron haber visto personas desnudas volando por el aire durante treinta minutos fueron estimuladas por el diagnóstico que atribuyó a brujería una enfermedad epidémica [40].

En todos estos casos hemos de distinguir cuidadosamente entre la histeria de masas de algunas cazas de brujas y los problemas psicológicos individuales de algunos de los participantes en dichas cazas. El juez o verdugo sádico ocasional, el cazador de brujas compulsivo y la bruja perturbada mental o «melancólica» manifestaban formas anormales de conducta que no se han de confundir, sin embargo, con el estado de ánimo general y colectivo o la psicosis de grupo de la que tratamos aquí. También hemos de procurar no aplicar etiquetas simples como la de «locura brujeril», «brujomanía» o «espejismo de masas» al fenómeno global de la caza de brujas en Europa. Pero, dentro del contexto de las cazas de brujas particulares, podemos hablar legítima y a la vez hipotéticamente de histeria de masas. Sin ese comportamiento colectivo, la historia de la brujería europea habría sido un asunto mucho más limitado [41].

Finalización de las cazas de brujas

Las cazas de brujas no solían durar periodos de tiempo muy largos. Las grandes cazas se prolongaban a menudo durante dos, tres o cuatro años y, en algunas ocasiones, aún más, pero nunca continuaron de manera indefinida. Además, en la mayoría de los casos concluyeron más bien abruptamente y su terminación significó habitualmente el final de la caza de brujas en la zona para muchos años, a veces durante generaciones. La terminación de las cazas pequeñas y de tamaño medio no requiere un análisis detallado. Las cazas pequeñas eran sucesos aislados que concluían cuando el acusado era ejecutado, se la aplicaba una sentencia no capital o quedaba absuelto. Las

---

[40] Robbins, *Encyclopedia*, p. 317.
[41] G. Rosen, «Psychopathology of the Social Process», en: *Journal of Health and Human Behavior*, 1 (1960), pp. 200-11.

cazas de dimensiones medias concluían por razones muy similares a las que las habían hecho mantenerse dentro de sus límites: el control riguroso de los magistrados sobre el curso de la investigación, la limitación de las acusaciones a brujas que respondieran a la imagen estereotipada y la ausencia de un estado de ánimo caracterizado por el pánico. El final de las grandes cazas es, sin embargo, más problemático, pues tenían potencial para extenderse indefinidamente. La histeria de masas que las sustentaba, la voluntad de las autoridades para emplear libremente la tortura y su decisión de sacar a la luz los nombres de los cómplices significan que los juicios podían continuar sin interrupción. Los contemporáneos eran perfectamente conscientes del carácter ilimitado de las grandes cazas. En la ciudad alemana de Rottenburg, por ejemplo, las autoridades temieron que la gran caza de brujas de 1585 acabara con todas las mujeres de la localidad. Sus temores no eran exagerados; ese mismo año, dos pueblos habían quedado con sólo una mujer en cada uno de ellos al concluir la caza de brujas [42]. No obstante, en la mayoría de los casos, las cazas terminaban antes de haberse cobrado ese pesado tributo. De hecho, uno de los rasgos más sorprendentes de las grandes cazas de brujas es el número de individuos implicados por las confesiones de las brujas pero nunca juzgados. En la caza de brujas de Escocia de 1661-62, por ejemplo, fueron mencionadas como brujas un total de 664 personas, pero al parecer no se sometió en realidad a proceso ni siquiera a la mitad de ellas. En Salem se acusó a unos 162 individuos, pero sólo sesenta y seis fueron juzgados y únicamente treinta condenados. En Tréveris sólo sufrieron procesamiento unas pocas de las 1.500 brujas mencionadas por sus cómplices.

Las razones de la suspensión de las acusaciones judiciales en estas grandes cazas son muchas y variadas y su responsabilidad podría atribuirse a las autoridades que dirigían los juicios, a la población en general o a los funcionarios del gobierno central. En la mayoría de los casos, las cazas terminaban cuando alguna de estas personas o todas ellas llegaban a la conclusión de que se estaba acusando y ejecutando a gente inocente o que los efectos sociales de la caza eran más perniciosos que benéficos. En todos estos casos se perdía la confianza en el hecho mismo de la caza de brujas, debido a la imposibilidad de aplicar en muchos de ellos el estereotipo de la bru-

---

[42] Midelfort, *Witch Hunting*, p. 91; Lea, *Materials*, III, p. 1075.

ja. Según hemos mencionado anteriormente, la gran mayoría de las brujas eran mujeres ancianas y pobres y la frecuencia de su procesamiento condujo a la creación de un estereotipo aceptado tanto por la población campesina como por los miembros de la elite. En muchas grandes cazas de brujas, sobre todo en Alemania, pero también en Massachusetts, el estereotipo dejó de funcionar a medida que las acusaciones e implicaciones se hacían más indiscriminadas y aumentaba la presencia de motivos derivados del provecho político o económico. En las primeras fases de la mayor parte de las grandes cazas de brujas, las víctimas se ajustaban al estereotipo, pero, al progresar las cazas, se implicaba a un porcentaje cada vez mayor de individuos ricos y poderosos, niños y varones. En Würzbug, en 1629, la cadena de acusaciones llevó a citar a numerosos niños, estudiantes de derecho, clérigos y, finalmente, al canciller del obispo y al obispo mismo. En Tréveris se siguió una pauta similar, mientras que en Bamberga se denunció a un antiguo burgomaestre. Esta disfunción tuvo el efecto de despertar sospechas de que se estaba acusando a personas inocentes y de hacer que la gente se diera cuenta de que el procedimiento de torturar a brujas confesas para obtener los nombres de los cómplices no era un método fiable. Cuando las acusaciones tocaron puestos muy elevados, el fallo del estereotipo tuvo el efecto añadido de decidir a las autoridades implicadas a poner fin a los juicios. Esto es exactamente lo que hizo el obispo de Würzburg en 1629, y un motivo similar pudo haber entrado en juego cuando el gobernador Phips contribuyó a poner término a los juicios de Salem después de que se hubiera acusado a su esposa [43].

Aunque el fallo del estereotipo esparció las semillas de la duda en algunas grandes cazas, este resultado no se produjo demasiado a menudo. En las cinco cazas de brujas más importantes de Escocia, ocurridas a finales del siglo XVI y en el XVII, la gran mayoría de las brujas se ajustó con bastante exactitud al estereotipo a lo largo de todo el periodo de enjuiciamientos. El mismo esquema se impuso en la mayoría de las cazas de Francia y Suiza e incluso en algunas alemanas. ¿Cómo finalizaron, pues, estas cazas? En algunos casos el escepticismo se apoderó de los jueces a medida que juzgaban a un número cada vez mayor de sospechosos. Hemos de recordar que aunque las autoridades judiciales prestaban una gran fe a las confesiones obteni-

---

[43] Midelfort, «Domino Theory», pp. 177-88.

das bajo tortura, no siempre realizaban análisis cuidadosos de todas las pruebas que se les presentaban. Con el desarrollo de las cazas de brujas, estas pruebas fueron progresivamente más escasas y débiles, aunque sólo sea porque, cuando se trataba de brujas denunciadas por sus cómplices, no solían aparecer pruebas concretas de *maleficia*. Esta escasez de pruebas puede ayudar a explicar las absoluciones dictadas incluso en medio de las cazas más intensas. Otra razón que explica las absoluciones es que algunos acusados lograban a veces soportar la tortura. Sean cuales fueren los motivos, las absoluciones llegaron a tener un efecto profundo en el desarrollo de las mismas cazas, pues corroboraban la convicción de que al menos algunas de las acusaciones eran falsas e incluso posiblemente maliciosas, fomentando así una mayor cautela por parte de los jueces. Las absoluciones rompían también la cadena de acusaciones y pudieron haber contribuido al escepticismo popular hacia los juicios.

El final quizá más llamativo de las cazas de brujas se producía al descubrirse un fraude o dolo deliberado. El más famoso de ellos fue el Fraude del Colgante de 1633 en Hoarstones, Inglaterra. En este suceso, un muchacho llamado Edmund Robinson declaró que una mujer lo había llevado al aquelarre, donde unas sesenta participantes producían carne, mantequilla y leche tirando de cuerdas atadas en lo alto de un granero. Por indicación de su padre, el muchacho denunció a varias brujas, diecisiete de las cuales resultaron condenadas. Las dudas sobre los veredictos de culpabilidad llevaron a los jueces de paz a solicitar una investigación al Consejo Privado y, durante un interrogatorio dirigido por el obispo de Chester, el muchacho admitió que su historia había sido amañada y los nombres sugeridos por su padre «por envidia, venganza y esperanza de obtener beneficios» [44]. Tras esta confesión, todas las condenadas fueron absueltas y una de las pocas grandes cazas de brujas de la historia inglesa concluyó de manera repentina. Un final similar tuvieron en Inglaterra varias cazas pequeñas y la sospecha de fraude pudo haber significado el fin de la gran caza de brujas dirigida por Hopkins y Stearne [45]. En Escocia, la gran caza nacional de 1661-62 se interrumpió cuando dos cazadores de brujas, John Kincaid y John Dick, fueron procesados por el Con-

---

[44] R. Seth, *Children Against Witches* (Nueva York, 1969), pp. 164-9; W. Notestein, *A History of Witchcraft in England* (Washington, 1911), pp. 146-63.
[45] *Ibid.*, pp. 140-3; Hopkins, *The Discovery of Witches*, pp. 47, 49-62.

sejo Privado por fraude y dolo en su trabajo de punzar a las brujas para encontrar la marca del diablo [46].

En algunos casos, la conclusión de las cazas de brujas estuvo determinada por consideraciones económicas. La importancia del beneficio personal en los juicios por brujería ha sido probablemente exagerada por los historiadores [47]. Es indiscutible que en esta época los abogados y autoridades judiciales de toda Europa aceptaron con gusto e incluso incrementaron sus ocupaciones con el fin de hacer dinero, que en la mayoría de los casos provenía de los honorarios pagados directamente a los juristas o indirectamente a los funcionarios del tribunal. En los casos criminales, la confiscación de la propiedad de la parte culpable solía abonar estos honorarios y proporcionaba unos ingresos adicionales al soberano. Sin embargo, entre los diversos tipos de casos que deberían defender o fallar, los de brujería eran probablemente los menos lucrativos, aunque sólo fuese porque la condición económica de las brujas era en general muy baja. No obstante, algunas veces, sobre todo cuando los acusados eran personas ricas y poderosas, la posibilidad de obtener beneficios de la caza de brujas contribuyó al celo de los acusadores públicos. Esta es, quizá, la razón de que en Alemania, donde la confiscación era el procedimiento aceptado en casos de brujería y donde los procesos alcanzaban a menudo los niveles altos de la escala social, el motivo económico para los procesamientos fuera enormemente poderoso.

Otro grupo que pudo aprovecharse de los procesos por brujería fue el de los punzadores y buscadores de brujas, que ofrecían sus servicios a las comunidades locales para ayudarlas a identificar a las que se ocultaban entre ellas. Cuando entraba en juego este tipo de motivos económicos, la reducción de los honorarios debida al empobrecimiento general de la comunidad o a la negativa a pagar los servicios de un cazador de brujas podía contribuir a la finalización de la caza. Se ha dicho que los juicios masivos por brujería celebrados en Tréveris en las décadas de 1580 y 1590, que aportaron una considerable riqueza a las autoridades judiciales, concluyeron cuando la población, exhausta de recursos, no pudo seguir sosteniendo aquella costosa extravagancia judicial y se redujeron los honorarios recaudados por los

---

[46] *Register of the Privy Council of Scotland*, 3ª ser., I, pp. 187, 210.
[47] Ver, por ejemplo, E. P. Currie, «Crimes without Criminals: Witchcraft and its Control in Renaissance Europe», en: *Law and Society Review* (1968), pp. 21-8.

funcionarios [48]. Otro motivo financiero para la terminación de las cazas de brujas, causante, quizá, de manera directa del empobrecimiento general declarado en Tréveris, fue el costo de mantener en prisión a los sospechosos. Cuando las brujas no podían pagar los gastos de su mantenimiento en los calabozos, la ciudad o el pueblo debían cargar con la cuenta hasta el juicio. A veces pasaban semanas o meses desde la detención hasta la celebración de estos juicios. En 1661, en el caso de una bruja escocesa que languidecía en prisión desde hacía ocho meses a costa de los fondos públicos, el señor local solicitó al Consejo Privado que la juzgara o la pusiera en libertad [49]. Si tenemos en cuenta el número de sospechosos encerrados en los calabozos en un momento dado durante las grandes cazas de brujas, las cargas del mantenimiento en prisión explican de manera plausible la oposición a que continuara la caza.

El motivo de la finalización de las cazas de brujas, al igual que sus métodos, variaba de un lugar a otro. A veces, la presión popular nacida del reconocimiento de que se estaba acusando a personas inocentes, el cálculo de los costes de la caza o la constatación de que la caza de brujas destruía el equilibrio de la vida cotidiana actuaron como estímulo principal para poner fin al suceso. En esta situación, la gente corriente disponía de un poder sorprendente. No sólo podía negarse a denunciar a sus vecinos o testificar contra ellos, sino que podía también expresar su desaprobación boicoteando las ejecuciones y protestando ante las autoridades competentes. En Inglaterra y Escocia disponían del poder decisivo de pronunciar veredictos de no culpabilidad, táctica que contribuyó claramente a poner fin a la caza de brujas escocesa de 1661-62. Finalmente, los miembros más elocuentes de la sociedad, en especial el clero, podían formular críticas a los juicios, táctica arriesgada pero no inusual. La mayor caza de brujas de la historia escandinava concluyó cuando un joven doctor demostró que todo el pánico desatado era resultado de la imaginación, la demencia o la malicia [50].

Las personas con más posibilidades de poner fin a las cazas de brujas eran los magistrados e inquisidores. A veces actuaban así por haber sido acusados ellos mismos o sus mujeres, por haber llegado a

---

[48] Kors and Peters, *Witchcraft in Europe*, p. 217.
[49] *Register of the Privy Council of Scotland*, 3ª ser. I, p. 78.
[50] Robbins, *Encyclopedia*, p. 350.

abrigar serias dudas sobre la culpabilidad de muchos de los acusados o, de manera más práctica, porque constataban que la caza estaba causando descontento o caos social entre la población. Fuera cual fuese su motivación, controlaban la maquinaria judicial y estaban, por tanto, capacitados para terminar la caza en cualquier fase de los procedimientos. Podían absolver a las brujas cuyos casos estaban aún pendientes o, lo que era más común, negarse simplemente a interrogar a las personas implicadas por otros y cuyos nombres se les habrían denunciado.

Cuando las cazas no concluían por intervención de la población o de las personas a quienes se había confiado el poder judicial, las autoridades superiores políticas o judiciales intervenían a menudo en los hechos. Según hemos visto en el capítulo III, algunos hombres con puestos destacados en los niveles más altos del gobierno tendían a ser más reticentes, cuando no más escépticos, al tratar asuntos de brujería, tanto porque no solían participar en las tensiones locales producidas por las cazas de brujas, como porque tendían a interesarse más por mantener las exigencias oficiales del procedimiento criminal. También vimos que siempre que estas autoridades intervenían de forma habitual en los procesos por brujería, bien como miembros de un tribunal central o como jueces de distrito, la caza de brujas fue más contenida. Así pues, es razonable pensar que esos mismos hombres podían estar más dispuestos que los funcionarios locales a admitir que algunas grandes cazas habían quedado fuera de control y a ponerles fin. Su intervención podía adoptar una de estas dos formas: la revocación del veredicto en su apelación o la promulgación de edictos que prohibían nuevos procesamientos o establecían procedimientos más rígidos para tramitarlos.

El efecto de las apelaciones en la detención de las cazas de brujas se puede observar perfectamente en el caso del Fraude del Colgante expuesto más arriba y en varias cazas de brujas en Francia. En este último país era habitual la apelación a uno de los nueve *parlements* y acabó siendo obligatoria en los veredictos por brujería [51]. Aunque estos *parlements* confirmaron a menudo los dictámenes de los tribunales inferiores, no dudaron tampoco en revocar o reducir

---

[51] Sobre la oposición de los tribunales inferiores al procedimiento de apelación en casos de brujería y la insistencia en la apelación automática al Parlamento de París en 1624, cfr. Mandrou, *Magistrats et sorciers*, pp. 343-8.

las sentencias dictadas contra muchas brujas [52]. Aunque estas reconsideraciones no supusieron el fin repentino de alguna de esas cazas, ayudaron sin duda a reducir su intensidad y pudieron haber incitado a los jueces de los tribunales inferiores a proceder con más cautela en futuros casos de brujería. En el *Parlement* de París, la actitud escéptica de los juristas influía de tal manera que no sólo interrumpieron varias pequeñas cazas, sino que contribuyeron de hecho a una decadencia a la larga de los procesamientos por brujería en general [53].

La promulgación de edictos o el establecimiento de normas más estrictas de interrogatorio judicial pudo haber tenido un impacto mucho más impresionante y repentino sobre las cazas de brujas. Encontramos un ejemplo de este efecto en Escocia, en 1597, cuando el país se hallaba inmerso en una de sus mayores cazas de brujas. En algunos sentidos esta caza era la continuación de otra ocurrida en 1591-92, pues, en ese momento y durante los años siguientes, el Consejo Privado había otorgado mandatos permanentes a las autoridades locales para enjuiciar a las brujas. En algunas localidades, como Aberdeen, el resultado fue una epidemia casi incontrolada de caza de brujas. Tras constatar que durante este estado de pánico se había ejecutado a personas inocentes, el Consejo Privado revocó todos los mandatos permanentes e inició una política de otorgar mandatos individuales a instancia presentada ante él. Esta medida tuvo el efecto inmediato de acabar con la caza de 1597, aunque todavía encerraba en sí la capacidad (puesta en práctica más tarde) de permitir que se produjeran cazas con apoyo gubernativo [54].

Un segundo ejemplo de los efectos de los edictos sobre la caza de brujas lo encontramos en España, donde el Consejo de la Santa y Suprema Inquisición tuvo un papel clave en la conclusión de la caza de 1610-14 en el país vasco. El momento crucial de esta caza llegó cuando Salazar, inquisidor en Logroño, investigó los miles de confesiones realizadas y concluyó que nunca se habían producido actos de brujería. El nuevo examen de las pruebas de esta caza realizado por Salazar es un buen ejemplo de la pérdida de confianza que los mismos jueces acusadores experimentaron a menudo, pero su investiga-

---

[52] Soman, «Parlement of Paris», p. 36.
[53] Mandrou, *Magistrats et sorciers*, pp. 313-63.
[54] Larner, *Enemies of God*, pp. 71-2.

ción no fue decisiva para poner fin a la caza, pues cualquier acto basado en sus conclusiones debía proceder de Madrid. Tras una larga demora, Madrid actuó adoptando las recomendaciones de Salazar para una serie de nuevas directrices más estrictas en los procesos por brujería. Esta decisión, como la del *Parlement* de París, no sólo puso fin a la gran caza vasca, sino que tuvo el efecto añadido de reducir la intensidad de la caza de brujas en España [55].

Un tercer ejemplo proviene de Francia, donde en 1669-70 tuvo lugar una muy importante caza de brujas en Normandía. A diferencia del *Parlement* de París, el de Normandía, establecido en Rouen, había confirmado las primeras doce sentencias de muerte y estaba dispuesto a considerar otras veinticuatro cuando las familias de las doce brujas convictas apelaron directamente al rey Luis XIV solicitando el perdón. Movido en parte por la determinación de reducir la autonomía judicial regional, Luis dictó el perdón y, a pesar de las ulteriores alegaciones de los funcionarios de Rouen, se negó a rescindir su decreto. Doce años después, Luis XIV dio, de hecho, un paso más decisivo al promulgar un edicto que prohibía en Francia cualquier causa por brujería. Así pues, al igual que los demás casos analizados, la decisión de Luis XIV influyó no sólo en la caza concreta de Rouen sino en la globalidad del desarrollo de la caza de brujas en Francia [56].

Basándonos en todo lo anterior podemos esbozar varias conclusiones simples, aunque no evidentes de por sí. En primer lugar, las cazas de brujas fueron operaciones notablemente condicionadas. Su inicio, desarrollo y continuación dependía de ciertas variables y, por tanto, podían verse restringidas o concluir —a veces de forma muy abrupta— por uno cualquiera de muchos factores. En segundo lugar, las cazas de brujas fueron fenómenos históricos enormemente complejos que suponían la interacción de tendencias intelectuales, legales, sociales y psicológicas. En tercer lugar, las cazas de brujas variaron considerablemente en tamaño y dinámica, hasta el punto de que, en realidad, no podemos hablar de una caza de brujas típica. No obstante, poseían un número suficiente de rasgos comunes como para que haya surgido de hecho un estereotipo utilizado para definir diversas campañas contra los desviacionistas del mundo actual. Todas las cazas de brujas, pasadas y presentes, implican la persecución de

---

[55] Henningsen, *Witches' Advocate*, pp. 357-393.
[56] Mandrou, *Magistrats et sorciers*, pp. 425-86.

un enemigo o sociedad secreta, la suposición de que este enemigo no está solo sino que forma parte de un movimiento más amplio (cuando no de una auténtica conspiración) y la utilización de medidas legales extraordinarias para descubrir lo que no es sólo un secreto sino, además, un crimen ideológico o religioso. Por tanto, todas las cazas de brujas suponen un alto grado de ansiedad judicial o comunitaria y este estado de ánimo es el que justifica los procedimientos legales excepcionales y refuerza al mismo tiempo el temor a que los cómplices u otros malhechores permanezcan ocultos. Así pues, cuando en el mundo actual tribunales, comisiones o equipos de investigación diversos investigan movimientos políticos, ideológicos o religiosos supuestamente subversivos movidos por la idea de que tal investigación revelará los nombres y actividades de los enemigos de la sociedad, nos hallamos en presencia de un fenómeno que guarda un llamativo parecido con los centenares de cazas de brujas que se dieron en Europa en la Edad Moderna.

7. CRONOLOGÍA Y GEOGRAFÍA DE LA CAZA DE BRUJAS

Una de las tareas más difíciles con que se enfrentan los historiadores de la brujería en Europa es la de dar cuenta de las variaciones en la intensidad de la caza de brujas en distintos tiempos y lugares. ¿Por qué hubo, por ejemplo, más procesamientos entre 1580 y 1630 que entre 1530 y 1580? ¿Y por qué la caza de brujas fue mucho más intensa en Alemania que en España, Escocia o Inglaterra? Para responder a este tipo de cuestiones debemos seguir dos líneas de investigación distintas. Por un lado, hemos de determinar las pautas cronológicas generales de la caza de brujas en toda Europa, proponiendo diversas razones para explicar el flujo y reflujo de los enjuiciamientos durante el periodo de 300 años entre 1450 y 1750. A continuación, habremos de examinar la historia de los procesos por brujería en los diferentes Estados y regiones de Europa, empresa que tendrá así mismo en cuenta los cambios cronológicos dentro de estas zonas concretas. Ambas investigaciones nos darán más luz sobre la complejidad y diversidad del fenómeno general del que nos ocupamos.

Pautas cronológicas

Resulta difícil hablar de procesos por brujería en el sentido pleno de la expresión en el periodo anterior a 1430, ya que el concepto acumulativo de brujería se hallaba aún en proceso de formación. Los casos registrados durante esos años que han llegado hasta nosotros tratan o bien de simple *maleficium* o de magia ritual. Teniendo en cuenta estas reservas, podemos no obstante detectar algunas pautas significativas en aquellos procesamientos. Richard Kieckhefer ha dividido el periodo que va de 1300 a 1435 en tres partes, la primera de las cuales, de 1300 a 1330, estuvo caracterizada sobre todo por los juicios contra hechiceros políticos. Desde 1330 hasta 1375, el enjuiciamiento de casos relacionados con la política cesó prácticamente, pero hubo un número importante de causas por hechicería. Es difícil determinar si fueron casos de simple *maleficium* o de magia ritual, pero, de todos modos, el rasgo más notable de los juicios es la ausencia de acusaciones de demonismo. Durante el tercer periodo, de 1375 a 1435, no sólo aumentó el número de procesos, sino que los cargos de demonismo pasaron a ser más comunes, principalmente en Italia. Esta evolución, facilitada por la adopción del procedimiento inquisitorial en los tribunales locales, reflejó la asimilación gradual de las acusaciones de demonismo a las de hechicería [1]. La historia de los procesamientos por brujería en Europa, iniciada en 1435, entró en una fase nueva y radicalmente distinta. No sólo aumentó el número de juicios por hechicería, sino que aparecieron acompañados cada vez más de acusaciones de demonismo y la caza de brujas comenzó a asumir las diferentes características descritas ya en este libro. El periodo que va de 1435 a 1500, el último estudiado por Kieckhefer, presagió las cazas masivas de finales del siglo XVI y del siglo XVII. Fue, además, durante este periodo cuando apareció un gran número de tratados sobre brujería, fenómeno que reflejó y estimuló el aumento de la cifra de procesos. Estos juicios del siglo XV señalan a todos los efectos el inicio de la caza de brujas europea [2].

Este es el punto en que la historia de la caza de brujas en Europa comienza a adoptar un curso un tanto sorprendente. En vez de ir ganando en fuerza lentamente y encaminarse hacia los grandes pánicos de finales del siglo XVI y principios del XVII, el número de enjuiciamientos se estabilizó durante la primera mitad del siglo XVI y en algunas zonas llegó de hecho a descender [3]. El descenso no se les pa-

---

[1] Kieckhefer, *European Witch Trials*, pp. 10-26.
[2] Para un tratamiento detallado de estos juicios celebrados en Suiza en el siglo XV y un análisis de algunos de los tratados, cfr. Blauert, *Frühe Hexenverfolgungen*.
[3] Cfr. las cifras de juicios y ejecuciones de 1450-1500 y 1500-1550 en Hansen,

só por alto a los contemporáneos. En un escrito de 1516, Martín Lutero afirmaba que, a pesar de la existencia de muchas brujas y hechiceras durante su juventud, ya «no se oía hablar de ellas tan habitualmente» [4]. Como es de esperar, hubo algunas zonas donde Lutero podría haber oído hablar mucho más sobre brujas en esos mismos años. Entre 1507 y 1539 hubo varios juicios en el país vasco; en Cataluña, en 1549; en la diócesis de Como y otras partes del norte de Italia, en las décadas de 1510 y 1520; en partes del norte del Languedoc, entre 1519 y 1530, y en Luxemburgo, Namur, Douai y otras zonas de los Países Bajos, a lo largo de la primera mitad del siglo XVI [5]. También hubo procesamientos ocasionales en lugares como Nuremberg [6], pero es difícil no llegar a la conclusión de que la primera parte del siglo XVI fue un periodo de relativa tranquilidad por lo que respecta a la brujería [7].

La reducción de la intensidad de la caza de brujas durante la primera mitad del siglo XVI tuvo su reflejo e incluso, hasta cierto punto, estuvo causada por una interrupción en la publicación de tratados y manuales sobre brujería. El *Malleus Maleficarum*, por ejemplo, que había sido enormemente popular entre 1486 y 1520 y lo volvería a ser entre 1580 y 1650, no se reimprimió ni una sola vez entre 1521 y 1576. De manera similar, ninguno de los demás tratados sobre brujería escritos en el siglo XV tuvo mercado durante estos años. Y tras la publicación de la obra de Grillandus, *Tractatus de Hereticis et Sortilegiis*, en 1524, se escribió muy poco en apoyo de la caza de brujas hasta la década de 1570. En otras palabras, si tomamos la producción de literatura sobre brujería como indicador de la intensidad de la caza de brujas, concluiremos que a comienzos del siglo XVI se produjo claramente un paréntesis, con un ligero retraso respecto de la reducción efectiva del número de juicios. En vez de una caza de brujas conti-

---

Quellen, pp. 68-262; en Foucault, *Les Procès de sorcellerie dans l'ancienne France devant les jurisdictions séculières* (París, 1907), pp. 297-306; y en Midelfort, *Witch-Hunting*, pp. 201-2.

[4] Kors y Peters, *Witchcraft in Europe*, p. 201.

[5] H. Kamen, *Inquisition and Society in Spain in the Sixteenth and Seventeenth Centuries* (Bloomington, 1985), pp. 210-12; Monter, *Frontiers of Heresy*, pp. 255-67; G. Bonomo, *Caccia alle Streghe* (Palermo, 1959), p. 143; Lea, *Materials*, III, pp. 1112-13; Le Roy Ladurie, *Paysans de Languedoc*, p. 408. J. Delumeau, *Catholicism between Luther and Voltaire: A New View of the Counter-Reformation* (Londres, 1977), pp. 170-1.

[6] H. H. Kunstmann, *Zauberwahn und Hexenprozeß in der Reichsstadt Nürnberg* (Nuremberg, 1970), pp. 39-73.

[7] Trevor-Roper, «Witch-Craze», p. 136.

nua en Europa, se dieron en realidad dos campañas separadas: un ataque temprano, geográficamente limitado, a finales del siglo XV, y una caza mucho más intensa y extendida a finales del XVI y en el siglo XVII.

El aletargamiento de la caza de brujas durante los primeros años del siglo XVI estuvo causado en parte por los efectos combinados del escepticismo erudito y el choque inicial de la Reforma. Este periodo fue testigo de la difusión del humanismo renacentista por toda Europa y, aunque los humanistas no consiguieron socavar el concepto acumulativo de brujería, atacaron algunas de sus partes así como la mentalidad escolástica, que se había mostrado receptiva hacia el mismo. Las críticas a la creencia en las brujas y a los procesos que podemos encontrar en escritos de hombres como Erasmo, Alciati, Pomponazzi y Agrippa, pudieron haber hecho vacilar en distintas autoridades durante un breve lapso de tiempo su decisión de perseguir a un gran número de brujas [8]. Su insistencia en la posibilidad de practicar la magia natural sin ayuda de demonios y en que las brujas eran seres inofensivos víctimas de un engaño tuvo al menos el efecto de suscitar dudas sobre la realidad del delito. Al mismo tiempo progresó en Alemania, sobre todo en la obra del predicador Martin Plantsch de Tubinga, la idea de que Dios era responsable directo de muchos de los desastres naturales, como las granizadas, atribuidos a menudo a la brujería [9]. Este escepticismo del siglo XVI fue expuesto con máxima claridad por el tolerante médico humanista Johann Weyer.

La influencia de la Reforma protestante en la reducción de los procesamientos por brujería en la primera parte del siglo XVI es un asunto más complejo y problemático. Hay pocas dudas sobre el hecho de que los esfuerzos combinados de las reformas protestante y católica contribuyeron notablemente a fomentar los procesos por brujería a finales del siglo XVI y en el siglo XVII. Sin embargo, durante los primeros años de la Reforma, la desintegración de la cristiandad medieval y la intensa controversia suscitada en torno a este hecho pudo haber servido para distraer a las élites europeas de la tarea de la caza de brujas de manera similar a como las campañas bélicas pu-

---

[8] Evans, *Habsburg Monarchy*, p. 402, atribuye la ausencia de procesamientos de brujas en Austria durante este tiempo a «una atmósfera de humanismo, tolerancia y relativa urbanidad».

[9] Oberman, *Masters of the Reformation*, pp. 158-83.

dieron impedir que se produjeran dichas cazas. Más en concreto, el rechazo del catolicismo romano manifestado por los protestantes llevó a los reformadores de manera natural a desear formular sus propias teorías sobre la brujería, en vez de apoyarse en la obra de los demonólogos e inquisidores católicos del siglo XV. La teoría protestante que acabó naciendo fue, en realidad, muy similar y en muchos aspectos indistinguible de la de su antecesora católica, pero el proceso de formulación de una teoría nominalmente protestante necesitó tiempo. Lo menos que puede decirse es que el evidente rechazo de la teoría católica de la brujería contribuyó a un descenso en la demanda de los viejos tratados del siglo XV. Finalmente y sobre todo, el rechazo protestante de la Inquisición, su revisión drástica de toda jurisdicción eclesiástica y la transferencia de gran parte de la misma de los tribunales de la Iglesia a los civiles supuso amplias alteraciones en la maquinaria judicial utilizada para procesar a las brujas. Incluso en zonas católicas, el paso de la jurisdicción sobre la brujería a los tribunales civiles requirió tanto la aprobación de leyes específicas que la facilitaran como la aceptación por parte de los magistrados laicos de la necesidad de ponerla en práctica.

Durante las décadas de 1550, 1560 y 1570 hubo muchos signos de que Europa se hallaba en el umbral de un nuevo estallido de caza de brujas, mucho más intenso y extendido que el asalto inicial de finales del siglo XV. Durante estas décadas se produjeron pocos pánicos de masas pero sí un notable aumento en el número de juicios individuales y pequeñas cazas. Además, por esas mismas fechas, se aprobaron en Inglaterra, Escocia y los territorios alemanes varias leyes sobre brujería. Y lo que es más significativo: durante estas tres décadas, teólogos, juristas y otros intelectuales superaron sus dudas respecto a la brujería, con el resultado último de la refutación de Weyer realizada por Thomas Erastus y Jean Bodin [10]. La reanudación de las reimpresiones del *Malleus Maleficarum*, así como la publicación por primera vez de algunos tratados del siglo XV que sólo habían pervivido en manuscrito (como el *Flagellum haereticorum fascinariorum*, de Nicholas Jacquier) fue un aviso de que el periodo de escepticismo había pasado y estaba al acecho todo un nuevo grupo de autores de escritos sobre brujería como Boguet, De Lancre, Guazzo y Del Río

---

[10] Monter, *European Witchcraft*, pp. 55-71. Sobre la desaparición del escepticismo en Luxemburgo, cfr. Dupont-Bouchat, «Répression», p. 87.

que utilizarían las pruebas obtenidas en los juicios del siglo XVI para confirmar su realidad, incrementar el miedo a ella y proporcionar una guía para su procesamiento eficaz.

La reanimación de los procesos por brujería y su intensificación sin precedentes a finales del siglo XVI reflejó no sólo la solución de las dudas de las personas instruidas y la liquidación de la incertidumbre jurisdiccional sino también el impacto de las reformas, tanto protestante como católica, en las vidas de miles de europeos. En aquel tiempo la Biblia, con su sentencia literal de muerte contra las brujas, circulaba ampliamente en traducciones vernáculas; los predicadores habían declarado la guerra a la magia en todas sus formas, y el proceso de cristianización había contribuido a cultivar sentimientos de superioridad moral y de culpa que tuvieron una parte muy importante en la caza de brujas. Para agravar la situación, el conflicto entre protestantismo y catolicismo, por un lado, y entre las diversas formas de protestantismo, por otro, comenzó a alcanzar su punto culminante, circunstancia que reforzó el miedo al diablo y la hostilidad hacia la brujería [11].

Un factor último y quizá decisivo en la intensificación de la caza de brujas a finales del siglo XVI fue el comienzo de uno de los periodos de cien años económicamente más erráticos y políticamente más inestables de la historia de Europa. Durante los años que van de 1550 a 1650, Europa experimentó una inflación continua, una transición hacia la agricultura comercial, una serie de hambrunas (la peor de ellas en la década de 1590), varias depresiones en el comercio y una situación calificada de crisis productiva [12]. La agitación política adoptó la forma de un conjunto de sublevaciones provinciales, guerras civiles y religiosas y hasta revoluciones nacionales. Además, en muchas partes de Europa hubo serias epidemias de peste y otras enfermedades en una escala desconocida a principios del siglo XVI. Estos sucesos agravaron hasta cierto punto los conflictos personales que solían expresarse en acusaciones de brujería. Su principal efecto fue, sin embargo, el de alimentar un estado de ansiedad que estimuló el auge de la caza de brujas.

Aunque las décadas de 1550, 1560 y 1570 conocieron un incre-

---

[11] Trevor-Roper, «European Witch-Craze», pp. 137-40.
[12] Ver E. Hobsbawm, «The Crisis of the Seventeenth Century», en: *Crisis in Europe, 1560-1660*, ed. T. Aston (Nueva York, 1967), pp. 5-62.

mento del número de procesamientos, Europa no entró en el periodo de juicios masivos y grandes cazas hasta las de 1580 y 1590, a pesar de que esas cazas no se iniciaron en algunos países hasta algunas décadas más tarde. Sin estadísticas completas, es difícil determinar cuál de los decenios entre 1580 y 1650 fue el de mayor intensidad en la caza de brujas. La década de 1580 fue especialmente mala en Suiza y los Países Bajos; la de 1590, en Francia, los Países Bajos y Escocia; la de 1600 en la región del Jura y en muchos Estados alemanes; la de 1610 en España, y las de 1620 y 1630 en Alemania. Por lo que respecta a las meras cifras, los años entre 1610 y 1630, testigos de cientos de ejecuciones en lugares como Würzburg, Bamberga y Ellwangen, fueron probablemente los peores.

Los años entre 1580 y 1650 fueron, sin duda, el periodo culminante de la caza de brujas en Europa. El episodio no concluyó totalmente hasta cien años después pero, incluso en medio de este periodo álgido, hubo señales de que el fenómeno comenzaría pronto a perder fuerzas. En España, el momento crucial se dio en la década de 1610 y en Francia en la de 1620, mientras que los juicios masivos en Alemania, sobre todo los celebrados entre 1627 y 1632, generaron una crisis de confianza que dio lugar a drásticas reducciones en la intensidad de los procesos [13]. Inglaterra conoció su caza más importante en la década de 1640, Escocia en la de 1660 y Suecia y Finlandia a finales de la misma y comienzos de la de 1670; pero pasados estos traumas, todos los países experimentaron disminuciones llamativas en la caza de brujas. En 1675, los únicos que no habían soportado la arremetida plena de la caza de brujas eran Austria, Hungría, Transilvania, Polonia y Nueva Inglaterra [14]. El periodo que va de 1675 a 1750 fue en la mayor parte de Europa un tiempo de reflujo en los procesamientos de brujas y los juicios que se llevaron a cabo sólo implicaron en general a uno o dos acusados.

Pautas geográficas

Cualquier intento de establecer pautas cronológicas amplias en la caza de brujas europea se complica debido a las variantes regionales. Al-

---

[13] Ver Midelfort, *Witch-Hunting*, pp. 121-163.
[14] Byloff, *Hexenglaube*, p. 160; Evans, *Habsburg Monarchy*, pp. 404-5. Baranowski, *Procesy Czarownic*, p. 179.

gunas pautas claras resultan evidentes, pero la caza de brujas se inició, alcanzó su cima y decayó en tiempos y lugares diferentes. Para complicar aún más las cosas, la suma total de procesos, condenas y ejecuciones varió considerablemente en los diferentes Estados y regiones de Europa. Un estudio completo de estas pautas regionales, subdividido por provincias particulares, condados y ciudades, sería imposible de emprender en un estudio de esta naturaleza. Podemos, sin embargo, determinar algunas de las pautas geográficas más amplias. La elección de las unidades geográficas más apropiadas para tal comparación presenta ciertas dificultades. Si recurriéramos a las fronteras políticas de los Estados soberanos, deberíamos tratar por separado cada uno de los Estados individuales de Alemania e Italia y los diversos reinos de España y tendríamos además que tener en cuenta los cambios de soberanía ocurridos en muchas zonas de Europa durante la Edad Moderna.

Si utilizamos el criterio de la lengua, no podremos analizar el caso de Suiza, o el de Escocia como unidades aparte. Las regiones geográficas de dimensiones medias son, quizá, las más susceptibles de análisis y en esta categoría contamos con estudios muy excepcionales realizados por Midelfort para el sudoeste de Alemania, de Schormann para el noroeste de la misma nación, de Behringer para Baviera, de Muchembled y Dupont-Bouchat para los Países Bajos, de Monter para la región del Jura y de Demos para Nueva Inglaterra. A menudo, sin embargo, resulta difícil encontrar otras regiones con las que compararlas de manera adecuada y legítima, e incluso cuando se consigue definir tales zonas no se suele disponer de suficientes datos como para establecer comparaciones significativas. En función de lo que se propone nuestro estudio, analizaremos cinco zonas de Europa notablemente extensas: (1) Europa occidental y Centroeuropa occidental: Alemania, Francia, Suiza y los Países Bajos; (2) las Islas Británicas y las posesiones ultramarinas británicas: Inglaterra, Escocia, Irlanda y la América colonial; (3) Escandinavia: Dinamarca, Noruega, Suecia y Finlandia; (4) Centroeuropa oriental y Europa del este: Polonia, Hungría, Transilvania y Rusia, y (5) Europa meridional: Italia, la península ibérica y los imperios coloniales de España y Portugal. Excluiremos la zona controlada de hecho por el imperio otomano, a excepción de las provincias relativamente autónomas de Moldavia y Valaquia, pues en ella no se emprendieron procesos por brujería. Dentro de cada una de estas grandes zonas, hubo algunas diferencias regionales y nacionales acentuadas en lo que respecta a la caza de brujas. Las diferencias fueron, por ejemplo, significativas entre Francia y Alemania, Inglaterra y Escocia, Noruega y Suecia, Polonia y Rusia y España e Italia. Pero estas amplias zonas territoriales, además de ser geográficamente bastante coherentes, muestran un número suficiente de similitudes en cuanto a la caza de brujas como para considerar valiosas las comparaciones más amplias. Estas similitudes hunden sus raíces en diversas características religiosas, legales y políticas compartidas por los países de cada una de las zonas.

Europa occidental y Centroeuropa occidental

La inmensa mayoría de los procesos por brujería —quizá hasta un 75 por ciento— se dieron en Alemania, Francia, Suiza y los Países Bajos, una zona que contenía aproximadamente la mitad de la población de Europa. No es de extrañar que fuera también la región donde se produjeron las cazas y los pánicos más importantes y dichos pánicos explican principalmente por qué la cifra total de procesos y ejecuciones fue desproporcionadamente elevada. Durante los primeros años de la caza, la mayoría de los procesos se dieron en Francia, sobre todo en las áreas de la parte este del país limítrofes con Suiza y los territorios de Borgoña. Sin embargo, para finales del siglo XVI, cuando la caza entró en su fase más intensa, Alemania se había convertido en el centro de los procesamientos. Los juicios continuaron en Francia, especialmente en las regiones limítrofes del sur, y hubo varios casos urbanos de posesión demoniaca que motivaron procesamientos por brujería. Pero los pánicos más importantes de finales del siglo XVI y del siglo XVII se dieron en los territorios de habla alemana.

Más de la mitad del territorio de la zona occidental y central occidental caía dentro del Sacro Imperio Romano. En 1559, el Imperio se extendió tanto hacia el oeste y el sur que llegó a comprender todos los Países Bajos y el Franco-Condado (sometidos al control español), la Confederación Helvética e incluso partes del norte de Italia, mientras que por el este abarcaba Bohemia, Austria y Silesia. En 1648 sus fronteras se habían reducido considerablemente al haber fijado su propia identidad las provincias del norte de los Países Bajos y la Confederación Helvética, mientras que los ducados de Saboya, Milán, Génova y Toscana no se incluían ya dentro de él. El desplazamiento de las fronteras del Imperio hace difícil cualquier intento de calcular el número total de juicios por brujería emprendidos en sus territorios, pero no es irrazonable asegurar que la cifra fue significativamente mayor que la de todas las demás partes de Europa juntas [15]. Si nos limitamos a los territorios de habla alemana dentro del Imperio el número de procesamientos fue por lo menos de 30.000 y posiblemente tres veces más [16].

La debilidad política del Imperio pudo haber sido el motivo particular más importante de la alta concentración de juicios por brujería en esa parte de Europa. El Imperio era una confederación muy laxa de numerosos pequeños reinos, principados, ducados y territorios que actuaban como Estados soberanos o cuasi soberanos. Algunos de estos territorios, como los Países Bajos españoles, estaban en posesión de gobernantes extranjeros. Otros dependían de unidades mayores dentro del Imperio, como Montbéliard, que se hallaba técnicamente bajo la soberanía del duque de Württemberg. Otros más eran territorios eclesiásticos sometidos al control de un príncipe obispo o un abad. Había además varias ciudades imperiales que, aun manteniendo una relación directa con la estructura imperial, actuaban con relativa autonomía. El efecto judicial de toda esta diversidad y descentralización política era el de dar en la práctica autonomía judicial a unidades políticas relativamente pequeñas. El Imperio mismo proporcionaba escasa unidad legal y ejercía muy poco control judicial sobre las actividades de los diversos tribunales que conocían casos por brujería. En 1532 otorgó a la totalidad del Imperio un código legal, la *Carolina*, pero no brindó mecanismos eficaces para su aplicación. No había jueces itinerantes que garantizaran el mantenimiento del código ni un procedimiento para apelar de forma regular ante el tribunal supremo imperial de Espira. Las mismas unidades políticas mayores en el interior del Imperio, al ser Estados patrimoniales débiles o confederaciones de entidades menores, no lograban muchas veces ejercer un control judicial efectivo sobre los diversos tribunales que actuaban en el interior de sus territorios. Así pues, en la mayoría de los casos, los juicios contra las brujas en Alemania se confiaban a tribunales que ejercían su jurisdicción sobre un área geográfica relativamente pequeña.

[15] Monter, «The Pedestal and the Stake», p. 130, afirma que más de la mitad de las ejecuciones se llevaron a cabo allí.
[16] Ver Schormann, *Hexenprozesse in Deutschland*, p. 71. Behringer, «Erhob sich das ganze Land», calcula 20.000 ejecuciones para toda Alemania.

El predominio de la pauta del particularismo jurisdiccional en Alemania significó que la caza de brujas podía desarrollarse fácilmente sin control. Sería una exageración afirmar que esta situación concedía a cada señor, párroco o magistrado la libertad de «quemar a placer», pero los jueces alemanes disponían de una discrecionalidad en el tratamiento de los casos de brujería que habría sido envidiada sin duda por algunos celosos cazadores de brujas de otras partes de Europa [17]. Uno de los ejemplos más llamativos de este tipo de independencia jurisdiccional fue el de la *Fürstpropstei* de Ellwangen, un diminuto territorio católico en el sudoeste de Alemania casi completamente independiente de cualquier control externo político y eclesiástico que nunca permitió apelaciones a tribunales superiores. No es de extrañar que Ellwangen fuera el lugar de una de las cazas de brujas más graves de la historia de Alemania, suceso que se cobró las vidas de unas 400 personas entre 1611 y 1618 [18].

La distribución de los procesos por brujería en el Imperio presta un apoyo complementario a la tesis de que el tamaño de las unidades jurisdiccionales alemanas tuvo mucho que ver con la intensidad de la caza de brujas. Sin pretender simplificar en exceso una situación inmensamente compleja, podemos dividir Alemania en dos regiones, una de las cuales conoció cazas de brujas mucho más fuertes que la otra. Los territorios que ejercieron un control relativo se hallaban en su mayoría en el norte y el este, con la notable excepción a esta regla del ducado nororiental de Mecklemburgo, un punto especialmente negro en la historia de la brujería alemana. Los principales centros de caza de brujas se encontraban, no obstante, hacia el sur y el oeste, en una amplia zona que incluía Würzburg, Bamberga, Eichstätt, Württemberg y Ellwangen, por mencionar sólo unas pocas localidades con cazas de brujas famosas. Como ha mostrado Gerhard Schormann, existen varias diferencias entre estas dos regiones, pero una de las más significativas es que las zonas norte y este estaban compuestas por unidades políticas mucho menos fragmentadas que las del sur y oeste [19]. De acuerdo con esta tesis, Schormann clasifica el gran principado suroriental de Baviera entre los territorios septentrionales y

---

[17] Lea, *Materials*, III, p. 1231.
[18] Midelfort, *Witch-Hunting*, pp. 98-100.
[19] Schormann, *Hexenprozesse in Deutschland*, pp. 65-66. La topografía de ambas regiones es también diferente. El norte y este son sobre todo tierras bajas, mientras que el sur y el oeste se caracterizan por sus montañas de altitud media.

orientales, pues ejecutó a un número de brujas relativamente pequeño para una unidad política de sus dimensiones [20]. Si incluimos en este esquema los países igualmente grandes de Austria y Bohemia (ambos dentro del Imperio), la relación entre el tamaño de las unidades políticas autónomas y la intensidad de la caza de brujas se hace aún más clara. La cifra total de ejecuciones en Austria rondó probablemente las 900 y en Bohemia las 1.000. La gran mayoría de estos procesos tuvo lugar a finales del siglo XVII y en el siglo XVIII, algo después de lo ocurrido con el grueso de los procesamientos en Alemania [21].

Aunque los tribunales locales alemanes no tenían que enfrentarse por lo general a apelaciones ante los tribunales imperiales o a supervisiones por parte de autoridades judiciales imperiales, se les solicitaba que consultaran con las universidades en casos de brujería. Esta demanda, incluida en el Artículo 109 de la *Carolina*, pretendía ayudar a los jueces locales a resolver las complejidades del procedimiento criminal en un terreno legal con el que no solían estar familiarizados. Antes de proceder a la tortura y dictar sentencia, solían enviar informes a la facultad de leyes de la universidad más próxima (a comienzos del siglo XVII había veintitrés en el Imperio) en demanda de consejo. En vez de conducir a una mayor moderación y cautela en los procesos por brujería, como solía suceder al intervenir las autoridades centrales, esta práctica tuvo habitualmente el efecto contrario. De hecho, dado que las universidades eran centros para el desarrollo y difusión de la teoría demonológica, la consulta con juristas eruditos ayudó a exponer las ideas satanistas a los magistrados locales, cuyas creencias no eran a veces diferentes de las de los simples campesinos [22]. Así pues, en este caso, la determinación local de eliminar la

---

[20] Behringer, *Hexenverfolgung in Bayern*, p. 69, calcula que hubo de 1.000 a 1.500 ejecuciones en toda la región del sureste de Alemania. En el antiguo ducado de Baviera (principado a partir de 1623 y, seguidamente, electorado) hubo quizá tan sólo unas 300 ejecuciones. Fuera del principado, la región se caracterizaba por una amplia fragmentación política. Las jurisdicciones menores tuvieron un papel desproporcionadamente importante en el pánico de 1590. Ver pp. 139-40. Para una serie de comparaciones entre la totalidad de la región suroriental y otras partes de Alemania, cfr. Behringer, «Erhob sich das ganze Land», pp. 163-5.

[21] Behringer, *Hexenverfolgung in Bayern*, p. 414; Evans, *Habsburg Monarchy*, pp. 402-17. Byloff, *Hexenglaube*, pp. 159-60, calcula en 1.700 los individuos acusados en Austria, pero admite que la cifra pudo ascender a 5.000.

[22] Ver Midelfort, «Heartland of the Witchcraze», p. 30; Lea, *Materials*, III, pp. 1229, 1246, 1251; Schormann, *Hexenprozesse in Nordwestdeutschland*, pp. 158-9; S. Lo-

brujería se vio fortalecida más que debilitada por la intervención de autoridades judiciales «superiores».

Si dejamos el Sacro Imperio Romano, podemos comprobar aún la importancia de los factores jurisdiccionales en la determinación de la intensidad de la caza de brujas en el territorio que fue 'corazón' de la brujería. En Suiza, donde se ha calculado que fueron ejecutadas 10.000 brujas [23], el cuadro es extremadamente complejo, puesto que la Confederación era religiosa, cultural y lingüísticamente pluralista. Los cantones eran también jurisdiccionalmente autónomos, situación que no sólo fomentó la diversidad de pautas en la caza de brujas sino que posibilitó, además, su descontrol. La gravedad de la caza de brujas en Suiza queda ilustrada de manera excelente por el caso del Pays de Vaud, donde fueron ejecutadas más del 90 por ciento de las personas juzgadas por brujería y donde la cifra total de víctimas superó las 3.000. Por el contrario, Ginebra, a pesar de vivir de tiempo en tiempo algunos graves brotes de pánico por la propagación de la peste, tuvo unas marcas muy bajas de procesos por brujería [24].

A medida que nos trasladamos al norte de Suiza nos encontramos con una franja de territorios que, aun perteneciendo técnicamente al Imperio, eran prácticamente autónomos, como el Franco-Condado, Lorena y los Países Bajos. En todas estas zonas la caza de brujas resultó estimulada por la independencia jurisdiccional *de facto*, a pesar de que en el caso de las posesiones españolas la situación se vio agravada por los intentos de los agentes reales de definir la brujería como delito y fomentar su procesamiento. En estas áreas se produjo de hecho una combinación mortífera de implicación central y local en la caza de brujas, pues el rey de España, el Emperador del Sacro Imperio Romano y el archiduque de Borgoña proporcionaban la legislación, y a veces la inspiración inicial, para las mismas y los pequeños ducados o Estados poseían la libertad de proceder a su antojo [25]. Como es de esperar, los procesos por brujería se cobraron un

---

renz, *Aktenversendung und Hexenprozeß: Dargestellt am Beispiel der Juristenfakultäten Rostock und Greifswald (1570/82-1630)*, 2 vols. (Francfort, 1982-83).

[23] Las cifras de 8.888 acusaciones y 5.417 ejecuciones dadas por Bader, *Hexenprozesse in der Schweiz*, pp. 211ss, son definitivamente demasiado bajas. Cfr. Behringer, «Erhob sich das ganze Land», pp.162-3.

[24] Monter, *Ritual, Myth and Magic*, p. 47.

[25] Sobre los intentos de Felipe II y del Consejo de Luxemburgo para introducir nuevos procedimientos legales y fomentar las inquisiciones generales por brujería, cfr. Dupont-Bouchat, «Répression», pp. 86-99.

elevado precio en estos pequeños territorios. En Lorena, donde Nicolas Rémy envió a la muerte a más de 800 brujas entre 1586 y 1595 y a más de 2.000 a lo largo de su carrera, los viajeros pudieron ver «miles y miles de patíbulos a los que están atadas las brujas para ser quemadas» [26]. De los 3.000 individuos juzgados por brujería en Lorena entre 1580 y 1630, alrededor del 90 por cien fueron declarados culpables [27]. En Luxemburgo hubo 358 ejecuciones entre 1509 y 1687, y muchas más en otras partes de los Países Bajos españoles [28].

Las únicas unidades políticas de esta parte de Europa que no se ajustan a la pauta general de intensa actividad procesal fueron los Países Bajos del Norte. En esta región, con más de un millón de habitantes, se ejecutó a menos de 150 brujas. Las ejecuciones por brujería terminaron además antes en esta región que en cualquier otra parte de Europa. Holanda conoció algunas grandes cazas de brujas en las provincias de Groninga, Utrecht y Brabante del Norte, pero en ninguna de estas zonas se ejecutó a tantas brujas como en la región de Limburgo, que por esas fechas no se había incorporado aún al país [29].

La probabilidad de recurrir a los factores jurisdiccionales, que tanto cuentan para dar razón de la intensidad de los procesos en tantas partes de Alemania, es escasa cuando se trata de explicar las pautas seguidas en Holanda. El sistema judicial estaba globalmente muy descentralizado —situación que en otras partes facilitó los procesamientos— y el grado de control central en cada provincia era muy variado [30]. No obstante, es digno de señalar que en la provincia de Frisia, donde la

---

[26] Boguet, *Examen of Witches*, p. xxxiii; Rémy, *Demonolatry*, p. 56, habla de no menos de 800 ejecuciones y «un número casi igual» que habían huido o superado la tortura. Sobre el cálculo de un total de 2.000-3.000 ejecuciones, cfr. C. Pfister, «Nicolas Rémy et la sorcellerie en Lorraine à la fin du XVI siècle', en: *Revue Historique*, 93 (1907). p. 239.

[27] R. Briggs, «Witchcraft and Popular Mentality in Lorraine, 1580-1630», en: *Occult and Scientific Mentalities in the Renaissance*, ed. Brian Vickers (Cambridge, 1984), p. 338.

[28] Dupont-Bouchat, «Répression», p. 127.

[29] M. Gijswijt-Hofstra, «Six Centuries of Witchcraft in the Netherlands», en: *Witchcraft in the Netherlands*, ed. M. Gijswijt-Hofstra y W. Frijhoff (Rotterdam, 1991), pp. 25-30.

[30] A. F. Soman, «Decriminalizing Witchcraft: Does the French Experience Furnish a European Model?», en: *Criminal Justice History*, 10 (1989), p. 17, considera a Holanda, donde una judicatura descentralizada logró muy pronto que decayera la caza de brujas, una excepción a la regla predominante en la mayoría de las jurisdicciones europeas.

justicia estaba centralizada, no hubo prácticamente procesos, mientras que en la de Groninga, donde los tribunales locales disponían de una considerable libertad de acción, se produjeron dos cazas de brujas bastante importantes en el siglo XVI [31].

La principal explicación de la levedad de la caza de brujas en Holanda parece ser más bien ideológica que judicial. Aunque los jueces holandeses disponían de todos los instrumentos procesales para efectuar cazas de brujas masivas, incluido el derecho a la utilización de la tortura, nunca creyeron que las brujas estuvieran involucradas en las actividades descritas por la literatura demonológica. El concepto acumulativo de brujería se desarrolló en Holanda lentamente y, cuando por fin apareció, nunca halló un suelo fértil [32]. Los magistrados aceptaron la realidad del pacto con el diablo, pero jamás la noción de una vasta conspiración diabólica. Sin esta creencia aterradora, era más probable que respetaran las reglas de cautela judicial que tenían a mano.

Al dar razón de la debilidad de la caza de brujas en Holanda, merece la pena considerar otras dos explicaciones. La primera fue la intensa dedicación del país a la lucha por independizarse de España, conflicto que requirió todos sus esfuerzos entre 1568 y 1609 y no se resolvió formalmente hasta 1648. Como hemos mencionado más arriba, los procesos por brujería no se producían en general durante los periodos de guerra o crisis política doméstica y, en este caso, el conflicto con España cubrió toda la época de la caza de brujas. La segunda explicación fue la resistencia de las autoridades, tanto católicas como protestantes, a intervenir en campañas contra la magia y la superstición. Esas mismas autoridades fueron reticentes a prestar ayuda a las autoridades civiles para la detección y procesamiento de las brujas.

Volviendo finalmente nuestra atención a Francia, se plantea la cuestión de si los factores políticos o jurisdiccionales fueron tan importantes como en el Imperio para determinar la intensidad de la caza de brujas. El modelo general de los procesamientos por brujería, sobre todo después de que los tribunales civiles asumieran la carga principal de los procesos en el siglo XVI, hace pensar que sí lo fueron.

---

[31] Gijswijt-Hofstra, «Six Centuries», pp. 31-2.
[32] M. Gielis, «The Netherlandic Theologians' Views of Witchcraft and the Devil's Pact», en: *Witchcraft in the Netherlands*, pp. 37-52.

Las zonas de Francia más duramente afectadas por la brujería se situaban en las fronteras del reino: el norte, el este, Languedoc, el suroeste y (con retraso) Normandía. Todas estas áreas opusieron resistencia a los esfuerzos de la monarquía francesa por establecer un Estado centralizado y absolutista [33]. Es posible que esta situación llevara a los jueces reales a incoar procesos por brujería como parte del programa para disciplinar y cristianizar a la población y contener la rebelión en estas regiones marginales. Según hemos visto, los contemporáneos asociaron brujería y rebelión en el Languedoc de manera al menos parcialmente correcta. Pero la razón principal de la intensidad de la caza de brujas en las regiones periféricas de Francia es que sus tribunales actuaban con mayor independencia del control central gubernamental que las del centro del país. Y, según sabemos por los juicios celebrados en Rouen a finales del siglo XVII, el derecho de las localidades particulares a procesar brujas sin intromisión del gobierno central fue una de las muchas cuestiones que enfrentaron a Luis XIV con las diversas provincias de su reino [34].

La lucha entre el centro y la periferia en Francia tuvo, por tanto, mucho que ver con los procesos por brujería en este reino, y el notable éxito del país en la implantación de una monarquía central en los siglos XVI y XVII ayuda considerablemente a explicar por qué dentro de sus fronteras se ejecutó a muchas menos brujas que en Alemania. Otro factor relacionado también con este proceso de centralización fue el sistema regular de apelaciones desde los tribunales locales a los ocho *parlements* provinciales. En algunos casos, como en Normandía en la década de 1590, cuando el *parlement* provincial de Rouen avaló y confirmó plenamente sentencias que habían sido objeto de apelación, este sistema de control provincial contribuyó poco a disuadir a las autoridades locales en su voluntad de continuar los procesos. Pero la revocación de muchas sentencias por el *parlement* de París, que ejercía una jurisdicción de apelación sobre la mayor parte del norte de Francia y marcaba las pautas para los demás parlamentos provinciales, tuvo un efecto disuasorio sobre el fenómeno general de la caza de brujas en Francia. Ello explica, más que cualquier otro factor particular, por qué Francia, con una población sólo poco menor que la del Imperio, procesó a muchas menos brujas. Mientras

---

[33] Muchembled, «Satan ou les hommes?», p. 18.
[34] Mandrou, *Magistrats et Sorciers*, pp. 449-62.

no se hayan realizado más estudios de las actas de los *parlements* provinciales, la mayoría de los cálculos seguirán siendo meras conjeturas, pero no estaría fuera de lugar sugerir una cifra de 4000 personas para las zonas sometidas directamente a la jurisdicción del rey [35]. Las cifras de ejecuciones ilegales, como las 300 efectuadas en las Ardenas a principios del siglo XVII, podrían aumentar algo más ese número [36]. Pero, aun así, la mayor cantidad resultante no significaría una persecución judicial mucho mayor que la de Inglaterra, si tenemos en cuenta el tamaño relativo de la población de ambos países.

La concentración de la gran mayoría de los procesos por brujería en el núcleo central occidental de Europa tuvo causas tanto religiosas como políticas y judiciales. Es incuestionable que se trataba de la región eclesiásticamente más inestable de toda Europa. Fue vivero de herejías a finales de la Edad Media y centro de la Reforma protestante. Tras la Reforma, la región se sumió en la inestabilidad eclesiástica; algunas zonas cambiaron de afiliación religiosa más de una vez y otras pasaron a ser pluralistas en lo religioso. En Alemania, cada príncipe determinaba la religión de su territorio a partir de 1556, mientras que en Francia hubo un periodo de relativa tolerancia religiosa de 1598 a 1685. No obstante, a lo largo del país existían muchas zonas religiosamente divididas y el conflicto confesional fue amplio, tanto en Francia como en Alemania. Todas estas disensiones, inestabilidades y diversidad religiosa fomentaron los procesos por brujería. La mera tradición de disidencia hizo, como es natural, que las autoridades tomaran conciencia de la posibilidad de la brujería, pues, a fin de cuentas, se trataba de un brote nuevo y especialmente virulento de herejía. La estrecha proximidad con los partidarios de una fe rival pudo haber fortalecido la conciencia del diablo en estas zonas, mien-

---

[35] Para la zona sometida a la jurisdicción del *parlement* de París disponemos de actas de 1.288 apelaciones y 554 casos que nunca llegaron a esta fase. A. Soman, «Trente procès de sorcellerie dans le Perche (1566-1624)», pp. 42-7. Briggs, *Communities of Belief*, p. 12, sugiere que Francia, en conjunto, no padeció un nivel de procesamientos significativamente superior al de Inglaterra, si se tiene en cuenta el tamaño relativo de las dos poblaciones.

[36] Soman, «Parlement of Paris», p. 40. Muchembled, «Witches of the Cambrésis», señala que, a excepción de Lorena, que en esa época no formaba parte de Francia, las cifras de brujas francesas se contaban por centenas más que por millares. El *Parlement* de París confirmó sólo 115 sentencias de muerte entre 1565 y 1640. Ver Soman, «Parlement of Paris», p. 26. Hubo, sin embargo, algunas cazas bastante duras en las regiones periféricas del país. Sobre la referencia de De Lancre a 400 ejecuciones en Toulouse en 1577, cfr. Mandrou, *Magistrats et Sorciers*, p. 92.

tras que la frecuencia e intensidad del conflicto directamente religioso contribuyó al estado de ansiedad subyacente en los procesamientos por brujería.

Las Islas Británicas

Al dejar la zona central occidental de Europa y examinar los procesos por brujería en su periferia, nos encontramos con un modelo general de caza de brujas relativamente benigno y contenido. Todas estas zonas periféricas vivieron sus propios pánicos a causa de las brujas, pero de forma mucho más limitada en cuanto a dimensiones y número que en el corazón de Europa. Comenzando por Inglaterra, Escocia y las posesiones ultramarinas inglesas, nos encontramos con un esquema considerablemente variado pero que, en conjunto, contrasta fuertemente con el predominante en Centroeuropa occidental. Es cierto que Inglaterra conoció una importante caza de brujas en la década de 1640, mientras que Escocia vivió varios pánicos nacionales a finales del siglo XVI y en el siglo XVII, y Salem, en Massachusetts, fue el lugar de la famosa caza de 1692, pero pocas de estas cazas se pueden comparar en tamaño o intensidad con los holocaustos de Ellwangen, Würzburg o Bamberga. Además, el número total de juicios en los territorios británicos no superó, probablemente, los 5.000 y las ejecuciones fueron menos de 2.500 y no llegaron, quizá, a las 1.500.

La razón principal de la relativa suavidad de la caza de brujas en los territorios británicos fue la tardía e incompleta recepción del concepto acumulativo de brujería. La impotencia de las grandes herejías medievales para cruzar el Canal y la ausencia de inquisidores papales que las extirparan hizo que ingleses y escoceses se mostraran menos paranoicos ante la introducción en el siglo XV de una nueva herejía como la brujería, y cuando el concepto acumulativo de brujería comenzó a difundirse por toda Europa en el XVI, no encontró en Gran Bretaña un suelo muy fértil. La elite administrativa y gobernante de Inglaterra le prestó un apoyo reticente y poco entusiasta, e incluso en Escocia, donde las nuevas ideas se acogieron con más interés, el concepto no llegó a desarrollarse nunca del todo. La creencia a la que más se puede achacar el desarrollo de las grandes cazas de brujas —la idea del aquelarre— estuvo presente en varios juicios ingleses del siglo XVII y también en las principales cazas escocesas, pero nunca alcanzó la complejidad que conoció en el continente. Los aquelarres ingleses, e incluso los escoceses, eran actos relativamente anodinos donde las brujas cenaban con el diablo pero no solían participar en infanticidios caníbales ni orgías ni acudir volando a las reuniones o regresar de ellas por el mismo medio. Cuando encontró aceptación, la creencia en el aquelarre bastó para provocar una búsqueda de cómplices, pero el número de participantes fue invariablemente pequeño y el cuadro general no inspiró el tipo de terror provocado por la pesadilla característica del continente.

La aceptación lenta e incompleta del concepto acumulativo de brujería en Gran Bretaña tuvo mucho que ver con la segunda razón principal de la levedad de la caza de brujas en esta región: la parca utilización de la tortura en casos de brujería. Tanto en Inglaterra como en Escocia, la tortura sólo podía aplicarse por orden específica del Consejo Privado y únicamente en asuntos que implicaban al Estado [37]. En Inglaterra, esta prohibición fue observada rigurosamente, con el resultado de que la tortura sólo se aplicó ilegalmente en la caza de brujas una vez, durante el confuso periodo de la Guerra Civil. En Escocia, donde el control central de la justicia local era menos eficaz que en Inglaterra, la tortura se utilizó más frecuentemente sin garantías y muy a menudo durante las investigaciones previas al juicio [38]. También fue aplicada por orden oficial en una caza de brujas muy importante, cuando se creyó que el rey Jacobo VI era víctima de actos premeditados de brujería [39].

El uso relativamente parco de la tortura en Gran Bretaña tuvo un doble efecto en la caza de brujas. Por un lado, debilitó la recepción de las creencias continentales acerca de las brujas, pues tales creencias eran aceptadas por las clases administrativas, y desde luego por el pueblo llano, principalmente a través de confesiones de actividades como la de haber asistido al aquelarre o volado por el aire. Merece, sin duda, la pena señalar que las cazas británicas en las que

---

[37] Sobre las autorizaciones judiciales inglesas, que se elevan a 81 para el periodo de 1540-1640, cfr. Langbein, *Torture*, pp. 94-123. Entre 1590 y 1689 se aprobaron en Escocia 34 autorizaciones. Cfr., *Register of the Privy Council of Scotland*, passim.
[38] Ver, por ejemplo, B. Whitelocke, *Memorials of the English Affairs* (Londres, 1682), p. 522. Una de las razones del recurso a la tortura fue que el Consejo Privado requería una confesión para aprobar un juicio local por brujería. Mackenzie, *Laws and Customes*, p. 88.
[39] *Register of the Privy Council of Scotland*, IV, p. 680.

se desarrolló más plenamente la idea del aquelarre fueron aquellas en que, legal o ilegalmente, se aplicó de hecho la tortura. Por otra parte, la utilización infrecuente de la tortura impidió el desarrollo de cazas por reacción en cadena. En Gran Bretaña hubo sólo dos con estas características, las cazas escocesas de 1590-92 y 1661-62, y en ambos casos la tortura se aplicó ampliamente. Pero, incluso en estos casos, la mayoría de los procesos se incoaron con independencia de los demás y no se pueden considerar parte de una cadena judicial.

Otra razón legal de la relativa lenidad de la caza de brujas en Gran Bretaña fue la práctica de juzgarlas mediante jurado tanto en Inglaterra como en Escocia. Aunque los jurados no estaban ligados a las estrictas leyes probatorias imperantes en el continente y aunque podían dictar veredicto de culpabilidad contra una bruja basándose en su mala fama o en pruebas circunstanciales, en la práctica demostraron ser relativamente indulgentes, pronunciando varias sentencias absolutorias en ambos países. Además, la presencia de jurados refleja otra de las características de la justicia británica: la ausencia de procedimiento inquisitorio, que es, por supuesto, el sistema que llevaba a la aplicación de la tortura. La justicia escocesa, por influencia del derecho romano, incorporó algunos rasgos del procedimiento inquisitorio pero hasta finales del siglo XVII siguió teniendo un carácter esencialmente inglés. Los jurados no sólo conservaron su independencia, sino que, además, la organización de cazas de brujas por iniciativa oficial —otra característica del procedimiento inquisitorio— se produjo sólo en contadas ocasiones en Escocia y nunca en Inglaterra.

Aunque la caza de brujas en toda Gran Bretaña resultó mucho más suave que en Alemania, Francia y Suiza, los procesos en Escocia fueron de mucha mayor intensidad que en Inglaterra. Si tenemos en cuenta el hecho de que por cada bruja ejecutada en Inglaterra se ejecutó a tres en Escocia y que la población inglesa era cuatro veces mayor que la escocesa, podemos apreciar la magnitud de las diferencias entre ambos países en esta materia. Las razones principales de tales diferencias fueron una más completa recepción del concepto acumulativo de brujería en el reino septentrional y una más frecuente aplicación ilegal de la tortura. Otra práctica escocesa de consecuencias posiblemente mayores fue la costumbre de otorgar mandatos a los magistrados locales para juzgar brujas sin la supervisión de los jueces itinerantes. En estos casos, la tasa de condenas y ejecuciones fue superior a la de los casos vistos ante los jueces centrales en Edimburgo o en los juicios de distrito. En Inglaterra prácticamente todas las causas por brujería fueron vistas ante los jueces de distrito en los tribunales de lo penal de los condados.

Varios otros factores legales y religiosos contribuyeron a que fuera mayor la intensidad de la caza de brujas en Escocia. Los jurados escoceses requerían sólo una mayoría para condenar a un criminal, mientras que los ingleses exigían la unanimidad. Es difícil determinar el efecto preciso de esta diferencia en el total del número de sentencias condenatorias, pero sabemos que muchas de las condenas en Escocia fueron dictadas por mayoría. Los diferentes requisitos para dictar sentencia previstos en las leyes sobre brujería promulgadas por los parlamentos de ambos países pudieron haber dado también pie al mayor número de ejecuciones en Escocia (aunque no de condenas). Mientras las leyes inglesas de 1542, 1563 y 1604 preveían sentencias no capitales en ciertos tipos de casos por primera infracción, la ley escocesa de 1563 exigía la muerte en todos los casos —cruel ejemplo de la notoria severidad de la justicia escocesa—. En realidad, muchas brujas escocesas recibieron sentencias no capitales, pero su número fue mucho menor que en Inglaterra.

Los factores religiosos pudieron haber influido también en los diferentes resultados de la caza de brujas en Inglaterra y Escocia. Los dos países eran protestantes desde 1560 y a ambos les correspondió una alta cuota de conflictos religiosos, pero entre ellos había diferencias religiosas significativas. El mayor rigor del pensamiento calvinista en Escocia no parece haber estimulado la caza de brujas, pero el clero escocés desempeñó en la vida religiosa de su país un cometido más activo que el inglés. Los ministros y ancianos escoceses no sólo asistían al interrogatorio inicial de las brujas en virtud de su condición de miembros de los tribunales inferiores (*kirk sessions*) de sus parroquias presbiterianas, sino que, como miembros de la Asamblea General, ejercían una constante presión sobre el gobierno para que instaurara un Estado piadoso mediante el procesamiento de las brujas. Este tipo de presión es uno de los ejemplos más claros de cómo los reformadores religiosos influyeron en los gobiernos seculares para redoblar sus esfuerzos en la caza de brujas [40].

La brujería en las posesiones coloniales inglesas merece un co-

---

[40] Larner, *Enemies of God*, pp. 67-8, 71-5.

mentario especial. En Irlanda, donde el caso de la dama Alice Kytler, en el siglo XIV, supuso una fase importante en la formulación del concepto acumulativo de brujería, los juicios contra las brujas fueron sorprendentemente raros. Aunque se creía que los hechiceros y brujos abundaban en el país y a pesar de que el Parlamento irlandés aprobó en 1586 una ley sobre brujería, el número total de juicios no parece haber sido muy grande. Es posible que esa cifra baja refleje el carácter incompleto de los registros judiciales, pero la ausencia de otras pruebas referentes a cazas de brujas hacen pensar que las autoridades irlandesas no emprendieron muy a menudo acciones legales contra la brujería. La condición inestable de la justicia irlandesa y el conflicto entre el derecho inglés y el derecho nativo gaélico, o *brehon*, pudo haber contribuido de alguna manera a esta situación. Es muy posible que los irlandeses nativos se negaran a presentar cargos contra brujas en tribunales que aplicaban el derecho inglés, impidiendo así la incoación de procesos.

En cualquier caso, las pruebas con que contamos respecto a acusaciones y procesos por brujería dejan en claro que las ideas del continente sobre demonismo no penetraron en Irlanda de manera apreciable. La ley de 1586, aprobada al menos en parte para poner remedio a la dificultad con que se encontraron los jueces en 1578, al verse precisados a recurrir a la ley natural para condenar a dos brujas, se parecía bastante a la ley inglesa de 1563 y los cargos presentados contra las brujas irlandesas fueron similares a los expuestos contra las típicas brujas inglesas más que contra las alemanas o francesas. Uno de los pocos casos de que tenemos noticia, el del clérigo protestante John Aston, en 1606, recogía la acusación de buscar tesoros cavando la tierra, actividad a la que solían referirse a menudo los casos ingleses de brujería. El caso más famoso del siglo XVII, el de Florence Newton, «la bruja de Youghal», en 1661, se parece también mucho al modelo inglés. Los problemas de Florence Newton comenzaron al pedir un trozo de carne de vaca en casa de John Pyne y marcharse maldiciendo después de que se le hubiera negado. Poco después besó a una de las criadas de Pyne, Mary Longdon, quien, al sufrir ataques, trances y vómitos, mencionó a Newton como causante de sus males. La mala reputación de Newton empeoró en prisión, pues, al parecer, había besado a un tal David Jones a través de la puerta causándole la muerte. Desconocemos el desenlace de este caso pero, por lo que sabemos, los cargos no reflejan las ideas continentales sobre actividad diabólica colectiva. Y tampoco es de esperar que se presentaran tales cargos, pues ni en este ni en otros casos irlandeses se aplicó la tortura. En Irlanda, como en Inglaterra, la brujería era esencialmente el delito de *maleficium* y no el de culto al diablo [41].

Si observamos las colonias inglesas en América, encontraremos una situación algo distinta de la existente en Irlanda. Es seguro que en las colonias centrales y del sur, la caza de brujas fue comedida o no se produjo. En Nueva York, Nueva Jersey, Delaware, Maryland y Virginia, sólo hubo juicios ocasionalmente y sólo uno de ellos, un proceso incoado en Maryland en 1685, concluyó con una ejecución [42]. En Nueva Inglaterra, sin embargo, el cuadro fue bastante distinto. En el siglo XVII, se encausó o denunció por este crimen a unos 234 habitantes de la colonia, de los que fueron ejecutados treinta y seis. Si tenemos en cuenta que la población de Nueva Inglaterra rondaba en este tiempo por término medio las 100.000 personas, podemos apreciar la intensidad alcanzada aquí por la caza de brujas. Fue significativamente más intensa que la del condado de Essex, en Inglaterra, y quizá más, incluso, que la de Escocia. Además, Nueva Inglaterra mostró muchos de los signos de una brujomanía. Las ideas de Europa continental sobre las brujas fueron aquí corrientes y en 1692 se produjo en Salem una gran caza de brujas que se cobró más de la mitad de la cifra total de víctimas de toda Nueva Inglaterra [43].

La presencia de creencias «continentales» en Nueva Inglaterra en materia de brujería no debería sorprendernos como un fenómeno demasiado inusual pues tales ideas existían de hecho en Inglaterra a principios del siglo XVII, al menos en forma literaria, y pudieron haberse conocido fácilmente en Nueva Inglaterra en las fechas de la caza de brujas de Salem. Tampoco deberíamos considerar inexplicable que se emprendiera una gran caza de brujas en un medio «inglés». El fundamento del pánico producido en Salem no se debió sólo a una extraordinaria combinación de tensiones políticas y sociales; la decisión del tribunal de permitir la prueba espectral en lo que era en origen un caso de posesión demoniaca permitió a las muchachas afectadas implicar a un mayor número de sospechosos de lo que se podía esperar normalmente en una caza de brujas inglesa. Además, en uno

---

[41] St. John Seymour, *Irish Witchcraft and Demonology* (Dublín, 1913), pp. 105-13.
[42] F. N. Parke, «Witchcraft in Maryland», en: *Maryland Historical Magazine*, 31 (1936), pp. 284, 290.
[43] Demos, *Entertaining Satan*, pp. 11-13.

de los casos, se recurrió a una forma leve de tortura con el fin de obtener los nombres de los cómplices [44].

El verdadero problema que plantea el caso de la brujería en Nueva Inglaterra es el de saber por qué toda la población tuvo más miedo a la brujería y mostró más interés por someterla a proceso que en las colonias del sur, en Irlanda o en la misma Inglaterra. La explicación es, casi con certeza, de carácter religioso más que social o económico. Las colonias de Nueva Inglaterra fueron, al menos en un principio, instituciones teocráticas cuyo objetivo era crear una Nueva Jerusalén. La misma urgencia por establecer un Estado piadoso, evidente en Escocia, existió también en Nueva Inglaterra y, en ambos casos, la misión conllevaba el procesamiento de las brujas como enemigas de Dios. La brujería en Massachusetts, al igual que en Inglaterra, era un delito secular juzgado en un tribunal civil y la mayoría de los cargos presentados por gente del pueblo contra sus vecinos fueron sobre todo por *maleficia*. No obstante, el clero y los magistrados a quienes aconsejaba consideraron la brujería exclusivamente como un pacto demoníaco y así fue como interpretaron la ley de Massachusetts de 1642 sobre brujería [45]. Para estos hombres influyentes que dirigieron la caza de brujas en Salem, los procesos por brujería formaban parte de un ataque general contra el poder diabólico y no eran un mero intento de castigar a autores de *maleficia* [46].

Escandinavia

La caza de brujas en Escandinavia fue algo más intensa que en las Islas Británicas. El número total de procesos en Dinamarca-Noruega y Suecia-Finlandia rondó los 5.000, de los cuales concluyeron en ejecuciones entre 1.700 y 2.000. Estas cifras son aproximadamente equivalentes a las de las Islas Británicas, pero denotan una actividad

---

[44] Hansen, *Witchcraft at Salem*, p. 284.
[45] Wiseman, *Witchcraft, Magic and Religion*, pp. 12-13. El tenor de la ley se basaba en el lenguaje mosaico.
[46] Una de las razones de la tasa extraordinariamente baja de condenas en Massachusetts antes de los juicios de Salem fue que los cargos presentados por los vecinos de las brujas sólo solían aludir a casos de *maleficia*, mientras que los jueces exigían pruebas de pacto con el diablo. Cfr. Richard Godbeer, *The Devil's Dominium: Magic and Religion in Early New England* (Cambridge, 1992); Wiseman, *Witchcraft, Magic and Religion*, cap. VII.

procesal más intensa, pues Escandinavia contaba sólo con alrededor de un 40 por ciento de la población de Gran Bretaña [47]. En otros aspectos, la caza de brujas en Escandinavia tuvo un gran parecido con la británica. El concepto acumulativo de brujería encontró en ambas zonas una aceptación incompleta y retardada y no se introdujo en Suecia y Finlandia hasta mediados del siglo XVII. Además, en toda Escandinavia hubo una reticencia general a utilizar la tortura para obtener confesiones de personas acusadas de brujería o los nombres de sus cómplices. El efecto combinado de la debilidad ideológica y las limitaciones judiciales explican la relativa templanza de la caza de brujas escandinava, pero, al igual que en Gran Bretaña, estas características no fueron universales y en ciertas zonas y momentos concretos se produjeron grandes cazas de brujas.

Dinamarca fue el primero de los países escandinavos en emprender cazas de brujas. Peter Palladius, obispo luterano de Sealand, instó a procesar a las brujas ya para la década de 1540, afirmando que quienes mostraban tendencias católicas eran culpables de este delito. Palladius informó en 1544 de que una caza bastante importante, producida a modo de reacción en cadena, había acabado con la vida de 52 personas. Sin embargo, en 1547, el gobierno declaró que el testimonio de los condenados por delitos infames, incluida la hechicería, no podía servir para condenar a otra persona. También prohibió la aplicación de la tortura una vez pronunciada una sentencia de muerte [48]. La combinación de estas dos leyes impidió el desarrollo de grandes cazas de brujas, mantuvo el número total de condenas en un nivel bastante bajo e hizo también imposible la plena aceptación de las nociones relativas al aquelarre. Esto no significa que las ideas de demonismo estuvieran ausentes de Dinamarca. Varias brujas danesas fueron de hecho acusadas de haber establecido pactos con el diablo y de rendirle culto colectivamente [49]. En 1617 una ordenanza real definió la brujería por primera vez como un pacto diabólico y especi-

---

[47] En 1600 la población de Gran Bretaña era, aproximadamente, de 5,4 millones de personas, y la de Escandinavia de aproximadamente 2 millones. De Vries, *European Urbanization* (Cambridge, Mass., 1984), p. 36.

[48] J. C. V. Johansen, «Denmark: The Sociology of Accusations», en: *Early Modern Witchcraft: Centres and Peripheries*, ed. Bengt Ankarloo y Gustav Henningsen (Oxford, 1990), p 340.

[49] G. Henningsen, «Witchcraft in Denmark», en: *Folklore*, 93 (1982), p. 134, afirma que ni el aquelarre ni el pacto figuraron de forma destacada en los cargos contra las brujas danesas. Cfr. también Johansen, «Denmark», p. 343.

ficó que las personas condenadas por tales cargos deberían ser quemadas [50]. Pero las reformas legales de 1547, junto con la apelación obligatoria de todas las sentencias de muerte ante los tribunales de condado a partir de 1576, impidieron que Dinamarca marchara por el camino de muchos Estados alemanes. En Dinamarca hubo aproximadamente 2.000 juicios por brujería y unas 1.000 ejecuciones según los cálculos más fiables [51]. Estos totales son más o menos proporcionales a los de Escocia, que contaba con una población casi dos veces mayor que la danesa [52].

La intensidad de los procesos por brujería en Noruega, gobernada por Dinamarca durante este periodo, fue ligeramente menor que la del reino meridional. Con una población de alrededor de tres cuartas partes de la danesa en 1650, el total de unos 1.400 procesamientos fue bastante proporcional al de Dinamarca, pero sólo se ejecutó aproximadamente a un 25 por ciento de las personas juzgadas [53]. Al igual que en otros países donde la caza de brujas fue relativamente benigna, la explicación vendría dada por una combinación de factores legales e ideológicos. La principal forma de procedimiento criminal en Noruega era acusatoria y, según ella, para la condena de cualquier delito se requería el testimonio de dos testigos oculares. Las acusaciones públicas basadas en rumores podían, no obstante, utilizarse en casos de brujería, pues se trataba de un *crimen exceptum*. En Noruega se permitía la tortura en los juicios, pero sólo se aplicó en algunas ocasiones y esto explica, probablemente, por qué los cargos de demonismo suman menos de una quinta parte del total de casos [54]. Las ideas de conspiración diabólica penetraron en Noruega sobre todo desde Dinamarca y su presencia se observa ya para la década de 1590, pero no predominaron en los juicios cuyas actas

---

[50] Johansen, «Denmark», p. 341-7. No obstante, la mayoría de las ejecuciones realizadas después de este momento siguieron basándose en cargos de *maleficium*.

[51] Henningsen, «Witchcraft in Denmark», p. 135. Ver también Johansen, «Denmark», pp. 344-5.

[52] La población de Dinamarca en 1650 era de 580.000 habitantes, mientras que la de Escocia rondaba el millón. A. Lassen, «The Population of Denmark in 1660», en: *Scandinavian Economic History Review*, 13 (1965), p. 29.

[53] Naess, «Norway», p. 371, calcula una tasa de ejecuciones del 38 por ciento basándose en los casos en que conocemos la suerte de los acusados. Su cálculo para todos los juicios, p. 372, es de sólo el 25 por ciento. B. Alver, *Heksetro og Trolddom* (Oslo, 1971), p. 63, calcula también una tasa de ejecuciones del 25 por ciento.

[54] Aunque se aplicó la tortura en 40 juicios, sólo se utilizó en diez de ellos antes de la sentencia. Naess, «Norway», pp. 375, 373.

se han conservado. Es cierto que en Noruega estaba extendida, tanto entre la gente corriente como entre las elites, la creencia de que las brujas solían reunirse con el diablo en las zonas septentrionales del país. Al realizarse estas asambleas en lugares tan remotos, fue ganando aceptación la creencia en la capacidad de las brujas para volar, que se relacionó estrechamente con la creencia en la metamorfosis. Sin embargo, en la realidad de los juicios, el cargo de asistencia al aquelarre apareció sólo en algunas ocasiones y en tales casos no fue en general fundamental para el encausamiento del acusado [55]. La creencia formó más bien parte de la leyenda popular que de la teoría demonológica. Las creencias en la metamorfosis y en los vuelos, relacionadas con la del aquelarre, sí ocuparon a menudo un lugar central en los juicios y se añadieron a los cargos tradicionales por *maleficium*. Así, por ejemplo, las personas acusadas de provocar tormentas marinas —cargo frecuente en países marítimos— fueron inculpadas con frecuencia de realizar sus artes volando por los aires, mientras que a otras se las acusó de haber efectuado sus *maleficia* tras adoptar la forma de un lobo, un cuervo, un perro o un gato.

El caso más famoso de brujería noruega fue el de Anna Pedersdotter Absalón, ejecutada en Bergen en 1590. El caso debe su fama a una obra teatral de Hans Wiers-Jenssen, una traducción al inglés de John Masefield y una brillante película de Carl Theodore Dreyer, *Dies irae* [56]. Aunque la obra de teatro y el filme muestran poco rigor histórico, el juicio real ilustra muy bien la naturaleza de la brujería en Noruega. Anna Pedersdotter Absalón era esposa del ministro luterano Absalón Pedersen Beyer, el más famoso erudito humanista de Noruega. Los cargos contra Anna tuvieron su origen en la oposición surgida en Bergen contra los intentos de Absalon y el clero de destruir las sagradas imágenes, tan características de la iglesia anterior a la Reforma. La iniciativa para la caza de brujas fue, por tanto, distinta de la de Dinamarca cuarenta años antes, cuando el clero luterano tomó evidentemente la iniciativa en la difusión del miedo a la brujería y también, quizá, en la formulación de acusaciones. En este caso noruego, el clero reformista fue más objeto que origen de las imputaciones. Además, los cargos se dirigieron contra la mujer de uno de los

---

[55] Ver Robbins, *Encyclopedia*, pp. 361-2. El caso de 1680 no parece haber sido una excepción a esta regla.
[56] H. Wiers-Jenssen, *Anne Pedersdotter: A Drama in Four Acts*, trad. John Masefield (Boston, 1917).

clérigos destacados, pues el clero mismo se hallaba en una posición demasiado elevada como para poder ser atacado con éxito. Este fue un esquema de acusación de brujería frecuente en las ciudades alemanas, donde miembros de facciones políticas recurrían a cargos de brujería contra las mujeres de sus rivales con el fin de promocionar su propia carrera política. Es también importante señalar que el tribunal en que fue juzgada Anna fue civil y no una corte de la iglesia luterana como dan a entender la obra teatral y la película.

Aunque Anna resultó exonerada la primera vez que se presentaron los cargos en su contra en 1575, año de la muerte de Absalón, el caso se reabrió en 1590. El aspecto más interesante de este segundo juicio fue el conjunto de cargos presentados contra ella. La mayoría eran acusaciones tradicionales de *maleficia:* producir estado de coma en un hombre que le había rehusado con anterioridad el pago de un telar, provocar la enfermedad a un hombre que se había negado a suministrarle vino, cerveza y vinagre, y causar la muerte de un niño de cuatro años dándole bizcochos embrujados. Como solía ocurrir en casos que comenzaban con acusaciones de *maleficia*, se presentaron cargos de demonismo. La criada de Anna testificó que ésta la había convertido en caballo y la había cabalgado hasta el aquelarre en una montaña llamada Lyderhorn, donde cierto número de brujas urdieron una tormenta para hacer naufragar todos los barcos que llegaran a Bergen y más tarde, en sucesivas ocasiones, quemar la ciudad y provocar su inundación. El aquelarre, sin embargo, fue disuelto por un hombre vestido de blanco que dijo que Dios no lo permitiría. En función del testimonio de su criada y otras personas, Anna fue quemada como bruja [57].

El juicio de Anna revela cómo los cargos de culto colectivo al diablo influyeron pero no predominaron en los juicios noruegos por brujería. El aquelarre supuestamente celebrado en Lyderhorn derivaba en gran parte de las creencias noruegas y no de la teoría demonológica y carecía de la mayoría de los rasgos distintivos de los aquelarres alemanes, franceses y suizos. Así, por ejemplo, no hubo en él infanticidio o canibalismo y, aunque Anna y su criada recibieron supuestamente el sacramento en su viaje de vuelta, en el aquelarre no hubo administración demoniaca del mismo. El aquelarre fue de he-

---

[57] R. Bainton, *Women of the Reformation: from Spain to Scandinavia*, (Minneapolis, 1977), pp. 128-33.

cho un asunto de menos complejidad que los supuestamente mantenidos en Escocia o incluso en Inglaterra. De hecho, Anna fue condenada principalmente en función de sus *maleficia* individuales y colectivos y la prueba concluyente fue que se hubiera producido una tormenta en Bergen en el momento del aquelarre. Anna fue quemada como bruja, castigo que refleja la interpretación de la brujería como delito de herejía más que de hechicería, pero los cargos por los que fue condenada expresan su supuesta condición de maga y no de persona que hubiera establecido un pacto con el diablo y le rindiera culto.

Otros dos rasgos del juicio contra Anna nos permiten observar la naturaleza de la brujería noruega. En primer lugar, aunque se introdujo en su juicio el testimonio de dos mujeres ejecutadas anteriormente por brujería —procedimiento que no se habría dado en Dinamarca—, este testimonio no tuvo una influencia decisiva en el resultado de la causa. En segundo lugar, Anna no fue al parecer torturada durante su enjuiciamiento y su confesión no fue necesaria para la condena. Tampoco fue torturada para obtener los nombres de sus cómplices. Aunque la tortura no era desconocida en el derecho noruego, se usaba al parecer con tanta parsimonia como en Dinamarca y esta restricción impidió tanto la imposición plena de la teoría demonológica sobre el folklore nativo como el desarrollo de grandes cazas de brujas por reacción en cadena. También explica, probablemente, el número relativamente bajo de ejecuciones en Noruega, que, en proporción, fue tan reducido como el de Inglaterra.

Suecia siguió en principio un modelo de caza de brujas parecido al de Noruega, pero a finales del siglo XVII conoció situaciones de gran pánico, muy excepcionales para la norma escandinava. Los procesos por brujería se habían iniciado en la década de 1580, pero la mayoría de estos juicios tempranos fueron por simple *maleficium* y muy pocos de ellos concluyeron con ejecuciones. Una ley de 1593 que exigía para una condena capital el testimonio de seis testigos o una confesión, junto con la demanda a partir de 1614 de que todas las sentencias se presentaran para apelación en el tribunal real de Estocolmo, fueron en gran parte el motivo de que la caza de brujas quedara bajo control. No obstante, los cargos por demonismo no faltaron en estos juicios y, dado que la tortura se permitía a menudo en casos de brujería, existió claramente la posibilidad de que se desencadenaran cazas de brujas a gran escala. Los soldados que regresaban de Alemania de la Guerra de los Treinta Años pudieron haber introducido ideas más extremas de demonismo durante la década de 1640 [58].

La reina Cristina, que puso fin a los juicios por brujería en el territorio sueco de Verden, en Alemania, durante la Guerra de los Treinta Años, afirmó muchos años después de su abdicación que en 1649 había prohibido la pena de muerte en todos los casos juzgados en Suecia por brujería, excepto los que implicaban asesinato. También dijo que había atribuido las confesiones de las brujas a trastornos femeninos o ilusiones diabólicas. Hay razones para dudar de la sinceridad de la reina en esta temprana proclama ilustrada, pero cualquier acción que hubiera emprendido fue insuficiente para impedir una importante caza realizada durante el reinado de Carlos XI. La caza comenzó en 1668 en la provincia septentrional sueca de Dalecarlia (hoy Dalarna) y acabó extendiéndose por todo el norte del país y se difundió incluso por los territorios finlandeses de habla sueca. Lo insólito de la caza fue que una gran parte de acusadores y acusados eran niños. Apoyándose en un conjunto de leyendas suecas sobre brujas que visitaban un lugar mítico denominado Blakulla, donde supuestamente banqueteaban, bailaban y se casaban con demonios, algunos niños acusaron a sus padres, vecinos u otros niños de haberlos llevado a esta versión sueca del aquelarre.

Carlos nombró varias comisiones reales para investigar el asunto en las localidades en cuestión y juzgar a las personas acusadas de brujería. Para que las cosas empeoraran aún más, la primera oleada de juicios, celebrados en la proximidad de Mora, animó a padres y magistrados de muchos pueblos pequeños a solicitar el procesamiento de brujas de sus propias comunidades, tarea que fue confiada a comisiones de reciente nombramiento. Se prohibió a los comisionados emplear la tortura, pero al parecer, debido al estado de histeria imperante, no observaron siempre esta medida. Estas comisiones reales pronunciaron varias sentencias de muerte que, en 1675, el año que marcó la culminación del pánico, sobrepasaron el centenar. La caza no concluyó hasta haberse difundido hacia el sur y haber afectado a Estocolmo. Dos nuevas comisiones nombradas en 1676 actuaron con más cautela que sus predecesoras y ejercieron una influencia

---

[58] Ankarloo, *Trolldomsprocesserna i Sverige*, (1971), pp. 326-8; K. Baschwitz, *Hexen und Hexenprozesse* (Munich, (1963), p. 321.

moderadora sobre una población afectada por el pánico. Al mismo tiempo, el tribunal de apelación, que había confirmado muchas de las sentencias durante los ocho años anteriores, comenzó a interrogar directamente a los testigos. Al confesar muchos de los niños que sus acusaciones carecían de fundamento, el tribunal revisó todas las pruebas y puso en libertad a la mayoría de las brujas últimamente condenadas [59].

Durante la caza de brujas del norte de Suecia fueron ejecutadas más de 200 personas. Como en el caso de la caza dirigida por Matthew Hopkins en Inglaterra en la década de 1640, este episodio revela en general que hasta los países que no eran conocidos por tratar con severidad a las brujas podían experimentar en ocasiones grandes accesos de pánico. Todo cuanto se requería era la creencia en el aquelarre, una relajación de las restricciones judiciales y la aparición entre la población de un estado de ánimo que presionara a las autoridades para que actuasen.

Finlandia formaba en esta época parte de Suecia y las dos provincias en que se dio el mayor número de juicios por brujería fueron las de habla sueca. Así pues, la caza de brujas en Finlandia debe considerarse ligada a la experiencia sueca. De hecho, una gran parte de los procesamientos incoados en Finlandia formaron parte del pánico iniciado en Dalecarlia. Por otro lado, la historia de la brujería en Finlandia siguió en gran medida un curso diferente del de Suecia. Entre los países escandinavos, Finlandia fue el último en iniciar los procesos por brujería. Las ideas sobre brujería que incluían referencias al culto al diablo no eran desconocidas en Finlandia a finales del siglo XVI y en el XVII. Se introdujeron en el país tanto desde las provincias septentrionales de habla sueca como desde los países del bajo Báltico, Estonia y Livonia, que formaban parte del Estado sueco y tenían amplios contactos culturales con Finlandia y Alemania [60]. Sin embargo, a pesar de estas influencias, Finlandia no se interesó por la brujería hasta 1640, cuando el obispo sueco Isaac Rothovius fue nombrado vicecanciller de la primera universidad finesa, la Academia de Turku. Rothovius, defensor de la causa luterana tanto contra los ca-

---

[59] Ankarloo, «Sweden: The Mass Burnings», en: *Early Modern European Witchcraft*, pp. 285-317; Lea, *Materials*, III, pp. 1282-5; Heikkinen, *Paholaisen*, pp. 375-7.

[60] Sobre la brujería en Estonia, ver Madar, «Estonia I», y J. Kahk, «Estonia II: The Crusade against Idolatry», en: *Early Modern European Witchcraft*, pp. 257-84.

tólicos como contra los calvinistas, no expresó ninguna preocupación por las brujas que acudían al aquelarre pero invitó a la extirpación de la hechicería (que consideraba, con criterio anticuado, como una forma de superstición pagana residual) e inició así mismo en la Academia de Turku una campaña contra la práctica de la magia demoniaca a la que se unieron otras autoridades y su sucesor. En este sentido, Finlandia iniciaba en 1640 una actividad que otros países de Europa habían comenzado más de dos siglos antes.

El concepto pleno de brujería no apareció en los juicios fineses hasta la década de 1660 y la persona a quien más se debe atribuir la introducción de tales ideas fue Nils Psilander, juez del tribunal civil de la provincia de Ahvenanmaa, de habla sueca. Psilander había sido educado en la región del Báltico, en la Academia de Tartu, donde se había familiarizado con el pensamiento jurídico alemán del momento en lo referente a la brujería. Entre 1666 y 1674 dirigió una caza que se prolongó como reacción en cadena y en la que la teoría demonológica se superpuso a las acusaciones originales de adivinación y hechicería, fusionándose así mismo con la leyenda sueca de los viajes a Blakulla. En muchos de estos juicios se localizó la marca del diablo y se recurrió a la tortura, pero unos jurados escépticos y un tribunal de apelación algo menos escéptico con sede en Turku consiguieron que la caza no quedara fuera de control. Aunque la primera sospechosa, Karin Persdotter, denunció a treinta cómplices, sólo fueron ejecutadas cuatro de ellas, junto con Karin y otra sospechosa posterior.

En Ostrobotnia, la otra provincia finlandesa de lengua mayoritariamente sueca, tuvo lugar un gran número de juicios por brujería entre 1665 y 1684. Esta caza, en la que se acusó de brujería al menos a 152 personas, dio como resultado veinte sentencias de muerte (la mayoría de las cuales fueron probablemente confirmadas en recurso de apelación) y la ejecución de otras ocho personas cuyas actas judiciales se han perdido. Estos juicios se inspiraron en la gran caza de brujas del norte de Suecia de 1668-75. No obstante, es un tanto sorprendente que no se centraran en cargos de culto al diablo. Al provenir de abajo los cargos de brujería y faltar un equivalente de la figura de Psilander que introdujera las teorías cultas sobre brujería, las acusaciones fueron en esencia de *maleficia*. Sólo cuando unos niños y un criado denunciaron a sus mayores por haberlos llevado a Blakulla, cargo que aparecía únicamente en un pequeño porcentaje de casos, surgieron acusaciones de culto al diablo, pero ni siquiera entonces constituyeron la base de la causa contra los acusados.

En resumen, la caza de brujas de Ostrobotnia de 1665-84 fue un suceso relativamente benigno. Dado que sólo alrededor de un tercio de las brujas fue denunciado por otras, no se puede hablar en principio de una reacción en cadena en el caso de esta caza. Además, las denuncias no fueron obtenidas bajo tortura. Las denuncias que no tuvieron su origen en la imaginación juvenil derivaron de actitudes maliciosas o fueron provocadas por clérigos celosos. Tampoco las sentencias fueron especialmente duras. Más de la mitad de las personas acusadas (57 por ciento) fueron absueltas o dejadas en libertad, mientras que a un pequeño número se le aplicaron castigos religiosos, multas o sentencias de prisión o trabajos forzados. La pena capital sólo se dictó contra el 13 por ciento de los casos y algunas de estas sentencias pudieron quedar reducidas en recurso de apelación [61].

Examinando el conjunto del país, se llega a la conclusión de que los procesos por brujería nunca quedaron en Finlandia fuera de control. El número total de juicios no superó probablemente el millar [62], las nociones de culto al diablo no fueron aceptadas nunca del todo y sólo ocasionalmente ocuparon el punto focal de los juicios por brujería, la tortura se utilizó escasamente, los jurados atemperaron el celo de los cazadores de brujas, y la tasa de ejecuciones fue más baja que en otros países escandinavos. Entre las personas de habla finesa, el fenómeno de la caza de brujas fue incluso más limitado. Una mitad, al menos, de los juicios fineses se llevó a cabo en la provincia de Ostrobotnia y, fuera de las dos provincias de habla sueca de Ostrobotnia y Ahvenanmaa, sólo se tiene noticia de una ejecución.

Centroeuropa oriental y Europa del este

Es difícil hacer generalizaciones sobre los procesos por brujería en los territorios del este de Europa —los situados al este del Sacro Imperio Romano y al norte de las fronteras indiscutibles del Imperio

---

[61] Heikkinen, *Paholaisen*, pp. 386-9.
[62] Heikkinen y Kervinen, «Finland», p. 320.

otomano—. En todas estas zonas, la caza de brujas comenzó mucho después que en Europa occidental y duró también mucho más tiempo, hasta mediados del siglo XVIII. Sin embargo, la intensidad de esta caza de brujas varió considerablemente de una región a otra. En ciertas partes de Polonia donde el concepto acumulativo de brujería encontró un suelo fértil, la intensidad de los procesamientos fue tan grande como en todos los territorios germánicos, a excepción de los más afectados por el pánico. En Hungría, donde las nociones cultas de brujería fueron recibidas sólo en parte y con reticencias, hubo un número de juicios importante, pero en ningún caso extraordinario, y sólo unas pocas grandes cazas. En Transilvania, Valaquia y Moldavia, donde las ideas demonológicas eran débiles o inexistentes, los procesos fueron mucho menos comunes. En términos muy generales podemos decir que las zonas fronterizas con Alemania y que mantenían contactos culturales con ella o estaban pobladas por personas de habla alemana procesaron a muchas más brujas que las exclusivamente eslavas. Se advierte también a primera vista que las regiones que seguían los ritos de la cristiandad ortodoxa no participaron en cazas de brujas intensas. Ya no es posible afirmar que estas zonas desconocieran por completo los procesos por brujería, pues hubo varios juicios en Rusia y también algunos en las áreas ortodoxas y uniatas de Lituania[63]. Pero es bastante incuestionable que los territorios de las áreas más orientales de Europa no participaron en la caza de brujas europea con un grado de entusiasmo ni remotamente parecido al de sus vecinas occidentales latinizadas.

El único país del este o centro-este de Europa que sometió a proceso a un gran número de brujas fue Polonia. Debido al carácter incompleto de las actas judiciales, el número total de juicios y ejecuciones no se puede determinar con ningún grado de exactitud. El cálculo de Baranowski de 10.000 ejecuciones legales podría ser demasiado elevado, pero un total que llegara solamente a la mitad de esa cifra seguiría superando al de las Islas Británicas (con una población ligeramente mayor) y Escandinavia juntas. Polonia no puede, por tanto, quedar relegada al rango de participante periférico y reticente en la caza de brujas europea. No obstante sí que fue un participante tardío. Los procesos a gran escala no comenzaron hasta des-

---

[63] Sobre la opinión tradicional, ver Schormann, *Hexenprozesse in Deutschland*, p. 6, y Cohn, *Europe's Inner Demons*, p. 253.

pués de 1650 y más de la mitad de las ejecuciones se llevaron a cabo entre 1676 y 1725, siendo los peores años los de principios del siglo XVIII [64].

La severidad de la caza de brujas polaca puede atribuirse a tres factores relacionados: la presencia de teorías de demonismo, la ausencia de un control central eficaz sobre los procesos y la aplicación de la tortura sin restricciones. Las teorías de demonismo eran esencialmente importación extranjera, como ocurría en buena parte en los casos de Gran Bretaña y Escandinavia. La creencia de los polacos en el *maleficium* venía de muy atrás, pero su aceptación de la existencia de pactos formales con el diablo y del aquelarre llegaron de Alemania a finales del siglo XVI y principio del XVII. Las opiniones eruditas sobre brujería fueron recibidas en primer lugar en las zonas de Polonia lindantes con Alemania, que contaban con una numerosa población de habla alemana y mantenían nexos comerciales o culturales estrechos con los territorios germánicos. Estas ideas se difundieron desde allí hacia las demás provincias del país en un proceso facilitado considerablemente por la traducción al polaco del *Malleus Maleficarum* a comienzos del siglo XVII. Las únicas zonas donde no arraigaron estas creencias fueron la franja más oriental de Lituania (integrada plenamente en el Estado polaco en el siglo XVI) y Galizia, en el sur. No debería sorprendernos que estas partes de Polonia no experimentaran toda la fuerza de la caza de brujas.

La gran mayoría de los casos polacos de brujería se vieron en los tribunales municipales, a pesar de que una ley de 1543 había encomendado la jurisdicción sobre brujería a los eclesiásticos. Aunque el obispo Czartoriski de Leslau intentó aplicar el monopolio jurisdiccional de la Iglesia en 1669 y solicitó que todos los procesamientos fueran autorizados por él, los tribunales municipales prosiguieron con los enjuiciamientos. Los edictos reales de 1672 y 1713, que son de por sí una prueba del fracaso de los esfuerzos del obispo, no lograron tampoco controlar el apetito jurisdiccional de los tribunales locales. Como el Estado polaco era en este momento excepcionalmente débil, no es de extrañar que esos esfuerzos no tuvieran éxito. En cualquier caso el hecho de que los tribunales municipales consiguieran ignorar los edictos centrales influyó profundamente en el desarrollo de las cazas de brujas, pues estos tribunales, que utilizaban el

---

[64] Ver Baranowski, *Procesz Czarownic*, p. 179.

procedimiento inquisitorio, violaban reiteradamente todas las normas procesales ideadas para proteger al acusado. Sabemos, por las instrucciones del mismo obispo Czartoriski, que esos tribunales no permitían a los acusados acceder a las pruebas, les denegaban asistencia letrada y, sobre todo, los torturaban sin límites para obtener tanto sus confesiones como los nombres de los cómplices. En Polonia, pues, estuvieron presentes todas las condiciones que fomentaban las cazas de brujas a gran escala —las teorías demonológicas, la autonomía local y el uso sin cortapisas de la tortura— y, en consecuencia, el número de víctimas fue alto. En sus características esenciales básicas, la caza polaca se asemejó a la alemana y, puesto que las creencias polacas sobre las brujas eran originariamente germanas y los procesamientos más rigurosos se produjeron en la mitad occidental del reino (Polonia real y Prusia real), podemos considerar en general la caza de brujas polaca como una extensión del fenómeno germano.

Sin embargo, sigue aún en pie el problema de por qué la caza de brujas en Polonia comenzó mucho más tarde que en Alemania. La hipótesis de una transmisión lenta de las ideas, que podría servir para explicar la tardía adopción de la teoría demonológica en Suecia, es menos aplicable a un país donde la influencia alemana era más directa e inmediata. Parece, simplemente, como si Polonia, a pesar de haber podido disponer de teorías avanzadas sobre brujería, no hubiese estado dispuesta a participar en la caza de brujas a principios del siglo XVII, pero hubiera luego iniciado, de forma más bien súbita, una gran campaña legal en el último periodo. Una razón para este inicio aplazado de una caza de brujas nacional fue la devastación repentina y sin precedentes provocada por las guerras de mediados de siglo. Durante los siglos XVI y principios del XVII, Polonia no conoció ni guerras civiles ni invasiones. Sin embargo, a mediados del siglo XVII, una rebelión cosaca (1648) y la primera guerra del Norte contra Suecia y Rusia (1655-60) marcaron el comienzo del «diluvio» durante el que fuerzas hostiles asolaron el país y paralizaron el gobierno. Como en otras partes de Europa, las guerras no condujeron a una intensificación inmediata de la caza de brujas, pero los efectos a largo plazo de aquel diluvio crearon las necesarias condiciones previas sociales, económicas y psicológicas para la caza que no se habían dado antes [65].

---

[65] *Ibíd.*, p. 178.

Una segunda causa menos tangible del retardado inicio de la caza de brujas en Polonia fue el cambio en la atmósfera religiosa. La Reforma caminaba en Polonia por sus pasos habituales. El desarrollo del protestantismo y el éxito de los esfuerzos de la Contrarreforma en la recuperación de sus conversos no provocó guerras ni prohibiciones sino el establecimiento de unas medidas de tolerancia sin parangón en Europa [66]. Por una multiplicidad de razones prácticas (entre ellas la debilidad del gobierno central y la actitud de una nobleza poco fervorosa y religiosamente dividida), Polonia se convirtió en un «Estado sin patíbulos» donde una minoría protestante coexistía con una mayoría católica. Sin embargo, en el siglo XVII, sobre todo después de 1648, la intolerancia católica fue en aumento y condujo a la imposición de varias restricciones a la libertad protestante. Es posible que este nuevo espíritu de intolerancia hacia la disidencia religiosa estimulara los procesamientos por brujería. Disidencia religiosa y brujería eran, por supuesto, fenómenos diferentes, pero, al ser ambas formas de rebelión religiosa, compartían también muchas semejanzas y la intolerancia hacia una *pudo* haber llevado a un tratamiento más severo de la otra. Probablemente no es casual que la quema de brujas en Polonia coincidiera con el auge de un catolicismo más militante, menos contemporizador, y con el patente declive de la tolerancia, aun cuando todo ello no supusiese la práctica efectiva de quemas de herejes. Podríamos incluso imaginar que la quema de brujas fue uno de los medios por los que una mayoría católica intolerante expresaba su voluntad de imponer uniformidad religiosa en un país que, hasta finales del siglo XVII y principios del XVIII, siguió siendo religiosamente pluralista.

Una razón última del lento desarrollo de la caza de brujas en Polonia fue el prolongado mantenimiento de la jurisdicción eclesiástica sobre el delito de brujería. Según hemos visto, la intensificación de la caza de brujas en Europa fue estimulada por la pérdida de la jurisdicción eclesiástica y la transferencia de sus competencias sobre brujería a los tribunales civiles, mucho más implacables. A finales del siglo XVI, los tribunales eclesiásticos polacos se vieron limitados en su jurisdicción, como tantos de sus equivalentes europeos, pero no se les privó de sus competencias tradicionales sobre el *maleficium* [67]. Así

---

[66] J. Tazbir, *A State Without Stakes* (Wydawniczy, 1973), p. 92.
[67] *Ibid.*, pp. 169, 208.

pues, a lo largo de los últimos años del siglo XVI y los primeros del XVII, los tribunales eclesiásticos, que habían adoptado una actitud bastante tolerante hacia la brujería, impidieron a los civiles dirigir su atención potencialmente mortífera hacia ese delito. Los tribunales locales no tuvieron fuerza suficiente para ignorar el monopolio oficial eclesiástico y asumir jurisdicción sobre la brujería como delito civil hasta la segunda mitad del siglo XVII. Además, en este tiempo, el gobierno de la monarquía era, por supuesto, tan débil que no pudo apoyar el monopolio clerical. De este modo, el auge de los procesamientos por brujería en Polonia reflejó de hecho el declinar de la jurisdicción eclesiástica, por más que tal decadencia se hubiera producido mucho después que en otras partes de Europa.

La caza de brujas en Hungría fue mucho menos intensa y se cobró menos víctimas que en Polonia, aunque el número total de juicios y ejecuciones no fue en absoluto insignificante. Entre 1520 y 1777 se juzgó a casi 1.500 individuos por brujería y de unos 450 de ellos se sabe que fueron ejecutados (la mayoría en la hoguera), mientras que al menos 225 sufrieron penas no capitales [68]. La mayoría de los juicios se celebró en el reino de Hungría, la única parte del país que se mantuvo independiente del Imperio otomano tras la derrota del rey Luis II en la batalla de Mohács en 1526. Hubo también varios procesos en la provincia suroriental de Transilvania, que permaneció como provincia autónoma dentro del Imperio turco entre 1526 y 1699 y no se reintegró plenamente al reino de Hungría (gobernado por los Habsburgos) hasta 1711.

Aunque Hungría contaba con su propia historia de brujería, hubo de transcurrir mucho tiempo para que se produjera una intensa caza de brujas. La hechicería había sido definida como una forma de herejía ya para el siglo XV y en 1421 las ordenanzas municipales de Buda establecían que los hechiceros estaban obligados a portar el sombrero judío. No obstante, las ideas demonológicas occidentales tardaron bastante en entrar en el país, excepto en zonas habitadas por alemanes, y nunca se desarrollaron del todo. En el siglo XVI circularon unos pocos ejemplares del *Malleus Maleficarum*, pero el volumen de la literatura sobre brujería no fue significativo y los pocos intelectuales húngaros que prestaron atención a este asunto tendieron a adoptar una postura escéptica [69]. Las ideas demonológicas occidentales no estuvieron a disposición de los

---

[68] Klaniczay, «Hungary», p. 222. Conocemos sólo la suerte final de 932.
[69] *Ibid.*, pp. 233-4, 249-50.

jueces húngaros hasta la codificación para Austria de la *Practica Rerum Criminalium* de Benedict Carpzov en 1656 y su incorporación al cuerpo legal húngaro en 1696. Estos jueces lograron obtener confesiones de la mayoría de cargos de demonismo comunes en Occidente. La manera en que se desarrollaron los hechos se puede observar en una serie de juicios celebrados en 1728-29 en Szeged, donde se ejecutó a trece brujas y se perdonó la vida a otras veintiocho por intervención del emperador Carlos VI. Esta caza comenzó con acusaciones de destrucción de viñedos mediante tormentas de granizo, pero tales cargos llevaron fácilmente a formular otros referentes a la conclusión de pactos explícitos con el diablo, recepción de su marca (habitualmente en forma de pata de gallina) y asistencia al aquelarre [70].

En los juicios, además de estas ideas demonológicas corrientes, se puso de manifiesto una multiplicidad de creencias populares propias de Hungría. Una de las más interesantes, que se remonta al menos a 1656 y apareció en los juicios de Szeged, era la de que las brujas estaban organizadas militarmente y el diablo era su comandante en jefe. Podía haber alguna relación entre esta creencia y la de los *benandanti* del Friuli, quienes tenían así mismo una organización militar para luchar contra las brujas [71]. Muchas creencias propias de Hungría se referían a los *táltosok*, magos y curanderos a modo de chamanes cuyas almas abandonaban sus cuerpos en trance y salían a luchar con otros *táltosok*.

La lenta aceptación de las creencias cultas sobre brujería en Hungría fue a la par con una tardía adopción del procedimiento inquisitorio, que no se introdujo en el reino de Hungría hasta la década de 1580. Como era de prever, los primeros juicios y condenas importantes no se produjeron hasta esa década. En la provincia de Transilvania, con un sistema legal diferente, el procedimiento inquisitorio llegó incluso más tarde. Hasta 1725 todas las acusaciones se hacían en Transilvania públicamente y bajo amenaza de la ley del talión; se presentaban testigos por ambas partes y el medio principal de prueba consistía en la ordalía por agua, cuyo propósito era obtener una confesión. La tortura se utilizaba sólo si existía una fuerte sospe-

---

[70] *Ibid.*, p. 230, n. 30.
[71] Ginzburg, *Night Battles*, pp. 7, 13. Sobre creencias en Hungría similares a las de los *benandanti*, cfr. G. Klaniczay, «Benandante-kresnik-zduhac-táltos», en: *Ethnographia*, 94 (1983).

cha de brujería y si fallaba la ordalía por agua. También se aplicó en una ocasión para conseguir nombres de cómplices [72]. A este sistema se debe atribuir en gran parte que el número de condenas en Transilvania fuera mínimo. La mayoría de los juicios de los que tenemos información se celebraron en Siebenburgen, una zona poblada originariamente por alemanes en el siglo XII. Los juicios por brujería efectuados en esta región fueron dirigidos por autoridades civiles, aunque los pastores locales representaron a menudo en ellos un importante papel [73].

El esquema cronológico de la caza de brujas en Hungría se parece al de Polonia. En sus comienzos, en la década de 1580, hubo una serie irregular de juicios aislados y algunos pequeños estados de pánicos circunstanciales, como el de 1615, cuando cierto número de brujas intentó supuestamente destruir toda Hungría y Transilvania con tormentas de granizo, peligro surgido irónicamente en un momento en que el país sufría una sequía [74]. Sin embargo, la gran mayoría de los procesos por brujería no se llevó a cabo hasta el siglo XVIII. Esta intensificación tardía de la caza de brujas en Hungría no puede explicarse simplemente en función del aumento de la influencia legal germana y austriaca después de 1699. Mucho más probablemente habría que atribuirla a un modelo histórico general por el que las condiciones sociales, económicas y culturales que facilitaron la caza de brujas en Occidente no se desarrollaron en las regiones orientales hasta mucho después [75].

En Rusia el rasgo más distintivo de la caza de brujas, aparte de la elevada proporción de hombres entre los acusados [76], fue la ausencia de una teoría demonológica. Las persecuciones por *maleficium* tienen en Rusia una larga historia. Durante los siglos XI, XII y XIII, cuando los procesos en Occidente por simple *maleficium* eran raros y las ejecuciones aún más, se ejecutó en Rusia a suficientes hombres y mujeres que recurrían supuestamente a la magia para provocar sequías como para llamar la atención de cronistas y viajeros extranjeros. La interpretación clerical de estos actos de hechicería no era muy diferente de la imperante en Occidente en ese momento: se trataba de vesti-

---

[72] Lea, *Materials*, III, pp. 1264-5.
[73] *Ibid.*, III, pp. 171-3.
[74] *Ibid.*, III, p. 1254.
[75] Klaniczay, «Hungary», pp. 221-35.
[76] Ver *supra*, cap. V.

gios de superstición pagana. Pero, mientras en el oeste esta interpretación cedió gradualmente ante la opinión de que los hechiceros eran aliados de Satanás y adictos a una nueva forma de herejía, en Rusia se impuso la antigua interpretación. Los procesamientos por el delito aumentaron algo en los siglos XV y XVI, con una quema en grupo de doce brujas en Pskov en 1411, pero la teoría en que se basaban los procesos no cambió.

A mediados del siglo XVI, el zar, preocupado por la práctica de la hechicería en la corte real, logró el apoyo de la Iglesia para calificar la brujería como delito civil. Tal como ocurrió en tantas ocasiones en Occidente, esta toma del control sobre la brujería por parte civil facilitó el procesamiento del delito y condujo a un aumento del número de juicios. Sabemos con certeza que entre 1622 y 1700 se enviaron a Moscú para su confirmación y sentencia las actas de cuarenta y siete juicios con noventa y nueve acusados. De los noventa y nueve acusados, diez al menos fueron condenados a muerte, tres murieron durante los interrogatorios y veintiuno quedaron absueltos. Otras pruebas dispersas sugieren la realización de otros juicios locales que por una u otra razón no fueron remitidas a Moscú. En 1667, por ejemplo, seis mujeres de Gadiach fueron ejecutadas por haber embrujado supuestamente a un noble y a su esposa [77]. Otro grupo de juicios en la pequeña ciudad de Lukh, entre 1656 y 1660, concluyó con la acusación de veinticinco personas, cinco de las cuales fueron ejecutadas. El contenido de la mayoría de los cargos presentados contra las brujas de Lukh era el de haber provocado la posesión diabólica de treinta y cinco habitantes de la localidad [78]. Todo indica que en la Rusia del siglo XVII se dio algo parecido a una «alarma de brujería», pero no a una «brujomanía». La caza de brujas fue probablemente más común en Rusia que en la provincia de Transilvania, pero no se acercó siquiera a las dimensiones alcanzadas en Polonia, que, por razones de proximidad y tamaño, constituye la referencia de comparación más apropiada [79].

Es improbable que el sistema ruso de procedimiento criminal tuviera mucho que ver con el número relativamente bajo de condenas

---

[77] R. Zguta, «Was There a Witch Craze in Muscovite Russia?», en: *Southern Folklore Quarterly*, 40 (1977), 125.
[78] Kivelson, «Through the Prism of Witchcraft», pp. 74-94.
[79] R. Zguta, «Witchcraft Trials in Seventeenth-Century Russia», en: *American Historical Review*, 82 (1977), 1187-1207.

y ejecuciones en este país. Se suponía que todas las causas criminales eran incoadas en Rusia por la comunidad local y no por los funcionarios de la Iglesia o el Estado. Pero, aunque esto fuera cierto, tal exigencia no impedía a las autoridades locales presentar cargos contra personas sospechosas de brujería cuando los particulares no lo hacían. Una vez formulada la acusación inicial, el Estado se encargaba de todos los procesos haciendo así del sistema ruso un procedimiento esencialmente inquisitorio. La tortura se utilizaba libremente, a veces en su forma más dura, tanto para conseguir confesiones como para obtener los nombres de cómplices [80]. El fallo podía alcanzarse sin la participación de jurados no profesionales. De hecho, la única norma procesal que tuvo efectos de contención sobre la caza ilimitada de brujas en Rusia fue la exigencia de trasladar los casos a Moscú y podía muy bien suceder que esta regla fuera ignorada.

La razón principal de por qué la caza de brujas nunca llegó a desarrollarse en Rusia hasta alcanzar el grado de una brujomanía fue la ausencia de la teoría demonológica occidental. Si las ideas sobre brujería que florecieron en los círculos intelectuales alemanes hubieran penetrado en Rusia y hubiesen sido adoptadas por las autoridades locales y centrales, este país habría conocido probablemente una caza de brujas similar a la de Polonia. Pero, sencillamente, esas ideas no se dieron allí. La única prueba procedente de los juicios de Moscú que refleja tales creencias fue una supuesta renuncia a Cristo y un juramento de lealtad a Satanás realizados por un brujo juzgado en 1663 [81]. Tanto si el cargo en cuestión refleja una influencia polaca de finales del siglo XVII como la supervivencia de una idea agustiniana más antigua según la cual los hechiceros eran servidores de Satanás, es evidente que en Rusia no existía la creencia en el aquelarre, el infanticidio caníbal ni la facultad de volar. La brujería rusa, más que la inglesa, siguió siendo un crimen de magia nociva y no de culto al diablo. Además, el *maleficium* continuó considerándose signo de paganismo y no de herejía demoniaca, aunque fuera juzgado en tribunales seculares, y en cuanto tal no podía incitar ni a la clase dirigente ni al campesinado (que, en primer lugar, era tolerante con el paganismo) a una caza masiva de brujas. La razón de la relativa templanza de la ca-

---

[80] J. Baissac, *Les Grands Jours de la sorcellerie* (París, 1980), pp. 154-5; Kivelson, «Through the Prism of Witchcraft», p. 81.
[81] *Ibid.*, p. 1204.

za de brujas en Rusia se ha de buscar, por tanto, en la incapacidad de la cristiandad ortodoxa para desarrollar las mismas opiniones demonológicas que la Iglesia latina de la Edad Media.

Europa meridional

Podría parecer inapropiado dejar para el final en este estudio de la brujería europea la región mediterránea, pues fue en España, Portugal e Italia donde el símbolo más perdurable de la persecución judicial de la brujería —la Inquisición— mantuvo su vigor más tiempo que en otras partes de Europa. Además, los primeros procesos por brujería se dieron en tierra italiana [82]. Sin embargo, si utilizamos como referencia el número total de ejecuciones para evaluar la intensidad relativa de los procesos por brujería, estos países meridionales deberán ser tratados en último término. De hecho, si excluimos las regiones alpinas de lengua italiana, será difícil encontrar pruebas de más de 500 ejecuciones para toda la región del Mediterráneo. La mayoría de ellas fueron dictadas por tribunales civiles y no por los distintos tribunales de la Inquisición [83]. En las colonias americanas de España no hubo, al parecer, ninguna ejecución [84]. De ello no hemos de deducir, sin embargo, que la brujería preocupara poco a las autoridades italianas, españolas o portuguesas. El número total de procesos en estos países fue, de hecho, bastante importante. En España, por ejemplo, en el periodo de 1580-1650, la Inquisición juzgó a más de 3.500 personas por varios tipos de magia y brujería [85]. En Italia, donde las actas de la Inquisición están aún en proceso de estudio, las cifras fueron todavía más altas: sólo el tribunal de Venecia enjuició a

---

[82] Kieckhefer, *European Witch Trials*, p. 21; Baissac, *Les Grands Jours*, pp. 34-43; Trevor-Roper, «European Witch-Craze», p. 135.

[83] Henningsen, «Papers of Salazar», p. 104, calcula en unos pocos cientos las ejecuciones para toda España. Para obtener información sobre algunos procesos locales, cfr. Kamen, *Inquisition and Society,* pp. 210-15. En Portugal, los tribunales civiles fueron responsables tan sólo de una ejecución por brujería. F. Bethencourt, «Portugal: A Scrupulous Inquisition», en B. Ankarloo y G. Henningsen, *Early Modern European Witchcraft,* p. 405.

[84] Monter, *Ritual*, pp. 98-107; R. E. Greenleaf, *Zumarraga and the Mexican Inquisition, 1536-1543,* (Washington, 1962), pp. 111-21; idem, *The Mexican Inquisition of the Sixteenth Century* (Albuquerque, 1969), p. 173. Para Brasil, cfr. L. de Mello e Souza, *O Diabo e a Terra de Santa Cruz* (São Paulo, 1987), pp. 277-378.

[85] Parker, «Some Recent Work», p. 529.

más de 700 personas [86]. En Portugal, donde el estudio de las actas es también incompleto, se juzgó a un total de 291 brujas tan sólo en la zona meridional del reino [87]. La templanza con que fue tratada la brujería en la península ibérica e Italia deriva, pues, sobre todo de la reticencia de los tribunales españoles, portugueses e italianos a condenar a muerte a las brujas. Esta repugnancia puede explicarse a su vez por la manera en que los inquisidores consideraban el delito que enjuiciaban, los procedimientos seguidos por ellos y la cuidadosa supervisión de su trabajo por las autoridades centrales.

Uno de los rasgos más llamativos de los procesos por brujería italianos e ibéricos fue la rareza de los cargos de culto colectivo del diablo. La creencia en tales asambleas no era desconocida en ninguna de las dos penínsulas y en algunas grandes cazas apareció de forma más bien impresionante. Las confesiones de las brujas vascas de 1610 nos proporcionan algunas de las descripciones más ricas del aquelarre de toda Europa [88]. Pero en la gran mayoría de los casos conocidos por los inquisidores españoles y romanos, especialmente en las zonas meridionales de ambas penínsulas, estos cargos son completamente inexistentes. Las gentes del campo y la ciudad eran acusadas de practicar diversos tipos de magia, incluida la magia amatoria y el curanderismo, y esa magia se consideraba herética, pero no se suponía por ello que hubieran realizado pactos directos con el diablo o le hubieran rendido culto colectivo. Las prácticas mágicas de estas personas no se consideraron tampoco maléficas en general. Tenían, naturalmente, que ser procesadas, pero el objetivo era el de corregir el error y purificar la fe, y no el de proteger a la sociedad de una amenaza conspiratoria [89]. Así pues, el resultado final fue que la Inquisición dictó frecuentes sentencias no capitales a la manera tradicional de la justicia eclesiástica [90].

---

[86] Martin, *Witchcraft and the Inquisition in Venice*, p. 226.
[87] Bethencourt, «Portugal: A Scrupulous Inquisition», en: *Early Modern Witchcraft: Centres and Peripheries*, ed. B. Ankarloo y G. Henningsen (Oxford, 1990), p. 405.
[88] Henningsen, *The Witches' Advocate*, pp. 69-94.
[89] M. O'Neil, «Magical Healing, Love Magic and the Inquisition in Late Sixteenth-Century Modena», en: S. Haliczer (ed.), *Inquisition and Society in Early Modern Europe* (Totowa, N.J., 1987), pp. 88-114. Martin, *Witchcraft and the Inquisition in Venice*, pp. 292, 254.
[90] Tedeschi, «Inquisitorial Law and the Witch», en: *Early Modern European Witchcraft*, p. 94.

No hay una explicación única para el predominio de esta manera de considerar la brujería en España e Italia. Un factor importante fue la difusión de la creencia en las formas clásicas de brujería. Las brujas españolas e italianas solían verse como la Canidia de Horacio o la hechicera Celestina, más conocida todavía, según aparece retratada en la obra de Fernando de Rojas, *Tragicomedia de Calixto y Melibea* (1499), una mujer que practica la magia amatoria, predice el destino y es adivina. Se creía que esta clase de mujeres utilizaban carne de niños para hacer sus ensalmos y adquirir el poder de conjurar al demonio, pero tenían poco en común con las brujas alemanas y suizas, que acudían volando al aquelarre. Como ha demostrado Julio Caro Baroja, este tipo de brujas solía prosperar en medios más bien urbanos que rurales, no sólo porque desempeñaba sus artes en ellos sino también porque la cultura renacentista en que se fundaba la creencia en esos personajes era, en principio, predominantemente urbana [91]. No es casual que las zonas de Italia y España donde fue ampliamente conocido el concepto acumulativo de brujería y donde se dio un mayor número de procesamientos fuesen rurales y septentrionales, sometidas a influencias llegadas del norte (es decir, alemanas o francesas).

Un repaso a la literatura italiana y española sobre brujería refuerza la conclusión de que la idea del estereotipo de la bruja nunca alcanzó una aceptación amplia en el mundo mediterráneo. Es cierto que a finales de la Edad Media, los intelectuales italianos y, en menor medida, españoles habían contribuido de manera importante a la formación de dicho concepto de brujería, mientras que el mismo papado fue responsable en buena medida de la equiparación entre magia y herejía. Sin embargo, una vez formulado el concepto, fueron muy pocos los autores españoles o italianos que dieron apoyo explícito a la definición de brujería propuesta o contribuyeron a su ulterior desarrollo. Paulus Grillandus, aquel juez excesivamente crédulo, aceptó la mayoría de las nociones cultas de brujería en su *Tractatus de Hereticis et Sortilegiis* apoyándose en casos juzgados por él en Roma y en el sur de Italia, pero a partir de esas fechas el único autor italiano que admitió plenamente el concepto acumulativo de brujería fue Francesco Maria Guazzo, un fraile milanés que basó su popular *Compendium Maleficarum* no sólo en numerosas fuentes francesas y

---

[91] Caro Baroja, *World of Witches*, pp. 99-102.

alemanas sino también en su propia experiencia como fiscal de brujas en Renania [92]. Así pues, se puede afirmar que en el momento álgido de la gran caza, las creencias más extremadas y crédulas conocidas en Italia no eran de origen nativo sino que tenían sus fuentes en el norte. Lo mismo puede decirse de España, donde podemos rastrear las huellas de las ideas demonológicas predominantes durante los grandes juicios del país vasco acudiendo al sur de Francia y a la obra del demonologista Pierre de Lancre [93]. En general, el concepto acumulativo de brujería no se estableció sólidamente en España, sobre todo en el sur [94].

La incapacidad del concepto acumulativo de brujería para imponerse en Italia durante el periodo crítico de la brujomanía se puede explicar en parte por la fuerza de una tradición escéptica entre los círculos intelectuales italianos. Gran parte de este escepticismo puede vincularse directa o indirectamente con el humanismo que había echado en Italia sus raíces más antiguas y profundas. El humanismo, como hemos estudiado más arriba, no era intrínsecamente incompatible con la doctrina de la brujería, pues no negaba la existencia del poder diabólico en el mundo y aceptaba la eficacia de la magia. La práctica de la magia erudita por los neoplatónicos pudo haber contribuido también de manera indirecta a la aparición de la caza de brujas en Italia [95]. Pero el humanismo fomentaba una actitud escéptica ante el pensamiento escolástico y muchos humanistas criticaron de hecho ciertos aspectos del concepto acumulativo así como los mismos procesamientos por brujería. Este escepticismo renacentista es en buena medida la causa de que las opiniones del *Malleus Maleficarum* se enfrentaran en Italia a unas críticas especialmente fuertes a comienzos del siglo XVI, y la persistencia de tales actitudes durante el último periodo pudo haber sido muy bien lo que impidió que las ideas francesas y alemanas encontraran un apoyo entusiasta [96].

La incapacidad de muchas creencias sobre brujería para imponerse entre los inquisidores italianos pudo haber tenido algo que ver

---

[92] Robbins, *Encyclopedia*, pp. 236-7; Monter, «Witchcraft in France and Italy», en: *History Today*, 30 (1980), p. 33.
[93] Henningsen, «Papers of Salazar», pp. 88-96.
[94] Henningsen, *Witches' Advocate*, pp. 22-3.
[95] P. Burke, «Witchcraft and Magic in Renaissance Italy: Gianfrancesco Pico and his *Strix*», en: S. Anglo (ed.), *The Damned art*, p. 49.
[96] Ver Caro Baroja, *World of Witches*, pp. 104-5.

con la popularidad del *Directorium Inquisitorum* de Nicholas Eymeric (1376), el manual inquisitorial más utilizado en Italia durante el periodo de la gran caza de brujas. La forma de brujería descrita en el manual de Eymeric era la de la magia ritual que el autor, con criterio fielmente escolástico, consideraba una forma de herejía, pues implicaba un pacto con el diablo. Existía una importante diferencia entre esta concepción de la brujería y la que más tarde consagraron obras como el *Malleus Maleficarum* y los *Disquisitionum* de Del Río. Eymeric no tenía nada que decir sobre el aquelarre ni tampoco sobre el *maleficium*. Así pues, al fundarse en la definición de brujería de Eymeric, los inquisidores italianos perpetuaron un punto de vista sobre el delito que excluía muchos de los elementos añadidos al concepto acumulativo de brujería después de que hubiera escrito su manual [97].

Otra razón de la relativa templanza de los procesos por brujería en Italia y España fue la conformidad de la Inquisición de estos países con normas procesales muy estrictas. En la Edad Media los inquisidores papales se habían hecho tristemente célebres por su uso sin restricciones de la tortura y la multitud de medios diversos por los que prejuzgaban la causa contra el acusado. Sin embargo, en el momento del inicio de la caza de brujas en Europa, los inquisidores habían desarrollado un gran cuerpo de literatura cautelar y las dos instituciones que sucedieron a la inquisición medieval en la Edad Moderna —las Inquisiciones española y romana— mostraron un interés excepcional por la corrección de los procedimientos judiciales. De hecho, se ha llegado a hablar del Santo Oficio romano como de 'un pionero de la reforma judicial' [98]. A diferencia de muchos tribunales civiles preveía la posibilidad de proporcionar asistencia letrada; proporcionaba al acusado una copia de los cargos y pruebas en su contra, y atribuía muy poco peso al testimonio presentado contra sus supuestos cómplices por una persona sospechosa de brujería [99]. Una de las características más notables del procedimiento inquisitorial tanto español como romano es la rara utilización de la tortura. En España sólo se empleaba cuando existían fuertes indicios circunstanciales, pero no pruebas, y era aplicada hacia el final del juicio, inme-

---

[97] Martin, *Witchcraft and the Inquisition in Venice*, pp. 50-66, 253-5.
[98] J. Tedeschi, «Preliminary Observations on Writing a History of the Roman Inquisition», en: *Continuity and Discontinuity in Church History*, ed. F. F. Church y T. George (Leiden, 1979), p. 42.
[99] *Ibid.*, pp. 242-3.

diatamente antes de la pronunciación de la sentencia [100]. Incluso en la gran caza de brujas del país vasco de 1610-1614, en la que se vieron implicados miles de sospechosos, la Inquisición sólo torturó a dos de las personas acusadas y, dado que la tortura permitía que sus sentencias de muerte fueran conmutadas por destierro, puede considerarse legítimamente como un acto de piedad [101]. La única presión para utilizar el tormento como medio deliberado para extraer confesiones provenía de las autoridades civiles y las masas populares, grupos cuyas tácticas extralegales procuró limitar la Inquisición. En Italia, el rechazo al uso de la tortura no fue menor [102]. Los mismos *benandanti*, miembros de un antiguo culto de fertilidad a quienes se convenció gradualmente de ser brujos, nunca fueron torturados [103].

La contención mostrada tanto por la Inquisición española como por la romana en la aplicación de la tortura tuvo un efecto predecible en la caza de brujas en el mundo mediterráneo. No impidió completamente que se produjeran grandes cazas, pues los estados de pánico locales y las epidemias de ensoñaciones eran de por sí capaces de proporcionar notables cantidades de sospechosos. Pero al aplicar la tortura con cortapisas, las cazas que llegaron a darse no produjeron tantas condenas ni condujeron a tantas ejecuciones como las grandes cazas llevadas a cabo en Alemania y Suiza. Un hecho aún más importante es que el rechazo a aplicar la tortura impidió el desarrollo de creencias sobre brujería de contenidos extremistas y diabólicos. Sin la tortura quedó considerablemente limitada la posibilidad de convertir en delitos de conspiración diabólica simples actos de superstición, pues las creencias demoniacas necesarias para apoyar ulteriores cazas de brujas sólo podían lograr una amplia legitimación mediante confesiones hechas bajo tortura. No se puede dudar de que, al faltar el tormento, las ideas sobre brujería, tanto cultas como populares, la verían esencialmente en el plano de la transgresión moral individual, sin llegar a considerarla un ataque en gran escala contra la civilización cristiana.

---

[100] Henningsen, *Witches' Advocate*, pp. 44, 170.
[101] *Ibid.*, pp. 170-1. Salazar propuso que se utilizara el mismo procedimiento con otras personas acusadas de brujería, pp. 179-80.
[102] Tedeschi, «Inquisitorial Law and the Witch», pp. 97-104; Martin, *Witchcraft and the Inquisition in Venice*, pp. 26-8.
[103] Sobre la amenaza de tortura a uno de los *benandanti*, cfr. Ginzburg, *Night Battles*, p. 105.

Al explicar la relativa templanza de la caza de brujas en España e Italia debemos mencionar también un factor adicional: la fuerza del control central. Aunque los inquisidores medievales recibían siempre sus mandatos de Roma, nunca habían estado sujetos a regulación o coordinación central. En los siglos XVI y XVII, sin embargo, los inquisidores perdieron su autonomía. La pérdida fue mucho más perceptible en España, donde en 1478 se estableció una institución nacional nueva sometida al rey en lugar de la inquisición medieval, que sólo había actuado en Aragón. El principal órgano de esta nueva institución fue el Consejo de la Santa y Suprema Inquisición de Madrid, que ejercía un estricto control sobre un gran número de tribunales regionales (hasta veintiuno) en toda España y sus posesiones de ultramar. A principios del siglo XVI algunos de estos tribunales habían logrado una gran autonomía local, pero en 1550 el Consejo de la Suprema impuso su autoridad sobre todos los tribunales locales [104]. El efecto de esta imposición del control central en el desarrollo de la caza de brujas resultó evidente en Barcelona en la década de 1530, cuando la Suprema puso fin a una caza de brujas determinando su derecho a confirmar todas las sentencias [105]. De manera aún mas impresionante, el consejo de la Suprema dio fin a la gran caza de brujas de 1610-1614 en el país vasco y asestó un serio golpe a la brujomanía cuando, por recomendación de Salazar, publicó un conjunto muy estricto de normas procedimentales para los procesos contra las brujas en todo el país. La autoridad e influencia del Consejo de la Suprema se evidenció incluso en los procesos civiles por brujería. En varios casos del siglo XVII, sobre todo en Vizcaya, en 1621, el Consejo consiguió imponer modificaciones de sentencias muy severas [106].

Los diversos tribunales inquisitoriales papales que actuaban en Italia fuera de los Estados de la Iglesia no estaban sometidos al mismo grado de control central que los de España. Algunas de las corporaciones regionales, como la Inquisición de Venecia, que incluían miembros laicos representantes del gobierno secular, actuaban con cierto grado de independencia respecto de la Congregación del San-

---

[104] E. Peters, *Inquisition*, (Berkeley, 1989), pp. 90, 101. Sobre el conflicto con los tribunales locales de Zaragoza en 1535 y Barcelona en 1548-9, cfr. Monter, *Frontiers of Heresy*, pp. 264-6.
[105] H. Kamen, *The Spanish Inquisition*, (Nueva York, 1965), p. 145.
[106] Henningsen, *Witches' Advocate*, pp. 387-9.

to Oficio de Roma [107]. No obstante, la Inquisición romana tuvo cierto éxito en sus esfuerzos por normalizar los procedimientos y prácticas de enjuiciamiento en Italia. Daba aprobación previa a todas las sentencias y, lo que es aún más importante, exigía a veces que los inquisidores provinciales ampliaran la investigación de casos que en su opinión lo requerían [108]. La misma Inquisición veneciana, que defendió celosamente su independencia, consultaba a menudo con Roma asuntos de procedimiento y en algunos casos extraditaba a sospechosos para que fueran juzgados en Roma [109].

Antes de dejar la cuestión de la brujería en la zona del Mediterráneo, debemos considerar la tesis de Trevor-Roper según la cual los procesamientos de brujas en España fueron relativamente benignos porque este país dirigía toda su hostilidad contra los judíos en vez de hacerlo contra las brujas. Esta tesis se basa en la suposición de que los procesos por brujería eran una mera manifestación de una necesidad más general de la sociedad de encontrar chivos expiatorios para sus problemas y aliviar las tensiones sociales llevándolos ante los tribunales. Brujas y judíos (al igual que los herejes y otros grupos minoritarios) eran en cierto sentido intercambiables. Cualquiera de ellos podía servir como objeto de miedo y discriminación social; era simplemente una cuestión de cuál de los grupos parecía más amenazante. Uno de los corolarios de este razonamiento es que la eliminación del miedo hacia un grupo puede llevar a ejercer acciones judiciales contra el otro, puesto que la sociedad encuentra nuevos chivos expiatorios en cuanto puede prescindir de los anteriores. Otro corolario es que los funcionarios judiciales no disponen de demasiado tiempo para dedicarlo a procesar a grupos disidentes y que, por tanto, es probable que en cada momento se persiga judicialmente a uno de tales grupos [110].

El valor de esta tesis no pasa de ser limitado para explicar la moderación de la caza de brujas en España. Puede ayudarnos a entender por qué se procesó a un número relativamente bajo de brujas a finales del siglo XV y principios del XVI. Aunque los inquisidores españoles estuvieran preocupados por la magia ritual en los siglos XIV y XV, no mantuvieron su vigilancia cuando esa clase de magos se con-

---

[107] Peters, *Inquisition*, pp. 109-119.
[108] Ginzburg, *Night Battles*, pp. 125-6.
[109] Peters, *Inquisition*, p. 117.
[110] Trevor-Roper, «European Witch-Craze», pp. 110-12.

virtieron en brujos en Francia y Renania. En cambio, dirigieron su atención casi con exclusividad a los judíos, razón principal del establecimiento de la Inquisición en 1478 y que soportaron toda la violencia de su fuerza hasta aproximadamente 1540. Sin embargo, es difícil atribuir la templanza de la caza de brujas en España *a partir de* 1540 a la presencia de chivos expiatorios judíos, pues para entonces el problema había quedado ya resuelto y la Inquisición dirigía su atención a otros asuntos. Ahora bien, podría mantenerse que el aumento del número de brujas en España a partir de 1580 habría sido de hecho el resultado de la disminución de la amenaza judía; esta afirmación podría ser coherente con el contenido general del razonamiento de Trevor-Roper. Pero así resulta imposible explicar la *templanza* de la caza de brujas española —que, según hemos visto, no se ha de medir por el número de juicios sino por la cifra de ejecuciones—. Sencillamente, no hay modo de atribuir la «moderada sensatez» de España en su trato de la cuestión de las brujas a partir de 1540 a la presencia de chivos expiatorios judíos en la sociedad española. Lo cierto es que los judíos *no* fueron procesados durante ese tiempo y las brujas sí. Las razones del tratamiento indulgente de las brujas tuvo mucho que ver con la naturaleza de la Inquisición y con el modo como era entendido el delito de brujería en ese momento, y muy poco con los judíos.

Conclusión

Al describir las pautas generales de la caza de brujas en Europa, los historiadores suelen comparar el continente europeo con Inglaterra, mostrando cómo la prohibición de la tortura y la recepción incompleta de la teoría demonológica en este país impidieron que los procesamientos por brujería llegaran a ser tan inmoderados y extensos como lo fueron en lugares como Alemania y Suiza. La comparación es a la vez válida e instructiva, pero su frecuente utilización puede conducirnos a una visión extremadamente simplista de la geografía de la brujería europea. Por un lado, podría llevar a la conclusión no demostrada de que Inglaterra fue el único país de Europa donde las autoridades procesaron a un módico número de brujas. Por otro, podría hacernos suponer con igual falsedad la existencia de un modelo «continental» europeo común de los procesos por brujería. El precedente análisis regional de la brujería debería mostrar con evidencia la invalidez de estas suposiciones. Inglaterra, al disponer de un cuerpo de leyes nacional distintivo y no haber adoptado ni el derecho civil ni el procedimiento inquisitorio, pudo haber sido muy diferente de Francia y de los diversos Estados alemanes en lo que se refiere a la manera de tratar el caso de las brujas (como también fue diferente de ellos en muchos otros sentidos), pero no constituyó ni mucho menos la única excepción a la norma predominante en Europa. Podríamos igualmente afirmar que los procesos por brujería en Dinamarca, Noruega, Rusia y España fueron «excepcionales» por comparación con los modelos alemán o suizo.

En Europa hubo, en realidad, tantas regiones donde las ideas demonológicas fueron recibidas sólo parcialmente, donde la aplicación de la tortura estuvo eficazmente restringida, donde el índice de condena y ejecución en casos de brujería se mantuvo bastante bajo y donde las cazas masivas de brujas se produjeron sólo en contadas ocasiones, que debemos poner seriamente en duda la existencia real en ella de una brujomanía generalizada. Hubo, sin duda, una *caza* de brujas general en Europa en la que participaron varios países en grado mayor o un tanto menor. Pero una brujomanía caracterizada por una persecución de multitudes de brujas sin restricciones y unida a veces a estados de pánico sólo se dio realmente en Europa occidental y Centroeuropa occidental. Aunque nunca dispondremos de estadísticas completas, las cifras con que contamos nos llevan a pensar que el 75 por ciento de los procesos por brujería se llevaron a cabo en esa zona extensa y muy poblada. En su interior podemos definir los límites de la brujomanía de manera aún más estricta, pues el número de juicios celebrados en el reino de Francia fue relativamente pequeño. El auténtico centro de la brujomanía fue la zona que abarcaba el Sacro Imperio Romano Germánico, Suiza y los distintos ducados de habla francesa y principados limítrofes con los territorios alemanes y suizos. En comparación con esta área, todas las demás regiones —a excepción, quizá, de Polonia— mostraron moderación en su persecución de las brujas y templanza en su tratamiento.

No existen, por supuesto, explicaciones simples para el modelo geográfico más bien irregular de procesamientos que hemos esbozado en su perfil más amplio. No obstante, hablando en términos generales, los mayores efectos fueron producidos por cuatro variables distintas pero relacionadas. La primera fue la naturaleza de las ideas sobre brujería en una región concreta y la fuerza con que se mantuvieron. Allí donde la brujería se definió primariamente como *maleficium* y no como culto al diablo, las cazas de brujas tendían a ser limitadas en su objetivo, sobre todo porque la sospecha de que alguien practicara la hechicería no llevaba habitualmente a la búsqueda de cómplices. El contraste entre Alemania, donde la creencia en el demonismo estaba muy extendida, y países como Rusia, donde prácticamente no se conocía, no pudo ser más acusada. Sin embargo, en muchas zonas, el delito de brujería pudo definirse de ambas maneras; en tal caso las teorías de demonismo podrían manifestarse sólo de cuando en cuando y gozar únicamente de aceptación limitada. Esta fue, sin duda, la situación de Inglaterra, los países escandinavos y España, y en cada uno de estos países la pauta seguida por los procesamientos por brujería abarcó cierto número de juicios individuales por *maleficium* y un número menor de grandes cazas por culto al diablo.

El segundo factor importante determinante de la relativa intensidad de los procesos por brujería fue el sistema de procedimiento criminal utilizado en los tribunales. Aunque tendemos a suponer que todos los tribunales europeos, a excepción de los de Inglaterra, siguieron el procedimiento «inquisitorio» y utilizaron la tortura con plena libertad, hemos visto que los juicios por brujería eran tramitados de muy diferentes maneras. Los métodos de incoación de los casos, las normas relativas a la tortura, las costumbres referentes a la designación de abogados y los procedimientos de apelación de las sentencias diferían de un lugar a otro. Las diferencias procedimentales tuvieron un efecto profundo en el desarrollo de la caza de brujas, pues influyeron considerablemente en las posibilidades de condena y ejecución. Los procedimientos legales tuvieron así mismo efecto sobre la recepción de las creencias acerca de las brujas entre la clase judicial, pues la legitimación de esas creencias a través de las confesiones sólo pudo darse a menudo bajo tortura.

El tercer determinante de importancia para la intensidad de los procesamientos por brujería fue el grado de control central judicial sobre los enjuiciamientos. El control central no actuó necesariamente como fuerza de contención en los casos de brujería, pues algunos legisladores mostraron a menudo un vivísimo deseo de ver eliminada la brujería y en ocasiones iniciaron ellos mismos las cazas de brujas. Pero, por regla general, las autoridades locales (magistrados de una ciudad o pueblo determinado o funcionarios judiciales de una región pequeña) demostraron más empeño en detectar, procesar y ejecutar brujas que quienes ocupaban puestos de autoridad más elevados en la Iglesia o el Estado y en estas actuaciones tendieron con más probabilidad a violar las normas procesales formuladas por los gobiernos centrales. La relativa templanza de la caza de brujas en Inglaterra, Suecia, Rusia y España, así como las de las zonas centrales de Francia, se puede atribuir, al menos en parte, al éxito de las autoridades centrales, civiles o eclesiásticas, en su intento de coartar el entusiasmo de las autoridades locales para librar una guerra de grandes dimensiones contra los aliados de Satanás.

El factor final que debemos tener en cuenta al explicar las pautas regionales es el grado de celo religioso manifestado por los habitantes de una región determinada. Es, evidentemente, difícil medir el celo religioso y aún lo es más mostrar sus efectos sobre los procesos por brujería. Pero está claro que fue una fuerza motriz de muchas grandes cazas y es patente que los países que condenaron y ejecutaron a un gran número de brujas eran conocidos por su militancia cristiana, su intolerancia religiosa y su participación vigorosa tanto en la Reforma como en la Contrarreforma. Las diferencias entre la caza de brujas en Nueva Inglaterra y el resto de las colonias de Norteamérica, entre Inglaterra y Escocia, entre Polonia y Rusia y entre Italia y Alemania se pueden atribuir en cierta medida a esas inasibles diferencias en cuanto a «entusiasmo» religioso en general. Estas diferencias pueden relacionarse, a su vez, con la estabilidad religiosa de los países en cuestión, pues las zonas que habían conocido el cambio religioso o se sentían amenazadas por él fueron las que tendieron a perseguir a las brujas con el máximo empeño. Estas zonas fueron, además, mucho más propensas que otras a preocuparse por las creencias acerca de las brujas y permitir a sus magistrados el empleo de la tortura con el fin de proteger la fe cristiana. De este modo, el celo religioso tendió a reforzar otras razones que dieron pie a intensificar la caza de brujas, del mismo modo que su ausencia permitió a los funcionarios públicos desarrollar una actitud más «ilustrada» y moderada hacia todo el fenómeno.

8. OCASO Y PERVIVENCIA

Durante los últimos años del siglo XVII y primeros del XVIII, los procesos por brujería en Europa fueron reduciéndose en número hasta su desaparición. Esta decadencia no se produjo de manera simultánea en todos los países europeos. En Holanda, por ejemplo, el declive fue evidente ya a principios del siglo XVII, mientras que en Polonia los procesamientos no comenzaron a decrecer hasta después de 1725. A pesar de estas diferencias cronológicas, la decadencia de la brujería fue un fenómeno que abarcó a Europa entera y su manifestación en el lapso de un siglo en todos los países que habían conocido la caza de brujas hace pensar en la existencia de razones generales para la finalización de la gran caza de brujas, así como también existieron razones generales para su desencadenamiento.

La decadencia de los procesos por brujería suscita dos importantes problemas de interpretación. El primero se refiere a la distinción entre procesamientos individuales y grandes cazas. Hubo una diferencia entre la conclusión de los procesamientos masivos, que se cobraron decenas y hasta centenares de vidas, y la de toda clase de juicios, por pequeños que fueran. Los dos hechos están estrechamente relacionados, pues muchas de las críticas dirigidas contra la caza de brujas se oponían a toda clase de enjuiciamientos, pequeños y grandes, y la reacción desfavorable a algunos de los grandes pánicos contribuyó a la finalización definitiva del conjunto de procesamientos por brujería. Pero las razones de la decadencia de ambos tipos de procesos no fueron siempre las mismas. Las grandes cazas concluyeron cuando las sociedades europeas, al experimentar las disfunciones sociales causadas por los pánicos de masas y haber llegado a la conclusión de que personas inocentes habían sido víctimas de los sucesos, tomaron la resolución de impedir que se repitieran tales actos y establecieron procedimientos legales capaces de evitar que se produjeran cazas en forma de reacción en cadena. Estas cazas decayeron también cuando dejaron de predominar las condiciones sociales, económicas y religiosas que contribuían a crear un estado de ánimo propicio a la caza de brujas. Por otra parte, los procesamientos individuales por brujería no se extinguieron hasta la aprobación de leyes que las prohibieron o hasta después de que las autoridades judiciales de una localidad particular hubieron adoptado la medida de negarse a juzgar tales casos. El ocaso de ambos tipos de caza de brujas exigió la aparición de una mentalidad escéptica, pero su conclusión completa se fundó en un escepticismo respecto a la realidad de la brujería mucho más profundo que el que hizo cesar las grandes cazas.

El segundo problema de interpretación vinculado con la decadencia de la brujería atañe al papel representado respectivamente en los hechos por las elites y el pueblo llano. Los historiadores han insistido tradicionalmente en la influencia de las clases gobernantes y las elites cultas en la finalización de la caza de brujas. Es cierto que el nuevo escepticismo comenzó a afianzarse entre las capas más altas de la sociedad y sus miembros fueron sin duda las personas que dieron los pasos políticos y legales necesarios para detener por entero los procesamientos. Por el contrario, las creencias populares relativas a las brujas mostraron pocos signos de cambio por aquellas fechas y fueron numerosas las ocasiones en que las clases bajas presionaron para que se procesara a supuestas brujas, viéndose frustradas por la negativa de algún magistrado escéptico a consentir en el procesamiento. No obstante, las clases bajas pudieron muy bien haber tenido en el ocaso de la brujería mucha más influencia que la reconocida hasta ahora. Un estudioso ha afirmado que el principal histerismo manifestado durante las cazas de brujas fue el de la clase burocrática y que la actitud comprensiva procedía de la gente corriente, mucho más racional [1]. Es cierto, desde luego, que las creencias más extremo-

---

[1] Baeyer-Katte, «Historischen Hexenprozesse», pp. 220-31.

sas sobre brujería, las más capaces de apoyar una caza de brujas, tuvieron su origen principalmente en las clases altas y fueron configuradas y difundidas sobre todo por ellas. También es cierto que durante el periodo de la caza de brujas hubo una tradición de escepticismo entre las clases bajas que se ponía de manifiesto cuando los funcionarios intentaban obtener confesiones. Así, por ejemplo, en el momento culminante de la principal caza de brujas en Escocia, una mujer de Newbattle, en Midlothian, puso en duda toda la teoría de la marca del diablo al afirmar que todo el mundo tenía esa clase de imperfecciones corporales [2]. Aún es más importante el hecho de que la gente corriente pudo influir de manera importante, como realmente ocurrió, en la paralización de las grandes cazas de brujas. Al ser ellas quienes contribuían a mantener el estado de ánimo característico de las grandes cazas y cumplir con el papel judicial esencial de denunciar a sus convecinos y testificar en su contra, las personas de las clases bajas tenían la facultad de poner fin a las cazas de brujas cuando constataban que los juicios causaban más mal que bien.

Uno de los mejores ejemplos de cómo los miembros de una comunidad podían tomar medidas para detener una caza de brujas es el de la pequeña ciudad alemana de Lindheim donde, en 1661, el magistrado Georg Ludwig Geiss ejecutó a una comadrona y otras seis mujeres por haber asesinado a un recién nacido en el parto y utilizado sus restos para preparar un ungüento mágico. El magistrado detuvo así mismo a los padres de la criatura, quienes habían testificado no haber sospechado de la comadrona y habían exhumado el cuerpo del niño para mostrar que seguía intacto. Al proseguir la caza (hubo en total treinta ejecuciones) y ser torturado el padre del niño, un molinero próspero, los sentimientos de los ciudadanos se dirigieron contra el magistrado. El molinero y unos pocos prisioneros lograron escapar y presentar a su vez una demanda contra Geiss ante el tribunal imperial supremo de Espira que ordenó el cese de los juicios por brujería. Esta acción llegó demasiado tarde para salvar la vida de la mujer del molinero, pero la oposición popular a los juicios fue tan fuerte que un hombre agredió físicamente al oficial del juzgado que se había presentado para detener a su esposa y Geiss mismo se vio obligado a huir [3].

---

[2] Scottish Record Office, CH2/276/4.
[3] Baschwitz, *Hexen und Hexenprozesse*, pp. 302-304.

Aunque las clases bajas contribuyeron en ocasiones al cese de cazas de brujas individuales, no se les puede atribuir en principio el ocaso a largo plazo de la caza de brujas. No hay, por ejemplo, pruebas de que los campesinos europeos de finales del siglo XVII y principios del XVIII abandonaran gradualmente sus creencias y fueran, por tanto, cada vez más reticentes a acusar de brujería a sus vecinos. El número de acusaciones formales decayó, de hecho, durante estos años, pero ello no tuvo nada que ver con el escepticismo o «ilustración» popular. Los campesinos presentaron menos acusaciones de brujería contra sus convecinos o porque habían disminuido sus esperanzas de conseguir llevarlos a juicio con éxito o porque ya no imperaban las condiciones que los impulsaban a hacerlo. En ninguno de ambos casos se puede considerar que los habitantes de los pueblos fueran causa activa de la disminución de acusaciones. De hecho, todas las pruebas relativas a los procesos particulares por brujería, desde finales del siglo XVII hasta la conclusión de la caza, sugieren que fueron planteados principalmente en respuesta a presiones de las clases bajas y que las actitudes escépticas ante las acusaciones provenían de las clases gobernantes y las elites cultas.

Resulta tentador afirmar que los procesos por brujería decayeron por su propio peso o que contenían las semillas de su propio declive. Esta afirmación es sin duda válida en la medida en que la realización de grandes cazas generaba críticas contra el fenómeno general de la caza de brujas. Pero sería engañoso afirmar que las cazas de brujas se fueron simplemente consumiendo por sí mismas. En varias regiones de Europa, los juicios e incluso las grandes cazas continuaron lo bastante como para mostrar que en determinadas circunstancias la persecución judicial de las brujas podía proseguir indefinidamente.

Lo que puso fin a los juicios no fue el simple reconocimiento de que la caza de brujas podía quedar fuera de control, sino un conjunto de cambios significativos en los sistemas judiciales europeos, en la perspectiva intelectual de las clases cultas y gobernantes, en el clima religioso imperante en toda Europa y en las condiciones generales de vida de la gente.

Cambios judiciales

Al tratar de la decadencia de la brujería conviene analizar previamente los distintos cambios ocurridos en el funcionamiento de los sistemas judiciales europeos, tanto en general como en lo que se refiere específicamente a la brujería. Estos cambios judiciales merecen ser examinados antes que nada, pues, en la mayoría de los casos, las objeciones legales y judiciales a los procesamientos por brujería fue la causa inicial de su disminución numérica. De hecho, algunos de los primeros críticos de la caza de brujas se basaron únicamente en razones legales e insistieron en que sus recelos no eran en absoluto filosóficos [4]. Estas personas contribuyeron efectivamente al declive de la brujería sin abandonar la idea de su posibilidad o de la existencia real de las brujas.

Son tres los principales factores judiciales y legales que contribuyeron a la decadencia de la brujería: (1) la exigencia de pruebas concluyentes relativas al *maleficium* y el pacto; (2) la adopción de reglas más estrictas para el empleo de la tortura, y (3) la promulgación de decretos que restringían o suprimían los procesamientos por brujería. El primero de ellos, la exigencia de pruebas más sólidas de brujería, se manifestó de muchas maneras distintas. Pudo darse en forma de decisión judicial respecto a la insuficiencia de pruebas que justificaran la utilización de la tortura, de investigación para determinar si el *maleficium* podía haberse debido a causas naturales, de insistencia en obtener una prueba infalible del pacto demoniaco o de exhortación más general a la cautela en casos de brujería [5]. A veces, la exigencia recelosa de pruebas podía basarse en la dificultad de establecer la perpetración de *maleficium*. A finales del siglo XVII, por ejemplo, cierto número de jueces se mostró cada vez más reticente a aceptar como prueba de la práctica real de hechicería el acaecimiento de una desgracia al poco de haberse expresado algún gesto de hostilidad. Resulta obvia la importancia de esta actitud más exigente, si tenemos en cuenta que, con los cargos por *maleficium*, los vecinos de la persona acusada pretendían en la mayoría de los casos dar explicación de ciertas desgracias que les habían sobrevenido misteriosamente. Para probar la perpetración de *maleficium* se requería una prueba tangible de intención mágica, y sin los instrumentos reales para practicar la magia (como los presentados a menudo ante los tribunales contra los

---

[4] Thomas, *Religion and the Decline of Magic*, p. 576.
[5] B. Shapiro, *Probability and Certainty in Seventeenth-Century England* (Princeton, 1983), pp. 194-226; Ginzburg, *Night Battles*, p. 126; Thomas, *Religion and the Decline of Magic*, pp. 574-575; P. Miller, *The New England Mind: From Colony to Province* (Cambridge, Mass., 1953), p. 205.

magos rituales de la Baja Edad Media) era difícil probar el caso. Un escepticismo semejante se dio en lo referente al pacto demoniaco. Aparte de la confesión misma, la principal prueba del pacto era la marca del diablo. Durante más de cien años los jueces habían aceptado la marca como prueba del pacto, sirviéndose de ella para permitir la tortura e incorporándola a la demanda o acta de acusación. Sin embargo, a finales del siglo XVII, los jueces se mostraron cada vez más reticentes a permitir que se admitiera la prueba de la marca del diablo, dificultando así mucho más el mantenimiento de los procesos por brujería [6]. Un tercer tipo de prueba gradualmente excluido fue la prueba espectral, el testimonio de una persona afectada que afirmaba poder ver el espectro o espíritu de la parte culpable.

Otro cambio en el procedimiento legal que dio pie a una importante reducción del número de procesos y condenas por brujería fue el rechazo progresivo del empleo de la tortura como instrumento de interrogatorio judicial. La aplicación de tormento fue criticada durante todo el periodo de la gran caza de brujas, tanto por motivos humanitarios como por la razón eminentemente práctica de que las confesiones obtenidas bajo tortura no eran fidedignas [7]. No obstante, el empleo ordinario de la tortura había persistido en la mayoría de las jurisdicciones europeas, y la tortura, más que ningún otro factor aislado, fue lo que permitió el desarrollo de las grandes cazas de brujas. Sin embargo, durante el siglo XVII, varias jurisdicciones europeas adoptaron normas mucho más estrictas que las observadas anteriormente respecto a la aplicación de tormento y la admisibilidad de las pruebas obtenidas por su medio. Normas de este tipo se promulgaron en España en 1614, en Italia en la década de 1620 y en Escocia en la de 1660 [8]. Restricciones similares aparecieron en diversos principados alemanes en el periodo posterior a 1630, debido quizá, en parte, a la publicación de la *Cautio Criminalis* de Friedrich Spee, una crítica demoledora de los procedimientos utilizados en los juicios por brujería en Alemania [9].

---

[6] Mackenzie, *Laws and Customs* (1678), p. 91.

[7] Incluso quienes instaban a procesar a las brujas reconocían los problemas inherentes a la tortura. Ver Peter Binsfeld, *De Confessionibus Maleficarum et Sagarum* (Tréveris, 1596), pp. 679-98.

[8] Henningsen, *Witches' Advocate*, p. 373; Lea, *Materials*, II, pp. 960-961; *Register of the Privy Council of Scotland*, 3.ª serie, pp. 187, 210.

[9] Bremen, donde se tradujo por primera vez el tratado de Spee, abandonó la tortura en los juicios contra las brujas en 1640. Ver Monter, *Ritual, Myth and Magic*, p.

A las restricciones impuestas al empleo de la tortura les siguió finalmente su abolición total. Este hecho, facilitado por la decadencia de las penas no capitales y una menor recompensa a las confesiones, se produjo en Escocia en 1709, en Prusia en 1740, en Sajonia en 1770, en Austria en 1776, en Bélgica en 1787, en Suiza en 1803 y en Baviera en 1806. Con la posible excepción de Escocia, esta supresión final de la tortura tuvo efectos menos demostrables sobre la caza de brujas, aunque sólo fuera porque la abolición llegó demasiado tarde. De hecho, el deseo de ejecutar a las brujas, que habitualmente no podía llevarse a efecto mientras no se hubiera producido la confesión, fue la causa, al menos parcial, de que el sistema de la tortura conservara su funcionalidad. La abolición de la tortura sólo fue posible cuando las autoridades dejaron de creer que la brujería merecía la pena de muerte [10].

Además de imponer restricciones a la utilización de la tortura, los soberanos y asambleas legislativas de toda Europa tomaron medidas deliberadas a finales del siglo XVII y en el siglo XVIII para reducir o suprimir los procesos por brujería. Estas decisiones tuvieron a menudo un impacto espectacular en el fenómeno de la caza de brujas. Un edicto de Luis XIV de Francia de 1682, que prescribía únicamente castigos corporales para los actos de adivinación y calificaba de mera «superstición» la práctica de la magia, fue en gran parte la causa de la virtual finalización de la caza de brujas en Francia. Una de las razones para que alcanzara tal efecto fue que el edicto afectó a todo el país y redujo, por tanto, considerablemente el margen de discrecionalidad practicada tradicionalmente tanto por los tribunales locales como por los *parlements* regionales en el trato dado a la brujería [11]. Lo mismo puede decirse de los decretos prusianos de 1714 y 1721, de las iniciativas de la emperatriz María Teresa para suprimir la caza de brujas en Austria y Hungría entre 1755 y 1768 y de la prohibición polaca de 1776 [12]. No obstante, no debemos conceder demasiada importancia a todos estos decretos

---

30. Una traducción parcial de la *Cautio*, en Kors y Peters, *Witchcraft in Europe*, pp. 351-357.

[10] Ver M. Damaska, «The Death of Legal Torture», en *Yale Law Journal*, 86 (1978), 873-8.

[11] Sobre la cuestión de la intervención real en las provincias en general, cfr. Mandrou, *Magistrats et Sorciers*, pp. 425-86.

[12] Ver W. G. Soldan y H. Heppe, *Geschichte der Hexenprozesse*, ed. M. Bauer (Munich, 1912), II, p. 265; Lea, *Materials*, p. 1435; G. Klaniczay, «Decline of Witches and Rise of Vampires in 18th Century Habsburg Monarchy», en *Ethnologia Europaea*, 17 (1987), 165-8; Damaska, «Death of Legal Torture», p. 874, n. 28.

reales y leyes, pues algunas prohibiciones de los juicios por brujería no tuvieron efecto hasta mucho después de haber cesado de hecho tales juicios y se limitaron, por tanto, a ratificar una situación existente. La derogación de las leyes inglesa y escocesa sobre brujería por el Parlamento británico en 1736 tuvo escasísimas consecuencias prácticas y pasó casi inadvertida para los contemporáneos, pues los procesamientos habían cesado desde hacía ya tiempo en ambos países. No obstante, al tratar de la decadencia de la brujería debemos ser conscientes de que los soberanos, los tribunales centrales y las asambleas representativas se sirvieron muy a menudo de su poder para mantener bajo control los procesos por brujería y en algunos casos pusieron efectivamente fin a la caza de brujas en sus respectivos países.

La nueva actitud intelectual

Al mismo tiempo que jueces y soberanos establecían nuevas normas de prueba, restringían el uso de la tortura y suprimían los juicios por brujería, se producían en el universo intelectual de las elites europeas cambios que les hicieron considerar con escepticismo su existencia real. Estas transformaciones estuvieron de hecho estrechamente relacionadas con los cambios judiciales que acabamos de describir, pues las cautelas de los jueces al tratar los casos de brujería, su reticencia a recurrir a la tortura y la prohibición de los juicios se basaban a menudo en su actitud escéptica respecto a la realidad del supuesto delito. Aunque algunos magistrados y jueces insistían en que su escepticismo era estrictamente legal y que las brujas existían realmente, muchos de ellos abrigaban grandes dudas sobre la realidad de tales fenómenos y se sentían, por tanto, más inclinados a hacer hincapié en la aportación de pruebas completas o en la confesión voluntaria antes de dictar una condena. El mejor ejemplo de combinación e interacción de escepticismo judicial y filosófico respecto a la brujería es, quizá, el de la obra de Christian Thomasius, profesor de la universidad de Halle, quien en los primeros años del siglo XVIII criticó tanto el sistema de la tortura judicial como las creencias predominantes sobre brujería [13].

---

[13] C. Thomasius, *Dissertatio De Crimine Magiae*, tr. R. Lieberwirth (Weimar, 1967); *Über die Folter*, tr. y ed. R. Lieberwirth (Weimar, 1960).

Aunque los cambios en la mentalidad sólo produjeron una disminución de los procesamientos por brujería cuando afectaron a los magistrados y jueces encargados de los procesos criminales, fueron patentes en un sector mucho más amplio de toda la elite europea. De hecho, muchos de los ataques tempranos a las creencias sobre brujas fueron realizados por teólogos, filósofos u hombres de ciencia que nada tenían que ver con los procesamientos. Sus ideas, no obstante, se difundieron gradualmente entre los europeos cultos y acabaron penetrando en las clases gobernantes y de la judicatura.

Es importante señalar que ese escepticismo relativo a la brujería no era una novedad en el siglo XVII. A lo largo del periodo de la gran caza de brujas había habido siempre algunos individuos que cuestionaron la realidad de los supuestos actos de magia nociva y demonismo. De hecho, muchas de las razones contra la realidad de la brujería expuestas en los siglos XVII y XVIII fueron las mismas que las presentadas por Weyer, Scot y Montaigne en el siglo XVI. La diferencia entre ambos periodos consiste en que, mientras en el siglo XVI las opiniones de los escépticos fueron refutadas por partidarios de la caza de brujas como Bodin y Erastus, a finales del siglo XVII y en el siglo XVIII sus ideas fueron amplia y calurosamente acogidas. La razón del cambio fue que, durante el periodo transcurrido, la actitud intelectual general de los europeos cultos había variado de tal manera que los argumentos tradicionales contra los escépticos carecían ya de fuerza persuasiva. Y lo que es más importante, no hubo necesidad de refutar a los escépticos, pues sus puntos de vista no representaban ya una amenaza para la religión, la filosofía o el orden social.

Los cambios ocurridos en la actitud intelectual de los europeos cultos eran equiparables en conjunto a una revolución intelectual que destruyó el escolasticismo como sistema filosófico predominante en Europa y acabó, entre otras cosas, con muchas de las creencias que constituían el fundamento de la persecución judicial de la brujería. El primero y más básico de dichos cambios (y al mismo tiempo el más difícil de rastrear) fue una tendencia creciente en todos los campos del pensamiento a rechazar los dogmas y la autoridad heredada —a poner en cuestión todo, incluso los principios básicos sobre los que se funda la propia idea del mundo—. Esta tendencia se aprecia con máxima claridad en la obra de René Descartes, quien, en su búsqueda del conocimiento cierto, abandonó la confianza en los libros, rechazó la «autoridad» de los antiguos y los escolásticos y construyó su sistema filosófico sobre «ideas claras y distintas». Descartes negó ser un escéptico, al menos en el sentido tradicional de los griegos de poner en duda incluso la posibilidad de conocer, pues llegaba a un conocimiento cierto de la existencia propia y, por tanto, de Dios y del mundo material. Pero el proceso por el que Descartes alcanzaba esa certeza —el rechazo total del dogma y la expresión sistemática de la duda— acabó identificándose estrechamente con él y con el cartesianismo, difundido por toda Europa [14].

El cartesianismo como sistema filosófico es importante para nuestro propósito, pues se convirtió en el principal rival del escolasticismo en el siglo XVII, pero la metodología escéptica seguida por Descartes es aún de mayor importancia pues refleja una actitud que se fue imponiendo a lo largo del siglo XVII. Este siglo, con toda su intolerancia y guerras de religión, puede impresionarnos como un periodo de fe intensa y sin concesiones, y así lo fue en cierto sentido. Pero, entre las elites letradas, entre los hombres educados en la universidad y, en particular, entre los filósofos naturales fue un periodo de duda profunda y omnipresente. Cuando las creencias específicas en las brujas y los sistemas religioso y filosófico que las sustentaban pasaron a ser la diana de tales dudas, los procesos por brujería resultaron cada vez más difíciles de justificar.

Un segundo cambio en la actitud intelectual de los europeos cultos de finales del siglo XVII fue la convicción creciente de que el universo funcionaba de manera ordenada y regular, según leyes fijas. Esta convicción halló apoyo en los descubrimientos científicos de Copérnico, Galileo, Kepler y Newton, todos los cuales contribuyeron a destronar la antigua cosmología aristotélico-escolástica en la que una tierra estacionaria se mantenía en el centro del universo, expuesta al asalto de las fuerzas sobrenaturales. La nueva visión mecanicista del mundo hizo a la tierra parte de una máquina que funcionaba fluidamente y redujo de manera drástica, cuando no eliminó por completo, el papel de espíritus y demonios en este universo. Descartes, uno de los principales exponentes de la filosofía mecanicista, no negó la posibilidad de su existencia, pero sí que tuvieran algo que ver con el funcionamiento del universo o que pudieran llegar a encarnarse. Una vez negados estos poderes a los demonios,

---

[14] Ver R. H. Popkin, *The History of Scepticism from Erasmus to Descartes* (Assen, 1960), pp. 174-216, esp. pp. 212-13.

todo el concepto acumulativo de brujería resultó, naturalmente, atacado [15].

La filosofía mecanicista supuso una seria amenaza para las convicciones religiosas corrientes, pues podía llevar a sus defensores de la negación de la existencia de los espíritus al rechazo de los milagros, la eficacia de la oración, la actuación de la divina Providencia e, incluso, de la existencia de Dios. Como advertía el filósofo inglés Henry More al atacar la versión materialista extrema de la filosofía mecanicista, «Si no hay espíritu, no hay Dios» [16]. El peligro implícito de ateísmo podría haber impedido la aceptación amplia de la filosofía mecanicista de no haber sido por la decisión de filósofos naturales como Descartes de aclarar que en su universo había un lugar para Dios y de la voluntad de teólogos y clérigos por conformarse a la nueva filosofía. En Inglaterra, por ejemplo, la Iglesia oficial e incluso las sectas no conformistas demostraron una sorprendente receptividad hacia las nuevas ideas. Los latitudinarios rechazaron la demonología, se esforzaron cuanto pudieron por reconciliar fe y razón y desarrollaron una compleja teología natural según la cual Dios actuaba a través de los procesos naturales [17]. Hasta los intérpretes literales de la Biblia apoyaron la negación del poder de los demonios sobre la tierra, pues la Biblia, aunque hacía referencias a la brujería en cuanto tal, afirmaba que Dios —el Dios soberano del protestantismo reformado— había encadenado al diablo en el infierno y le impedía, por tanto, inmiscuirse en los asuntos humanos. La religión, pues, no resultó ser un obstáculo serio para la recepción de la filosofía mecanicista ni impidió que los europeos cultos abandonaran sus creencias en el poder demoniaco. Balthasar Bekker, ministro protestante holandés y filósofo cartesiano, fue portavoz de un conjunto de opiniones religiosas cada vez más extendidas al escribir en 1691 que tanto las Escrituras como la razón demostraban que «el imperio del diablo

---

[15] Sobre los atractivos de la nueva filosofía, que permitió a las personas apropiarse de la naturaleza en vez de ser sus víctimas, cfr. Easlea, *Witch-hunting*, esp. pp. 196-252.

[16] N. Brann, «The Conflict between Reason and Magic in Seventeenth-Century England: A Case Study of the Webster-More Debate», en *Huntington Library Quarterly*, 43 (1980), 114. Para More, la existencia de la brujería y otras formas de actividad demoniaca suministraban la prueba de la existencia de espíritus y, por tanto, también de Dios. Cfr. A. R. Hall, *Henry More: Magic, Religion and Experiment* (Oxford, 1990), pp. 138-9.

[17] Ver S. J. Fox, *Science and Justice* (Baltimore, 1968) p. 32.

es sólo una quimera y que nunca había tenido ni el poder ni la influencia que de ordinario se le atribuían»[18].

La convicción creciente entre los europeos cultos de la existencia de explicaciones naturales para fenómenos misteriosos o aparentemente sobrenaturales estaba estrechamente relacionada con la creencia en un universo regulado y ordenado. En los siglos XV y XVI, el mundo natural se definía de forma bastante estrecha. Cualquier fenómeno que no pudiera explicarse fácilmente en términos «naturalistas» muy simples se atribuía sin más a algún tipo de intervención sobrenatural —modo de pensamiento fomentado por la escolástica—. El primer reto a esta actitud escolástica no partió tanto de la filosofía mecanicista cuanto de su oponente, la cosmología mágica de los neoplatónicos. Podría parecer sorprendente que el neoplatonismo, una filosofía en la que la magia ocupaba un lugar tan importante, pudiera encargarse de la tarea de erradicar una teoría que, en muchos aspectos, era más realista. Pero, al insistir en el hecho de que las sustancias poseían simpatías y antipatías naturales que explicaban por qué actuaban de una determinada manera, los neoplatónicos desaconsejaron confiar en las explicaciones sobrenaturales de acontecimientos extraordinarios y estimularon la exploración del mundo natural de forma genuinamente científica[19]. A pesar de que los magos renacentistas se sintieron obligados a complementar la magia natural con la espiritual, contribuyeron a minar la cosmología escolástica pues, en el mundo neoplatónico, el mago erudito podía forzar a los espíritus a responder a sus órdenes, sin limitarse, por tanto, al papel de víctima de las fuerzas demoniacas. A la larga, la interpretación mágica del mundo propuesta por los neoplatónicos fue derrotada por otro rival del escolasticismo, la filosofía mecanicista, según la cual la materia es completamente inerte y estéril e incapaz, por tanto, de dar cabida a ningún tipo de magia, natural o espiritual. No obstante, durante su periodo de influencia, el neoplatonismo ayudó a varias generaciones de intelectuales a alcanzar la certeza de que los fenómenos extraordinarios tenían causas naturales. Es interesante señalar que Reginald Scot, el crítico más radical de las creencias sobre las brujas y de la persecución judicial de la brujería a finales del siglo XVI, aceptaba plenamente la realidad de la magia natural. Su credulidad le im-

---

[18] Citado en Easlea, *Witch-Hunting*, p. 218.
[19] Trevor-Roper, «Witch-Craze», p. 181.

pidió, quizá, responder a sus críticos, pero revela cómo la teoría de la magia natural podía desembocar en una crítica naturalista de las creencias sobre las brujas o, al menos adaptarse a ella [20].

Al mismo tiempo que los europeos cultos aceptaban interpretaciones del mundo que los impulsaban a atribuir sucesos extraordinarios a causas naturales, comenzaban a descubrir que muchas de las enfermedades poco corrientes y formas aberrantes de conducta atribuidas habitualmente a la brujería podían explicarse sin recurrir a lo sobrenatural. Cierto número de personas instruidas, sobre todo médicos profesionales, comenzaron a defender, ya desde la segunda mitad del siglo XVI, que muchas enfermedades causadas supuestamente por *maleficium* se debían a causas naturales; que los individuos que confesaban libremente su calidad de brujos se hallaban bajo la influencia de drogas o sufrían alguna forma de melancolía, depresión o trastorno mental, y que las personas poseídas por el diablo habían contraído en realidad alguna dolencia médica. Este tipo de sentimientos no fueron, en absoluto, en aumento y la misma comunidad médica se hallaba dividida acerca de tales cuestiones [21]. Johann Weyer, cuyas opiniones sobre las causas naturales de supuestos *maleficia* y sobre la melancolía de las personas que se confesaban brujas le ganaron una fama persistente de escéptico temprano, fue refutado eficazmente por otro médico, Thomas Erastus, mientras que un provenzal doctor en medicina, Jacques Fontaine de Maximin, demostró posteriormente ser aún más crédulo que Erastus [22]. Se ha sugerido incluso que los médicos, al no sentirse capaces de explicar el estallido de las enfermedades epidémicas, *provocaron* de hecho la brujomanía [23].

Sin embargo, los médicos lograron minar finalmente con éxito las creencias en las brujas [24]. En un ataque a las ideas populares sobre las brujas y las actividades de los encantadores, el doctor inglés Edward Jorden demostró que muchas de las enfermedades provocadas su-

---

[20] Easlea, *Witch-Hunting*, p. 23. Weyer elogió también la magia natural, aunque se opuso a la demoniaca. Cfr. L. Thorndike, *A History of Magic and Experimental Science* (Nueva York, 1941), VI, 516.
[21] Sobre las ideas médicas primitivas, cfr. Denis, *Toul*, pp. 13-15.
[22] Thorndike, *History of Magic*, VI, pp. 553-4; Monter, *European Witchcraft*, pp. 61-3. Sobre la credulidad de los médicos ingleses, cfr. G. Tourney, «The Physician and Witchcraft in Restoration England», en *Medical History*, 16 (1972), esp. pp. 153-5.
[23] Cfr. L. L. Estes, «The Medical Origins of the European Witch-Craze: A Hypothesis», en *Journal of Social History*, 17 (1984), pp. 270-84.
[24] Ver en J. Nemec, *Witchcraft and Medicine, 1484-1793* (Washington, 1974), pp. 4-5, una lista de médicos que criticaron las creencias en las brujas.

puestamente por brujería eran formas de lo que llamaríamos histeria, mientras que John Cotta atribuyó algunos de esos mismos síntomas a la epilepsia [25]. Hubo de transcurrir cierto tiempo hasta que una parte importante de los europeos cultos se convenciera de que todas las enfermedades se debían a causas naturales; los mismos Cotta y Jorden no deseaban excluir algunas dolencias sobrenaturales [26]. Y, puesto que perduraba cierto número de enfermedades no diagnosticadas, la tentación de atribuirlas a fuerzas sobrenaturales era muy fuerte. La creencia en la intervención de la brujería no se esfumó ni siquiera cuando los médicos lograron identificar las causas naturales de la enfermedad física y mental, pues era perfectamente plausible argumentar que el diablo actuaba *a través* de la naturaleza, en el mismo sentido en que los teólogos naturales lo afirmaban de Dios. En su mayoría, sin embargo, las elites instruidas acabaron por convencerse de que las enfermedades atribuidas a las brujas, el comportamiento manifestado por los poseídos por el demonio y las confesiones extravagantes de algunas brujas se debían a causas naturales y se producían sin intervención ni cooperación de espíritus o demonios. Aun cuando las causas reales de la enfermedad o de un comportamiento excepcional no fueran todavía conocidas, las personas se sentían optimistas y confiaban en que tales causas acabarían por descubrirse. En 1756 un médico húngaro podía afirmar que «en estos días los médicos dejan los asuntos sobrenaturales para el clero» [27].

Los cambios intelectuales que estamos describiendo —el aumento de la duda cartesiana, la difusión de la filosofía mecanicista y la convicción de que existían causas naturales para los fenómenos sobrenaturales— se dieron primeramente en los niveles altos de la sociedad europea. Hasta donde podemos saber, las creencias de las clases bajas acerca de las brujas cambiaron muy poco a finales del siglo XVII y en el siglo XVIII. Las elites las calificaron ahora de «superstición» y las trataron con desprecio, ilustrando así llamativamente lo que Peter Burke ha denominado el apartamiento de la élite frente a la cultura popular [28]. Como es natural, las ideas de las clases superiores se

---

[25] M. MacDonald, *Mystical Bedlam* (Cambridge, 1979), pp. 198-9. Ver también *Witchcraft and Hysteria in Elizabethan England*, ed. M. MacDonald (Londres, 1990).

[26] Sobre los intentos del cardenal Barberini por determinar si una enfermedad se debía a causas naturales o sobrenaturales, cfr. Ginzburg, *Night Battles*, pp. 125-6.

[27] Citado en Evans, *Habsburg Monarchy*, p. 405.

[28] P. Burke, *Popular Culture in Early Modern Europe* (Londres, 1978), pp. 270-81.

filtraron en parte hasta los niveles inferiores de la sociedad, como había ocurrido en los siglos XV y XVI, cuando las ideas cultas del pacto demoniaco y el aquelarre se habían transmitido a las personas no educadas a través de los sermones, la instrucción catequética y los mismos juicios contra las brujas. Es posible que los dos grupos de personas educadas o semieducadas con los que tenían contacto los miembros de las clases bajas —el clero y los médicos— consiguieran debilitar algunas de las creencias populares. El clero fue, quizá, capaz de convencer a sus feligreses de que Dios actuaba mediante procesos naturales y los demonios no amenazaban constantemente a las personas con daños físicos, mientras que los médicos pudieron haber logrado algún éxito al ayudar a sus pacientes a constatar que sus enfermedades no se debían a causas sobrenaturales, como siempre habían defendido los magos [29]. Sin embargo, sería precipitado dar por supuesto que estos dos grupos de profesionales cultos lograron cambiar con éxito considerable las actitudes populares. Es mucho más difícil infundir a la gente el escepticismo hacia lo sobrenatural que la credulidad, y la mayoría de los clérigos y médicos provincianos no tenían, probablemente, la suficiente confianza en sus opiniones escépticas basadas en la ciencia como para lanzar ningún tipo de asalto eficaz contra la credulidad y la superstición de las clases bajas [30]. La pervivencia de las creencias supersticiosas entre el campesinado puede, en realidad, haber contribuido de forma paradójica al triunfo del escepticismo entre las elites. Una de las tácticas empleadas por escépticos como Nicolás de Malebranche, Laurent Bordelon y Cyrano de Bergerac para conseguir apoyos para sus puntos de vista fue la de ridiculizar las creencias de los pastores y otros campesinos estúpidos que seguían afirmando que las brujas continuaban actuando en sus comunidades [31]. Hemos de señalar que las mismas tácticas de la ridiculización y la sátira serían utilizadas más tarde por William Hogarth y Francisco de Goya en las pinturas y grabados que realizaron sobre el tema de la brujería y la superstición. El efecto de esta ridiculización

---

[29] Delumeau, *Catholicism*, p. 174, mantiene que el miedo al diablo disminuyó a medida que las dos reformas fueron penetrando hasta el nivel parroquial a finales del siglo XVI.

[30] Sobre el éxito de un clérigo que recurría a la táctica del desinterés más que a la de la persuasión, cfr. J. Boswell, *Journal of a Tour to the Hebrides*, ed. R. W. Chapman (Oxford, 1970), p. 266.

[31] Monter, *European Witchcraft*, pp. 113-26; L. Bordelon, *L'Histoire des imaginations extravagantes de Monsieur Oufle* (París, 1710).

fue el de estimular a los miembros de las clases altas, incluso a quienes no habían recibido una buena educación, a declararse, al menos de boca, partidarios del nuevo escepticismo para confirmar así su superioridad sobre las clases bajas. Por decirlo con otras palabras, el escepticismo se puso de moda. Durante los últimos años del siglo XVII y primeros del XVIII, las barreras que separaban a las distintas clases sociales se elevaron aún más y las divisiones y conflictos de clase se agudizaron a lo largo de toda Europa. Los miembros de las clases terratenientes y medias, en especial quienes pertenecían a grupos en ascenso, hicieron todo cuanto pudieron para demostrar que no tenían nada en común con sus inferiores, a fin de poner entre ellos y el pueblo llano la mayor distancia posible. El conocimiento de los últimos descubrimientos científicos pudo haber sido uno de los medios de determinar las credenciales sociales e intelectuales de la persona, pero el escepticismo hacia la brujería fue mucho más efectivo en este sentido, pues suponía la expresión de un menosprecio claro hacia las clases bajas. La decadencia de las creencias sobre las brujas entre las clases altas y medias tuvo probablemente mucho más que ver con el esnobismo social que con el desarrollo de nuevas ideas científicas y filosóficas.

El nuevo clima religioso

Ya hemos visto cómo la Reforma sirvió, por un lado, para intensificar la caza de brujas en Europa, mientras que, por otro, sembró las semillas de su decadencia. Hemos visto también cómo la idea protestante de la soberanía de Dios actuó en contra de la posibilidad misma del *maleficium*, cómo la cristianización de la población debilitó la creencia en la magia, cómo la interpretación literal de la Biblia condujo al reconocimiento de la impotencia del diablo y cómo los conflictos entre católicos y protestantes en lo referente al exorcismo llevaron a muchas personas a dudar de la realidad de la posesión demoniaca, el diablo y la brujería. Mientras cada una de estas realidades religiosas por separado contribuía de alguna manera a la finalización de la gran caza de brujas, el factor religioso más importante en el declive de la persecución judicial de la brujería fue el cambio producido en el clima religioso a finales del siglo XVII. Aunque sería engañoso afirmar que, en esa época, Europa en conjunto se había hecho más tolerante en materia religiosa [32], contamos con abundantes pruebas que demuestran que el celo y el entusiasmo religioso menguaron en Europa a partir de 1650. La ilustración más clara de este hecho fue el ocaso de las guerras de religión tras la Paz de Westfalia de 1648. A partir de ese momento, los conflictos internacionales estuvieron mucho más ligados al interés nacional y al engrandecimiento dinástico que a la ideología religiosa. En el plano nacional se puede observar la misma tendencia respecto al origen de las agitaciones internas: desde 1650 hubo en Europa pocas guerras de religión. En teología, la reacción ante el entusiasmo y el celo es evidente en la insistencia sobre la racionalidad de la religión [33], en tanto que el signo más general del nuevo clima fue la desconfianza en las personas que afirmaban estar inspiradas directamente por la divinidad o dirigidas por ella [34]. Todos estos hechos dan a entender que la época de la Reforma, marcada por una expresión intensa de celo religioso, por las guerras confesionales, por una preferencia por lo emocional sobre lo racional y por la presencia de santos o fanáticos de inspiración ideológica iba acercándose gradualmente a su fin y amanecía un tiempo más secular y racional.

La decadencia del entusiasmo religioso tuvo varios efectos importantes sobre el fenómeno de la caza de brujas. Entre los teólogos, el deseo de adaptar la religión a la filosofía y la ciencia llevó, según hemos visto, a hombres de iglesia como los latitudinarios ingleses a aceptar la filosofía mecanicista y otras cosmologías en las que Satanás disponía de escaso poder. La desconfianza creciente en individuos que afirmaban tener contacto directo con el mundo de los espíritus suscitó el escepticismo hacia la posesión demoniaca, lo cual llevó a su vez a la gente a poner en duda la realidad de la brujería, considerada tan a menudo como su causa. Pero el efecto más importante de las nuevas actitudes religiosas fue el debilitamiento, entre los cristianos temerosos de Dios, de la decisión de purificar el mundo llevando las brujas a la hoguera. Es cierto, desde luego, que no todas las persecuciones judiciales de la brujería necesitaban del celo o el entusiasmo religioso para sostenerse, sobre todo las que se basaban en la su-

---

[32] Ver Drummond y Bullock, *Scottish Church 1688-1843* (Edimburgo, 1973), cap. I.
[33] G. Cragg, *From Puritanism to the Age of Reason* (Cambridge, 1960).
[34] Ver Heyd, «The Reaction to Enthusiasm in the Seventeenth Century: Towards an Integrative Approach», en *Journal of Modern History*, 53 (1981), pp. 258-80.

puesta práctica de *maleficia*. Pero muchos juicios y cazas de brujas se inspiraron en la determinación mostrada por los magistrados, el clero y toda la comunidad de purificar el mundo entablando una guerra contra los aliados de Satanás. Al decaer este tipo de militancia y milenarismo, también decayeron los procesamientos por brujería fomentados por aquellos factores.

Cambio social y económico

El efecto del cambio social y económico sobre el declive de los procesamientos por brujería es un asunto extremadamente problemático. Una parte del problema reside en que las condiciones sociales y económicas influyeron más en el origen de las sospechas y acusaciones de brujería que en los procesos mismos y es difícil, cuando no imposible, determinar si tales acusaciones disminuyeron o si, sencillamente, las autoridades judiciales se negaron a emprender acciones fundándose en ellas. La otra parte del problema es que, aunque pudiera demostrarse que las acusaciones de brujería decayeron en número a finales del siglo XVII y principios del XVIII, sería difícil identificar los cambios sociales y económicos que hicieron a campesinos y ciudadanos sentirse más seguros y menos vulnerables ante los actos maléficos de sus vecinos. En otras palabras, el efecto del cambio social y económico sobre la decadencia de la brujería es en gran medida un asunto especulativo. No obstante, el hecho de que ciertas condiciones sociales y económicas influyeran notablemente en el aumento de los procesamientos por brujería hace pensar que, de manera correspondiente, algunos factores de esa naturaleza pudieron haber tenido algo que ver con su decadencia.

Son tres las distintas maneras en que el cambio socioeconómico pudo haber contribuido a poner fin a la gran caza de brujas. La primera es que una mejoría general en las condiciones de vida a finales del siglo XVII y comienzos del XVIII redujo, quizá, en los pueblos parte de las tensiones locales subyacentes a los procesos por brujería. Durante los últimos años de la gran caza de brujas, la situación económica de la mayoría de los europeos fue mejor de lo que lo había sido en su momento álgido. La revolución de los precios se estabilizó, los salarios dejaron de caer y en algunos países subieron de hecho, la población se redujo ligeramente para crecer a continuación a ritmo constante y las condiciones climáticas mejoraron. Estos cambios hicieron la vida, tal vez, un poco más confortable para las clases bajas, pero es improbable que pudieran haber reducido significativamente o eliminado las tensiones sociales específicas que provocaron las acusaciones de brujería. A lo largo del siglo XVIII hubo en las comunidades campesinas un número más que suficiente de conflictos por razones económicas, y la pobreza y el hambre, además de las desgracias de la vida cotidiana, bastaron, sin duda, para dar pábulo a frecuentes e intensas cazas de brujas.

Una segunda posibilidad es que los campesinos, aun contando con motivos pertinentes para denunciar a sus vecinas por brujería, dejaran de hacerlo porque las brujas no representaban el mismo tipo de amenaza que en el pasado. Este razonamiento podría estar bastante fundamentado. Keith Thomas ha demostrado, por ejemplo, que la aplicación plena del sistema de la Ley de Pobres en Inglaterra a finales del siglo XVII eliminó parte de la culpa sentida por los campesinos cuando se negaban a practicar la caridad. En tales circunstancias tenían menos razones para buscar alivio a esa culpa acusando de brujería a personas pobres [35]. En un sentido más general, había menos razones para acusar de brujería a mujeres solitarias y aisladas, al haberse convertido en figuras más familiares en los pueblos y ciudades de la Europa moderna. En vez de considerarlas con suspicacia y temor, la gente preferiría ignorarlas. Por otra parte, a medida que fue creciendo el tamaño de las grandes y pequeñas ciudades de la Europa moderna, perdieron su carácter de sociedades íntimas y de conocimiento directo dejando de ser el tipo de comunidades en que se originó la mayor parte de las acusaciones de brujería.

Hay un tercer posible efecto del cambio social y económico sobre la decadencia de la brujería, más indirecto pero, quizá, de mayor importancia que los otros dos. Según hemos visto, los enormes trastornos económicos y sociales de la Edad Moderna, sumados a la inestabilidad política y religiosa de la época, provocaron un estado de ánimo de pesimismo y profunda ansiedad que afectó a todas las clases sociales y llevó a campesinos y magistrados, en tanto que individuos y miembros de sus comunidades, a identificar, acusar y perseguir judicialmente a las brujas con el fin de aliviar esa ansiedad. Así pues, las brujas sirvieron de chivos expiatorios no sólo por las des-

---

[35] Thomas, *Religion and the Decline of Magic*, pp. 581-2.

gracias cotidianas de la vida campesina sino por los males más generales de la sociedad, en un momento de cambios rápidos y fundamentales. A finales del siglo XVII dejaron ya de darse muchas de las condiciones que habían generado todas estas inquietudes y ansiedades. No sólo se redujo la inflación y se produjo una mejoría general en las condiciones de vida, sino que la gran pandemia de la peste, que había tenido efectos tan devastadores sobre la vida europea durante los últimos 300 años, comenzó a extinguirse y no reapareció hasta finales del siglo XIX. Al mismo tiempo, la agitación religiosa del periodo de la Reforma se calmó y la pasmosa serie de rebeliones y revoluciones que se habían producido a finales de los siglos XVI y XVII concluyeron para 1660. Las mismas guerras internacionales, que habían quebrantado la sociedad europea durante el periodo de la caza de brujas, tuvieron efectos algo menos traumáticos sobre ella a partir de 1660 [36]. Los países de Europa no abandonaron su actividad bélica, pero en 1700 habían acabado virtualmente con la práctica de saquear ciudades y pueblos [37]. El resultado neto de todo ello fue que, a partir de 1660, Europa entró progresivamente en un periodo de estabilidad social, política, económica y religiosa, un periodo durante el cual los Estados absolutistas europeos y las aristocracias dominantes en su seno descubrieron los medios de mantener un mundo más estable. En esta situación, individuos y comunidades tuvieron menos razones para fustigar a sus convecinos inermes para aliviar así sus propios miedos en general, y menos aún para emprender cazas de brujas masivas con el fin de erradicar una horda imaginaria de adoradores del diablo que amenazarían con subvertir el mundo entero y el orden social.

Pervivencia y resurgimiento de la brujería

El declive de los procesos por brujería fue un hecho gradual. En la mayoría de los países, una fase de intensa persecución dio paso primero a un periodo de enjuiciamientos ocasionales y pequeñas cazas esporádicas, seguidas por el cese de ejecuciones y juicios. En

---

[36] Ver J. Childs, *Armies and Warfare in Europe, 1648-1789* (Nueva York, 1982), p. 2.
[37] T. Rabb, *The Struggle for Stability in Early Modern Europe* (Nueva York, 1975), p. 122.

Francia, por ejemplo, la decadencia de los procesamientos comenzó en la década de 1620 en la zona sometida a la jurisdicción del *parlement* de París, pero no fue tan evidente en otras partes del país hasta el edicto de Luis XIV, en 1682 [38]. Sin embargo, aún entonces, hubo juicios ocasionales, sobre todo por adivinación y ligadura, hasta la última ejecución, ocurrida en 1745. En Inglaterra, donde la única gran caza de brujas concluyó en 1646, siguieron produciéndose juicios y ejecuciones aisladas hasta 1682. A partir de esta fecha, hubo sólo unos pocos juicios dispersos, algunos de los cuales concluyeron en condenas pero no en ejecuciones, hasta que la ley de brujería de 1604 fue derogada finalmente por el parlamento en 1736. En Escocia, donde la caza de brujas había sido más intensa que en Inglaterra, el declive comenzó algo más tarde, tras la gran caza de 1661-62, y la última ejecución se produjo en 1722. La finalización de la caza de brujas se retrasó aún más en los territorios germánicos. Aunque nunca llegaron a repetir las matanzas masivas de las décadas de 1620 y 1630, muchos Estados alemanes ejecutaron a un considerable número de brujas hasta bien entrado el siglo XVIII. El rey Federico Guillermo I hizo en 1714 que disminuyera la cifra de juicios en Prusia, pero el último de ellos tuvo lugar en 1728. En Würzburg la última sentencia capital se aplicó en 1749, en Württemberg en 1751, y en la totalidad de Alemania en 1775, en Kempten. Resulta un tanto sorprendente que tanto en España como en la América española y portuguesa hubiera algunos procesos por brujería a finales del siglo XVIII, aunque ninguno de ellos acabó en ejecuciones [39]. En 1763 hubo un proceso aislado en Suecia y, más tarde aún, una ejecución —la última legal realizada en Europa— en Glaris, Suiza, en 1782. En 1793 fueron ejecutadas por brujería dos mujeres en la ciudad polaca de Poznam (adquirida recientemente por Prusia), pero el incidente no quedó documentado en las actas oficiales y parece haber sido ilegal [40].

A finales del siglo XVIII, la gran caza de brujas europea, que había alcanzado su punto de mayor intensidad en los años finales del siglo

---

[38] Soman, «Decriminalizing Witchcraft: Does the French Experience Furnish a European Model?», en *Criminal Justice History*, 10 (1989), p. 7. La última ejecución legal en la jurisdicción de París se llevó a cabo en 1625.

[39] Monter, *Ritual, Myth and Magic*, pp. 101-4; A. Metcalf, «Families of Planters, Peasants and Slaves: Strategies for Survival in Santana de Parnaiba, Brazil, 1720-1820» (Univ. de Texas, tesis doctoral de Filosofía, 1983), pp. 90-1.

[40] Sebald, *Witchcraft*, p. 49; Soldan y Heppe, *Geschichte*, II, 332.

XVI y los primeros del XVII, era cosa del pasado. La caza, como hemos visto en el capítulo I, fue un fenómeno ligado a su tiempo y no recurrente o eterno. No obstante, ciertos componentes de ese fenómeno han pervivido o han aparecido de forma reiterada desde el siglo XVIII, dando así a las generaciones posteriores una visión de la gran caza a través del prisma contemporáneo. Uno de los ingredientes más perdurable y extendido ha sido la persistencia de las creencias populares sobre brujería. Estas creencias no fueron nunca tan extremas como las de las elites instruidas, pero, al basarse en el miedo a los *maleficia*, resultaron mucho más duraderas. A mediados del siglo XIX el obispo de Orleáns informaba de que la creencia en la brujería y la confianza en los adivinos estaba más extendida que nunca en las zonas rurales [41], mientras que en el siglo XX las creencias populares sobre las brujas, muchas de las cuales hunden sus raíces en la antigüedad, florecían todavía entre los habitantes ancianos de la Franconia suiza [42].

Basándose en las creencias populares sobre las brujas, las comunidades locales han emprendido a veces acciones ilegales contra personas que les parecían sospechosas de brujería. En 1722, por ejemplo, algunos campesinos de Gronning, Dinamarca, quemaron viva a una bruja mucho después del cese de las ejecuciones legales [43]. Un episodio similar se produjo en 1751 en Tring, Hertfordshire (Inglaterra), cuando el dueño de una taberna incitó a un grupo de personas a que irrumpieran en un asilo y prendiesen a una pobre vieja, Ruth Osborne, y su marido, sospechosos ambos de brujería. Como muchas brujas inglesas de los siglos XVI y XVII, Ruth Osborne había pedido en cierta ocasión al tabernero un poco de leche, pero él se la había negado. Tras desnudar al matrimonio Osborne y atarles las manos a los pies, la multitud los arrojó a un río próximo y los sometió a la prueba de flotamiento, ordalía que concluyó con la muerte de Ruth Osborne. Tres hombres acabaron ante los tribunales por su asesinato y uno de ellos, Thomas Colley, fue declarado culpable y ejecutado [44].

Incidentes similares al de los Osborne, en que algunos individuos o grupos de gente atacaban a otros hombres y mujeres a quienes consideraban sospechosos de practicar la magia nociva, se han

---

[41] Garrett, «Witches and Cunning Folk», p. 57.
[42] Ver Sebald, *Witchcraft*, passim.
[43] Henningsen, «Witchcraft in Denmark», en *Folklore*, 93 (1982), p. 133.
[44] W. B. Carnochan, «Witch-Hunting and Belief in 1751: The Case of Thomas Colley and Ruth Osborne», en *Journal of Social History*, 4 (1970-71), pp. 388-403.

dado de vez en cuando desde el siglo XVIII, incluso en el pasado reciente [45]. En 1894, en Clonmel, Tipperary, el marido, parientes y amigos de una joven, Bridget Cleary, la golpearon y quemaron hasta matarla, al sospechar que la auténtica Bridget había sido arrebatada por las hadas y una bruja la había sustituido [46]. Aún recuerda más las cazas de brujas de los siglos XVI y XVII la agresión a Elizabeth Hahn en un pequeño pueblo alemán en 1976. Hahn era una anciana soltera y pobre a la que muchos hacían sospechosa de ser bruja y alojar espíritus familiares en forma de perros. Sus vecinos la evitaban, le lanzaban piedras, amenazaron con apalearla hasta la muerte y finalmente prendieron fuego a su casa, produciéndole quemaduras graves y matando a todos sus animales porque creían que lanzaba embrujos contra ellos [47]. Un año después, en un pueblo próximo a Alençon, Francia, dos hermanos fueron juzgados por haber asesinado a una hechicera del lugar que tenía una cabaña llena de pócimas mágicas y era conocida por arrojar sal a los huertos [48]. En 1981, un grupo de mejicanos lapidó a una mujer hasta matarla después de que su marido la hubiera acusado de utilizar la brujería para provocar el atentado contra la vida del papa Juan Pablo II [49].

Todos estos incidentes recuerdan de una u otra manera la creencia en las brujas y el miedo a ellas, características tan comunes en la vida de la Europa moderna. Las principales diferencias entre estos episodios y los procesamientos por brujería del pasado es que las autoridades judiciales de las comunidades donde se produjeron tales incidentes no participaron en la agresión contra las personas sospechosas de brujería y procesaron, en cambio, a sus atacantes. La caza de brujas en la Europa contemporánea ha pasado a ser, en otras palabras, una forma de justicia popular y parapolicial que los magistrados han intentado controlar y prohibir. Si queremos encontrar paralelismos entre la caza legal de brujas en el pasado y otras formas similares de persecución judicial en la actualidad, hemos de examinar la manera en que los gobiernos contemporáneos han sometido a los disiden-

---

[45] Sebald, *Witchcraft*, p. 52, n. 42, sobre un incidente ocurrido en Francia en 1818.
[46] P. Byrne, *Witchcraft in Ireland* (Cork, 1975), pp. 56-68.
[47] Sebald, *Witchcraft*, p. 223.
[48] Agencia France-Presse, 13 de mayo, 1977. El caso se analiza en Henningsen, *Witches' Advocate*, p. 18.
[49] Newsweek, 25 de mayo, 1981, p. 33.

tes políticos y los inconformistas sociales a un sistema de terror judicial. Las víctimas de estas campañas no son ya brujas; el aumento del escepticismo entre las clases administrativas de la sociedad ha conseguido que no se reproduzca la caza de brujas en el sentido pleno de la palabra. Pero los procedimientos judiciales utilizados en otros tiempos contra las brujas se han revitalizado. En los procesos contra estas 'brujas' modernas, las autoridades han violado muchas garantías tradicionales de libertad civil y empleado diversas tácticas judiciales para hostigar, procesar, condenar y penalizar a un grupo de personas convertido en objeto de un temor extendido.

Las tácticas judiciales que mejor recuerdan las empleadas durante la caza de brujas europea son las utilizadas por numerosos gobiernos de todo el mundo contra los presos políticos y militares. En muchos países, estas tácticas incluyen el uso de la tortura —a veces mediante la garrucha u otros métodos probados anteriormente— con el fin de obtener confesiones y nombres de cómplices [50]. Uno de los aspectos más tristes y terribles de la historia del siglo XX ha sido, sin duda, la revitalización y el empleo creciente de la tortura judicial. En el episodio de la historia reciente comparado más a menudo con las cazas de brujas de la Europa moderna no se recurrió, sin embargo, a la tortura. El interrogatorio de cientos de ciudadanos norteamericanos por comités del Congreso a principios de la década de 1950, encaminado al descubrimiento de la presencia de comunistas en el gobierno, las fuerzas armadas y la industria del espectáculo, se ha descrito con frecuencia como una caza de brujas. De hecho, una de las víctimas de esta caza, Arthur Miller, escribió una obra de teatro, *The Crucible*, cuya finalidad era la de ilustrar las semejanzas entre las audiencias de estos comités y la caza de brujas ocurrida en Salem en 1692.

Entre estos dos episodios hubo muchos puntos de comparación. En ambos casos, individuos que ocupaban puestos destacados en política se distinguieron como cazadores de brujas y fiscales; la amenaza se consideraba interna y externa, y el estereotipo de bruja/comunista se vino abajo a medida que progresó la caza de brujas, sobre todo después de que se implicara a oficiales del ejército, fomentando así las actitudes de escepticismo. Pero, el mayor parecido entre las dos cazas se dio en el ámbito del procedimiento criminal. Así como en

---

[50] *The Observer*, 15 de junio 1980.

Salem se instituyó un tribunal especial para conocer las causas de brujería, así también se establecieron dos comités especiales del congreso (el House Un-American Activities Committee y el Senate Permanent Investigations Committee), con poderes especiales de apercibi miento e interrogatorio de los que carecían los tribunales normales, a fin de hacer frente a la amenaza comunista. Los procedimientos legales de la década de 1950 se basaron ampliamente, como los de 1692, en la suposición de culpabilidad, hasta el punto que el senador Hubert Humphrey afirmó que los comités «estaban poniendo cabeza abajo la jurisprudencia anglosajona». En ambos casos los fiscales recurrieron a preguntas capciosas en los interrogatorios de los testigos y, lo que es más importante, se ejercieron enormes presiones sobre ellos para que revelaran los nombres de cómplices o correligionarios. Esta presión para obtener nombres (sin tortura, pero no sin otras formas de coerción) fue lo que preocupó más profundamente a Miller y muchas otras víctimas de la caza de comunistas, como Lillian Hellman. También fue este rasgo de la caza el que evocó con mayor vi veza el terrible recuerdo de la reacción en cadena de la caza de brujas [51].

El trato ilegal dado a las personas acusadas de brujería por grupos tumultuosos o parapolicías y el hostigamiento y procesamiento legales de los sustitutos de las brujas por magistrados y políticos investidos de autoridad nos recuerda que, aunque la caza de brujas europea concluyó hace más de 200 años, algunas de sus características reaparecen de vez en cuando. También nos lo recuerda, aunque de manera muy diferente, la observación de la práctica de la magia y la brujería en el mundo contemporáneo. Desde el final de la Segunda Guerra Mundial y, sobre todo, a partir de los últimos años de la década de 1960, ha aumentado significativamente el número de practicantes de la brujería, sobre todo en Gran Bretaña y Norteamérica. Aunque es difícil obtener cifras, se han calculado en más de 200.000 los brujos y brujas norteamericanas y en unas 100.000 las británicas. No entra en los objetivos de este libro describir las diferentes prácticas de las brujas contemporáneas, analizar la composición de las múltiples corrientes de la brujería o especular sobre las razones del

---

[51] L. Hellman, *Scoundrel Time* (Boston, 1976); A. R. Cardoza, «A Modern American Witch-Craze», en *Witchcraft and Sorcery*, ed. M. Marwick (Londres, 1970), pp. 369-77.

reavivamiento del interés por ella y por lo oculto en nuestro tiempo [52]. Mi único propósito es determinar si la práctica contemporánea de la brujería es de alguna manera una revitalización o una continuación de prácticas pasadas y si las brujas actuales tienen algo en común con las personas a quienes se acusó y procesó en los siglos XVI y XVII. Si nos servimos de las definiciones contemporáneas de brujería como base de comparación, parece existir cierto fondo común entre ellas. Las brujas actuales pueden definirse en sentido amplio como personas que practican la magia y rinden culto a dioses paganos o, en los casos de satanismo, al demonio cristiano. Durante la Edad Moderna, muchos contemporáneos podrían haber aceptado sin problemas una definición similar de brujería, aunque la magia practicada por las brujas se consideraba principalmente maligna y se creía que el objeto de su veneración era siempre el diablo. No obstante, en ambos periodos, esas personas podían definirse como magos que habían renegado de la fe cristiana.

Aunque las brujas del siglo XX se pueden definir de manera muy similar a las de los siglos XVI y XVII, el resto de semejanzas existentes entre los dos grupos es muy escaso. Algunas brujas modernas, en especial las seguidoras de Gerald Gardner, pretenden que las brujas de la Edad Moderna practicaban en realidad, como ellas mismas, una antigua religión de fertilidad, denominada con el término del inglés antiguo *wicca*, 'bruja', y no eran adoradoras del diablo, como pretendían las autoridades. Esta aseveración se basa en buena medida en la obra académica de Margaret Murray y han perdido, por tanto, credibilidad cuando las tesis de Murray han quedado desautorizadas por sus críticos. No sólo no existen pruebas no falseadas de que las brujas adoraran en realidad dioses paganos, sino que tampoco hay datos sólidos de que las brujas mantuvieran, como sus modernas descendientes, reuniones colectivas con algún objeto, fuera el que fuese. En la medida en que la brujería moderna aparece organizada en agrupaciones menores o incluso en organizaciones locales y regionales es cualitativamente diferente de la practicada realmente en el pasado (por oposición a la que se creía que se practicaba de hecho).

Al margen de la falta de organización entre las brujas europeas de la Edad Moderna, hay diferencias aún más fundamentales entre

---

[52] Ver M. Adler, *Drawing Down the Moon* (Nueva York, 1979), expone una visión general de la brujería moderna en Norteamérica.

ellas y sus equivalentes contemporáneas. Las brujas de los siglos XVI y XVII eran calificadas de tales por otras personas: *se llamaba* bruja a alguien, aunque practicara en realidad cierto grado de magia. Sin embargo, en el siglo XX, las brujas se han definido como tales a sí mismas, quizá con reticencias pero no sin cierta dosis de orgullo. Una vez que la brujería pasó a ser una actividad autodefinida y no designada por los demás, perdió también su carácter maléfico. Las brujas europeas de la Edad Moderna fueron consideradas seres esencialmente malignos, mientras que las contemporáneas se declaran fundamentalmente benéficas y han instituido incluso una liga antidifamación para contrarrestar la imagen negativa heredada del pasado. Las brujas modernas insisten en que la magia que practican es siempre buena, mientras que las artes de la bruja de la Edad Moderna, aunque se ejercieran con buenas intenciones o no se ejercieran en absoluto, aparecían ante la sociedad como la quintaesencia del mal.

En este contexto merece la pena señalar que los satanistas contemporáneos, como Anton LaVey, hacen exhibición de su carácter maligno, pero, si nos guiamos por la *Satanic Bible* de LaVey, se consideran malignos sólo según criterios cristianos tradicionales. LaVey propone una ética no cristiana, hedonista, pero no obstante no agresiva, que ni él ni ningún observador objetivo podrían calificar de maligna [53]. Existen, por supuesto, unos pocos «satanistas» que han llamado la atención por haber dado muerte a animales y, en algunos casos, a seres humanos, pero estas personas no encarnan al satanista tipo ni mucho menos al amplio movimiento de la brujería y se habrían de considerar más bien criminales o sádicos que brujos o brujas. Otro grupo de individuos considerados satanistas malignos son los que participan supuestamente en «perversiones rituales satánicas». Sin embargo, no está clara la existencia real de tales cultos o si, al igual que los pequeños grupos de brujas de los siglos XVI y XVII, son una creación de otras personas, sobre todo de la imaginación infantil [54].

Aparte de la supuesta malignidad de los satanistas contemporáneos y de las fantasías imaginadas sobre ellos por otras personas, hay pocas semejanzas entre las brujas de los siglos XVI y XVII y las modernas. La misma condición social de ambos grupos es diferente. Las

---

[53] A. S. LaVey, *The Satanic Bible* (Nueva York, 1969), pp. 46-54.
[54] Ver J. S. Victor, *Satanic Panic: The Creation of a Contemporary Legend* (Perú, Ill., 1993); L. Wright, «Remembering Satan», en *New Yorker*, 17 de mayo, 1993, pp. 60-81; mayo 24, 1993, 54-76.

brujas de la Edad Moderna procedían, como hemos visto, casi exclusivamente de los niveles inferiores de la sociedad, mientras que las brujas actuales norteamericanas y europeas proceden de todas las clases sociales y en particular de las que han recibido educación universitaria. Como ha señalado un observador norteamericano, «se trata de personas con buena educación y de clase media, con hermosas casas y grados de doctorado, personas que podrían calificarse de desclasados culturales y que desarrollan una gran actividad en este campo» [55]. Y, desde luego, la diferencia más fundamental entre ambos grupos de brujas es que las contemporáneas practican realmente diversas actividades mágicas y religiosas —organizadas o no—, mientras que las de la Edad Moderna no hacían la mayoría de las cosas de que se las acusaba, aunque ocasionalmente realizaran algunos actos de magia blanca y, posiblemente, incluso de magia negra.

Si dejamos la sociedad europea y norteamericana, teconológicamente avanzada, y observamos culturas menos desarrolladas o incluso primitivas del mundo actual, encontramos otra versión de la brujería que puede compararse con la de la Edad Moderna. Se ha realizado un gran trabajo antropológico sobre la brujería africana y de los nativos americanos, trabajo que los historiadores han utilizado de forma a la vez imaginativa y productiva durante las dos últimas décadas para investigar los medios sociales en que surgieron las acusaciones de brujería y estudiar las fuentes de las creencias en las brujas. Dado que la brujería africana es una actividad definida desde fuera, basada únicamente en una práctica limitada, sirve mejor como pauta de comparación con la brujería histórica europea que las prácticas de los magos rituales y neopaganos de Europa occidental y Norteamérica que se definen a sí mismos como tales. Los historiadores que han estudiado las creencias en las brujas y las acusaciones de brujería en grupos como los Azande han hallado semejanzas sorprendentes entre las funciones que cumplían tales acusaciones en estas sociedades y las que tenían en los pueblos europeos. También han descubierto que muchas de las estructuras sociales que sustentan la creencia en la brujería y fomentan ciertas pautas de acusación en los pueblos africanos tienen paralelos en las comunidades europeas de la

---

[55] *New York Times*, 15 de noviembre, 1973. Un antropólogo que realizó un trabajo de campo entre brujas de Londres llegó a la conclusión de que eran en general blancas, de clase media e intelectuales. T. M. Luhrmann, *Persuasions of the Witch's Craft* (Cambridge, Mass., 1989).

Edad Moderna. Estas semejanzas, que han enriquecido notablemente nuestra comprensión de las acusaciones de brujería en la Europa moderna, tienen no obstante sus limitaciones. Para empezar, se refieren mucho más a la magia que al demonismo. La brujería de la Europa moderna adquirió su carácter distintivo por la imposición desde fuera de una demonología bastante compleja sobre un cuerpo de creencias campesinas referentes a la magia y el *maleficium*. Esta demonología no tiene equivalente en las culturas primitivas y por eso mismo no se sostienen las comparaciones entre la brujería primitiva y la de la Europa moderna. No es extraño que los trabajos de los antropólogos sobre brujería se hayan aplicado más satisfactoriamente al estudio de la brujería en Inglaterra, donde el delito se definió más bien por su carácter mágico y menos en términos de demonismo que en otros lugares de Europa [56].

Una segunda diferencia entre la brujería primitiva y la brujería europea histórica es que muchas de las creencias y acusaciones fantásticas asociadas con el aquelarre en Europa no se dan en las culturas primitivas. Su ausencia en las culturas paganas no es sorprendente, pues la mayoría de estas creencias hundían sus raíces en la demonología cristiana. Ahora bien, es cierto que en algunas culturas primitivas existen creencias relativas a las brujas llamativamente similares a las europeas por lo que se refiere al aquelarre. En varias tribus africanas, sobre todo entre los dinka del sur del Sudán y los lugbara de Uganda occidental, hay no sólo creencias relativas a las brujas diurnas o simples hechiceras sino también otro conjunto de creencias referentes a las brujas nocturnas. Las brujas nocturnas, a diferencia de sus equivalentes diurnas, más convencionales, poseen la facultad de convertirse en animales que pueden caminar cabeza abajo, reunirse de noche y banquetear comiendo cadáveres, bailar desnudas y salir de noche en espíritu y asaltar a las personas, provocando daños indiscriminados en las cosechas y esterilidad en las mujeres. La preponderancia de tales ideas en una sociedad no cristiana sin influencias de la teología occidental hasta fechas recientes sugiere que cualquier sociedad es capaz de idear la fantasía de la existencia de personas que subvierten todas las normas sociales y morales y participan en actividades como el infanticidio caníbal. En este sentido, la imagen europea del aquelarre es simplemente una versión de una pe-

---

[56] Ver A. Macfarlane, *Witchcraft in Tudor and Stuart England*.

sadilla universal que obsesiona a la gente siempre que parece peligrar el orden social. Es importante señalar, no obstante, que aunque los dinka y los ugbara pueden identificar y contrarrestar las actividades de las brujas diurnas, no logran identificar concretamente y emprender acciones contra las brujas nocturnas. Además, cuando se menciona a las brujas diurnas, nunca se hace con la intención de atribuirles actividades de las nocturnas. En otras palabras, las brujas nocturnas existen sólo en la imaginación de esos pueblos [57].

La incapacidad de estas sociedades africanas para identificar y emprender acciones contra las brujas nocturnas nos lleva a la diferencia particular más importante, quizá, entre la brujería europea de la Edad Moderna y la de las culturas primitivas contemporáneas. La sociedad europea, a diferencia de las sociedades primitivas africanas, desarrolló sistemas de procedimiento legal con capacidad para descubrir y procesar a grandes cantidades de individuos por delitos de pensamiento o actividades que jamás tuvieron lugar. Las sociedades africanas desarrollaron, sin duda, medios para combatir la brujería y en el siglo XX han emprendido realmente grandes cazas de brujas, curiosamente sin el apoyo oficial del gobierno. Pero nunca han logrado establecer una maquinaria legal capaz de sustentar el tipo de persecución judicial sistemático, letal y eficaz que se dio en la Europa moderna. Esta maquinaria legal no se completó en Europa hasta que el Estado moderno hubo alcanzado ya una fase bastante avanzada de desarrollo, antes de que los dirigentes de esos Estados adoptaran una actitud escéptica y secularizada. En el momento de la formación de los Estados modernos en África, la clase dirigente era lo bastante escéptica en asuntos de brujería —en parte a consecuencia de la influencia intelectual europea— como para no dedicar el poder judicial del Estado al descubrimiento y persecución judicial de las supuestas brujas. Como ocurrió en la sociedad europea desde mediados del siglo XVIII, las represalias contra las brujas y su castigo fueron acciones locales, populares y técnicamente ilegales (por lo que se refiere a la intervención del Estado).

Estas diferencias entre el entorno legal de la Europa moderna y el de las comunidades primitivas africanas, así como el reavivamiento de la caza de brujas contra sus sustitutos del siglo XX, subrayan la importancia de los procedimientos legales en la caza de brujas europea.

---

[57] Ver Mair, *Witchcraft* pp. 36-42.

Las razones que explican por qué se produjo esa caza son muchas y variadas, como se ha argumentado en este libro, pero la caza fue esencialmente una actuación judicial y como tal no pudo haberse producido sin el desarrollo de los poderes legales de la Iglesia y el Estado, la introducción del procedimiento inquisitorio y el desarrollo de la tortura y otras formas de coerción judicial. También es verdad que la caza no pudo haber ocurrido si el concepto acumulativo de brujería no se hubiera formado en aquellas fechas. Este libro ha mostrado que la fusión de varias creencias sobre brujería a finales del siglo XV y el simultáneo desarrollo de los procedimientos legales constituyeron las dos condiciones previas esenciales de la caza de brujas y explican más que ningún otro factor por qué la caza se produjo en ese preciso periodo. Naturalmente, estas dos condiciones previas estuvieron íntimamente vinculadas, pues las diversas ideas acerca de las brujas sólo pudieron fusionarse gracias al desarrollo de procedimientos legales nuevos. El concepto acumulativo de brujería no adquirió la legitimidad que necesitaba para obtener aceptación hasta que los inquisidores pudieron ejercer coerción sobre los individuos para que confesaran sus fantasías.

Si la adopción de procedimientos legales resultó ser de importancia tan fundamental en el origen de la gran caza de brujas, su supresión tuvo una importancia no menor en su decadencia. Tal como hemos visto en este capítulo, el verdadero punto crucial de la gran caza se situó en el momento en que magistrados y jueces llegaron a la conclusión de que los procedimientos judiciales habían tenido como consecuencia la ejecución de seres humanos inocentes y tomaron, por tanto, medidas para impedir que volviera a producirse ese tipo de errores judiciales. Simultáneamente, un escepticismo filosófico y religioso más fundamental cuestionó el sistema mismo de creencias sobre el que se basaba la gran caza de brujas; pero merece la pena señalar, para concluir, que la decadencia de la caza de brujas en Europa fue más bien obra de juristas, jueces y magistrados que de teólogos o filósofos. Y, una vez que la persecución judicial de las brujas hubo menguado hasta reducirse a procesamientos ocasionales por *maleficium*, lo que puso fin a la caza de brujas en Europa fue un conjunto de leyes y decretos legislativos que cerraron así uno de los capítulos más tristes de la historia legal de Occidente.

NOTA BIBLIOGRÁFICA

La bibliografía sobre la brujería en Europa es inmensa y continúa aumentando a ritmo acelerado. Esta breve nota pretende llamar la atención sobre algunas obras, en especial las escritas en lengua inglesa, que el lector podría desear consultar para ampliar su estudio.

Bibliografías

No existe una bibliografía general sobre el tema, pero H. C. Erik Midelfort ha recogido 509 títulos en «Recent Witch-Hunting Research, or Where Do We Go from Here?», en: *Papers of the Bibliographical Society of America*, 62 (1968), pp. 373-420, y ha incluido nuevas entradas en «Witchcraft, Magic and the Occult», en: *Reformation Europe: A Guide to Research*, ed. S. Ozment, (St. Louis, 1982), pp. 183-209. Rossell Hope Robbins, *The Encyclopedia of Witchcraft and Demonology* (Nueva York, 1959), presenta una bibliografía selecta de 1.140 títulos y Robert Mandrou recoge 515 entradas en *Magistrats et Sorciers en France au XVIIe siècle* (París, 1968), pp. 25-70. Robert Muchembled ofrece una bibliografía mucho más breve, pero anotada, de 65 títulos en Marie-Sylvie Dupont-Bouchat *et. al.*, *Prophètes et sorciers dans les Pays-Bas XVIe-XVIIIe siècle* (París, 1978), pp. 33-9. Wolfgang Behringer ha comentado gran parte de la literatura reciente en «Neue Historische Literatur: Erträge und

Perspektiven der Hexenforschung», en: *Historische Zeitschrift*, 249 (1989), pp. 619-640.

Estudios generales

Existen dos antologías en inglés que ofrecen una buena intoducción al tema de la brujería europea. *Witchcraft in Europe, 1100-1700: A Documentary History*, editada por Alan C. Kors y Edward Peters (Philadelphia, 1972), está compuesta principalmente por fuentes primarias, con inclusión de extractos de tratados sobre brujería, relatos de juicios y recopilaciones de obras filosóficas. *European Witchcraft,* editada por E. William Monter (Nueva York, 1969), combina fuentes primarias y extractos de libros y artículos de estudiosos, algunos de los cuales no son accesibles en otras traducciones. Henry Charles Lea, *Materials toward a History of Witchcraft*, preparado y editado por Arthur C. Howland (3 vols., Nueva York, 1957), se compone de notas tomadas por Lea para la historia de la brujería que planeaba escribir cuando murió, en 1909. Las citas y paráfrasis de tratados relativamente raros sobre brujería y de literatura secundaria del siglo XIX hacen de estos volúmenes una obra de referencia indispensable. La más útil de todas las enciclopedias sobre brujería y magia es la de Rossell Hope Robbins, citada más arriba. El mejor estudio en un volumen sobre brujería en Occidente, con una especial atención hacia el país vasco, es el de Julio Caro Baroja, *Las brujas y su mundo*, traducido también al inglés, *The World of the Witches*, por O. N. V. Glendinning (Chicago, 1961). Por lo que respecta a la caza de brujas, o brujomanía, el ensayo brillante pero controvertido de H. R. Trevor-Roper, «The European Witch-Craze of the Sixteenth and Seventeenth Centuries», en: *Religion, the Reformation and Social Change* (Londres, 1967), pp. 101-208, y en: *The European Witch-craze of the Sixteenth and Seventeenth Centuries and Other Essays* (Nueva York, 1969), pp. 90-192, insiste en la formación y difusión de las ideas cultas. Entre las síntesis más recientes que reflejan ciertos procesos de historia social y de cultura popular se encuentran las de Joseph Klaits: *Servants of Satan: The Age of the Witch Hunts* (Bloomington, 1985), y G. R. Quaife, *Godly Zeal and Furious Rage: The Witch in Early Modern Europe* (Londres, 1987). Otras interpretaciones generales aparecen en Jean Delumeau, *La Peur en occident XIVe-XVIIIe siècles* (París, 1978), pp. 346-88; Marijke Gijswijt-Hofstra, «The European Witchcraft Debate and the Dutch Variant», en: *Social History*, 15 (1990), pp. 181-94; Wolfgang Behringer, «"Erhob sich das ganze Land zu ihrer Ausrottung...": Hexenprozesse und Hexenverfolgungen in Europa», en: *Hexenwelten: Magie und Imagination vom 16.-20. Jahrhundert*, ed. Richard van Dülmen (Francfort, 1987), pp. 131-169; y Robert Muchembled, «Satan ou les hommes?: La Chasse aux sorcières et ses causes», en: *Prophètes et sor-*

ciers, citado *supra*, pp. 13-39. Un estudio anterior, pero aún válido, es el de Kurt Baschwitz, *Hexen und Hexenprozesse* (Munich, 1963).

El trasfondo medieval

En los últimos años se han escrito en inglés varios libros sobre el periodo anterior a la gran caza de brujas. El más general y que define la brujería en términos muy amplios es el de Jeffrey Burton Russell, *Witchcraft in the Middle Ages* (Ithaca, 1972). Muy distinta de la obra de Russell, tanto por su actitud escéptica repecto a la realidad de la brujería organizada como por su insistencia en el papel de la magia ritual en la formación del estereotipo de la bruja, es la de Norman Cohn, *Europe's Inner Demons* (Londres, 1975). La figura del mago y la manera como algunos escritores médicos consideraron su delito recibe un tratamiento pormenorizado en Edward Peters, *The Magician, the Witch and the Law* (Philadelphia, 1978). Richard Kieckhefer, *European Witch Trials: Their Foundations in Popular and Learned Culture, 1300-1500* (Londres, 1976), muestra cómo las creencias populares se pueden distinguir de las cultas en las actas judiciales y recoge así mismo un valioso listado cronológico de los juicios por brujería. El estudio más completo de los importantes juicios realizados en el siglo XV en algunas partes de Suiza es el de Andreas Blauert, *Frühe Hexenverfolgungen: Ketzer-, Zauberei- und Hexenprozesse des 15. Jahrhunderts* (Hamburgo, 1989). Las obras ya veteranas de Joseph Hansen, *Zauberwahn, Inquisition und Hexenproze in Mittelalter* (Munich, 1900) y *Quellen und Untersuchungen zur Geschichte des Hexenwahns und der Hexenverfolgung im Mittelalter* (Bonn, 1901), siguen conservando un inmenso valor. Carlo Ginzburg, *Ecstasies: Deciphering the Witches' Sabbath*, tr. de Raymond Rosenthal (Nueva York, 1991), mantiene la idea de que los aquelarres surgieron como resultado de una interacción entre la cultura folklórica y la cultura letrada de la Iglesia.

La literatura de la brujería

Gracias, sobre todo, a los esfuerzos del crédulo historiador de la brujería Montague Summers y del traductor E. A. Ashwin, se han vertido al inglés varios de los tratados más famosos sobre brujería. Entre ellos se cuentan el *Malleus Maleficarum*, de Heinrich Kramer y Jakob Sprenger (Londres, 1928; reimpr. Nueva York, 1971); el *Compendium Maleficarum*, de Francesco Maria Guazzo (Londres, 1929); la *Demonolatry*, de Nicolas Rémy (Londres, 1930), y el *Examen of Witches*, de Henry Boguet (Londres, 1929). Summers editó también las obras *The Discoverie of Witchcraft*, de Reginald Scot (Londres, 1930; reimpr. Nueva York, 1972) y *The Discovery of Witches*, de Matthew

Hopkins (Londres, 1928). *A Dialogue Concerning Witches and Witchcraft*, de George Gifford, se incluye en *The Witchcraft Papers*, ed. Peter Haining (Secaucus, N. J., 1974), pp. 76-139. Nicole Jacques-Chaquin (París, 1982), ha editado una versión abreviada de la obra de Pierre de Lancre, *Tableau de L'Inconstance des Mauvais Anges et Démons*, pero todavía no se ha hecho una traducción al inglés ni de dicha obra ni de la *Démonomanie* de Bodin. El tratado escéptico de Johann Weyer, *De praestigiis daemonum*, se ha traducido con el título de *Witches, Devils and Doctors in the Renaissance*, ed. George Mora (Binghamton, N.Y., 1991). Estudios generales sobre la literatura de la brujería aparecen en *George Lincoln Burr: Selections from his Writings*, ed. Lois Oliphant Gibbons (Ithaca, 1943), pp. 166-89, y en Lynn Thorndike, *A History of Magic and Experimental Science*, VI (Nueva York, 1941), pp. 514-559. *The Damned Art: Essays in the Literature of Witchcraft*, ed. Sydney Anglo (Londres, 1977), constituye una excelente colección de ensayos. Siegfried Leutenbauer, *Hexerei- und Zaubereidelikt in der Literatur von 1450 bis 1550*, trata por extenso las cuestiones suscitadas en los primitivos tratados sobre brujería, mientras que *Der Hexenhammer: Enstehung und Umfeld des Malleus Maleficarum von 1487*, ed. Peter Segl (Colonia, 1988), trata diferentes aspectos del *Malleus Maleficarum*. Stuart Clark ha ilustrado diversos aspectos del pensamiento demonológico, sobre todo en «Inversion, Misrule and the Meaning of Witchcraft», en: *Past and Present*, 87 (1980), pp. 98-127, y «Protestant Demonology: Sin, Superstition and Society (c. 1520-c. 1630)», en: *Early Modern European Witchcraft: Centres and Peripheries*, ed. B. Ankarloo y G. Henningsen (Oxford, 1990), pp. 45-81.

Estudios regionales y locales

Se echa mucho en falta una bibliografía que recoja todos los estudios realizados sobre la creeencia en las brujas y los procesos por brujería en lugares concretos. En el caso de Alemania existen cientos de estudios de ese tipo, pero hay muy pocos en inglés. Una excepción es el excelente libro de H. C. Erik Midelfort, *Witch Hunting in Southwestern Germany, 1562-1684: The Intellectual and Social Foundations* (Stanford, 1972). Hay también una tesis doctoral de Edward W. M. Bever, «Witchcraft in Early Modern Württemberg» (Princeton, 1983), y un estudio sobre la brujería en Franconia, tanto en el pasado como en épocas más recientes, de Hans Sebald, *Witchcraft: The Heritage of a Heresy* (Nueva York, 1978). Lyndal Roper ha insistido en la cuestión del género en su estudio sobre las acusaciones de brujería en Augsburgo, «Witchcraft and Fantasy in Early Modern Germany», en: *History Workshop Journal*, 32 (1991), pp. 19-43. Gerhard Schormann ha publicado una panorámica de la caza de brujas en Alemania, *Hexenprozesse in Deutschland* (Gotinga, 1981), además de un estudio regional, *Hexenprozesse in*

Nordwestdeutschland (Hildesheim, 1977). Wolfgang Behringer ha escrito un estudio global sobre la caza de brujas y las ideas sobre las brujas en la Alemania suroriental, *Hexenverfolgung in Bayern: Volksmagie, Glaubenseifer und Staatsräson in der Frühen Neuzeit* (Munich, 1987). Harmut H. Kunstmann ha estudiado la brujería en Nuremberg en *Zauberwahn und Hexenprozeß in der Reichsstadt Nürnberg*, (Nuremberg, 1970). Friedrich Merzbacher, *Die Hexenprozesse in Franken* (Munich, 1957), es especialmente útil para el estudio de los procedimientos legales. Para los territorios austriacos existe un estudio, estructurado cronológicamente, de Fritz Byloff, *Hexenglaube und Hexenverfolgung in den österreichischen Alpenländern* (Berlín y Leipzig, 1934), y R. J. W. Evans ha incluido un estudio panorámico de la brujería y la magia en Austria, Bohemia y Hungría en su obra *The Making of the Habsburg Monarchy, 1550-1700* (Oxford, 1979).

Para el caso de Francia, el principal estudio, que insiste en el papel del Parlamento de París en la decadencia de la brujería francesa, es el libro de Mandrou citado *supra*. Alfred Soman, «The Parlement of Paris and the Great Witch-Hunt (1565-1640)», en: *Sixteenth Century Journal*, 9 (1978), pp. 31-44, corrige valiosamente a Mandrou. Soman ha escrito extensamente sobre la brujería en Francia, por ejemplo, «Trente procès de sorcellerie dans le Perche (1566-1624)», en: *L'Orne Littéraire*, 8 (1986), pp. 42-57. Robin Briggs ofrece tanto un estudio de conjunto sobre la brujería francesa como material específico acerca de Lorena en los tres primeros capítulos de *Communities of Belief: Social and Cultural Tension in Early Modern France* (Oxford, 1989). Clarke Garrett, «Witches and Cunning Folk in the Old Regime», en: *The Wolf and the Lamb: Popular Culture in France from the Old Regime to the Twentieth Century*, ed. J. Beauroy *et al.* (Stanford, 1976), pp. 53-64, trata de la brujería entre el pueblo, sobre todo en el último periodo.

Sobre los Países Bajos franceses, Muchembled ha publicado un largo y sugerente ensayo, «The Witches of the Cambrésis: The Acculturation of the Rural World in the Sixteenth and Seventeenth Centuries», en: *Religion and the People, 800-1700*, ed. James Obelkevich (Chapel Hill, 1979), mientras que Marie-Sylvie Dupont-Bouchat ha estudiado los procesos por brujería en Luxemburgo en «La Répression de la sorcellerie dans le duché de Luxembourg aux XVIe et XVIIe siècles», en: *Prophètes et Sorciers*, citado *supra*. Una colección de ensayos sobre brujería en las Provincias Unidas de Holanda, editada por Marijke Gijswijt-Hofstra y Willem Frijhoff, ha sido traducida recientemente al inglés con el título *Witchcraft in the Netherlands from the Fourteenth to the Twentieth Century* (Rotterdam, 1991).

Para la región del Jura contamos con el excelente estudio de E. William Monter, *Witchcraft in France and Switzerland: The Borderlands during the Reformation* (Ithaca, 1976). Guido Bader, *Die Hexenprozesse in der Schweiz* (Affoltern, 1945), ofrece una visión general de los procesos en Suiza, pero ha quedado superado por obras posteriores. Andreas Blauert, *Frühe*

Hexenverfolgungen, citado *supra*, explora tanto los procesos como el desarrollo de las creencias cultas sobre brujas en Suiza occidental en el siglo XV.

En cuanto a Italia, el brillante estudio de Carlo Ginzburg, *I Benandanti* (Turín, 1966), ha sido traducido al inglés por John y Anne Tedeschi con el título *The Night Battles: Witchcraft and Agrarian Cults in the Sixteenth and Seventeenth Centuries* (Baltimore, 1983). Ruth Martin ha investigado los juicios por brujería en Venecia en *Witchcraft and the Inquisition in Venice, 1550-1650* (Oxford, 1989). Un estudio más general para toda Italia es el de Giuseppi Bonomo, *Caccia alle Streghe* (Palermo, 1959). William Monter ofrece un breve estudio panorámico en «French and Italian Witchcraft», en: *History Today*, 30 (1980), pp. 31-5.

Para España existe una investigación detallada de la caza de brujas en el país vasco de Gustav Henningsen, *The Witches' Advocate: Basque Witchcraft and the Spanish Inquisition (1609-1614)* (Reno, 1980). Sobre Castilla contamos con el antiguo estudio de Sebastián Cirac Estopañán, *Los procesos de hechicerías en la Inquisición de Castilla la Nueva* (Madrid, 1942), y para los territorios fuera de Castilla, con la obra de William Monter, *Frontiers of Heresy: The Spanish Inquisition from the Basque Lands to Sicily* (Cambridge, 1991), en especial el capítulo XII.

Respecto a las Islas Británicas, siguen siendo útiles los antiguos estudios de Wallace Notestein, *A History of Witchcraft in England* (Washington, 1911), y George L. Kittredge, *Witchcraft in Old and New England* (Cambridge 1929). El libro de Alan Macfarlane, *Witchcraft in Tudor and Stuart England* (Londres, 1970), un estudio sobre la brujería en el condado de Essex, es exponente de la aplicación de la teoría antropológica al estudio de la brujería europea. La obra magistral de Keith Thomas, *Religion and the Decline of Magic* (Londres, 1971), que se sirve igualmente de la teoría antropológica, no trata sólo de la brujería, sino de todas las demás formas de magia en Inglaterra. Clive Holmes investiga la relación entre cultura erudita y popular en «Popular Culture? Witches, Magistrates and Divines in Early Modern Europa», en: *Understanding Popular Culture*, ed. Steven Kaplan (Berlín, 1984), pp. 85-111. Christina Larner ha escrito un excelente análisis general sobre la caza de brujas en Escocia, *Enemies of God: The Witch-Hunt in Scotland* (Londres, 1981), y yo mismo he estudiado la principal caza de brujas de la historia escocesa en «The Great Scottish Witch Hunt of 1661-1662», en: *Journal of British Studies*, 20 (1980), pp. 90-108.

La literatura sobre la brujería en Nueva Inglaterra continúa aumentando de forma constante. Además del estudio de Paul Boyer y Stephen Nissenbaum sobre las disensiones internas en un pueblo, *Salem Possessed: The Social Origins of Witchcraft* (Cambridge, 1974), John P. Demos ha publicado un estudio innovador, *Entertaining Satan: Witchcraft and the Culture of Early New England* (Nueva York, 1981). Richard Wiseman, *Witchcraft Magic and Religion in 17th-Century Massachusetts* (Arnherst, 1984), y Richard Godbeer, *The*

Devil's Dominion: Magic and Religion in Early New England (Cambridge, 1992) estudian tanto la magia como la brujería, mientras que Carol Karlsen ha insistido en la importancia del género en *The Devil in the Shape of a Woman: Witchcraft in Colonial New England* (Nueva York, 1987).

Volviendo a Europa, contamos con varios ensayos sobre distintos aspectos de la brujería en Escandinavia en *Early Modern European Witchcraft: Centres and Peripheries*, citado *supra*. En esta obra se recogen también resúmenes en inglés de monografías de Bengt Ankarloo, *Trolldomsprocesserna i Sverige* (Lund, 1971) en las pp. 324-39, y de Antero Heikkinen, *Paholaisen Liittolaiset* (Helsinki, 1969), en las pp. 374-94. Para Polonia disponemos de la obra de Bohdan Baranowski *Procesy Czarownic w Polsce w XVII i XVIII Wieku* (Lodz, 1952), con un resumen en francés en las pp. 178-81. Gábor Klaniczay ha escrito varios artículos sobre la brujería en Hungría, sobre todo «Hungary: The Accusations and the Universe of Popular Magic», en: *European Witchcraft*, citado *supra*, pp. 219-56. Para Rusia hay varios artículos de Russell Zguta, entre ellos «Witchcraft trials in Seventeenth-Century Russia», en: *American Historical Review*, 82 (1977), 1187-1207.

Aspectos particulares de la caza de brujas

En cuanto a los aspectos religiosos de la caza de brujas, la obra de Jean Delumeau *Catholicism Between Luther and Voltaire: A New View of the Counter-Reformation* (Londres, 1977), en especial el capítulo IV, ha ejercido un duradero efecto en los estudios sobre brujería, principalmente en Francia. Para Inglaterra contamos con el libro de Keith Thomas citado *supra*. Para Alemania sigue teniendo validez el antiguo estudio de Nikolaus Paulus, *Hexenwahn und Hexenprozeß, vornehmlich im 16. Jahrhundert* (Friburgo, 1910).

En cuanto los aspectos legales de la caza de brujas, Dagmar Unverhau ha revelado la variedad de procedimientos legales mediante los que podía darse curso a los procesamientos en «Akkusationsprozeß - Inquisitionsprozeß: Indikatoren für die Intensität der Hexenverfolgung in Schleswig-Holstein», en: *Hexenprozesse: Deutsche und skandinavische Beiträge*, ed. C. Degn, H. Lehmann, y D. Unverhau (Neumünster, 1983). El mejor estudio sobre la tortura es el de Edward Peters, *Torture* (Oxford, 1985). John Tedeschi, «Inquisitorial Law and the Witch», en: *European Witchcraft*, citado *supra*, pp. 83-118, trata del procedimiento legal en la Inquisición romana.

Sobre la cuestión de la mujeres y la brujería, ver E. William Monter, «The Pedestal and the Stake: Courtly Love and Witchcraft», en: *Becoming Visible: Women in European History*, ed. R. Bridenthal y C. Koonz (Boston, 1977), pp. 119-36; Clarke Garrett, «Women and Witches: Patterns of Analysis», en: *Signs*, 3 (1977), 461-70; y Carol Karisen *The Devil in the Shape of a Woman*, citado *supra*. Otras obras que hacen hincapié en la importancia del género en cuanto categoría analítica al estudiar la brujería son: Marianne Hester, *Lewd Women and Wicked Witches: A Study in the Dynamics of Male Domination* Londres, 1991); J. A. Sharpe, «Witchcraft and Women in Seventeenth-Century England: some Northern evidence», en: *Continuity and Change*, 6 (1991), 179-199; Anne Barstow, *Witchcraze: A New History of the European Witch-Hunts* (Nueva York, 1994); Susanna Burghartz, «The Equation of Women and Witches: A Case Study of Witchcraft Trials in Lucerne and Lausanne in the Fifteenth and Sixteenth Centuries», en: *The German Underworld*, ed. Richard J. Evans (Londres, 1988), pp. 57-74; y Carolyn Merchant, *The Death of Nature: Women, Ecology and the Scientific Revolution* (Nueva York, 1980), capítulo V.

Sobre vejez y brujería hay artículos de Sona Rosa Burstein, «Aspects of the Psychopathology of Old Age Revealed in Witchcraft Cases of the Sixteenth and Seventeenth Centuries», en: *British Medical Bulletin*, 6 (1949), y Edward Bever, «Old Age and Witchcraft in Early Modern Europe», en: *Old Age in Pre-Industrial Society*, ed. Peter Stearns (Londres, 1983), 150-90. Un estudio más general de la identidad social de las brujas es el de Richard A. Horsley, «Who Were the Witches?: The Social Roles of the Accused in the European Witch Trials», en: *Journal of Interdisciplinary History*, 9 (1974), pp. 689-715.

Se ha escrito mucho acerca de los aspectos pscológicos y psiquiátricos de la brujería. Entre estos estudios se cuentan los de George Rosen, «Psychopathology in the Social Process: I. A Study of the Persecution of Witches in Europe as a Contribution to the Understanding of Mass Delusions and Psychic Epidemics», en: *Journal of Health and Human Behavior*, 1 (1960), pp. 200-11; Robert D. Anderson, «The History of Witchcraft: A Review with Some Psychiatric Comments», en: *American Journal of Psychiatry* 126 (1970), pp. 69-77; Thomas S. Szasz, *The Myth of Mental Illness* (Nueva York, 1961), capítulo XII; y Evelyn Heinemann, *Hexen und Hexenglauben* (Francfort, 1986). La obra clásica sobre la psicología de las personas apresadas durante la caza de brujas es la de Etienne Delcambre, «La Psychologie des inculpés Lorrains de Sorcellerie», en: *Revue historique de droit francais et étranger*, ser. 4, 34 (1954), pp. 383-403, 508-526, algunas partes de la cual han sido traducidas en Monter, *European Witchcraft*, citado *supra*.

Sobre la decadencia de la brujería, son especialmente valiosas dos obras: Brian Easlea, *Witch-hunting, Magic and the New Philosophy: An Introduction to the Debates of the Scientific Revolution, 1450-1750* (Brighton, 1980); Barbara J. Shapiro, *Probability and Certainty in Seventeenth-Century England* (Princeton, 1983), capítulo VI; y Alfred Soman, «Decriminalizing Witchcraft: Does the French Experience Furnish a European Model?», en: *Criminal Justice History*, 10 (1989), 1-22. Sobre la posesión diabólica contamos con el estudio clásico de Traugott K. Oesterreich, *Possession and Exorcism*, traducido al inglés por D. Ibberson (Nueva York, 1974); la sugerente obra de D. P. Walker,

Unclean Spirits: Possession and Exorcism in France and England in the Late Sixteenth and Early Seventeenth Centuries (Philadelphia, 1981), y Cécile Ernst, *Teufelaustreibungen: Die Praxis der katholischen Kirche im 16. und 17. Jahrhundert* (Berna, 1972).

La literatura antropológica sobre la brujería en las culturas prealfabéticas requeriría una bibliografía propia, pero varios estudios han intentado ya relacionar materiales sobre la brujería africana con la brujería europea. Existen también dos excelentes colecciones de ensayos, *Witchcraft and Sorcery*, ed. Max Marwick (2ª ed., Londres, 1982), y *Witchcraft Confessions and Accusations*, ed. Mary Douglas (Londres, 1970). Geoffrey Parrinder, *Witchcraft: European and African* (Londres, 1958), y Lucy Mair, *Brujería* (Nueva York, 1969), tratan en profundidad el material europeo.

BIBLIOGRAFÍA

Adler, Margot, *Drawing Down the Moon*, Boston, 1979.
Alver, Bente G. *Heksetro og Trolddom*, Oslo, 1971.
Anderson, Robert D., «The History of Witchcraft: A Review with some Psychiatric Comments», en: *American Journal of Psychiatry*, 126 (1970).
Andreski, Stanislav, «The Syphilitic Shock», en: *Encounter*, 58 (1982).
Anglo, Sydney, «Evident Authority and Authoritative Evidence: the *Malleus Maleficarum*», en: Anglo, S. (ed.), *The Dammed Art: Essays in the Literature of Witchcraft*, Londres, 1977.
Ankarloo, Bengt, «Sweden: The Mass Burnings (1668-1676)», en: Ankarloo, Bengt y Heningsen, Gustav (eds.), *Early Modern Witchcraft: Centres and Peripheries*, Oxford, 1990.
Ankarloo, Bengt, *Trolldomsprocesserna i Sverige*, Estocolmo, 1971.
Ankarloo, Bengt, y Gustav Henningsen (eds.), *Early Modern European Witchcraft: Centres and Peripheries*, Oxford, 1990.
Avis, P. D. L., «Moses and the Magistrate: a Study in the Rise of Protestant Legalism», en: *Journal of Ecclesiastical History*, 26, 1975.
Bader, Guido, *Die Hexenprozesse in der Schweiz*, Affoltern, 1945.
Baeyer-Katte, Wanda von, «Die Historischen Hexenprozesse: Der Verbürokratisierte Massenwahn», en: Bitter, W., (ed.), *Massenwahn in Geschichte und Gegenwart*, Stuttgart, 1965.
Bainton, Roland, *Women of the Reformation: From Spain to Scandinavia*, Minneapolis, 1977.
Baissac, Jules, *Les Grands Jours de la sorcellerie*, París, 1890.

Baranowski, Bohdan, *Procesy Czarownic w Polsce w XVII i XVIII Wieku*, Lodz, 1952.
Barb, A. A., «The Survival of the Magic Arts», en: Momigliano, A. (ed.), *The Conflict between Paganism and Christianity*, Oxford, 1963.
Barstow, Anne L., *Witchraze: A New History of the European Witch Hunts*, Nueva York, 1994.
Bartlett, Robert, *Trial by Fire and Water: The Medieval Judicial Ordeal*, Oxford, 1986.
Baschwitz, Kurt, *Hexen und Hexenprozesse*, Munich, 1963.
Baxter, Christopher, «Jean Bodin's *De la Démonomanie des sorciers*: The Logic of Persecution», en: Anglo, S. (ed.), *The Dammed Art: Essays in the Literature of Witchcraft*, Londres, 1977.
Behringer, Wolfgang, «"Erhob sich das ganze Land zu ihrer Ausrottung...": Hexenprozesse und Hexenverfolgungen in Europa», en: Dülmen, Richard van (ed.), *Hexenwelten: Magie und Imagination vom 16.-20. Jahrhundert*, Francfort, 1987.
Behringer, Wolfgang, *Hexenverfolgung in Bayern*, Munich, 1988.
Behringer, Wolfgang, (ed.), *Hexen und Hexenprozesse in Deutschland*, Munich, 1988.
Behringer, Wolfgang, «Kinderhexenprozesse: zur Rolle von Kindern in der Geschichte der Hexenverfolgung», en: *Zeitschrift für Historische Forschung*, 16 (1988).
Behringer, Wolfgang, «Neue Historische Literatur: Erträge und Perspektiven der Hexenforschung», en: *Historische Zeitschrift*, 249 (1989).
Bettencourt, Francisco, «Portugal: A Scrupulous Inquisition», en: *Early Modern Whitchcraft: Centres and Peripheries*, abkarloo, Bengt y Henningsen, Gustav (eds.), Oxford, 1990.
Bever, Edward, «Old Age and Witchcraft in Early Modern Europe», en: Stearns, P. (ed.), *Old Age in Pre-industrial Europe*, Nueva York, 1982.
Bever, Edward, «Witchcraft in Early Modern Württemberg», tesis doctoral de Filosofía, Princeton, 1983.
Binsfeld, Peter, *De Confessionibus Maleficarum et Sagarum*, Tréveris, 1596.
Blackstone, William, *Commentaries on the Laws of England*, Oxford, 1796.
Blauert, Andreas, *Frühe Hexenverfolgungen*, Hamburgo, 1989.
Blauert, Andreas (ed.), *Ketzer, Zauberer, Hexen: die Anfänge der Europäischen Hexenverfolgungen*, Francfort, 1990.
Bodin, Jean, *De la Démonomanie des sorciers*, Amberes, 1586.
Boguet, Henry, *An Examen of Witches*, tr. Ashwin, E. A. ed.
Summers, M., Londres, 1929.
Bonomo, Giuseppe, *Caccia alle Streghe*, Palermo, 1959.
Bordelon, Laurent, *L'Histoire des imaginations extravagantes de Monsieur Oufle*, París, 1710.
Bossy, John, «Moral Arithmetic: Seven Sins into Ten Commandments», en:

Conscience and Casuistry in Early Modern Europe, ed., Leites, Edmund, Cambridge, 1988.
Boswell, James, *Journal of a Tour to the Hebrides*, ed. Chapman, R. W., Oxford, 1970.
Boyer, Stephen, y Nissenbaum, Paul, *Salem Possessed: The Social Origins of Witchcraft*, Cambridge, Mass., 1974.
Brann, Noel, «The Conflict between Reason and Magic in Seventeenth-Century England: A Case Study of the Vaughan-More Debate», en: *Huntington Library Quarterly*, 43 (1980).
Braudel, Fernand, *The Structures of Everyday Life*, Nueva York, 1981.
Braudel, F., y Spooner, P., «Prices in Europe from 1450 to 1750», en: *Cambridge Economic History of Europe IV*, Cambridge, 1967.
Brauner, Sigrid, «Martin Luther on Witchcraft: a True Reformer?», en: *The Politics of Gender in Early Modern Europe*, Brink, J. R. et al. (eds.), Sixteenth Century Essays and Studies, 12 (1989), 29-42.
Briffault, Robert, *The Mothers*, Nueva York, 1927.
Briggs, Robin, «Witchcraft and Popular Mentality in Lorraine, 1580-1630», en: *Occult and Scientific Mentalities in the Renaissance*, Vickers, Brian (ed.), Cambridge, 1984.
Briggs, Robin, *Communities of Belief: Cultural and Social Tension in Early Modern France*, Oxford, 1989.
Brucker, Gene A., «Sorcery in Early Renaissance Florence», en: *Studies in the Renaissance*, 10, 1963.
Burghartz, Susanna, «The Equation of Women and Witches: A case study of witchcraft trials in Lucerne and Lausanne in the fifteenth and sixteenth centuries», en: *The German Underworld*, Evans, Richard J., Londres (eds.), 1988, pp. 57-74.
Burke, Peter, *Popular Culture in Early Modern Europe*, Londres, 1978.
Burke, Peter, «Witchcraft and Magic in Renaissance Italy: Gianfrancesco Pico and his *Strix*», en: *The Damned Art: Essays in the Literature of Witchcraft*, S. Anglo (ed.), Londres, 1977.
Burr, George Lincoln, «The Fate of Dietrich Flade», en: *George Lincoln Burr: Selections from His Writings*, Lois Oliphant Gibbons (ed.), Ithaca, 1943.
Burstein, Sona R., «Aspects of the Psychopathology of Old Age Revealed in the Witchcraft Cases of the Sixteenth and Seventeenth Centuries», en: *British Medical Bulletin*, 6, 1949.
Burton, Robert, *Anatomy of Melancholy*, Nueva York, 1932.
Byloff, Fritz, *Hexenglaube und Hexenverfolgung in den österreichischen Alpenländern*, Berlín y Leipzig, 1934.
Byrne, Patrick, *Witchcraft in Ireland*, Cork, 1975.
Cardano, Girolamo, *De Rerum Varietate*, Basilea, 1557.
Cardoza, A. Rebecca, «A Modern American Witch-Craze», en: *Witchcraft and Sorcery*, M. Marwick (ed.), Londres, 1970.

Carnochan, W. B., «Witch-Hunting and belief in 1751: the Case of Thomas Colley and Ruth Osborne», en: *Journal of Social History*, 4 (1970-71).
Caro Baroja, Julio, *Las brujas y su mundo*, Madrid, 1992.
Carus, Paul, *The History of the Devil and the Idea of Evil*, Nueva York, 1969.
Cervantes, Fernando, *The Idea of the Devil and the Problem of the Indian: The Case of Mexico in the Sixteenth Century*, Londres, 1991.
Childs, J., *Armies and Warfare in Europe, 1648-1789*, Nueva York, 1982.
Cirac Estopañán, Sebastián, *Los procesos de hechicerías en la Inquisición de Castilla la Nueva*, Madrid, 1942.
Clark, Stuart, «King James's *Daemonologie:* Witchcraft and Kingship», en: *The Dammed Art: Essays in the Literature of Witchcraft*, Anglo, S. (ed.), Londres, 1977.
Clark, Stuart, «Inversion, Misrule and the Meaning of Witchcraft», en: *Past and Present*, 87 (1980).
Clark, Stuart, «Protestant Demonology: Sin, Superstition and Society (c. 1520-c. 1630)», en: *Early Modern European Witchcraft: Centres and Peripheries*, B. Ankarloo, y G. Henningsen (eds.), Oxford, 1990.
Cohn, Norman, *Europe's Inner Demons*, Londres, 1975.
Coudert, Allison P., «The Myth of the Improved Status of Protestant Women: The Case of the Witchcraze», en: *The Politics of Gender in Early Modern Europe*, J. R. Brink, *et. al.* (eds.) (vol. XII de *Sixteenth Century Essays and Studies*), pp. 61-94.
Cowan, Edward, «The Darker Vision of the Scottish Renaissance», en: *The Renaissance and Reformation in Scotland*, I. B. Cowan y D. Shaw (eds.), Edimburgo, 1983.
Cragg, G. R., *From Puritanism to the Age of Reason*, Cambridge, 1960.
Currie, Elliott P., «Crimes without Criminals: Witchcraft and its Control in Renaissance Europa», en: *Law and Society Review*, 3 (1968).
Daly, Mary, *Gyn/Ecology: The Metaethics of Radical Feminism*, Boston, 1978.
Damaska, Mirjan, «The Death of Legal Torture», en: *Yale Law Journal*, 86 (1978).
Davis, Natalie Z., *The Return of Martin Guerre*, Cambridge, 1983.
Deacon, Richard, *Matthew Hopkins: Witch-Finder General*, Londres, 1976.
Degn, Christian; Lehmann, Hartmut, y Unverhau, Dagmar (eds.), *Hexenprozesse: Deutsche und skandinavische Beiträge*, Neumünster, 1983.
Delcambre, Etienne, «La Psychologie des inculpés Lorrains de sorcellerie», en: *Revue historique de droit français et étranger*, ser. 4, 32 (1954).
Delumeau, Jean, *Catholicism between Luther and Voltaire: A New View of the Counter-Reformation*, Londres, 1977.
Delumeau, Jean, *La Peur en Occident XIVe - XVIIIe siècles*, París, 1978.
Demos, John P., «Underlying Themes in the Witchcraft of Seventeenth Century New England», en: *American Historical Review*, 75, 1970.

Demos, John P., *Entertaining Satan: Witchcraft and the Culture of Early New England*, Nueva York, 1982.
Denis, A., *La Sorcellerie à Toul aux XVIᵉ et XVIIᵉ siècles*, Toul, 1888.
De Vries, Jan, *European Urbanization*, Cambridge, Mass., 1984.
Dienst, Heide, «Magische Vorstellungen und Hexenverfolgungen in den österreichischen Alpenländern (15.-18. Jahrhundert)», en: *Wellen der Verfolgungen in der österreichischen Geschichte*, ed. E. Zöllner, Viena, 1986.
Dömötör, Tekla, «The Cunning Folk in English and Hungarian Witch Trials», en: *Folklore Studies in the Twentieth Century*, ed. V. J. Newall, Woodbridge, 1978.
Douglas, Mary, *Witchcraft Confessions and Accusations*, Londres, 1970.
Drummond, A. L., y Bulloch, J., *The Scottish Church 1688-1843*, Edimburgo 1973.
Duerr, Hans Peter, *Dream Time: Concerning the Boundary between Wilderness and Civilization*, Oxford, 1985.
Dupont-Bouchat, Marie-Sylvie, «La Répression de la sorcellerie dans le duché de Luxembourg aux XVIᵉ et XVIIᵉ siècles», en: Dupont-Bouchat, M., *et al.*, *Prophètes et sorciers dans les Pays-Bas XVIᵉ - XVIIIᵉ siècles*, París, 1978.
Dworkin, Andrea, *Woman Hating*, Nueva York, 1974.
Easlea, Brian, *Witch Hunting, Magic and the New Philosophy: An Introduction to the Debates of the Scientific Revolution 1450-1750*, Brighton, 1980.
Eliade, Mircea, *Occultism, Witchcraft and Cultural Fashions*, Chicago, 1976.
Erikson, Kai, *Wayward Puritans*, Nueva York, 1966.
Estes, Leland, «The Medical Origins of the European Witch Craze: A Hypothesis», en: *Journal of Social History*, 17, 1984.
Evans, A., *Witchcraft and the Gay Counterculture*, Boston, 1978.
Evans, R. J. W., *The Making of the Habsburg Monarchy, 1500-1700*, Oxford, 1979.
Filmer, Robert, *A Difference between an English and Hebrew Witch*, Londres, 1653.
Flint, Valerie I. J., *The Rise of Magic in Early Medieval Europe*, Princeton, 1991.
Forbes, Thomas R., *The Midwife and the Witch*, New Haven, 1966.
Foucault, Maurice, *Les Procès de sorcellerie dans l'ancienne France devant les jurisdictiones séculières*, París, 1907.
Fox, Sanford J., *Science and Justice: The Massachusetts Witchcraft Trials*, Baltimore, 1968.
Gari Lacruz, Ángel, «Variedad de competencias en el delito de brujería 1600-1650 en Aragón», en: Pérez Villanueva, J. (ed.), *La Inquisición Española: Nueva visión, nuevos horizontes*, Madrid, 1980.
Garrett, Clarke, «Witches and Cunning Folk in the Old Regime», en: *The Wolf and the Lamb: Popular Culture in France from the Old Regime to the Twentieth Century*, J. Beauroy, *et al.* (eds.), Stanford, 1976.

Garrett, Clarke, «Women and Witches: Patterns of Analysis», en: *Signs*, 3 (1977).
Gaudemet, J., «Les ordiales au moyen age: doctrine, législation et practique canoniques», en: *La Preuve* (Receuils de la Société Jean Bodin vol. XVII), Bruselas, 1965.
Gentz, Lauritz, «Vad förorsakade de stora häxprocesserna?», en: *Arv*, 10, 1954.
Gifford, George, *A Discourse of the Subtle Practice of Devils by Witches*, Londres, 1587.
Gifford, George, *A Dialogue Concerning Witches and Witchcraft*, reimpr. en: Haining, P. (ed.), Londres, 1974.
Gijswijt-Hofstra, Marijke, «Witchcraft in the Northern Netherlands», en: *Current Issue in Womens History*, ed. Arina Angerman, *et al.*, Londres, 1989, pp. 75-92.
Gijswijt-Hofstra, Marijke, «The European Witchcraft Debate and the Dutch Variant», *Social History*, 15 (1990), 181-94.
Gijswijt-Hofstra, Marijke, y Frijhoff, Willem (eds.), *Witchcraft in the Netherlands: from the Fourteenth to the Twentieth Century*, Rotterdam, 1991.
Ginzburg, Carlo, *The Night Battles; Witchcraft and Agrarian Cults in the Sixteenth and Seventeenth Centuries*, Baltimore, 1983.
Ginzburg, Carlo, *Ecstasies: Deciphering the Witches' Sabbath*, Nueva York, 1991.
Glanvil, Joseph, *Saducismus Triumphatus*, Londres, 1681.
Godbeer, Richard, *The Devil's Dominion: Magic and Religion in Early New England*, Cambridge, 1992.
Goode, William, *Religion among the Primitives*, Glencoe, Illinois, 1951.
Greenleaf, R. E., *Zumárraga and the Mexican Inquisition 1536-1543*, Washington, 1962.
Greenleaf, R. E., *The Mexican Inquisition of the Sixteenth Century*, Albuquerque, 1969.
Grien, Hans Baldung, *Prints and Drawings*, ed. J. H. Marrow, y A. Shestack, Chicago, 1981.
Guazzo, Francesco Maria, *Compendium Maleficarum*, tr. E. A. Ashwin, ed. M. Summers. Londres, 1929.
Haining, Peter (ed.), *The Witchcraft Papers*, Secaucus, New Jersey, 1974.
Hall, David (ed.), *Witch-Hunting in Seventeenth-Century New England: A Documentary Collection, 1638-1692*, Boston, 1991.
Hansen, Chadwick, *Witchcraft at Salem*, Nueva York, 1970.
Hansen, Joseph, *Zauberwahn, Inquisition und Hexenprozeß im Mittelalter*, Munich, 1900.
Hansen, Joseph (ed.), *Quellen und Untersuchungen zur Geschichte des Hexenwahns und der Hexenverfolgung im Mittelalter*, Bonn, 1901.

Harley, David, «Historians as Demonologists: The Myth of the Midwife-Witch», en: *Social History of Medicine*, 3 (1990).
Harner, Michael J., «The Role of Hallucinogenic Plants in European Witchcraft», en: Harner, Michael J. (ed.), *Hallucinogens and Shamanism*, Londres, 1973.
Harris, H. A., *Sport in Greece and Rome*, Ithaca, 1972.
Harris, Marvin, *Cows, Pigs, Wars and Witches*, Nueva York, 1974.
Heikkinen, Antero, *Paholaisen Liittolaiset*, Helsinki, 1969.
Heikkinen, Antero, y Kervinen, Timo, «Finland: The Male Domination», en: *Early Modern European Witchcraft: Centres and Peripheries*, ed. B. Ankarloo y G. Henningsen, Oxford 1990.
Heinemann, Evelyn, *Hexen und Hexenglauben*, Francfort, 1986.
Heinsohn, Gunnar, y Steiger, Otto, «The Elimination of Medieval Birth Control and the Witch Trials of Modern Times», en: *International Journal of Womens Studies*, 5 (1982).
Hellman, Lillian, *Scoundrel Time*, Boston, 1976.
Henningsen, Gustav, «The Papers of Alonso de Salazar Frías», *Temenos*, 5 (1969).
Henningsen, Gustav, *The Witches' Advocate: Basque Witchcraft and the Spanish Inquisition, 1609-1614*, Reno, 1980.
Henningsen, Gustav, «Witchcraft in Denmark», en: *Folklore*, 93 (1982).
Herlihy, David, y Klapisch-Zuber, Christiane, *Tuscans and their Families*, New Haven, 1985.
Hester, Marianne, *Lewd Women and Wicked Witches: A Study of the Dynamics of Male Domination*, Londres, 1992.
Heyd, Michael, «The Reaction to Enthusiasm in the Seventeenth Century; towards an integrative approach», en: *Journal of Modern History*, 53 (1981).
Hitchcock, James, «George Gifford and Puritan Witch Beliefs», en: *Archiv für Reformationsgeschichte*, 58, 1967.
Hobsbawm, E. J., «The Crisis of the Seventeenth Century», en: Aston, Trevor (ed.), *Crisis in Europe*, Nueva York, 1967.
Holmes, Clive, «Popular Culture?: Witches, Magistrates and Divines in Early Modern England», en: *Understanding Popular Culture: Europe from the Middle Ages to the Nineteenth Century*, ed. S. Kaplan, Berlín, Nueva York y Amsterdam, 1984.
Holmes, Clive, «Women: Witnesses and Witches», en: *Past and Present*, 140 (1993).
Holmes, George, *Europe: Hierarchy and Revolt, 1320-1450*, Nueva York, 1975.
Hopkins, Matthew, *The Discovery of Witches*, Londres, 1928.
Horsley, Richard A., «Who Were the Witches?: The Social Roles of the Accused in the European Witch Trials», *Journal of Interdisciplinary History*, 9 (1979).

Houlbrooke, Ralph R., «The Decline of Ecclesiastical Jurisdiction under the Tudors», en: *Continuity and Change*, ed. R. O'Day y F. Heal, Leicester, 1976.
Huxley, Aldous, *The Devils of Loudon*, Nueva York, 1952.
Jacobo I, rey, *Daemonologie*, ed. G. B. Harrison, Londres, 1924.
Jobe, T. H., «The Devil in Restoration Science: The Glanvill-Webster Witchcraft Debate», en: *Isis*, 72 (1981).
Johansen, Jens Christian V., «Denmarck: The Sociology of Accusations», en *Early Modern Witchcraft. Centres and Periples*, ed. Bengt Ankarloo y Gustav Henningsen. Oxford, 1990.
Kamber, Peter, «La chasse aux sorciers et aux sorcières dans le Pays de Vaud: aspects quantitatifs (1581-1620)», en: *Revue historique Vaudoise*, 90 (1982).
Kamen, Henry, *The Spanish Inquisition*, Nueva York, 1965.
Kamen, Henry, *Inquisition and Society in Spain in the Sixteenth and Seventeenth Centuries*, Bloomington, 1985.
Kamensky, Jane, «Words, Witches and Woman Trouble: witchcraft disorderly speech and gender boundaries in puritan New England», en: *Essex Institute Historical Collections*, 128 (1992).
Karlsen, Carol, *The Devil in the Shape of a Woman: Witchcraft in Colonial New England*, Nueva York, 1987.
Kearney, Hugh, *Scholars and Gentlemen*, Londres, 1970.
Kenyon, J. P., *The Popish Plot*, Londres, 1972.
Kieckhefer, Richard, *European Witch Trials: Their Foundations in Popular and Learned Culture, 1300-1500*, Londres, 1976.
Kieckhefer, Richard, *The Repression of Heresy in Medieval Germany*, Philadelphia, 1980.
Kieckhefer, Richard, *Magic in the Middle Ages*, Cambridge, 1989.
Kirkton, J., *The Secret and True History of the Church of Scotland*, ed. C. K. Sharpe, Edimburgo, 1917.
Kittredge, George L., *Witchcraft in Old and New England*, Cambridge, Mass., 1929.
Kivelson, Valerie A., «Through the Prism of Witchcraft: Gender and Social Change in Seventeenth-Century Muscovy», en: *Russia's Women: Accommodation, Resistance, Transformation*, ed. B. E. Evans, B. A. Engel y C. D. Worobec, Berkeley, 1991.
Klaits, Joseph, *Servants of Satan: The Age of the Witch-Hunts*, Bloomington, 1985.
Klaniczay, Gábor, «Benandante-kresnik-zduhac-táltos», en: *Ethnographia*, 94 (1983).
Klaniczay, Gábor, «Shamanistic Elements in Central European Witchcraft», en: *Shamanism in Eurasia*, ed. Mihaly Hoppal, Gotinga, 1984.
Klaniczay, Gábor, «Decline of Witches and Rise of Vampires in 18th-Century Habsburg Monarchy», en: *Ethnologia Europaea*, 17 (1987).

Klaniczay, Gábor, «Hungary: the Accusations and the Universe of Popular Magic», en: *Early Modern European Witchcraft*, ed. B. Ankarloo y G. Henningsen, Oxford, 1990.

Konig, David, *Law and Society in Colonial Massachusetts*, Chapel Hill, N. C., 1980.

Kors, Alan C., y Edward Peters (eds), *Witchcraft in Europe, 1100-1700*, Philadelphia, 1972.

Kramer, Heinrich, y Sprenger, Jakob, *The Malleus Maleficarum*, tr. y ed. M. Summers, Londres, 1928; reimpr. Nueva York, 1948, 1971.

Kunstmann, Harmut H., *Zauberwahn und Hexenprozeß in der Reichsstadt Nürnberg*, Nuremberg, 1970.

Kunze, Michael, *Der Proceß Pappenheimer*, Ebelsbach, 1981.

Kunze, Michael, *Highroad to the Stake: A Tale of Witchcraft*, Chicago, 1987.

Lamont, William, *Godly Rule*, Londres, 1969.

Lancre, Pierre de, *Tableau de l'inconstance des mauvais anges et démons*, ed. Nicole Jacques-Chaquin, París, 1982.

Langbein, John, *Prosecuting Crime in the Renaissance*, Cambridge, Mass., 1974.

Langbein, John, *Torture and the Law of Proof*, Chicago, 1977.

Langbein, John, «The Criminal Trial Before the Lawyers», en: *University of Chicago Law Review*, 45, 1978.

Lange, Ursula, *Untersuchungen zu Bodins Démonomanie*, Francfort, 1970.

Larner, Christina, «James VI and I and Witchcraft», en: *The Reign of James VI and I*, ed. A. G. R. Smith, Londres, 1973.

Larner, Christina, «Crimen exceptum?: The crime of witchcraft in Europe», en: *Crime and the Law*, ed. V. Gattrell, *et al.*, Londres, 1980.

Larner, Christina, *Enemies of God: The Witch-hunt in Scotland*, Baltimore, Londres, 1981.

Larner, Christina, *Witchcraft and Relligion: The Politics of Popular Belief*, Oxford, 1984.

Larner, C.; Lee, C. H., y McLachlan, H. V., *Source-Book of Scottish Witchcraft*, Glasgow, 1977.

Laslett, Peter, *The World We Have Lost*, 3ª edn., Nueva York, 1984.

Lassen, A., «The Population of Denmark in 1660», en: *Scandinavian Economic History Review*, 13, 1965.

La Vey, Anton S., *The Satanic Bible*, Londres, 1969.

Le Roy Ladurie, Emmanuel, *Les Paysans de Languedoc*, París, 1966.

Lea, Henry C., *A History of the Inquisition in Spain*, 4 vols., Nueva York, 1906-7.

Lea, Henry C., *A History of the Inquisition in the Middle Ages*, 3 vols., Nueva York, 1955.

Lea, Henry C., *Materials toward a History of Witchcraft*, rev. y ed., Arthur C. Howland, 3 vols. Nueva York, 1957.

Lea, Henry C., *The Ordeal*, ed. Edward Peters, Philadelphia, 1973.

Lea, Henry C., *Torture*, ed. Edward Peters, Philadelphia, 1973.

Lenman, Bruce, y Parker, Geoffrey, «The State, the Community and the Criminal Law in Early Modern Europe», en: V. Gattrell, *et al.*, *Crime and the Law*, Londres, 1980.

Leutenbauer, Siegfried, *Hexerei- und Zaubereidelikt in der Literatur von 1450 bis 1550*, Berlín, 1972.

Levack, Brian P., «The Great Scottish Witch-Hunt of 1661-1662», en: *Journal of British Studies*, 20, 1980.

Levy, Leonard W., «Accusatorial and Inquisitorial Systems of Criminal Procedure: The Beginnings», en: *Freedom and Reform*, ed. H. Hyman, y L. Levy, Nueva York, 1967.

Lorenz, Sönke, *Aktenversendung und Hexenprozess: Dargestellt am Beispiel der Juristenfakultäten Rostock und Greifswald (1570/82-1630)*, 2 vols., Francfort, 1982-3.

Luhrmann, T. M., *Persuasions of the Witch's Craft: Ritual Magic in Contemporary England*, Cambridge, Mass., 1989.

McCaghy, C., *Deviant Behavior*, Nueva York, 1976.

MacDonald, Michael, *Mystical Bedlam*, Cambridge, 1979.

MacDonald, Michael (ed.), *Witchcraft and Hysteria in Elizabethan England*, Londres, 1990.

Macfarlane, Alan, *Witchcraft in Tudor and Stuart England*, Nueva York, Londres, 1970.

Mackenzie, Sir George, *The Laws and Customes of Scotland in Matters Criminal*, Edinburgh, 1678.

Mair, Lucy, *Witchcraft*, Nueva York, 1969.

Mandrou, Robert, *Magistrats et sorciers en France au XVIIe siècle*, París, 1968.

Martin, Ruth, *Witchcraft and the Inquisition in Venice, 1550-1650*, Oxford, 1989.

Marx, J. Jean, *L'Inquisition en Dauphiné*, París, 1914.

Marwick, Max (ed.), *Witchcraft and Sorcery*, Londres, 1970.

Masters, R., *Eros and Evil*, Nueva York, 1966.

Merchant, Carolyn, *The Death of Nature: Women, Ecology and the Scientific Revolution*, Nueva York, 1980.

Merzbacher, Friedrich, *Die Hexenprozesse in Franken*, Munich, 1957.

Metcalf, Alida, «Families of Planters, Peasants and Slaves: Strategies for Survival in Santana de Parnaiba, Brazil, 1720-1820», tesis doctoral de Filosofía, Universidad de Texas en Austin, 1983.

Michelet, Jules, *Satanism and Witchcraft*, Nueva York, 1939.

Midelfort, H. C. Erik, «Recent Witch Hunting Research, or Where Do We Go from Here?», en: *Papers of the Bibliographical Society of America*, 62, 1968.

Midelfort, H. C. Erik, *Witch Hunting in Southwestern Germany, 1562-1684: The Social and Intellectual Foundations*, Stanford, 1972.

Midelfort, H. C. Erik, «Witch Hunting and the Domino Theory», en: *Religion and the People, 800-1700*, ed. James Obelkevich, Chapel Hill, N.C., 1979.
Midelfort, H. C. Erik, «Heartland of the Witchcraze: Central and Northern Europe», en: *History Today*, 31, 1981.
Midelfort, H. C., «Witchcraft, Magic and the Occult», en: *Reformation Europe: A Guide to Research*, ed. S. Ozment, St. Louis, 1982.
Midelfort, H. C. Erik, «Johann Weyer and the Transformation of the Insanity Defense», en: *The German People and the Reformation*, ed. R. Po-Chia Hsia, Ithaca, 1988.
Miller, Perry, *The New England Mind: From Colony to Province*, Cambridge, Mass., 1953.
Monter, E. William (ed.), *European Witchcraft*, Nueva York, 1969.
Monter, E. William, «La Sodomie à l'époque moderne en Suisse romande», en: *Annales*, 29, 1974.
Monter, E. William, *Witchcraft in France and Switzerland: The Borderlands during the Reformation*, Ithaca, 1976.
Monter, E. William, «The Pedestal and the Stake: Courtly Love and Witchcraft», en: *Becoming Visible: Women in European History*, ed. R. Bridenthal y C. Koonz, Boston, 1977.
Monter, E. William, «Witchcraft in France and Italy», en: *History Today 30*, noviembre, 1980.
Monter, E. William, *Ritual, Myth and Magic in Early Modern Europe*, Athens, Ohio, 1983.
Monter, E. William, *Frontiers of Heresy: The Spanish Inquisition from the Basque Lands to Sicily*, Cambridge, 1990.
Muchembled, Robert, «Satan ou les hommes? La Chasse aux sorcières et ses causes», en: Dupont-Bouchat, M., et al., *Prophètes et sorciers dans les Pays-Bas XVIe -XVIIIe siécles*, París, 1978.
Muchembled, Robert, «The Witches of the Cambrésis: the Acculturation of the Rural World in the Sixteenth and Seventeenth Centuries», en: *Religion and the People, 800-1700*, ed. James Obelkevich, Chapel Hill, N.C., 1979.
Muchembled, Robert, *Les Derniers bûchers: un village de Flandre et ses sorcières sous Louis XIV*, París, 1981.
Muchembled, Robert, *Popular Culture and Elite Culture in France, 1400-1750*, Baton Rouge, 1985.
Muchembled, Robert, «Satanic Myths and Cultural Reality», en: *Early Modern European Witchcraft: Centres and Peripheries*, eds. B. Ankarloo y G. Henningsen, Oxford, 1990.
Murray, Alexander, «Medieval Origins of the Witch-Hunt», en: *The Cambridge Quarterly*, 7, 1976.
Murray, Margaret A., *The Witch-Cult in Western Europe*, Oxford, 1921.

Murray, Margaret A., *The God of the Witches*, Londres, 1933.
Murray, Margaret A., *The Divine King of England*, Londres, 1954.
Naess, Hans E., «Norway: the Criminological Context», en: *Early Modern European Witchcraft: Centres and Peripheries*, eds. B. Ankarloo y G. Henningsen, Oxford, 1990.
Nauert, C. G., *Agrippa and the Crisis of Renaissance Thought*, Urbana, Illinois, 1965.
Nemec, J., *Witchcraft and Medicine, 1484-1793*, Washington, 1974.
Newes from Scotland, Londres, 1591.
Notestein, Wallace, *A History of Witchcraft in England*, Washington, 1911.
Nottingham, Elizabeth K., *Religion: A Sociological View*, Nueva York, 1971.
Oates, Caroline, «The Trial of a Teenage Werewolf, Bordeaux, 1613», en: *Criminal Justice History*, 9 (1988).
Oberman, Heiko A., *Masters of the Reformation*, Cambridge, 1981.
Oberman, Heiko A., *Luther: Man between God and the Devil*, New Haven, 1989.
Oesterreich, Traugott K., *Possession and Exorcism*, Nueva York, 1974.
O'Keefe, Daniel L., *Stolen Lightning: The Social Theory of Magic*, Nueva York, 1982.
O'Neil, Mary, «Magical Healing, Love Magic and the Inquisition in Late Sixteenth-Century Modena», en: *Inquisition and Society in Early Modern Europe*, ed. Stephen Haliczer, Totowa, N. J., 1987.
Ozment, Steven, *When Fathers Ruled*, Cambridge, 1983.
Parke, F. N., «Witchcraft in Maryland», en: *Maryland Magazine*, 31 (1936).
Parker, Geoffrey, «Some Recent Work on the Inquisition in Spain and Italy», en: *Journal of Modern History*, 54 (1982).
Parrinder, Geoffrey, *Witchcraft: European and African*, Londres, 1958.
Paulus, Nikolaus, *Hexenwahn und Hexenprozesse, vornehmlich im 16. Jahrhundert*, Friburgo, 1910.
Pearl, Jonathan L., «Witchcraft in New France in the Seventeenth Century: The Social Aspect», en: *Historical Reflections*, 4 (1977).
Pearl, Jonathan L., «Humanism and Satanism: Jean Bodin's Contribution to the Witchcraft Crisis», en: *Canadian Review of Sociology and Anthropology*, 19 (1984).
Pearl, Jonathan L., «Bodin's Advice to Judges in Witchcraft Cases», en: *Proceedings of the Annual Meeting of the Western Society for French History*, 16 (1989).
Perkins, William, *Discourse of the Damned Art of Witchcraft*, en: *Works*, III, Cambridge, 1613.
Peters, Edward, *The Magician, the Witch and the Law*, Philadelphia, 1978.
Peters, Edward, *Torture*, Oxford, 1985.
Peters, Edward, *Inquisition*, Nueva York, 1988.
Pfister, C., «Nicolas Remy et la sorcellerie en Lorraine à la fin du XVI siècle», en: *Revue Historique*, 93 & 94 (1907).

Pitt-Rivers, Julian, «Honour and Social Status», en: *Honour and Shame: The Values of Mediterranean Society*, ed. J. G. Peristiany, Chicago, 1966.
Pitts, John L., *Witchcraft and Devil Lore in the Channel Islands*, Guernsey, 1886.
Pohl, Herbert, *Hexenglaube und Hexenverfolgung im Kurfürstentum Mainz*, en: *Geschichtliche Landeskunde*, 32, Stuttgart, 1988.
Pollock, Adrian, «Social and Economic Characteristics of Witchcraft Accusations in Sixteenth and Seventeenth-Century Kent», en: *Archaeologia Cantiana*, 95 (1979).
Popkin, Richard H., *The History of Scepticism from Erasmus to Descartes*, Assen, 1960.
Rabb, Theodore, *The Struggle for Stability in Early Modern Europe*, Nueva York, 1975.
Radford, G. H., «Thomas Larkham», en: *Reports and Transactions of the Devonshire Association*, 24 (1892).
Rémy, Nicolas, *Demonolatry*, tr. E. A. Ashwin, ed. M. Summers, Londres, 1930.
Riezler, S., *Geschichte der Hexenprozesse in Bayern, 1896*, Stuttgart; reimpr. Aalen, 1968.
Robbins, Rossell Hope, *The Encyclopedia of Witchcraft and Demonology*, Nueva York, 1959.
Roper, Lyndal, «Witchcraft and Fantasy in Early Modern Germany», en: *History Workshop Journal*, 32 (1991).
Rose, Elliot, *A Razor for a Goat*, Toronto, 1962.
Rosen, George, «Psychopathology of the Social Process: (I) A study of the persecution of witches in Europe as a contribution to the understanding of mass delusion and psychic epidemics», en: *Journal of Health and Human Behavior*, 1 (1960).
Rothkrug, Lionel, «Religious Practices and Collective Perceptions: Hidden Homologies in the Renaissance and Reformation», en: *Historical Reflections*, 7 (1980).
Rothkrug, Lionel, «Icon and Ideology in Religion and Rebellion, 1300-1600: *Bauerfreiheit* and *religion royale*», en: Bak, J. M. y Benecke, G. (eds.), *Religion and Rural Revolt*, Manchester, 1984.
Russell, Jeffrey B., *Witchcraft in the Middle Ages*, Ithaca, 1972.
Ruthven, Margaret, *Torture: The Grand Conspiracy*, Londres, 1980.
Sabean, David W., *Power in the Blood: Popular Culture and Village Discourse in Early Modern Germany*, Cambridge, 1984.
Sawyer, Ronald C., «"Strangely handled in all her lyms": Witchcraft and Healing in Jacobean England», en: *Journal of Social History*, 22 (1989).
Schormann, Gerhard, *Hexenprozesse in Nordwestdeutschland*, Hildesheim, 1977.
Schormann, Gerhard, *Hexenprozesse in Deutschland*, Gotinga, 1981.

Scot, Reginald, *The Discoverie of Witchcraft*, ed. M. Summers, Londres, 1930; reimpr. Nueva York, 1972.
Scribner, Bob, «Witchcraft and Judgement in Reformation Germany», en: *History Today*, 40 (1990).
Sebald, Hans, *Witchcraft: The Heritage of a Heresy*, Nueva York, 1978.
Segl, Peter, *Der Hexenhammer: Entstehung und Umfeld des Malleus Maleficarum von 1487*, Colonia, 1988.
Seth, Ronald, *Children against Witches*, Nueva York, 1969.
Seymour, St. John, *Irish Witchcraft and Demonology*, Dublín, 1913.
Shapiro, Barbara, *Probability and Certainty in Seventeenth Century England*, Princeton, 1983.
Sharpe, J. A., «Witchcraft and Women in Seventeenth-Century England: Some Northern Evidence», en: *Continuity and Change*, 6 (1991).
Sharpe, J. A., *Witchcraft in Seventeenth-Century Yorkshire: Accusations and Counter-Measures*, Borthwick Paper nº 81, York, 1992.
Shumaker, Wayne, *The Occult Sciences in the Renaissance*, Berkeley, 1972.
Silverblatt, Irene, *Moon, Sun and Witches: Gender Ideologies and Class in Inca and Colonial Peru*, Princeton, 1987.
Soldan, Wilhelm G., y Heppe, Heinrich, *Geschichte der Hexenprozesse*, ed. M. Bauer, Munich, 1912.
Soman, A. F., «The Parlement of Paris and the Great Witch Hunt (1565-1640)», en: *Sixteenth Century Journal*, 9 (1978).
Soman, A. F., «Trente procès de sorcellerie dans le Perche (1566-1624)», en: *L'Orne Littéraire*, 8 (1986).
Soman, A. F., «Witch Lynching at Juniville», en: *Natural History*, 95 (1986).
Soman, A. F., «Le Rôle des Ardennes dans la décriminalisation de la sorcellerie en France», en: *Revue historique ardennaise*, 23 (1988).
Soman, A. F., «Decriminalizing Witchcraft: Does the French Experience Furnish a European Model?», en: *Criminal Justice History*, 10 (1989).
Souza, Laura de Mello e, *O diabo e a terra de Santa Cruz*, São Paulo, 1987.
Stafford, Helen, «Notes on Scottish Witchcraft Cases 1590-91», en: *Essays in Honour of Conyers Read*, ed. N. Downs, Chicago, 1953.
Stearne, John, *A Confirmation and Discovery of Witchcraft*, Londres, 1648.
Summers, Montague, *The History of Witchcraft*, Nueva York, 1956.
Szasz, Thomas, *The Myth of Mental Illness*, Nueva York, 1961.
Tazbir, Janusz, *A State without Stakes*, Wydawniczy, 1973.
Teall, John L., «Witchcraft and Calvinism in Elizabethan England: Divine Power and Human Agency», en: *Journal of the History of Ideas*, 23, 1962.
Tedeschi, John, «Preliminary Observations on Writing a History of the Roman Inquisition», en: F. F. Church y T. George (eds.), *Continuity and Discontinuity in Church History*, Leiden, 1979.
Tedeschi, John, «Inquisitorial Law and the Witch», en: *Early Modern European*

Witchcraft: Centres and Peripheries, eds. B. Ankarloo y G. Henningsen, Oxford, 1990.
Thomas, Keith, *Religion and the Decline of Magic*, Londres, 1971.
Thomasius, C., *Über die Folter*, tr. y ed. R. Lieberwirth, Weimar, 1960.
Thomasius, C., *Dissertatio de Crimine Magiae*, tr. R. Lieberwirth, Weimar, 1967.
Thompson, Roger, *Unfit for Modest Ears*, Londres, 1979.
Thorndike, Lynn, *A History of Magic and Experimental Science*, 8 vols., Nueva York, 1941.
Tourney, Garfield, «The physician and Witchcraft in Restoration England», en: *Medical History*, 16 (1972).
Trevor-Roper, H. R., «The European Witch-Craze of the Sixteenth and Seventeenth Centuries», en: Trevor-Roper, *The European Witch-Craze of the Sixteenth and Seventeenth Centuries and Other Essays*, Nueva York, 1969; y en: *Religion, the Reformation and Social Change*, Londres, 1967.
Unverhau, Dagmar, «Kieler Hexen und Zauberer zur Zeit der großen Verfolgung (1530-1676)», en: *Mitteilungen der Gesellschaft für Kieler Stadtgeschichte*, 68 (1981).
Unverhau, Dagmar, «Akkusationsprozeß-lnquisitionsprozeß: Indikatoren für die Intensität der Hexenverfolgung in Schleswig-Holstein», en: *Hexenprozesse: Deutsche und skandinavische Beiträge*, ed. C. Degn, H. Lehmann, y D. Unverhau, Neumünster, 1983.
Valentinitsch, Helfried (ed.), *Hexen und Zauberer: Die große Verfolgung - ein europäisches Phänomen in der Steiermark*, Graz, 1987.
Veith, Ilza, *Hysteria: The History of a Disease*, Chicago, 1965.
Volk, Franz, *Hexen in der Landvogtei Ortenau und der Reichsstadt Offenburg*, Lahr, 1882.
Wakefield, W. L., y Evans, A. P. (eds), *Heresies of the High Middle Ages*, Nueva York, 1969.
Walker, D. P., *Spiritual and Demonic Magic: From Ficino to Campanella*, Londres, 1958.
Walker, D. P., *Unclean Spirits: Possession and Exorcism in France and England in the Late Sixteenth and Early Seventeenth Centuries*, Londres, Philadelphia, 1981.
Walzer, Michael, *The Revolution of the Saints*, Cambridge, Mass., 1965.
Watkins, S. C., «Spinsters», en: *Journal of Family History*, 9. 1984.
Wesley, John, *The Journal of the Rev. John Wesley, A. M.*, Nueva York, 1906.
West, Robert H., *Reginald Scot and Renaissance Writings on Witchcraft*, Boston, 1984.
Weyer, Johann, *Witches, Devils and Doctors in the Renaissance: Johann Weyer's De Praestigiis Daemonum*, ed. George Mora, Binghamton, 1991.
White, Lynn, Jr., «Death and the Devil», en: *The Darker Vision of the Renaissance*, ed. R. S. Kinsman, Berkeley, 1974.
Whitelocke, B., *Memorials of the English Affairs*, Londres, 1682.

Wiers-Jenssen, Has, *Anne Pedersdotter: A Drama in Four Acts*, Boston, 1917.
Williamson, Arthur, *Scottish National Consciousness in the Age of James VI*, Edimburgo, 1979.
Willock, I. D., *The Origins and Development of the Jury in Scotland*, Edimburgo, 1966.
Wiseman, Richard, *Witchcraft, Magic and Religion in Seventeeth-Century Massachusetts*, Amherst, 1984.
Wright, A. D., *The Counter-Reformation*, Nueva York, 1982.
Wüst, Wolfgang, «Inquisitionsprozeß und Hexenverfolgung im Hochstift Augsburg im 17. und 18. Jahrhundert», en: *Zeitschrift für Bayerische Landesgeschichte*, 50 (1987).
Yates, F., *The Occult Philosophy in the Elizabethan Age*, Londres, 1979.
Zagorin, Pérez, *Rebels and Rulers, 1500-1660*, 2 vols., Cambridge, 1981.
Zguta, Russell, «Was there a Witch-Craze in Muscovite Russia?», en: *Southern Folklore Quarterly*, 40 (1977), 119-127.
Zguta, Russell, «Witchcraft Trials in Seventeenth-Century Russia», en: *American Historical Review*, 82. 1977.
Zika, Charles, «Fears of Flying: Representations of Witchcraft and Sexuality in Early Sixteenth-Century Germany», en: *Australian Journal of Art*, 8 (1989-90).
Zilboorg, G., *The Medical Man and the Witch during the Renaissance*, Nueva York, 1941.

MAPA

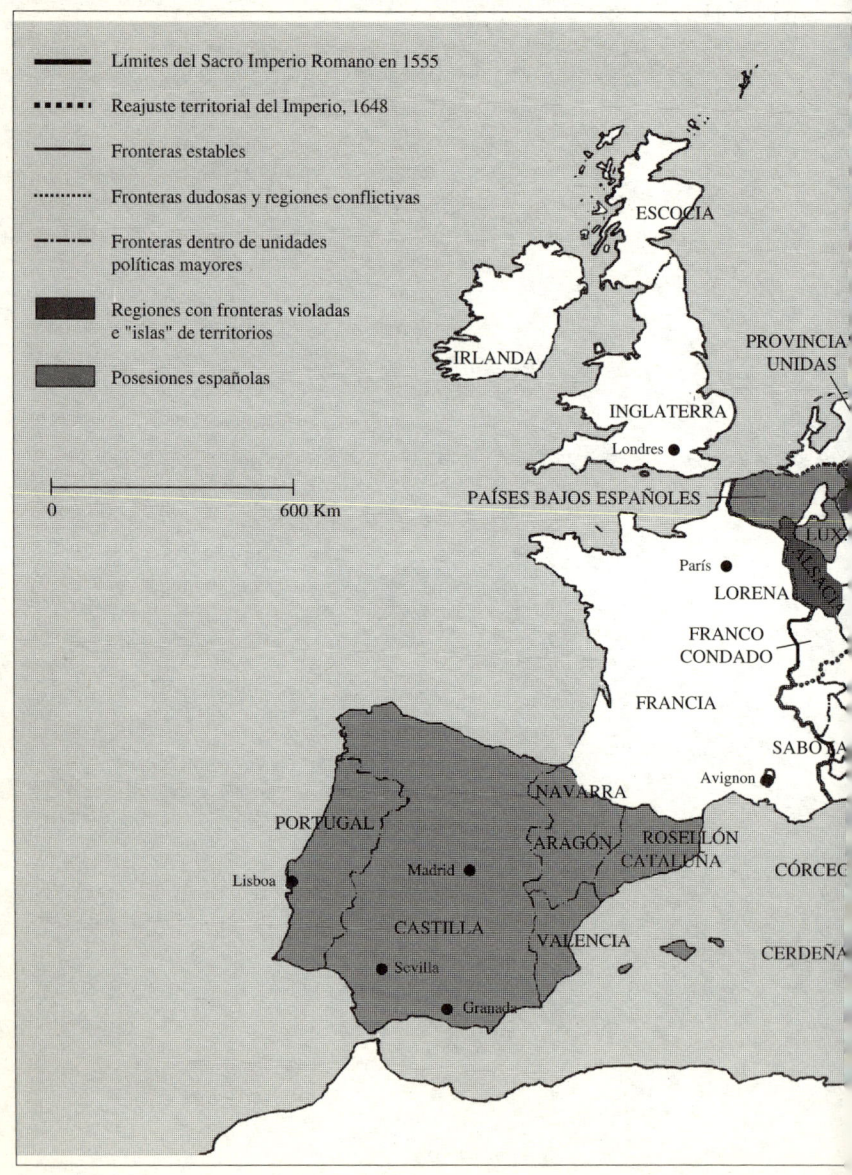

Europa a principios del siglo XVII

Mapa

ÍNDICE ONOMÁSTICO Y TEMÁTICO

Aberdeen, 172
absolución en juicios por brujería, 230, 232, 256, 268, 277, 278
adivinación, 30, 34, 148, 281, 297, 311
adivinos, 66, 311
adoración del diablo, 32, 33, 37, 38, 39, 40, 41, 54-72, 152, 153, 164, 168, 169, 174, 238, 261, 262, 264, 267, 270, 271, 280, 287
 ver también aquelarre
Agrippa, Cornelio de Nertesheim, humanista, 91, 92, 240
Agustín, obispo de Hipona, 62
agustinismo, resurgimiento del, 140n
Ahvenanmaa, provincia de, 268, 269
Aix-en-Provence, 218
Albertini, Arnaldo, obispo de Patti, 188
Alciati, Andrea, 91, 240
Alejandro IV, papa, 210n
Alemania,
 creencia en las brujas en, 33, 34, 271, 272, 289
 procesos por brujería en, 47, 48, 129, 130, 154, 173, 222, 237, 243, 247
 ver también Sacro Imperio Romano
Alençon, 313

alfabetización y brujería, 209
Alfonso de Espina, teólogo, 58
alquimia, 30
América portuguesa, 311
Ana de Dinamarca, reina de Escocia e Inglaterra, 216
anabaptistas, procesamiento de, 160, 161
Andalucía, provincia de, 187
Anglia oriental, 213
anglicanos, 145
aojamiento, 30
apelaciones en casos de brujería, 132, 133, 246, 265
apostasía, 64, 65, 117, 118
aquelarres, 31, 38, 41, 42, 44, 54, 59, 66-73, 86, 95, 96, 127, 184, 254, 255, 256, 262, 263, 264, 265, 275
 ver también culto al diablo
Aquino, Tomás de, 84
Aragón, reino de, 178, 285
Ardenas, región de las, 253
aristotelismo, 90, 91
Arnau de Vilanova, teólogo, 118
Asamblea General de Escocia, 257
Asmodeo, demonio, 58
Aston, John, acusado de brujería, 258

astrología, 30
Augsburgo, 184
Austria, 245
  abolición de la tortura en, 296, 297
  procesos por brujería en, 183, 243, 248, 274, 275, 296, 297
Auxonne, 99
Azande, tribu africana, 318

bailes nudistas, 53, 54, 67, 68
Bamberga, 46, 124, 172, 224, 229, 243
Baranowski, Bohdan, 270
Barberini, cardenal, 304n
Barcelona, 285
Basilea, obispado de, 177, 178, 191
  Concilio de, 96
Baviera, 223n, 247
Behemot, demonio, 58
Behringer, Wolfgang, 244
Bekker, Balthasar, ministro, 164, 301
Bélgica, abolición de la tortura en, 297
Belial, demonio, 58
Belcebú, demonio, 58
benandanti, 44, 89, 275
Bergen, 263, 264
Bergerac, Cyrano de, 186, 305
Berna, 71, 120
Berna, Jehanne, acusada de brujería, 217
Besançon, 215
beso obsceno, 66, 84
Biblia, 56, 58, 66, 79, 96, 138, 148, 152, 153, 163, 164, 242, 301
Binsfeld, Peter, 94n
Blackstone, William, jurista, 153
Blakulla, lugar de aquelarre, 268
Bodin, Jean, filósofo y demonólogo, 81, 94, 97, 153, 181, 241
Boguet, Henri, demonólogo, 51, 79, 86, 94, 95, 97, 126, 181, 212, 241
Bohemia, 139
  rebeldes acusados de brujería en, 96, 97
  procesos por brujería en, 248, 249
Boltigen, 71
Bordelon, Laurent, 305
Borgoña, archiduque de, 249

Bossy, John, 61
Bothwell, Francis Stewart Hepburn, conde de, 97
Boyer, Paul, 146, 170
Brabante del Norte, 250
Braintree, Essex, 172
Brujas nocturnas, 319, 320
brujas,
  edades de las, 185-190, 192, 198, 199
  consideradas rebeldes, 95, 96, 200-202
  apariencia física, 201, 202
  estado civil, 190-193
  personalidad, 197-200
  número de, 45-51, 72, 73, 315
  sexo, 176-185
  ver también mujeres brujas,
  condición económica y social, 194-197, 230, 231, 317-319
  estereotipo, 157, 179, 196, 228, 229
brujería
  concepto acumulativo de, 56-79, 94, 95, 115, 116, 137, 138, 208, 209, 250, 251, 269, 270, 281-284, 320, 321
  definición de, 27-35
  leyes contra la, 127, 128, 129, 130, 131, 132, 209, 240, 241, 242, 249, 250, 257, 258, 259, 260, 261, 262, 298, 299
  tratados sobre, 82-87, 115, 212, 239, 240, 241, 242, 281-283
Bucero, Martín, reformador, 138
Burke, Peter, 304
Burton, Robert, 187
buscadores de brujas, cazadores de brujas, 24, 25, 50, 212, 230, 269, 270
cazas de brujas,
  reacción en cadena, 179, 180, 223, 224
  características de la, 24, 25, 221, 222, 235, 236
  finalización de la, 226-236
  procesos individuales, 221, 222, 291, 292
  grandes, 223-226, 291, 292
  de magnitud mediana, 222, 223

Índice onomástico

calvinistas, 144, 145, 164
Calvino, Juan, reformador, 138, 142, 143, 161
Cambrésis, procesos por brujería en, 124, 146, 208
canibalismo, acusaciones de, 53, 54, 68, 69, 71, 72, 85, 86, 184, 218, 255, 256
Canisio, Pedro, 143, 144
canon *Episcopi*, 74, 77, 78, 92, 93
capitalismo, 169, 170, 203, 204
Cardano, Girolamo, 194
Carena, Cesare, 113n
Carlos el Temerario, duque de Borgoña, 97
Carlos IX, rey de Francia, 51
Carlos VI, emperador del Sacro Imperio Romano, 275
Carlos XI, rey de Suecia, 266
Caro Baroja, Julio, 281
Carolina, codigo de derecho imperial, 130, 210, 246, 246
Carpzow, Benedict, demonólogo, 86, 95, 275
cartesianismo, 300, 301
Castilla, reino de, 109, 178, 179
Cataluña, 239
catarismo, 67, 68
cátaros, 60, 69, 70
católicos, 139, 140, 145, 153-161, 163, 164
Cernuno, dios celta, 57
Chambéry, 217
Chelmford, Essex, 172
Chester, obispo de, 230
ciudades, brujería en las, 171-176
Clarke, Elizabeth, acusada de brujería, 218
Cleary, Bridget, 313
clero y caza de brujas, 87, 88, 95, 96, 118-121, 123-125, 148, 149, 150, 220, 221, 232, 251, 260, 261, 264, 268, 305
Coggeshall, Essex, 172
Cohn, Norman, 71
Colley, Thomas, 312
Colonia,
  obispado de, 160
  universidad de, 83, 84

comadronas brujas, 182, 183, 184, 186
Como, diócesis de, 239
Compañía de Jesús, 139
compurgación, 102
comunistas, 314, 315
confesión auricular, 145
confesiones de las brujas, 37-43, 78, 81, 82, 88, 108, 109, 126, 127, 198, 217, 218
confiscaciones de las propiedades de las brujas, 230, 231
Conjuración papista de, 226
Conmel, Tipperary, 313
Consejo Privado escocés, 131, 220, 224, 230, 232, 234
Consejo Privado inglés, 230, 255
construcción del Estado y brujería, 133, 134, 251, 252, 253
contramagia, 150
Contrarreforma, 25, 138, 139, 146, 148, 149, 153, 273, 290
Copenhague, 133
Copérnico, Nicolás, 300
cosacos, rebelión, 272
Cotta, John, médico, 304
covenanters escoceses, 96
creencias populares en las brujas, 43, 44, 45, 54, 74-77, 79, 80, 81, 88, 89, 208, 263, 292, 293, 305, 306, 311, 312
crimen *exceptum*, 112
Cristian, rey de Dinamarca, 133
cristianización, 144, 145, 146, 161, 162, 163, 242, 251, 252, 306
Cristina, reina de Suecia, 266
culpa, proyección sobre las brujas, 145, 146, 147, 195, 309
culto al diablo, *ver* adoración del diablo
culto brujeril, existencia del, 42, 43, 81, 82
curanderos mágicos, 150, 182, 186, 220, 275, 276
Czartoriski, Casimir, obispo de Leslau, 272

Dalecarlia (Dalarna), provincia de, 266, 267
Dalkeith, Midlothian, 172

Dedham, Essex, 173, 174
defixio, 36
Del Río, Martín, demonólogo, 86, 87, 241, 283
Delaware, colonia de, 259
demoniacos, 164, 198, 218, 219, 223, 225, 226, 307
demonios, 28, 56, 57, 58, 70, 91, *ver también* íncubos, súcubos
demonología, 74, 75, 76, 142
demonólogos, 58, 80, 87, 141, 241
Demos, John, 244
derecho canónico, 74, 75, 76
Derecho municipal de Buda, 274
derecho romano, 93, 103, 107, 108, 116, 256
Descartes, René, 299, 300
destierro de brujas, 126, 127, 284
diablo, 31, 32, 275, 276
   representación del, 56, 57
   miedo al, 95, 140, 141, 142, 143, 242
   poderes del, 59-62, 93, 94, 300
   tentaciones del, 53, 144, 182, 190, 191
   ver también culto al diablo, adoración del diablo, Lucifer, pacto con el diablo, Satanás
diabolismo
   ver adoración del diablo
Diana, diosa, 57, 73, 74, 75, 198, 218
Dick, John, cazador de brujas, 230
Dieta imperial, *ver* Reichstag
Diez Mandamientos, 61
Dillingen, 183
Dinamarca, procesos por brujería en, 30, 31, 216, 260, 261
Dinka, tribu sudanesa, 319
dioses paganos, 28, 57, 58, 316
   ver también Cernuno, Diana, Hécate, Hera, Holda, Pan, Zeus
diurnas, brujas, 182, 183
Douai, 239
Dreissigacker, 113
Dreyer, Karl Theodore, 263
drogas y brujería, 42, 43, 77, 78
Du Mont, Collette, acusada de brujería, 39, 40
Dupont-Bouchat, Marie-Sylvie, 244

Echter, Julius von Mespelbrunn, obispo de Würzburg, 156
Edimburgo, 131
Eichstätt, príncipe obispo de, 50. 51
ejecuciones de brujas, 23, 24, 45, 46, 83, 84, 99, 124-127, 156, 265, 277, 278
Ellwangen, *Fürstpropstei* de, 124, 224, 243, 247
Elsinore, 133
enfermedad mental y brujería, 41, 198, 199
Enrique IV, rey de Francia, 154
epilepsia, 304
episcopalianos escoceses, 156
Erasmo, Desiderio, 91, 152, 240
Erastus, Thomas, 94, 241, 303
escepticismo, 35, 74, 75, 77, 90-94, 132, 161, 162, 164, 210, 229, 234, 240, 274, 282, 295, 298, 299, 303, 305, 306
escoba, mango de, 77
Escocia,
   procedimientos legales en, 106, 107
   creencia en las brujas en, 72, 73, 253, 254, 255, 256
   procesos por brujería en, 45, 47, 48, 130, 131, 132, 153, 154, 182, 214, 216, 224, 225, 228, 229, 231, 234
escolasticismo, 90, 140, 141, 300, 301
escolásticos, filósofos y teólogos, 59, 64, 65, 141, 142
España,
   creencia en las brujas, 87, 88, 209, 280, 281
   procesos por brujería en, 126, 127, 128, 129, 155, 156, 223, 234, 279-287
espectral, prueba, 296
Espira, 129, 293
espíritus familiares, 313
Essex, condado de (Inglaterra), 48, 146, 156, 177, 185
Estados Unidos de América, brujería en los, 315-319
Estocolmo, 221, 265, 266
Estonia, 177, 178, 267
eucaristía, 53, 54, 69, 164
evocación, 72

Exodo, prohibición de la brujería en el, 142, 153, 162
exorcismo, 147, 148, 161, 162, 164, 175
Eymeric, Nicholas, inquisidor, 64, 84, 113, 283

Federico Guillermo I, rey de Prusia, 311
Felipe II, rey de Esaña, 249n
fertilidad, cultos de, 43, 44, 57, 58, 59, 80, 284
Feyerabend, Sigmund, 58
Fian, Dr., acusado de brujería, 114
Finlandia
    creencia en las brujas en, 267, 268
    procesos por brujería en, 48, 164n, 173, 178, 267-270
Florencia, 93
Fontaine, Jacques, 303
Francia,
    creencia en las brujas en, 33, 73, 282
    procesos por brujería en, 48, 49, 132, 153, 154, 243
Franco-Condado, provincia del, 48, 158, 178, 218, 245
Franconia suiza, 312
Fraude del Colgante, 230, 233
Freudenberg, 156
Friburgo, 223
Friuli, provincia de, 44, 80, 89, 275

Gadiach, 277
Galileo, 300
Galizia, región de, 271
Gardner, Gerald, brujo, 316
garrucha, 111, 314
Geiss, Georg Ludwig, 293
Génova, 245
Gerson, Jean, 62
Gifford, George, ministro, 162
Ginebra, procesos por brujería en, 47, 48, 126, 174, 185, 217, 249
Ginzburg, Carlo, 44
Glaris, Suiza, 311
goliardos, 43, 44
Goya, Francisco José de, 305
granizadas y brujería, 162, 216, 275, 276

Greyerz, Peter von, 71, 80
Grillandus, Paulus, demonólogo, 38, 85, 86, 239, 281
Groninga, 250, 251
Gronning, 312
Guazzo, Francesco Maria, demonólogo, 87, 95, 281
Guerra de los Treinta Años, 139, 155, 158, 266
Guernsey, isla de, 39, 48
guerra civil, inglesa, 255
guerra y brujería, 94, 95, 191, 192, 214, 215, 272, 307, 309-310
guerras civiles, Francia, 139, 155
guerras de religión, 24, 25, 158, 159, 160, 306, 307
Guillermo V, duque de Cléveris, 92

Haddington, duque de, 220
Hahn, Elizabeth, acusada de brujería, 313
Halle, universidad de, 298
hambruna, 212, 213, 242
Hausmännin, Walpurga, acusada de brujería, 184
Hécate, 73
hechicería,
    definición de la, 29, 30
    política, 96, 179, 180, 196, 197, 238, 276
    práctica de la, 36, 37
    ver también maleficium, maleficia
hechizos, 64, 179, 195, 198, 238, 239
Hera, diosa, 73
herejes, 85, 96, 107, 115, 144, 158, 159, 178
herejía dualista, 60, 141, 161
herejía, 65, 79, 80, 93, 106, 107, 108, 109, 110, 117, 118, 119, 120, 124, 125, 150, 151, 157, 160, 161, 178, 210, 254, 274, 278, 281, 283
herencia de propiedades y brujería, 197
Himmler, Heinrich, 47
Hincmaro de Reims, arzobispo, 63
Hispanoamérica, procesos por brujería en, 279, 280, 311

histeria, 179, 180, 198, 223, 224, 227, 292, 293, 304
Hoarstones, Lancashire, 230
Hogarth, William, 305
Holanda, Países Bajos del Norte (Provincias Unidas), 245
  creencia en las brujas en, 250, 251
  procesos por brujería en, 251, 252, 291, 292
Holda, diosa de la fertilidad, 73
hombres brujos, 177, 178. 303, 304
homosexualidad y brujería, 68, 199
honorarios legales, 230, 231
Hopkins, Mattthew, cazador de brujas, 208. 218, 225, 267
Horacio, 281
House Un-American Activities Committee, 315
Hugonotes, 154, 155
humanismo, 77, 90, 91, 92, 93, 94, 282
Humphrey, Hubert, 315
Hungría, 297
  creencia en las brujas, 126, 127, 274, 275, 276
  procesos por brujería en, 178, 183 y n, 215, 216, 243, 269, 270, 274-277
Hutcheson, James, ministro, 152
Hutchinson, Anne, 158
Iglesia
  inglesa, 301
  medieval, 65, 67, 75, 90, 91, 101, 102, 103, 109, 117, 118, 119, 133
  católica romana, 44, 126, 127, 138, 139

impotencia sexual, 27, 183n, 215
imprenta, introducción de la, 83
incesto, 69
íncubos, demonios, 59
indicia, 111
infanticidio y brujería, 53, 70, 71, 72, 73, 74, 75, 183, 184, 319
inflación, 196, 241, 242
Inglaterra,
  procedimiento legal en, 105, 106, 210-211
  creencia en las brujas en, 33, 34, 117, 118, 254, 255
  procesos por brujería en, 183, 185, 207, 208, 210, 214, 219, 225, 254-257
Inocencio IV, papa, 109
Inocencio VIII, papa, 84, 120, 210
Inquisición,
  papal, 25, 121, 130, 284, 285
  portuguesa, 121, 278, 279
  romana, 121, 149, 150, 179, 283, 284
  española, 121, 126, 130, 150, 179, 283, 284
  veneciana, 44, 189, 279, 285
Irlanda, procesos y ejecuciones por brujería, 156, 257, 258
Isabel I, reina de Inglaterra, 97
Islas británicas, caza de brujas en las, 254, 255, 256, 257
  ver también Inglaterra Irlanda, Escocia
Italia,
  creencia en las brujas en, 34, 73, 74, 280, 281
  procesos por brujería en, 85, 86, 238, 239

Jacobo VI y I, rey de Escocia e Inglaterra, 65, 97, 133, 216, 255
Jacquier, Nicholas, 241
Jerónimo, san, Padre de la Iglesia, 63
Jorden, Edward, médico, 303
Juan de Salisbury, 75
Juan Pablo II, papa, 313
judaísmo, 55, 56
judíos, 69, 80, 274, 285, 286
jueces de paz ingleses, 219
juicio por combate, 102
juicios de Dios, *ver ordalías*
Jura, región del, procesos por brujería en la, 147, 178, 179
jurados, 105, 106, 211, 256, 257
Justiciary Court (Tribunal Supremo) escocés, 131
Jutlandia, 133

Kempten, territorio de, 311
Kent, condado de, 190
Kepler, Juan, 300

Kieckhefer, Richard, 238
Kilkenny, Irlanda, 70
Kincaid, John, cazador de brujas, 230
kirk sessions (tribunales inferiores de la iglesia escocesa), 220, 257
Kramer, Heinrich, demonólogo, 83, 181
Kytler, Alice, 70, 71, 72, 258

Labourd, Pays de, caza de brujas en el, 46, 72, 86, 97, 201, 224
Lamia, reina mítica de Libia, 73
lamiae, 73
Lancashire, 156
Lancre, Pierre de, 86, 97, 241, 253n, 282
Langbein, John, 113
Languedoc, provincia de, 44, 239
Larkham, Thomas, 97
latitudinarios, 304, 307
LaVey, Anton, 317
Le Roy Ladurie, Emmanuel, 44, 200
Lea, Charles Henry, 46
Leipzig, tribunal supremo de, 87
Letrán, Cuarto Concilio de, (1215), 103
Leviatán, demonio, 58
Ley de pobres inglesa, 309
ley mosaica, 152
licántropos, 79
Lille, 218
Limburgo, 250
Lindheim, ciudad de, 293
Lituania, ducado de, 270
Livonia, 267
Logroño, 234
Lorena, ducado de, 47, 159n, 214, 249, 250, 253n
Loudun, 172, 175, 218
Louviers, 218
Lucerna, 178n, 191n, 199
Lucifer, 58
Lugbara, tribu africana, 319
Luis II, rey de Hungría, 274
Luis XIV, rey de Francia, 235, 252
Lukh, 277
Lutero, Martín, reformador, 138, 139, 141, 142, 143, 161, 239
Luxemburgo, ducado de, procesos por brujería en, 48, 158, 239, 241n, 250
Lyderhorn, montaña, 264

Macfarlane, Alan, 145, 196
Madrid, 130, 235, 285
magia amatoria, 29, 63, 148, 149, 189
magia blanca y brujería, 34, 35, 37, 149, 150
magia ritual, 31, 33, 34, 72, 73, 179, 180, 238, 286, 287, 295, 296
magia, 26, 27, 28, 29, 30, 31, 37, 63, 90, 91, 147
  ver también magia matoria, magia ritual, *maleficium*, magia blanca y brujería
magos eruditos, 63, 91, 92, 302, 303
mal de ojo, 84, 150
maldición, 198, 201
Malebranche, Nicolás de, 305
maleficium, maleficia, 27, 29, 30, 31, 32, 33, 34, 37, 39, 61, 65, 69, 70, 71, 143, 162, 168, 169, 179, 222, 230, 238, 259, 260, 263, 264, 265, 271, 276, 289, 295, 303, 319
Malleus Maleficarum, 67, 76, 83, 84, 85, 86, 87, 120, 181, 182, 239, 241, 271, 274
maniqueos, 61
Manningtree, Essex, 218
marca del diablo, 53, 80, 84, 220, 224, 231, 275, 292, 293, 296
María Teresa, emperatriz, 297
Marmande, localidad de, 99
Maryland, colonia de, 259
Masefield, John, 263
Mather, Increase, 85n
mecanicista, filosofía, 300, 301, 302
Mecklenburgo, ducado de, 247
Meder, David, ministro, 153
médicos y brujería, 183, 184, 293, 303, 304, 305
melancholia, melancolía, 41, 93, 94, 198, 199, 302, 303
Mergentheim, 124
Merse y Teviotdale, sínodo de, 150
metamorfosis, 76, 77, 78, 79, 263, 264

Midelfort, H. C. Erik, 157, 244
Milán, 174, 217, 245
milenarismo, 144, 213, 308
Miller, Arthur, 314
misa católica, 68, 138
misa negra, 68
Módena, 182
Mohács, batalla de, 274
Moldavia, procesos por brujería en, 244, 245, 270
Molitor, Ulrich, demonólogo, 78
Montaigne, Michel de, 91
Montbéliard, 191, 246
Monter, William, 147, 178, 244
Mora, Suecia, 190, 192n, 220
More, Henry, filósofo, 301
Moscú, 277, 278
Muchembled, Robert, 170, 244
mujeres brujas, 24, 37, 38, 65, 77, 146, 147, 176-185
Murray, Margaret, 43, 44, 81, 316

Namur, condado de, 48, 177, 239
Nantes, Edicto de (1598), 154
Nebra, Turingia, 153
necromancia, 30, 36, 63
neoplatonismo, 90, 91, 282, 302
Neuchâtel, 217, 222
Newbattle, Midlothian, 293
Newton, Florence, «Bruja de Youghal», 258
Newton, sir Isaac, 300
niceno, Credo, 68
Nider, Johannes, 62, 71n, 95n
nigromantes, 63, 65, 92, 93
niños,
    víctimas de la brujería, 183, 184, 217, 218; *ver también* infanticidio
    brujos, 188, 189, 190, 196, 197
    testigos contra brujas, 188, 189, 192, 193, 217, 218, 266, 267, 268, 269
    hijos de brujas, 189, 190, 225, 226
Nissenbaum, Stephen, 146, 170
Normandía, 252
Noruega,
    normas procesales en, 263, 264
    creencia en las brujas en, 33, 34, 80, 81, 262, 263
    procesamientos por brujería en, 48, 194, 199n, 262, 263, 264, 265
Nueva Inglaterra, procesos por brujería en, 151, 178, 183, 194, 197, 199n, 243, 259, 260
Nueva Jersey, colonia de, 259
Nueva York, colonia de, 259
Nuremberg, 239

Offenburg, 225, 226
ordalías, 102, 103, 124, 275, 276
Orleáns, obispo de, 312
Ortenau, *Landvogtei* de, 125, 225
ortodoxo, cristianismo, 270, 279
Osborne, Ruth, 312
Ossory, obispo de, 71
Ostrobotnia, provincia de, 47, 268, 269
otomano, Imperio, 269, 270, 274

pacto con el diablo, 31, 38, 53, 54, 62, 63, 64, 65, 152, 161, 162, 181, 194, 195, 204, 209, 210, 218, 250, 251, 271, 295
paganismo, 147-150, 267, 276, 277, 278
País Vasco,
    procesos por brujería en el, 88, 155, 156, 189, 190, 218, 279, 280
Países Bajos, 58, 146, 239, 243, 249, 250
    ver también Luxemburgo, Holanda
Palladius, Peter, obispo de Zelandia, 157, 261
Pan, dios grecorromano, 57
Páramo, Luis de, 46n
París, 158
    univesidad de, 62
Parlamento británico, 298, 311
Parlamento escocés, 121, 122, 132, 224
Parlamento inglés, 121
Parlement de París, 132, 183, 235, 311
Parlemente de Rouen, 235, 252
parlementes provinciales, 132, 233
Parris, Samuel, ministro, 89, 211
Pedersen Beyer, Absalon, ministro, 263, 264

Perchta, diosa de la fertilidad, 73
Perkins, William, ministro, 97, 148
Persdotter, Karin, acusada de brujería, 263, 264, 265
Perú, brujas en, 200
peste negra, 95
peste y brujería, 95, 192, 213, 216, 217
peste, popagadores de la, 174, 217
Phips, sir William, gobernador de Massachusetts, 229
Pico della Mirandola, Giovanni, 92
Plantsch, Martin, profesor, 240
Polonia, procesos por brujería en, 47, 123, 139, 140, 173, 174, 215, 216, 243, 269, 270, 271, 272, 273, 274, 277
Pomponazzi, Pietro, 91, 240
Portugal, procesos por brujería en, 280
posesión demoniaca, 59, 60, 99, 164, 165, 217, 218, 219, 245, 259, 260, 277, 278, 306
Posidón, 77
Poznan, ciudad de, 311
predestinación, doctrina de la, 144
presbiterianos, 155, 156
procedimiento acusatorio, 100-103, 262, 275, 276
procedimiento inquisitorio, 103-106, 211, 238, 272, 275, 278, 289
  inquisidores, 58, 63, 64, 65, 81, 82, 109, 119, 120, 122, 123, 129, 148, 169, 210, 212, 232, 241, 254, 280, 283, 286
promiscuidad sexual de las brujas, 53, 54, 68, 80, 81, 184
protestantes, 138, 139, 140, 143, 145, 146, 153-161, 164
  ver también anglicanos, calvinistas, luteranos
prueba de flotamiento, 312
prueba, ley de, 152, 153
Prusia, 272
Psilandr, Nils, 268
Pskov, ciudad de, 277
punzadores, 201, 231
  ver también marca del diablo
puritanos, 155, 156

Quedlinburg, convento de, 51

Rábano Mauro, 36
Ralph of Coggeshall, 68
rebelión y brujería, 94, 95, 96, 97, 98
Reforma
  protestante, 24, 54, 55, 61, 62, 86, 95, 121, 129, 138-165, 239, 240, 241, 273, 290
  católica; *ver* Contrareforma
Regino de Prümm, 74
Reichskammergericht, 129
Reichstag, 129
Reims, 63
religión y magia, 27, 28, 29
Rémy, Nicolas, demonólogo, 86, 95, 194, 250
Renacimiento, 90, 91, 92, 240, 281, 282
Renania, 83
Rethelois, ducado de, 51
Richelieu, Armand Jean du Plessis, cardenal, 155
Ringingen, 114
ritos obscenos, 53, 54, 84, 86
Robinson, Edmund, 230
Rojas, Fernando de, 281
Roma, 85, 121, 285
Roper, Lyndal, 184
Rothkrug, Lionel, 97
Rothovius, Isaac, 267
Rottenburg, 228
Rouen, 224, 227, 235
Rusia,
  creencia en las brujas en, 34, 276, 277, 278
  procesos por brujería en, 178, 179, 269, 270

Saboya, ducado de, 245
Sacro Imperio Romano, 97, 109, 129, 154, 210, 245, 288
sacudimiento, 112
Sajonia, 87, 189
Salazar Frías, Alonso de, 38, 234, 285
Salem, Massachusetts, procesos por bru-

jería en, 37, 123, 126, 146, 191, 201, 228, 259, 260
Sampson, Agnes, acusada de brujería, 157, 158
Samuelston, 220
Santo Oficio, Congregación Romana del, 283, 285, 286
  ver también Inquisición romana
Sardo, Domingo de, 212
Satanás, 56, 57, 58, 86, 126, 141, 142, 278, 307
  ver también diablo
satanistas, 316, 317
Schleswig-Holstein, 183
Schormann, Gerhard, 157, 244, 247
Scot, Reginald, 91, 94, 158, 186, 299
Sanate Permanent Investigations Committee, 315
senilidad de las brujas, 198, 302, 303
señoras de la noche, creencia en las, 73, 74
Siebenburgen, 276
Siete Pecados Capitales, 61
sífilis, 25
Silesia, 245
Spee, Friedrich, 296
Sprenger, Jakob, demonólogo, 83, 181
Spülerin, Anna, acusada de brujería, 114
Stearne, John, cazador de brujas, 208, 218, 225
Stedelen, acusado de brujería, 71
strigae, 74, 75, 76, 188
súcubos, demonios, 59
Suecia,
  creencia en las brujas en, 80, 81, 155
  procesos por brujería en, 151, 191, 265, 266, 267, 268
suicidio de brujas, 41. 99, 100
Suiza, 47, 48, 245
  religión en, 154, 155
  procesos por brujería en, 153, 154, 217, 218, 222, 243, 248, 249
Summis desiderantes, bula papal, 84, 85, 120, 210
superstición, 49, 73, 74, 147, 148, 149, 150, 157, 174, 267, 297, 304, 305, 306
Szeged, 184, 275

talión, 101, 102, 210, 275
táltosok, 275
Tartu, Academia de, Estonia, 267
Tengler, Ulrich, 120
Teófilo, san, 62, 63
Terranova, 72
terror rojo, 226
Thomas, Keith, 170
Thomasius, Christian, profesor, 298
tormentum insomniae, 114
tortura, 38-41, 81, 82, 108-117, 130, 131, 132, 133, 170, 211, 220, 222, 225, 226, 229, 248, 249, 250, 251, 255, 256, 259, 265, 275, 278, 283, 284, 289, 296, 297, 298, 314
Toscana, 245
Toul, ciudad de, 178, 190
traición, 96, 97, 98, 109
Tranent, East Lothian, 80
Transilvania, procesos por brujería en, 122, 209, 243, 270, 274, 275, 276, 277
Trento, concilio de, 139
Tréveris, procesos por brujería en, 124, 172, 208, 212, 228, 230, 231
Trevor-Roper, H. R., 287
tribunales de la iglesia
  ver tribunales eclesiásticos,
tribunales,
  de distrito, 131, 132, 133
  eclesiásticos, 23, 35, 50, 100, 104, 110, 118, 119, 122, 124, 127, 150, 151, 179n, 240, 241, 271, 273, 274
  episcopales, 70, 117, 118, 119, 120, 130
  civiles, 23, 35, 94, 100, 117, 118, 120, 122, 124, 125, 126, 127, 179n, 241, 273, 283
  ver también Inquisición
Tring, Hertfordshire, 312
Trois-Eschelles, acusada de brujería, 51
Tubinga, 240
Turku, Academia de, 267, 268

universidades y brujería, 82, 83, 248, 249, 268

Utrecht, 250

Valaquia, provincia de, 244, 270
valdense, secta, 68, 178, 217, 218
valdenses, 79, 80, 120
varilla de zahorí, 77
Vaud, Pays de, 48, 178, 213, 249
Venecia, 179, 191, 285
Verden, territorio de, 266
Verona, 109
Vevey, ciudad de, 217
Virginia, colonia de, 259
viudas, brujas, 190, 191, 192
Vizcaya, 285
vuelo de las brujas, 37, 41, 54, 72-79, 217, 218, 227, 255, 263, 278, 279

Wesley, John, 153
Westfalia, Paz de, 307
Weyer, Johann, 41, 78, 91, 92, 93, 152, 198, 299, 303
wicca, 316
Wiers-Jenssen, Hans, 263
Wiestensteig, 216
Wittenberg, iglesia del castillo de, 139
Württemberg, ducado de, 158, 187, 201, 311
Würzburg, 124, 172, 189, 224, 229, 243, 311

Zeus, 73
Ziarnko, Jan, 87
Zwinglio, Huldreich, reformador, 138

Alianza Universidad

Ultimos títulos publicados

663 R. Descartes: **El tratado del hombre**

664 Peter Burke: **La cultura popular en la Edad Moderna**

665 Pedro Trinidad Fernández: **La defensa de la sociedad**

666 Michael Mann: **Las fuentes del poder social**

667 Brian McGuinness: **Wittgenstein**

668 Jean-Pierre Luminet: **Agujeros negros**

669 W. Graham Richards: **Los problemas de la química**

670 Ludwig Wittgenstein: **Diarios secretos**

671 Charles Tilly: **Grandes estructuras, procesos amplios, comparaciones enormes**

672 P. Adriano de las Cortes (S.I.): **Viaje de la China.** Edición de Beatriz Moncó

673 Paul Martin y Patrick Bateson: **Medición del comportamiento**

674 Otto Brunner: **Estructura interna de Occidente**

675 Juan Gil: **Hidalgos y samurais**

676 Richard Gillespie: **Historia del Partido Socialista Obrero Español**

677 James W. Friedman: **Teoría de juegos con aplicaciones a la economía**

678 Fernand Braudel: **Escritos sobre la Historia**

679 Thomas F. Glick: **Cristianos y musulmanes**

680 René Descartes: **El Mundo o el Tratado de la Luz**

681 Pedro Fraile: **Industrialización y grupos de presión**

682 Jean Levi: **Los funcionarios diarios**

683 Leandro Prados y Vera Zamagni (eds.): **El desarrollo económico en la Europa del Sur**

684 Michael Friedman: **Fundamentos de las teorías del espacio-tiempo**

685 Gerolamo Cardano: **Mi vida**

686 Francisco Sánchez-Blanco: **Europa y el pensamiento español del siglo XVIII**

687 Jagdish Bhagwati: **El proteccionismo**

688 Carl Schmitt: **El concepto de lo político**

689 Salomon Bochner: **El papel de la matemática en el desarrollo de la ciencia**

690 Hao Wang: **Reflexiones sobre Kurt Gödel**

691 David Held: **Modelos de democracia**

692 Enrique Ballestero: **Métodos evaluatorios de auditoría**

693 Martin Kitchen: **El período de entreguerras en Europa**

694 Marwin Harris y Eric B. Ross: **Muerte, sexo y fecundidad**

695 Dietrich Gerhard: **La vieja Europa**

696 Violeta Demonte: **Detrás de la palabra**

697 Gabriele Lolli: **La máquina y las demostraciones**

698 C. Ulises Moulines: **Pluralidad y recursión. Estudios epistemológicos**

699 Rüdiger Safranski: **Schopenhauer y los años salvajes de la filosofía**

700 Johannes Kepler: **El secreto del universo**

701 Miquel Siguan: **España plurilingüe**

702 El silencio: **Compilación de Carlos Castilla del Pino**

703 Pierre Thuillier: **Las pasiones del conocimiento**

704 Ricardo García Cárcel: **La leyenda negra**

705 Miguel Angel Escotet: **Aprender para el futuro**

706 Martin Heidegger: **La fenomenología del espíritu de Hegel**

707 Clara Eugenia Núñez: **La fuente de la riqueza**

708 Fernando Ainsa: **Historia, utopía y ficción de la Ciudad de los Césares**

709 John Keane: **Democracia y sociedad civil**

710 A. Lafuente y J. Sala Catalá: **Ciencia colonial en América**

711 Gerold Ambrosius y William H. Hubbard: **Historia social y económica de Europa en el siglo xx**

712 Jean Delumeau: **La confesión y el perdón**

713 Claus Offe: **La sociedad del trabajo**

714 Alejandro R. Garciadiego Dantán: **Bertrand Russell y los orígenes de las «paradojas» de la teoría de conjuntos**

715 Morris Kline: **El pensamiento matemático de la antigüedad a nuestros días, I**

716 Pedro Miguel González Urbaneja: **Las raíces del cálculo infinitesimal en el siglo XVII**

717 Alfonso Botti: **Cielo y dinero**

718 Teresa Carnero Arbat (Edición): **Modernización, desarrollo político y cambio social**

719 Jacob A. Frenkel y Assaf Razin: **La política fiscal y la economía mundial**

720 M.ª Luisa Sánchez-Mejía: **Benjamin Constant y la construcción del liberalismo posrevolucionario**

721 Charles Tilly: **Coerción, capital y los estados europeos, 990-1990**

722 Vicent Llombart: **Campomanes, economista y político de Carlos III**

723 N. G. L. Hammond: **Alejandro Magno**

724 Morris Kline: **El pensamiento matemático de la Antigüedad a nuestros días, II**

725 Thomas F. Glick: **Tecnología, ciencia y cultura en la España medieval**

726 E. J. Aiton: **Leibniz. Una biografía**

727 Heinz Duchhardt: **La época del absolutismo**

728 Lawrence M. Krauss: **La quinta esencia**

729 Morris Kline: **El pensamiento matemático de la Antigüedad a nuestros días, III**

730 Heiko A. Oberman: **Lutero**

731 Hugo Ott: **Martin Heidegger**

732 Heinrich Lutz: **Reforma y contrarreforma**

733 Jorge Benedicto, Fernando Reinares y otros: **Las transformaciones de lo político**

734 Pablo Fernández Albaladejo: **Fragmentos de monarquía**

735 S. Bowles, D. M. Gordon y T. E. Weisskopf: **Tras la economía del despilfarro**

736 Stephen Jay Gould: **La flecha del tiempo**

737 Serge Lang: **El placer estético de las matemáticas**

738 Malcolm S. Longair: **Los orígenes del universo**

739 Erwing Schrödinger: **La estructura del espacio-tiempo**

740 Valentin Nikólaievich Voloshinov: **El marxismo y la filosofía del lenguaje**

741 Margaret L. King: **Mujeres renacentistas. La búsqueda de un espacio**

742 Robert W. Smith: **El universo en expansión**

743 Thomas Crump: **La antropología de los números**

744 Carlos Castilla del Pino (Dirección): **La obscenidad**

745 Leandro Prados de la Escosura y Samuel Amaral (Editores): **La independencia americana: consecuencias económicas**

746 William R. Shea: **La magia de los números y el movimiento**

747 Julian Pitt-River y J. G. Peristiany (Editores): **Honor y gracia**

748 Joel Mockyr: **La palanca de la riqueza**

749 Anthony de Jasay: **El Estado**
750 Niklas Luhmann: **Teoría política en el estado de bienestar**
751 Santiago Muñoz Machado: **La Unión Europea y las mutaciones del Estado**
752 David Ruelle: **Azar y caos**
753 Jesús Mosterín: **Filosofía de la cultura**
754 Francisco Rico: **El sueño del humanismo**
755 Roger Chartier: **Libros, lecturas y lectores en la Edad Moderna**
756 Stephen W. Hawking y Roger Penrose: **Cuestiones cuánticas y cosmológicas**
757 Juan Gil: **En demanda del Gran Kan**
758 Clara Eugenia Núñez y Gabriel Tortella (Editores): **La maldición divina. Ignorancia y atraso económico en perspectiva histórica**
759 Giordano Bruno: **Del infinito: el universo y los mundos**
760 Anthony Giddens: **Consecuencias de la modernidad**
761 Helena Béjar: **La cultura del yo**
762 Larry Laudan: **La ciencia y el relativismo**
763 Rita Levi-Montalcini: **NGC. Hacia una nueva frontera de la neurobiología**
764 Pedro Schwartz, Carlos Rodríguez Braun y Fernando Méndez Irisate (eds.): **Encuentro con Karl Popper**
765 Peter Burke: **Formas de hacer historia**
766 Luis Garrido Medina y Enrique Gil Calvo (ed.): **Estrategias familiares**
767 Lorena Preta (compilación): **Imágenes y metáforas de la ciencia**
768 N. G. Wilson: **Filólogos bizantinos**
769 Francesco Benigno: **La sombra del Rey**
770 Wolfgang Merkel (edición): **Entre la modernidad y el postmaterialismo. La socialdemocracia europea a finales del siglo xx**
771 Geoffrey Cantor, David Gooding y Frank A. J. L. james: **Faraday**
772 Jonathan Lear: **Aristóteles**
773 Gonzalo Bravo: **Historia del mundo antiguo. Una introducción crítica**
774 Giovanni Sartori y Leonardo Morlino (eds.): **La comparación en las Ciencias Sociales**
775 Furio Díaz: **Europa: de la ilustración a la revolución**
776 Carlos Castilla del Pino (compilación): **La envidia**
777 Edmund Husserl: **Problemas fundamentales de la fenomenología**
778 Nigel Townson: **El republicanismo en España (1830-1977)**
779 Franco Selleri: **Física sin dogma**
780 Derek Bickerton: **Lenguaje y especies**
781 Andrés de Blás Guerrero: **Nacionalismos y naciones en Europa**
782 Elías Díaz: **Los viejos maestros**
783 Rafael Díaz Salazar, Salvador Giner y Fernando Velasco: **Formas modernas de religión**
784 Grégoire Nicolis y Ilya Prigogine: **La estructura de lo complejo**
785 Adelina Sarrión Mora: **Sexualidad y confesión**
786 Klaus von Beyme: **Teoría política del siglo xx**
787 Cyril Barrett: **Ética y creencia religiosa en Wittgenstein**
788 Mijaíl Bajtin (Pavel N. Medvedev): **El método formal en los estudios literarios**
789 Eduardo Primo Yúfera: **Introducción a la investigación científica y tecnológica**
790 Roberto L. Blanco Valdés: **El valor de la Constitución**
791 Antonio Fontán, Jerzy Axer (eds.): **Españoles y polacos en la Corte de Carlos V**
792 Jordi Nadal y Jordi Catalán (eds.): **La cara oculta de la industrialización española**
793 Martin Heidegger: **Caminos de bosque**
794 Ernst Nolte: **Nietzsche y el nietzscheanismo**
795 Chris Cook y John Stevenson: **Guía de historia contemporánea de Europa**
796 Ricardo Gullón: **La novela española contemporánea**
797 Lawrence Sklar: **Filosofía de la física**
798 José Martínez Millán (dir.): **La corte de Felipe II**
799 Eduardo García de Enterría: **La lengua de los derechos**
800 Asa Brigs: **Historia social de Inglaterra**
801 Leo Howe y Alan Wain (eds.): **Predecir el futuro**
802 Juan Pan-Montojo: **La bodega del mundo**
803 Friedrich Schlegel: **Poesía y filosofía**